21세기에 다시 보는
고려시대의 역사

한국중세사학회

고려시대를 중심으로 통일신라와 조선전기까지의 한국 중세사를 연구하기 위하여 1989년에 창립한 학회이다. 정기적인 연구발표회와 기획 학술대회 등을 개최하여 연구 수준을 한 차원 진전시킬 뿐 아니라, 학회 활동을 일반인에게도 개방하여 연구 성과의 대중화에도 앞장서고 있다.
학술지인 『한국중세사연구』를 연 4회 발행하고 있으며, 강의용 개설서인 『고려시대사강의』와 함께 지금까지 10권의 연구총서를 발간하였다.

21세기에 다시 보는 **고려시대의 역사**

한국중세사학회 편

2018년 7월 25일 초판 1쇄 발행

펴낸이 오일주
펴낸곳 도서출판 혜안

등록번호 제22-471호
등록일자 1993년 7월 30일

주소 04052 서울시 마포구 와우산로 35길 3(서교동) 102호
전화 3141-3711~2 / **팩스** 3141-3710
E-Mail hyeanpub@hanmail.net

ISBN 978-89-8494-611-8 03910

값 20,000원

21세기에 다시 보는

고려시대의 역사

한국중세사학회 편

혜안

올해로 고려 건국 1100주년을 맞이하였다. 고려는 918년에 건국하여, 그로부터 약 18년 뒤에 후삼국으로 분열되었던 우리 민족체를 재통일하였다. 신라의 삼국통일과 비교하여 보면, 외세의 개입이 없이 자주적으로 통일을 이룩하였을 뿐 아니라, 북진정책을 실시하고 발해 유민을 적극적으로 포섭함으로써 민족체 통일의 의미가 더욱 두드러졌다. 그리고 후삼국 간에 벌어졌던 전란이 끝나 평화가 찾아온 가운데 한층 발전하는 계기를 마련하였다. 이후 사회와 문화 전반에 걸쳐 다양한 요소들이 공존·경쟁하는 다원성을 보이면서도 소통과 통합이 이루어졌다. 그런 가운데 특정 신분 또는 사상·종교가 독점적 지배력을 장기간 유지하지 못하였고, 사회가 변화에 유연하여 역동적인 면모를 보였다. 오늘의 현실에서 천 년도 더 된 고려 건국의 역사가 특별하게 다가오는 까닭은 바로 이와 같은 역사적 역량을 성찰할 필요가 있기 때문이다.

신라말기 이래 경주의 골품귀족 중심으로 운영되던 지배체제가 모순을 드러내면서 농민들이 저항하고 각지에서 지방세력들이 일어나 각축을 벌였다. 그런 난세에 새로 대두한 여러 사회세력들의 요구를 수용하여 공공성을 강화한 질서를 세우는 것이 당면한 정치 과제였다. 궁예와 견훤도 나름대로 그 숙제를 해결하기 위해 노력하였으나, 민심을 잘 파악하여 후삼국 통일에 성공한 이는 고려 태조 왕건이었다. 후삼국의 정립에서 단적으로 알 수 있듯이 다원성이 확대된 가운데, 그는 힘으로 밀어붙이기보다 설득과 포용에 바탕을 둔 통합의 리더십을 보여주었다.

그리고 국가의 공적 성격을 강조하고 민생 안정에 노력함으로써 다양한 계층으로부터 지지를 얻을 수 있었다.

이후 고려는 과거제를 시행하고 관료제를 정비하면서 정치 사회적으로 개방적인 조직원리를 채택하였다. 그리고 지역적 다양성과 지방 지배층의 자율적 지배를 인정하여 다원적이고 계서적인 군현제와 본관제를 시행하였다. 또한 유교·불교·풍수지리설 등의 역할을 인정하여 공존하는 사회를 만들었다. 이런 정책들의 시행 결과 소통과 통합의 역량이 강화되었다. 하층민의 진출과 신분 상승이 우리 역사에서 가장 활발하였던 시기가 바로 고려시대였다. 그리고 이러한 역량을 기반으로 국제관계상으로도 변화에 유연하게 대처할 수 있었다. 전기와 중기에 동아시아의 다원적 국제질서, 후기에 몽골 주도하의 세계질서에 능동적으로 대응하였다. 개방적이면서도 자기 인식을 유지하는 역동적인 대응을 통해서 안보를 지키고 선진문물을 능동적으로 수용하여 발전하였다.

21세기 초 현재, 우리는 여전히 지난 세기부터 지속된 분단으로 고통을 받고 있다. 그로 인한 상처를 치유하고 통일을 준비해야 하는 것이 엄연한 역사적 사명이다. 또한 그동안 지배 담론 아래 소외되어 왔던 계층과 최근 증가하는 다문화적 요소들을 고려하여 그들을 배려하고 함께 번영할 수 있도록 해야 하는 책무도 있다. 바로 이런 과제들을 해결해야 하기 때문에, 고려시대의 역사에서 특징적으로 나타난 다원성과 통합성 및 역동성에 대한 성찰이 현재적 의미를 갖는 것이다.

한국중세사학회는 1989년에 발족하였다. 그동안 고려시대를 중심으로 통일신라와 조선전기까지 포괄한 한국중세사 연구의 수준을 향상시키기 위하여 공동의 노력을 모색하는 한편 전반적인 한국사 연구의 발전에도 기여해 왔다. 연구발표회와 학술토론회를 정기적으로 개최하고 학회지로서 『한국중세사연구』를 발간해 왔다. 1997년에는 개설서 교재로서 『고려시대사강의』를 출간하였고, 연구총서도 지금까지 10권째 내놓았다. 이제 지난 30년의 활동을 발판으로 삼아 새로운 도약의 계기를 마련할 때이다. 마침 고려 건국 1100주년을 맞아 특별한 감회와 함께 새로운 다짐을 하게 된다.

이 책은 고려 건국 1100주년 기념사업의 일환으로 기획되었다. 『고려시대사강의』는 지난 세기에 축적된 중세사 연구의 내용을 총괄적으로 보여주는 교재였는데 이미 절판된 지 오래되었다. 이제 세계화되고 초연결사회가 된 21세기에 요구되는 문제의식을 담아 새로운 강의교재를 출간할 필요성이 제기되었다. 이에 고려시대 역사가 보여주는 다원성과 통합성, 개방성과 역동성, 경쟁과 소통 등의 특징에 주목하여 새 교재를 집필함으로써 고려 건국의 의미를 부각시키고 중세사를 공부하는 이들의 성찰적 인식을 다듬고자 하였다.

책의 구성은 총설과 함께 모두 여섯 개의 장으로 되어 있고, 각 장에는 3~6개의 절을 두었으며, 보충설명이 필요한 소주제 여섯 개를 골라 보론으로 추가하였다. 30명이 넘는 많은 필자들이 참여하다 보니 조금씩 역사상이 다르고 용어 사용 등에서 차이가 나기도 하지만, 굳이 통일하려고 노력하지는 않았다. 필자의 의견을 존중하려는 뜻도 있고, 그런 차이들이 중세사 연구의 현 수준을 보여주는 의미가 있다고 판단하였기 때문이다.

책의 발간 과정에 간행위원회 위원장 채웅석을 비롯하여 김병인, 이정란, 이형우, 정은정, 한기문, 한정훈, 홍영의 등의 위원들이 수고하였다. 그리고 회장 김기섭과 함께 고려 건국 1100주년 기념사업위원회의 위원장 박종기와 김광철, 도현철, 안병우, 윤용혁, 이정신, 이진한 등의 위원들이 책의 기획 단계부터 논의에 함께 하였다. 무엇보다도 각 주제에 대한 집필을 맡아 번다한 교열의견에 맞추어 준 필진들께 감사드린다. 그리고 간행 취지에 동감하여 경제적, 정신적으로 큰 도움을 준 재단법인 넥센월석문화재단의 강병중 이사장과 관계자들께 감사드리며, 기꺼이 출판해준 도서출판 혜안의 오일주 사장을 비롯하여 수고를 아끼지 않은 편집부 여러분들께도 고마움의 뜻을 전한다. 이 책은 이 여러분들의 수고와 도움이 있었기에 발간할 수 있었다. 또 덕분에 이 책이 한국중세사를 공부하고 사랑하는 많은 이들에게 좋은 길잡이가 될 수 있을 것으로 확신한다.

때맞추어 4월 27일 남북 정상이 만나서 '한반도의 평화와 번영 및 통일을 위한 판문점선언'을 하는 가슴 벅찬 경험을 하였다. 삼한일통을 내걸고 마침내 성사시켰던 고려 건국 1100주년에 남북한 간에 갈등 대립을 완화하고 평화와 협력을 이루기 위한 진전된 노력과 의지가 표명되어 뜻 깊다. 모쪼록 이 선언이 내실 있게 실천되고, 한국중세사 연구자들의 소망대로 북한에 있는 고려유적 답사와 남북 학술교류가 가능해지기를 기대한다.

2018년 7월
한국중세사학회

책을 내면서 ··· 5

총설 13

총설 고려시대의 사회성격과 역사적 위상 ······························ 15
보론 1 연구 자료와 새로운 연구 전망 ······························· 29

1장 정치세력과 국정 운영 43

1. 건국과 집권화 과정 ··· 45
2. 문벌사회의 전개와 개혁의 모색 ································· 59
3. 무신정권과 왕정의 위기 ·· 71
4. 원간섭기의 정치세력과 정치 운영 ······························ 86
5. 신흥유신의 성장과 왕조 교체 ··································· 100

2장 통치체제의 구성과 변화 115

Ⅰ. 정치와 경제 ·· 117

1. 중앙 정치제도와 권력구조 ······································ 117

　2. 토지소유권과 토지분급제도 ……………………………………… 132

　보론 2 군사제도의 성격과 변천 ……………………………………… 146

Ⅱ. 중앙과 지방 ……………………………………………………………… 156

　1. 지방제도의 구성과 운영 ……………………………………………… 156

　2. 도시와 향촌사회 ……………………………………………………… 171

　3. 교통과 운수 …………………………………………………………… 187

　보론 3 재정운영과 조세제도 ………………………………………… 203

3장　**사회질서와 삶의 양태**　213

Ⅰ. 사회질서와 운영 ……………………………………………………… 215

　1. 교육과 관리 등용 …………………………………………………… 215

　2. 신분과 계층 …………………………………………………………… 230

　3. 가족과 친족 …………………………………………………………… 243

　보론 4 율령과 사회정책 ……………………………………………… 257

Ⅱ. 기층민의 삶과 항쟁 …………………………………………………… 267

　1. 자연조건과 의식주 생활 …………………………………………… 267

　2. 농업생산력과 농업경영 ……………………………………………… 282

　3. 수공업과 상업 ………………………………………………………… 295

　4. 사회모순에 대한 항쟁 ……………………………………………… 309

4장 국제 교류와 전쟁 323

1. 고려전기의 국제관계와 교류 ································· 325
2. 몽골과의 전쟁과 교류 ······································· 340
3. 고려말 원·명 교체와 홍건적, 왜구 ····················· 353
보론 5 국제관계의 성격과 변화 ······························· 363

5장 사상과 신앙 373

1. 불교와 불교의례 ··· 375
2. 유학과 유교의례 ··· 393
3. 도교와 전통신앙 ··· 411
보론 6 대장경의 조성 ··· 425

6장 사유와 예술문화 435

1. 역사서와 역사인식 ··· 437
2. 예술 문화의 발전과 성격 ··································· 452
3. 자연 인식과 과학기술 ······································· 468

찾아보기 ··· 485

필자 소개(가나다순) ··· 498

총 설

총설 고려시대의 사회성격과 역사적 위상
보론 1 연구 자료와 새로운 연구 전망

총설

고려시대의 사회성격과 역사적 위상

1) 한국사의 시대구분과 고려시대의 위상

역사학에서 다루는 시간은 인식론적 시간이다. 역사는 늘 변화하지만, 어느 때는 사회모순이 두드러지고 변화하는 속도가 빠른 것처럼 느껴진다. 그런 점을 고려하여 한국사의 추이를 단계 구분하여 파악함으로써 시기별로 특징을 부각시키고 역사의 흐름을 체계적으로 이해할 수 있다. 또한 세계사의 흐름과 견주어보면서 한국사의 보편성과 특수성을 고찰할 수 있다.

일제강점기에 식민사학은 한국사가 정체되고 타율적이었다고 주장하였다. 이를 비판하면서 성립한 한국의 근·현대 역사학은 민족 중심적이고 발전사관을 지향하였다.

1930년대부터 사회경제사학[마르크스주의사학]은 농업생산력과 토지소유, 신분·계급과 농민항쟁 등을 분석하여 세계사적 보편성과 발전법칙이 한국사에서도 관철되었다고 밝혔다. 비록 도식적이라는 비판도 받았지만, 사적 유물론에 따라서 시대구분이 논리적이고 체계적이었다. 백남운에 따르면, 통일신라시대에 노예소유자적 사회에서 농노제로 이행하였다. 삼국 통일 이후에 대토지소유제가 발생하고 농노관계가 형성되었으며, 신라 말기에 농민이 봉기하여 저항하는 가운데 지방 신흥봉건세력이 구귀족군에 대항하여 정치적 승리를 거두면서 고려가 성립하였다. 이후 고려는 아시아적 봉건사회의 면모를 지닌 집권국가로 발전하였으며, 그런 사회성격은 조선시대에도 이어졌다고 이해하였다. 사적 유물론에 따르면서도 농민의 존재양태를 달리 파악하여 고려는 노예사회였고 조선부터 봉건사회가 된다고 본 학자들도 있다.

민족주의사학은 고려의 북진정책과 대외항전을 높이 평가하고 불교·전통사상의 흥성에 따른 진취성에 주목하였다. 예컨대 신채호는, 불교·낭가郎家사상 기반에서 칭제건원과 금국정벌을 내세운 묘청의 서경반란이 실패한 뒤에 유교 사대주의파가 득세하게 되었기 때문에 그 사건이 한국사에서 가장 큰 사건이라고 평가하였다.

문헌고증사학[실증사학, 문화주의사학]은 사료 비판과 고증을 통하여 사실을 객관적으로 고찰하는 것을 중시하였다. 그중에서 이병도는 고려의 풍수도참사상과 그 정치·사회적 영향을 치밀하게 고찰하였다. 그렇지만 민족주의사학이나 문헌고증사학은 한국사를 총체적으로 고찰하면서 거시적 발전과정을 제시하지는 못하였다.

일제말~해방공간에서 활동한 신민족주의사학은 민족과 계급을 함께 고려하면서 위 세 유형의 역사인식들을 발전적으로 계승하려고 하였다. 손진태는 민족의 형성·발전에 맞추어 시대를 구분하여, 신석기시대에 민족이 배태된 이래 통일신라에서 민족이 결정되고 고려시대는 민족의식이 왕성하였다고 파악하였다. 그리고 조선은 사대사상에 따라 민족의식이 침체되었다고 보았다. 하지만 그가 통일신라와 고려를 계급적으로 분열된 귀족국가로 분류하면서도 그 때 민족이 결정되고 민족의식이 왕성하였다고 평가한 것은 논리적 모순이다. 그리고 조선의 사대사상 때문에 국망이 초래되었다고 보는 것도 설득력이 부족하지만, 해방 이후 국민국가 건설에서 계급 평등과 민족 단결을 촉구한 의의가 있다.

1960년대 전후부터 근대 역사학의 성과들을 재평가하는 한편, 근대화·중산층 논쟁의 영향을 받아 사회변동과 신분·계층 등에 대하여 새롭게 연구하였다. 특히 1970년대까지 한국사의 내재적內在的 발전론을 강조하였다.

사회경제사를 중심으로 역사 발전을 고찰하면서도 토지국유제론을 비판하고 사적 토지소유권의 존재와 발전을 밝히면서 연구가 훨씬 실증적이고 풍부해졌다. 하타다 다카시旗田巍는 아시아적 공동체 개념을 적용하여 고려전기까지 고대사회라고 파악하였다. 농업공동체단계였던 신라사회가 변화하면서 호족이 대두하여 고려사회의 기초가 되었는데, 고려전기는 아직 토지소유가 미숙하고 사회적으로는 혈연적 동성집단[族團]에 기초하였다고 보았다. 그러다가 무신집권기부터 농장이 확대되고 토지 사유화가 진전되어 농노제적 성격이 강한 사회로 변화하였다는 것이다. 강진철도 고려전기에는 농민이 아직 계층 미분화 상태로서 혈연 기반의 공동체적 유대관계에 속박되고 국가의 부세도 노동력 수탈에 중심을 두었다고 보았다. 그리고 고려후기에 사적 토지소유가 발전하고 농민층이 분화하면서 봉건사회로 이행하여 갔다고 파악하였다.

이와 달리 김용섭은 통일신라부터 이미 집권적 봉건국가가 확립되었다고 보았다. 그는 봉건사회의 토지지배관계를 사적私的 소유권에 토대를 둔 자영농의 소토지 소유와 지주전호제地主佃戶制, 수조권收租權에 입각한 전주전객제田主佃客制로 파악하였다. 양자가 상호 보완·반발하면서 한국 특유의 봉건경제가 발전하였는데 그 정점에 고려의 전시과제도가 위치하였고, 조선전기에 수조권 지배가 약화되면서 소유권에 의한 토지 지배가 안정적으로 발전하게 된다고 보았다. 신라시기의 농업생산력이 상경화단계였는지, 녹읍이 수조권 지배였는지 등에 대한 이견이 있지만, 소유권과 수조권이라는 이원적 기준으로 토지 지배를 파악하는 방식은 고려를 집권적 봉건국가로 파악하는 중요한 지표로서 현재 학계에서 받아들여지고 있다.

세계사적 보편성을 주장하지 않더라도 사회발전론의 시각에서 연구한 것은 당시 학계에서 공통적이었다. 이기백은 민족의식이나 생산력·생산관계 등을 기준으로 시대구분하는 방식은 일원론적인 관점이며 객관적 사실에 입각하여 한국사를 체계화하려는 노력과도 어긋난다고 비판하였다. 그 대신 정치 운영에 참여한 지배층의 성격을 기준으로 삼아 시대를 구분하였다. 전제왕권시기였던 통일신라에 이어 고려 때는 호족, 문벌귀족, 무인, 신흥사대부가 차례로 지배세력[주도세력]이 되었으며, 조선은 양반 사대부의 사회적 기반이 전국적으로 확대된 사회였다고 파악하였다. 그러면서 지배세력의 바로 밑에 있던 계층이 치고 올라와서 지배세력의 사회적 기반이 확대되어 간 것이 통일신라 이후에 한국사의 큰 흐름이라고 이해하였다.

김철준·변태섭 등은 사회모순과 변혁세력에 초점을 맞추어 신라말 고려초기와 고려말 조선초기의 사회변화에 주목하였다. 신라말에 호족과 육두품지식인, 고려말에는 신흥사대부가 하층민과 결합하여 각각 골품귀족, 권문세족 중심의 구체제를 비판하고 사회개혁을 추진하는 과정에서 왕조가 교체되었다고 파악하였다. 사상사에서도 신라말 유교정치 이념의 심화와 선종의 대두, 고려후기 성리학 수용과 유·불 교체 등에 대한 연구가 이루어져서 사회변화 양상을 종합적으로 이해할 수 있게 되었다. 이처럼 두 시기를 사회전환기로 파악하고 통일신라까지를 고대, 고려를 중세, 조선을 근세로 구분하는 방식을 현재 학계에서 많이 이용하고 있다.

한편 북한학계에서는 1960년대에 삼국시대의 사회구성이 봉건제인지 노예제인지 논쟁을 벌인 끝에, 고조선·부여·진국이 노예소유자사회였다가 B.C. 3세기~A.D. 1세기 사이에 봉건국가들이 형성되고 삼국은 봉건사회로 발전하였다는 학설을 확정하였다. 그리고 고려를 포함하여 봉건사회는 분권적 정치구조와 영주농노제를 기축으로 한 유럽형과 달리 중앙집권과 지주적 토지소유가 특징인 아시아형의 봉건사회였다고 보았다.

이상에서 살펴보았듯이, 한국사의 발전과정을 체계적으로 이해하기 위한 시대구분 방식들은 다양하였으며, 역사인식에 따라 시대구분의 기준과 내용에 차이가 났다. 그럼에도 불구하고 시대구분의 단위가 왕조와 대개 일치하는 까닭은 각 왕조가 매우 장기간 지속하면서 각각 특징적인 지배구조와 사회적 기반을 지녔기 때문이다. 그리고 관점에 따라 내용이 다르기는 하지만 고려를 이전 시기와 구분하여 중세로 부르는 것이 일반적이다.

2) 사회·문화의 다원적 특징

지배층의 성격 : 귀족인가, 관료인가

고려는 토지사유제를 바탕으로 하여 발전된 계급사회였다. 개인이나 집단 간에 경쟁하는 가운데 대립을 조절하면서 삶을 영위하는 방식이 사회·문화의 특징을 규정하였다.

지배층의 성격이나 사회·문화적 역량을 기준삼아 보면 문벌귀족제적 요소가 강한 사회였다고 파악하는 견해가 있다. 신라는 골품제의 폐쇄성이 강한 고대적 성격이었다가 말기에 지방에서 중세적 요소를 지닌 호족이 성장하였다. 고려의 중앙집권화 과정에서 관료가 된 호족은 점차 문벌귀족이 되었는데, 지배세력의 사회적 기반이 신라시기보다 크게 확대되고 개방되었으면서도 문벌귀족이 권력을 독점하고 특권을 세습하였다고 보았다.

그 견해에서 문벌귀족의 특권으로서 주목한 것은 음서蔭敍와 공음전시과제도, 폐쇄적 통혼권, 재상 중심의 정치 운영 등이었다. 특히 5품 이상 관인의 자손을 대상으로 한 음서를 정기적으로 시행하고 그것을 이용하여 대개 15세 전후의 이른 나이에 관직에 진출할 수 있었다고 하였다. 교육제도가 신분에 따라 차별적이었으며, 과거科擧 역시 응시 자격의 신분 제한이나 전주銓注와 서경署經에 작용한 가문 배경 등을 볼 때 문벌귀족제의 테두리에서 벗어난 것은 아니라고 이해하였다.

그런데 문벌귀족사회라고 보면 세습귀족제를 극복한 발전적 모습을 바르게 알기 어렵기 때문에 관료제 사회로 보아야 한다는 견해가 제시되었다. 고려중기에 문벌이 강화되었지만 문벌 출신이 아니더라도 급제하거나 군공을 세워 관리가 되고 고위직까지 승진할 수 있었다. 또한 문벌가문의 장기 지속성도 약하고 신흥가문이 문벌로 성장하여 부침이 컸다고 파악하였다.

관료제사회론에서는 특히 실력 본위의 고시제도인 과거를 한국사에서 처음으로 고려초에 실시한 것을 강조하였다. 과거제도에서 제술업製述業은 고위향리 이상의 자제에게만 응시를 허용하였지만, 명경업明經業이나 잡업雜業은 일반양인도 응시할 수 있었다. 또 관리가 된 뒤에는 능력에 따라 승진할 수 있었다. 그런 가운데 지배층의 지위를 획득하고 유지하려면 실력을 키워 관리가 되고 승진하는 것이 중요한 사회였다는 것이다. 반면 음서는 포상·특사적 성격으로서 간헐적으로 실시하였고 그것도 초직을 주는 데 불과하였다. 더구나 5품 이상 고위직이라는 성취적 지위에 도달한 경우에 음서가 가능하였기 때문에, 그 제도에 반세습적·반귀족적 요소도 내포되었다고 파악하였다.

그 논쟁에서 드러났듯이, 교육과 음서제도 등을 문벌에게 유리하게 운영하면서도 한편으로는 실력 본위의 관료 임용과 승진 원칙을 중시하였다. 따라서 문벌귀족제론이나 관료제론 모두 근거가 있지만, 전자로는, 서구의 역사와 비교하여 매우 이른 시기에 세습귀족제를 깨뜨리고 실력 본위의 관료제 운영 원칙을 세운 역사적 의의를 제대로 살리기 어렵다. 후자도 가산관료제 이론을 이용하였지만, 그 개념을 고려 역사에 적용하는 것은 무리가 있다.

그런 문제점들을 감안하여 문벌사회라고 부르자는 견해가 나왔다. 신분적으로 양천제를 시행하여 문벌지배층이라도 신분의 생득적인 계승을 보장하지 않았다. 그런 점은 조선과 다를 바 없지만, 고려는 더 혈통과 문벌을 중시하여 문벌에게 유리한 조건을 많이 갖추었다. 그에 따라 고대의 골품귀족사회, 조선의 사대부사회와 구분하여 고려를 문벌사회라고 부르자는 대안을 제시한 것이다.

그렇지만 이상과 같이 지배층의 성격을 중심으로 사회 특징을 파악하는 견해들은 지배층 중심으로 역사를 인식할 뿐 아니라 다양한 성격 중에 어느 한쪽만 강조한다는 한계가 있다. 그리고 지방자치보다는 중앙집권성을 부각시키며, 국제적 연관을 고려하지 않고 민족 내향적으로 역사를 파악하는 문제점도 지적할 수 있다.

사회·문화의 다원적 성격

일원적 기준으로써 다른 시기와 비교하는 방식이 아니더라도 각 시기 나름의 역사·문화적 특징을 따져 볼 수 있다. 고려사회의 특징을 다원성으로 파악하는 견해는 그런 점에서 주목된다.

고려사회는 여러 부문에서 다원성이 부각되었다. 중앙정치제도에서 당제를 수용한 3성6부제와 송제를 수용한 중추원·삼사 그리고 고유의 도병마사와 식목도감 등 각기 연원이 다른 정치기구들이 병존하면서 운용의 조화를 이루었다. 그리고 관료제 운영에서 능력주의에 따르면서도 문벌을 우대하는 경향이 아울러 나타났기 때문에 귀족제론과 관료제론의 논쟁이 벌어졌듯이 어느 한쪽으로만 파악하기 어렵다.

지방제도에서 변경지역과 내지에 대한 지배방식을 달리하고, 지방관 파견 여부를 기준으로 주현主縣과 속현屬縣을 구분하였으며, 국역 부담과 관련하여 향·소·부곡 등의 특수행정구역을 일반 촌락과 분리하여 지배하였다. 그런 다원적 지배방식에 수반하여 지역 간에 계서성階序性이 있는 본관제本貫制를 시행하였다. 지방 지배 권력도 다원적이었다. 지역사회에서 향리가 주도하는 자율적 지배를 인정하는 한편, 거점지역에 외관을 파견하여 중앙정부의 지배력을 관철시켰다. 또 그 지역 출신의 중앙관료를 사심관으로 삼아 갈등을 조절하고 지배를 보완하게 하였다.

신분제는 양천제를 바탕으로 하면서도 양인 내에서 사士와 서인庶人을 구분하였다. 그리고 전대와 달리 문반과 무반을 구분하였으며, 농·공·상업의 사회적 분업 구분을 법제화하였다. 또한 본관에 따라서도 사회적 위상이 달랐다. 향·소·부곡 등이 본관이면 양인이면서도 잡척雜尺이라고 불리면서 국학 입학과 과거 응시가 금지되고 관직을 갖는 데 차별을 받았다. 그런 차별은 사회적 분업을 유지하고 특정 국역을 확보하려는 의도에서 나온 것이었다.

생산력·생산관계를 중심으로 보면 봉건적 사회구성이었다고 파악하는 견해가 우세하다. 그렇지만 고려전기에 대해서는 사적 토지소유권과 농업생산력의 수준이 쟁점이 되어 의견이 갈린다. 농민의 토지소유권이 미숙하고 국가의 지배가 인신적 수탈 중심이었다고 보아 노예제적 사회구성으로 간주하는 견해도 있다. 그리고 농업생산력이 휴한休閑단계인지 상경常耕단계인지 논쟁 중이며, 수조율도 수확량의 1/4인지 1/10인지도 확증되어 있지 않다. 그처럼 견해가 갈린 까닭은 사료 부족 탓으로 실상을 정확하게 알기 어렵기 때문이지만, 또 다양성과 유동성이 큰 사회라서 일률적으로 파악하기 어렵다는 이유도 있다.

토지지배관계로 보면, 고려는 토지사유제를 바탕으로 하면서 수조권 일부를 관리들에게 분급하는 제도를 시행하였다. 그에 따라 고려초 전시과제도로부터 말기의 과전법에 이르기까지 수조권에 입각한 토지 지배가 소유권에 입각한 토지 지배와 공존하면서 상호 보완, 반발하는 관계를 이루었다.

종교·사상에서 다원성이 특히 뚜렷하게 나타났다. 태조는 훈요10조에서 유학·불교·풍수지리사상 등이 각기 효용성을 갖고 나라에 도움이 된다고 강조하였으며, 성종대 집권체제 정비에 크게 기여한 최승로는 유교는 나라를 다스리는 근원이고 불교는 몸을 닦는 근본이라고 상보적

관계로 파악하였다. 불교가 생활과 의식에 깊숙이 영향을 끼치는 가운데 유학이 정치·사회사상으로서 자리 잡고 풍수지리사상이 새로 주목받았다. 그리고 국가 차원에서 도교의 재초를 거행하다가 중기에 교단도교를 수용하였다. 이처럼 각 종교·사상들의 차이를 인정하고, 팔관회·연등회와 같은 향례적 국가의례에 활용하여 전통으로 발전시켰다.

이상에서 살펴본 것처럼, 고려사회의 여러 부문에서 다원성이 뚜렷하였다. 다원성을 구성한 요소들 간에는 대등한 경우도 있지만 계서성이 있기도 하였다. 계서화된 것은 경쟁상황에서 합의가 어려운 차이에 대하여 제도적인 혜택이나 규제로써 사회적 정체성을 부여하고 국가질서로 통합한 결과였다.

고려초기부터 삼한三韓이라는 민족체의 동질성과 일통一統의 당위성을 인식하여 통합을 이룰 수 있었다. 이른바 삼한일통의식은 사회적 갈등이 심화된 신라말에 강화되어 민족체 내의 대립을 극복하고 평화와 번영에 대한 기대를 담은 것이기도 하였다. 그리고 일통국가 고려는 중앙집권화를 지향하면서도 지역사회의 자율성을 인정한 지방지배제도, 표준화된 교육과 지역 안배를 고려한 과거제도, 전국적으로 잘 정비된 교통 및 물류제도 등에 의하여 통합을 유지하였다. 다원적인 요소·층위들이 서로 대립·경쟁하면서도, 그런 의식과 제도를 통하여 공존하고 소통·교류하는 사회가 되었던 것이다.

이처럼 경쟁과 소통이 조화된 사회였기 때문에 변화에 유연하여 역동성을 지녔다. 그에 따라 국내·외의 환경 변화에 유연하게 대처할 수 있었다. 지배층이 고대의 골품귀족, 조선의 사대부처럼 장기지속성을 보이지 않고 호족-문벌-무신-권문세족-신흥유신 등으로 교체된 까닭을 정치적 불안정성 때문이라고 이해하는 것은 부적절하다. 그 탓이라면 고려왕조가 그토록 오랜 기간 존속하기 어려웠다. 그보다는 사회의 역동성이 커서 특정 계층이나 종교·사상이 장기적으로 권력을 독점하기 어려웠기 때문이라고 보는 것이 적절하다.

3) 발전과정과 소시기 구분

고려사회의 발전과정

고려사회는 475년 동안 장기 지속하였다. 그렇지만 정체된 것이 아니라 발전하는 과정이었다. 사회적 생산력이 증대하고, 모순이 드러나면 개혁하였으며, 국제정세의 변화에 대응하면서, 정치세력과 사회제도 등 많은 것들이 변화하였다.

국초에 태봉의 관제를 활용하여 왕을 보좌하는 정치기구를 마련하고 지방세력의 자율적 지배를 인정한 지배체제를 만들었다. 계층 이동이 개방된 가운데 광종 때 과거제도를 도입하여 능력 중심의 관인 선발 원칙을 강화하였다.

중앙의 3성6부와 지방의 주현-속현제도 등으로 대표되는 고려 지배체제의 전형이 성립된 시기는 건국 후 60년 이상 지나서였다. 집권력을 높이기 위하여 제도를 정비하는 한편 기존 질서와 타협을 거친 결과였다. 현종 때 거란의 침략을 막아낸 뒤에는 동북아시아의 국제정세도 안정되었다. 그런 가운데 11세기부터는 중앙 지배층 사이에서 기득권을 유지하려는 경향이 생기고 점차 문벌화 하였다. 즉 중앙집권화를 위한 노력과 향촌 지배층의 자율적 지배 인정이라는 양면성이 나타나는 한편 정치참여층의 개방과 문벌의 기득권 보호라는 양면성도 나타났다.

12세기 무렵부터 자연재해가 장기간 이어지고 또 여진이 세력을 키우자 정세가 불안정해졌다. 민의 유망이 심해지고 정변이 빈발하다가, 의종 24년(1170)에 무신정변이 일어나 정치가 크게 변화하였다. 이후 약 100년간 지속된 무신집권기에 권력투쟁과 민의 항쟁이 격심하게 일어났고, 이어 몽골이 침략하자 강화로 천도하고 오랫동안 항전하였다.

13세기 중반부터 몽골[원]의 간섭을 받으면서 지배체제가 재편되었다. 12세기 이래 심화되어 온 내적 모순에 원의 간섭에 따른 외적 모순이 새로 겹쳐서 특징적인 양상으로 나타났다. 전에는 조공-책봉관계가 의례적 차원이었지만, 이제 왕이 원에 친조親朝하는 한편 황제가 왕을 임명하고 폐위하는 권한을 실제로 행사하였다. 인사행정의 파행적 운영이나 농장의 확대에 따른 폐단도 원의 간섭을 받는 정치상황과 맞물려 심화되었다. 그렇기 때문에 중첩된 문제들을 해결하고 국가를 바로세우기 위해서는 원의 간섭에서 벗어나서 정치를 혁신할 수 있어야 하였다. 공민왕 때부터 원이 약화되고 명이 건국하는 등 국제정세가 크게 변하는 가운데 성리학 소양을 지닌 신흥유신이 세력을 키워 개혁을 추진하였다.

소시기 구분

고려사회의 발전과정을 몇 단계로 시기구분하여 변화의 양상과 의미를 분명하게 드러낼 수 있다. 현재 많이 채택하고 있는 시기구분은 12세기를 분기점으로 잡아 전기와 후기로 나누는 방식이다.

일제강점기에 백남운은 봉건적 토지국유제가 지닌 모순이 12세기에 발현되어 토지국유제와 사적 영유 사이의 모순, 문무관료 사이에 토지영유를 둘러싼 대립, 농민의 계급투쟁 등이 나타났다고 파악하였다. 그리고 문헌고증사학에서는 예종 말까지 지배체제가 안정되고 사회가 통합되어 융성하였지만 그 이후에는 내부갈등과 외환이 거듭된 동란의 시기로 바뀌었다고 보았다.

1960년대 이후에 아시아적 공동체개념을 고대사회에 적용한 견해에서는 무신집권기부터 중세로 변화하였다고 보아 시대구분상의 의미까지 부여하였다. 그리고 지배세력의 변천을 중심으로 사회 발전을 파악하는 견해에서도 무신정변을 경계로 전·후 시기를 구분하였다. 문신 중심으로 운영된 문벌귀족사회가 무신정변으로써 타격을 받고 사회가 변화하였다.

그에 따라 후기에는 가문이나 문·무반의 구별이 아니라 능력을 중시하였으며 천인 출신의 고관까지 나오면서 신분에 대한 사회관념이 달라졌다고 보았다. 사회경제사 연구에서도 12세기의 변화에 주목하여 전·후기로 구분하였다. 농장이 발달하는 한편, 전기에는 산전山田 개간에 치중하다가 12세기부터 연해안과 저습지의 개간이 활발해졌다. 그리고 전기에는 관영수공업과 소所제도를 통하여 국가가 사회적 분업과 유통을 주도하였지만, 후기에 소제도가 해체되고 민간수공업이 발달하였다. 또한 특수행정구역이 소멸되기 시작하고, 부세와 재정제도에서도 세목이 증가하고 재원확보방법이 변화하였다는 점에 주목하였다.

지배세력의 변화를 기준 삼아 두 시기로 구분하면서도, 다시 전기를 귀족사회의 성립기와 발전기, 후기를 무신집권기와 그 이후로 나누어 네 시기로 구분하기도 한다. 지배세력이 호족－문벌귀족－무신－권문세족과 신흥사대부로 변화하였다고 이해하고, 각 세력의 성격을 지배체제론으로 발전시켜 시기를 구분하는 방식이다. 그리고 그중에서 전기의 전형을 보이는 두 번째 시기가 고려사회의 전체적 성격을 규정하였다고 본다. 나아가서 마지막 시기에서 공민왕대 이후를 떼어내어 모두 다섯 시기로 구분하기도 한다. 공민왕 때 반원개혁을 추진하였으며, 이어 명이 건국하고 신흥사대부(신흥유신)가 정치세력화하여 정치상황이 이전과는 확연히 달라졌다는 점에 주목하였다.

한편 위의 방식들과 달리 12, 13세기를 묶어 사회의 동요기로 파악할 수 있다. 사회의 자체 모순과 외세에 대한 항쟁 등이 심화된 것에 주목하는 견해이다. 사회경제적 변화와 향촌지배체제의 동요, 지배세력의 분열과 갈등 등의 양상을 보더라도 시기를 따로 구분하여 파악하는 것이 바람직하다고 보았다. 12세기 초부터 현저해진 사회변화가 무신집권기로 이어졌으며, 무신정변과 그 뒤에 빈발한 무신들의 권력투쟁도 12세기 전반기에 문벌사회의 모순·분열 속에서 벌어진 이자겸의 난이나 묘청세력의 서경반란 등과 같은 맥락에서 이해할 수 있다고 하였다.

　무신정변에 따른 정치와 권력구조의 변화 및 신분제 동요가 큰 의미를 지닌다는 것은 분명하다. 그렇지만 중앙 지배세력의 성격과 신분제를 중심으로 고려사회의 변화를 파악하는 데에서 벗어나 사회경제 분야와 민중항쟁 분야까지 포괄하여 변화를 살펴보는 것이 필요하다. 특히 고려사회의 역동적 성격과 관련하여 보면, 다른 왕조와 달리 중반기에 농민항쟁이 집중적으로 일어나고 몽골의 침략에 맞서 굳세게 항쟁하였던 의미를 부각시키는 것은 중요하다. 그리고 무신집권기와 원간섭기를 합하여 장기간에 걸쳐 조선왕조로 넘어가는 과도기로서 간주하기보다, 후자를 전자와 구분하여 몽골 세계체제에 조응하여 지배세력이 재편되고 특징적인 지배구조를 갖춘 시기로서 인식할 필요도 있다. 이런 점들을 감안하여, 지방세력이 대두한 가운데 중앙집권화를 추진하면서 성립한 전기(10~11세기)와 원의 간섭을 받으면서 재편된 후기(13세기 후반~14세기) 사이에, 사회모순이 현저해지고 민의 항쟁과 대몽항전이 벌어진 역동적 변화의 시기가 있었던 것에 주목하여 중기라고 따로 구분하였다.

　그렇지만 그처럼 세 시기로 구분하는 방식도 한계가 있다. 고려중기가 사회변화와 민의 항쟁기로서 역사성을 갖고 있다고 하더라도, 그 시기에 전·후기와는 구별되는 지배구조까지는 밝혀지지 않았기 때문이다.

　고려시대 역사와 문화의 다양한 면모와 발전과정을 잘 파악하려면, 이상에서 살핀 각 시기구분 방식들을 상호 보완적으로 이해하는 것이 바람직하다. 또한 앞으로 다양한 역사인식과 연구시각으로부터 다양한 시기구분 방식들이 제시되면, 고려시대의 사회구조와 변화에 대하여 보다 깊이 알 수 있고, 당시의 역사·문화가 갖는 현재적 의미도 훨씬 풍부하게 이해할 수 있을 것이다. 　　　ㅣ채웅석ㅣ

참고문헌

金毅圭 편,『高麗社會의 貴族制說과 官僚制論』, 지식산업사, 1985.
박용운 외,『증보판 고려시대사의 길잡이』, 일지사, 2009.
박용운,『수정·증보판 고려시대사』, 일지사, 2008.
박종기,『새로 쓴 5백년 고려사』, 푸른역사, 2008.
『역사비평』편집위원회,『한국 전근대사의 주요 쟁점』, 2002.
車河淳 외,『韓國史 時代區分論』, 소화, 1995.
韓國經濟史學會,『韓國史時代區分論』, 乙酉文化社, 1973.
韓國古代史學會,『古代와 中世, 韓國史의 時代區分』, 신서원, 1995.
한국중세사학회,『고려시대사강의』, 늘함께, 1997.

유승원,「고려사회를 귀족사회로 보아야 할 것인가」『역사비평』36, 1997.
채웅석,「고려사회의 변화와 고려중기론」『역사와 현실』32, 1999.

보론 1

연구 자료와 새로운 연구 전망

1) 사서류

고려시대에 편찬된 역사서로는 『삼국사기』와 『삼국유사』가 있다. 그러나 그것은 모두 당대의 역사에 관한 것이 아니라 삼국시대의 역사서이다. 고려실록을 비롯하여 『고금록』, 『금경록』, 『편년강목』 등 여러 편의 사서가 당대에 편찬되었던 것으로 추정되지만 현재 남아있는 역사서는 조선시대에 편찬된 『고려사』와 『고려사절요』를 제외하면 거의 없다고 해도 과언이 아니다.

먼저 『고려사』는 세종 31년(1449)에 편찬을 시작하여 문종 1년(1451)에 완성된 총 139권의 역사서이다. 『삼국사기』와 함께 국가가 중심이 되어 편찬한 대표적인 기전체 사서로 전체적인 분량은 세가 46권, 지 39권, 연표 2권, 열전 50권, 목록 2권 등 총 139권이다. 다만, 형식은 기전체이지만 당시 『고려사』를 편찬한 인물들이 본기편에 들어가야 할 역대 제왕의 업적을 세가편에 수록함으로써 본기편이 없는 불완전한 형태로 제작되었다는 한계가 있다.

현재 남아있는 『고려사』는 단종 2년(1454) 10월에 정인지의 이름으로 인쇄 및 반포된 것이다. 이에 앞서 세종 때에 세 차례의 개수 작업이 있었으나 참칭僭稱의 문제를 두고 개서와 직서를 반복하다가 직서를 택하고, 사체 또한 당초에 기획하였던 편년체에서 기전체로 바꾸었다. 발행 책임자가 당초에 김종서에서 정인지로 바뀐 것은 계유정난으로 김종서가 제거되었기 때문이다. 『고려사』의 찬자들은 역사의 원동력을 왕과 왕을 보필하는 신하, 그리고 통치제도로 파악하였다. 국가를 유지하기 위해서는 훌륭한 군주가 선정을 펴야 하고, 군주가 선정을 펴기 위해서는 신하의 충언을 받아들이고, 역사를 교훈으로 삼아 올바른 통치를 펴야 한다는 것이다. 이러한 역사관은 정인지가 올린 「진고려사전進高麗史箋」에 잘 나타나 있다.

　기전체로 편찬된 『고려사』와는 달리 『고려사절요』는 편년체로 정리된 총35권 분량의 사서이다. 조선 김종서가 문종 1년(1451) 8월에 『고려사』를 바치는 자리에서 편찬을 허락받고 이듬해 2월에 완성하였다. 『고려사』는 수사修史의 주체가 군주이기 때문에 군주 중심의 시각이 강하게 반영되었지만, 『고려사절요』는 수사의 주체가 신료이므로 신료 중심의 시각이 강하다고 할 수 있다. 『고려사절요』에서 또 한 가지 주목되는 점은 『고려사』에 비해 월등히 많은 사론史論이 실려 있다는 것이다. 『고려사』에는 세가에만 34편의 사론이 실려 있지만 『고려사절요』에는 『국사』에 실렸던 이제현의 사론과 『고려국사』에 실렸던 정도전·정총의 사론 등 총 108편의 사론이 실려 있다. 『고려사절요』가 5개월이라는 짧은 기간에 편찬될 수 있었던 것은 앞서 살펴본 바와 같이 기전체 『고려사』 이전에 편년체로 편찬하는 작업이 선행되었기 때문이다. 윤회의 『수교고려사』나 권제의 『고려사전문』은 비록 체제와 내용상의 문제로 유포가 중단되었으나 모두 편년체 사서로서 『고려사절요』의 모본이 되었을 것이다.

　한편, 당대 사료로 주목되는 『고려도경』 역시 고려시대사 연구에서 매우 중요한 사서이다. 『고려도경』은 인종 1년(1123) 6월에 송의 사절로 온 서긍이 고려에서 머물며 보고 들은 것을 그림과 글로 남긴 것이다. 총40권으로 구성되어 있으며, 본래의 명칭은 『선화봉사고려도경』이다. 송으로 돌아간 서긍은 이듬해인 인종 2년(1124)에 『고려도경』을 지어 휘종에게 바치고, 부본을 간직하였으나 인종 4~5년(1126~1127)에 일어난 '정강의 변'으로 정본을 상실하였다. 그리고 부본마저도 잃어버렸다가 되찾는 과정에서 해도海道 부분을 제외한 앞 장의 대부분이 훼손되었다. 지금 남아있는 간본은 간행연도 또는 장소에 따라 건도각본, 징강본 등으로 부르고 있는데, 그나마도 해도 부분의 그림이 없어지고 문장만 남아있는 상태이다.

『고려도경』이외에『원고려기사元高麗紀事』와『오대사』~『명사』에 이르는 중국의 사서에도 주목할 필요가 있다.『원고려기사』는 청 말의 문정식이『경세대전經世大典』에 실린 몽골·고려 전쟁 기사와『원사』「고려전」에 수록된 대외 관계 관련 자료를 정리한 책이다.『경세대전』에는 몽골제국의 정복활동, 대외관계, 전쟁, 통치 제도 등이 수록되어 있었던 것으로 추정되지만 지금은 전하지 않으며, 명대에 제작된『영락대전永樂大典』에 일부가 수록되어 있다. 고려와 관련된 주요 내용은 몽골 태조 11년(1216)~몽골 성종 5년(1301)까지 양국 간의 전쟁 기사와 탐라에 관련된 기사이다. 따라서 이 책은『고려사』나『고려사절요』에 누락된 외교, 조공, 전쟁 관련 사실을 보완할 수 있다는 장점이 있다.

중국의 사서 중에서 고려에 관한 기사를 포함하고 있는 것은『구오대사』,『신오대사』,『송사』,『요사』,『금사』,『원사』,『명사』, 그리고『명실록』등이 대표적이다. 이들 자료 역시『원고려기사』와 마찬가지로 외교관계와 국방문제에 관한 자료들이 대부분이지만 상대적으로 부족한 국내 자료를 보완하는 데에 도움이 되고 있다.

최근에는 이러한 자료들을 교감하고 정리하는 작업이 진행되면서 좀 더 정확한 사료들을 접할 수 있게 되었다. 그 대표적인 연구성과로는 장동익의『고려사 연구의 기초』,『고려사세가초기편보유』와 노명호가 발간한『교감 고려사절요』를 꼽을 수 있다. 특히, 장동익의『고려사 연구의 기초』,『고려사세가초기편보유』는 정밀한 고증을 거쳐 고려사 편찬과정에서 발생한 여러 가지 문제, 즉 칭원법의 변경으로 인한 편년과 활자 전도에 따른 오류, 문장의 탈락, 사실의 누락, 원전 인용의 착오, 관작·인명

·지명 등의 오류 등을 바로잡았다. 이러한 연구 성과가 축적되면서 고려시대의 역사와 대외관계 등에 대한 더 정밀한 분석이 가능해졌다.

2) 금석문

2017년 도봉서원 터에서 『대동금석서』(1668)에 탁본으로만 전해지던 혜거국사의 비편이 출토되어 세간의 주목을 받았다. 이 비편에 새겨진 '견주도봉산영국사'라는 글자를 통해 당초 혜거국사비가 세워진 곳이 영동 천태산의 영국사가 아니라 서울의 도봉산 영국사라는 것도 밝혀졌다. 이처럼 돌이나 금속에 새긴 금석문은 종이로 보존되지 못한 문헌 자료를 보완하는 매우 소중한 자료이다. 고려시대 금석문의 종류로는 비명碑銘과 묘지명墓誌銘, 그리고 각종 불교 조각품에 새겨진 탑명塔銘, 조상명彫像銘, 종명鐘銘, 향완명香盌銘, 금구명禁口銘 등이 있다. 금석문은 당대인이 직접 남긴 1차 사료로 사료적 가치가 매우 크다. 금석문을 잘 활용하면 『고려사』와 『고려사절요』의 자료적 한계를 보완하고, 부족한 사료를 보충할 수 있다.

금석문에 대한 정리 자료로는 1919년 조선총독부 주관으로 편찬된 『조선금석총람』과 1968년에 이난영이 편찬한 『한국금석문추보』, 1984년에 허흥식이 편찬한 『한국금석전문』, 1994년에 황수영이 편찬한 『한국금석유문』, 1979~1989년까지 조동원이 편찬한 『한국금석문대계』, 김용선이 편찬한 『고려묘지명집성』(2001) 등이 있다.

이들 중 『조선금석총람』은 조선총독부에서 수집한 탁본과 일부 사진을 모아 상하 1책과 보유·정오 1책으로 편찬한 것이다. 그 중 고려시대 금석문 자료는 153개인데, 대부분이 묘지명이다. 이 책은 당시까지 전해지는 주요 금석문들을 집대성하여 처음 활자본으로 출간하였다는 데 그 의의가 있다. 또한, 『한국금석유문』은 미술사 자료를 중심으로 자료가 정리되었고,『한국금석문대계』는 각종 금석문의 탁본을 영인하여 수록하였다는 특징이 있다.

금석문의 가치가 주목되면서 최근에는 단순한 탁본과 판독문 제시를 넘어 판독문의 정밀한 비교와 번역, 주석 작업도 꾸준히 진행되고 있다. 한국역사연구회의『역주 나말여초금석문』, 한국고대사회연구소 편의 『역주 한국고대금석문』, 이지관李智冠의『교감역주 역대고승비문』, 김용선의『역주 고려묘지명집성』, 한국국학진흥원에서 발간한『한국금석문집성』등이 대표적인 연구 업적이다. 특히,『한국금석문집성』은 이전의 해독의 미비점을 보완하고 각종 금석문의 사진과 탁본 자료를 수록하였으며, 김용선의『역주 고려묘지명집성』은 여러 금석문 중에서 묘지명만을 별도로 모아 분석하고 역주하였다는 점이 장점이다. 묘지명은 죽은 사람의 일생과 그가 살았던 시대의 모습, 생활상, 가족관계, 풍속 등을 파악할 수 있다는 점에서 매우 귀중하다.

3) 불교 관련 자료

고려시대에 제작된 불교관련 자료로는 대장경과『해동고승전』, 그리고 승려들의 문집 및 전기가 있다. 먼저 대장경은 경經, 율律, 론論 삼장을 총칭하는 말이다. 고려시대에 대장경은 크게 두 차례에 걸쳐 조성되었다. 현종 연간에 거란의 침입을 받았을 때 조성한 초조대장경과 고종 연간에 몽골의 침입을 받았을 때 조성한 재조대장경이 그것이다. 초조대장경은 현종 2년(1011)에 조판을 시작하여 약 18년이 지난 현종 20년(1029)경에 완성된 것으로 추정되고 있다. 체제와 내용은 송에서 조성된 관판대장경을 토대로 하였으며, 대구의 부인사에 보관해 오다가 몽골의 침입으로 부인사가 불타면서 함께 소실되었다.

초조대장경 제작 후 의천의 주도로 대장경을 보완하기 위한 사업이 추진되었다. 의천은 송, 요, 일본 등에서 서적을 사들이고 전국 각지에서 경전과 문헌을 수집하고 정리하여 신편제종교장총록 3권을 간행하였다. 이후 의천은 흥왕사에 교장도감을 설치하고 판각을 시행하였다. 이때 판각한 판본의 일부가 송광사와 일본의 동대사도서관에 남아 있다.

고종 19년(1232) 몽골의 침입으로 부인사에 봉안된 대장경이 소실되자 정부는 고종 23년(1236)에 대장도감을 설치하고, 이듬해부터 대장경 간행을 시작하여 고종 38년(1251)에 조판을 완성하였다. 경판의 판각은 강화도의 대장도감 본사와 남해 분사도감, 합천 해인사 등지에서 담당하였으며, 강화도에 보관하다가 조선초에 합천 해인사로 이전되어 지금까지 전하고 있다. 판각된 경판의 수는 정확치 않으나 현재 전하는 것은 총 81,258매이다.

『해동고승전』은 승려 각훈이 고종 2년(1215)경에 편찬한 역대 승려들의 전기문이다. 현재는 「유통편流通篇」 2권 1책만이 전해지고 있다. 현존하는 내용은 주로 삼국의 승려에 관한 것이지만 유통편 중 논에 대각국사大覺國師 의천의 구법求法에 관한 언록이 있는 것을 볼 때 고려시대 승려들에 대한 전기까지 포함되어 있었을 것으로 추정된다. 현존하는 「유통편」 권1의 1은 삼국시대 불교의 전래와 수용에 관한 기록이고, 권1의 2는 중국과 인도로 구법의 길을 떠난 승려들의 전기이다. 권2에는 승려 총 35명의 전기와 중요 승려에 대한 찬문讚文이 실려 있다. 각훈이 『해동고승전』을 지은 이유는 전법과 교화에 있었으나 그 이면에는 무신집권 아래서 탄압을 받았던 교종세력의 결속을 촉구하고, 화엄종의 부흥을 도모하기 위한 목적도 있었던 것으로 보인다. 『해동고승전』은 순도와 아도의 국적, 신라의 불교 전래설 등 다른 서적에서는 찾아보기 어려운 사실들을 담고 있다는 점에서 매우 중요한 의미를 갖는다.

이외에도 불교 관련 자료로는 승려들의 문집으로 알려진 『균여전』, 『대각국사문집』, 지눌과 혜심의 저술, 나옹과 보우의 어록 등이 있다.

또한,『한국불교전서』4~6권, 11권에 수록된 각종 자료와 사찰 관계 고문서자료를 수록한『조선사찰사료』(조선총독부 내무국, 1911)도 불교사 연구에서 빼놓을 수 없는 중요한 자료이다.

4) 문집 및 고문서류

현존하는 고려시대 문인들의 문집은 대개 중·후기에 활약한 인물들이 남긴 것이다. 이에 해당하는 것으로는 이규보의『동국이상국집』, 이인로의『파한집』, 최자의『보한집』, 최해의『동인지문사륙』·『동인지문오칠』·『졸고천백』, 이곡의『가정집』, 이색의『목은집』, 이제현의『익재집』등이 있다. 또한, 이들 문집을 집대성하여 간행한 것으로『고려명현집』이 있으며, 조선 성종 9년(1478)에 왕명을 받아 서거정 등이 편찬한『동문선』에도 고려시대 문인들이 남긴 많은 작품들이 수록되어 있다.

이 중『동국이상국집』은 무신정권기에 활약하였던 이규보의 시문집으로 분량은 53권 13책이다. 이 책에는 이규보의 시문뿐만 아니라『구삼국사』를 읽고 지은 고구려 시조「동명왕편」을 비롯하여 팔만대장경을 간행할 때 지은 기고문, 태창을 건립할 때 지은 상량문, 상정예문을 금속활자로 인쇄할 때 지은 발문 등이 수록되어 있어 사료로서의 가치가 크다.

이인로의『파한집』은 고종 7년(1220)에 지은 것을 사후 40년 후인 원종 1년(1260)에 간행한 것이다. 현재 전하는 판본은 조선 효종 10년(1659) 엄정구嚴鼎耇가 경주부윤 재임 중에 조속趙涑의 가장비본家藏秘本을 토대로 각판刻板한 것이다. 전체적인 구성은 3권 1책이며, 시평, 서필담, 시화, 문담 등 이인로의 뛰어난 문학성을 보여주는 작품과 신라의 풍속, 개경, 서울, 궁궐 사찰 등에 관한 내용이 수록되어 있다.

『보한집』은 1254년경에 최우의 명을 받아 최자가 엮은 시화집이다.

3권 1책으로 구성되어 있으며, 초간본은 전하지 않는다. 현존하는 것 중 가장 오래된 것은 조선 효종 10년(1659)에 엄정구가 간행한 목판본이다. 최자가 직접 쓴 서문에 따르면 "고금의 여러 명현들이 남긴 문집이 사라지는 것을 안타깝게 여겨 이인로가 그것을 모아 파한집을 엮었으나 그것이 간략함을 안타깝게 여겨 최우가 그에게 명하여 보완하게 하였다"고 한다. 『보한집』은 『파한집』과 함께 고려중기까지의 문학작품과 사상적 경향을 잘 보여주는 소중한 자료이다.

『동인지문사륙東人之文四六』은 고려말 최해가 신라와 고려 명현들의 시문 중에서 사륙변려문을 가려서 모은 『동인지문』의 일부이다. 지금은 총 15권이 남아있지만 최해의 문집인 『졸고천백』의 「동인지문서東人之文序」와 이곡이 쓴 「최군묘지」 등에 의하면 총 25권으로 구성되어 있었으며, 충숙왕 복위 5년(1336)~충혜왕 복위 1년(1340) 사이에 완성된 것으로 보인다. 전체적인 구성을 고려하면 수록 작품은 신라 최치원崔致遠에서부터 충렬왕 때까지로 추정된다. 현존하는 『동인지문사륙』은 지정 15년(1355)에 복주(안동)에서 간행된 것과 그보다 나중에 진주에서 간행된 2개의 판본이다.

『동인지문오칠東人之文五七』은 최해가 공민왕 4년(1355)에 역대 한시들을 선별하여 편찬한 한시선집漢詩選集이다. 한시와 함께 고려시대 문인 26명의 간략한 전기가 붙어 있는데, 이 전기에는 각기 대상 시인의 자호와 세계, 성품, 과거 급제 경력, 관력, 저서 등이 상세히 기록되어 있어 고려시대 인물사 연구에 많은 정보를 제공하고 있다. 총 9권 3책으로 구성되어 있었으나 앞부분은 소실되었고, 권7·8·9로 구성된 1책만이 삼성출판 박물관에 소장되어 있다.

역시 최해의 문집으로 알려진 『졸고천백』은 최해가 공민왕 3년(1354)에 진주목에서 처음 간행한 것으로 총 45편의 산문이 시대 순으로 수록되어 있다. 2015년 고려대학교 한국사연구소에서 각종 판본을 찾아 정밀히

검토하여 간행한 『졸고천백 역주』를 참고하면 비교적 정확한 원문과 역주문을 접할 수 있다.

이곡과 이색 부자의 문집인 『가정집』과 『목은집』 또한 고려후기에 제작된 문집 중에서는 빼놓을 수 없는 명작이다. 먼저, 이곡의 문집인 『가정집』은 총 20권 4책으로 구성되어 있다. 공민왕 13년(1364)에 초간하였으나 불타 없어져 조선 세종 4년(1422)에 중간하였으며, 인조 13년(1635)에 세 번째 간행이 이루어졌다. 가정집에는 그의 대표적인 가전체 소설 「죽부인전」을 비롯하여 원에 머물 때 원의 인물들과 교류한 사실에 관한 기록, 묘지명, 행장 등이 수록되어 있어 당시 고려와 원의 관계를 파악하는 데에 좋은 자료가 된다.

이색의 문집인 『목은집』은 총 55권 24책으로 구성되어 있다. 조선 태종 4년(1404)에 간행하였으며, 사辭·조操·소부小賦, 근체·고체·오언·칠언의 시, 서序·설說·표表·찬讚·명銘·전傳 등 다양한 작품들이 수록되어 있다. 『목은집』은 이색의 정치적인 활동뿐만 아니라 당대에 그와 교류한 지식인들과 정치가들에 대한 전기가 다수 포함되어 있어 『고려사』를 편찬할 때에도 중요한 자료가 되었다.

『익재난고』, 『익재집』, 『역옹패설』은 고려말의 학자였던 이제현의 작품을 간행한 것이다. 공민왕 12년(1363)에 초간하였으나 이미 많은 원고가 사라진 상태였으므로 남은 것만을 모았다는 의미에서 『익재난고益齋亂藁』라 하였다. 『익재난고』에는 서, 비명, 표, 세가, 사찬, 책문, 송 등이 1~10권으로 분류되어 있다. 조선 세종 14년(1432)에 다시 『역옹패설』과 『익재집』으로 중간하였으며, 선조 33년(1600)에 경주에서 다시 간행하였다.

이외에도 『경재 홍로선생 실기』, 지포 김구의 『지포선생문집』, 백분화의 『남양시집』, 이승휴의 『동안거사집』, 여말선초에 활약한 정도전의 『삼봉집』, 하륜의 『양촌집』 등 고려후기~조선초에 활동한 문인들의 문집이 『한국역대문집총서』와 『한국문집총간』 등에 수록되어 있다. 또한,

『안동권씨 성화보』,『문화유씨 가정보』등의 족보류,『만덕사지』,『조계산 송광사사고』등 사지류 등도 놓칠 수 없는 사료들이다. 그 밖에 허흥식이 편찬한『한국중세사회사자료집』(아세아문화사, 1987)에도 고려시대 연구에 토대가 되는 사료들이 다수 수록되어 있다.

5) 고고 자료

고고 자료의 활용 부분은 2000년을 전후하여 고려시대 관아 유적과 고선박이 연이어 출토되면서 활기를 띠었다. 특히, 고선박과 함께 연대가 확실한 목간들이 출토되면서 도자사 연구의 새로운 장이 펼쳐졌다. 한국 중세사 연구에서 고고학 분야의 비중이 증가하였음은 2016년 3월에 출범한 '한국중세고고학회'를 통해서도 확인된다. 기존의 연구 성과가 재해석되고, 앞으로 진행될 발굴조사 결과를 연구 자료로 활용한다면 지금까지 문헌의 부족으로 진행하지 못한 다양한 분야의 연구가 가능해질 것이다.

고려시대 고고 자료와 관련해서 많은 관심을 받은 것은 마을 유적과 명문 기와, 그리고 고선박이다. 먼저 마을 유적과 관련해서는 대전 상대동에서 출토된 유성현 치소 유적과 장흥의 상방촌 유적이 주목된다. 상대동과 상방촌 유적은 모두 평지에 자리 잡고 있었으며, 주 건물지는 너비가 2m정도 되는 두꺼운 담장 안에 배치되어 있었다. 이는 이미 고려전기부터 일부 현치나 읍사가 산성에서 평지로 내려왔으며, 당시의 주요 건물들이 매우 두터운 담장으로 둘러싸여 있었음을 보여준다.

명문와는 건축물의 용도와 건축 시기, 발주자 또는 시주자, 제작자 등을 표기한 매우 소중한 자료이다. 최근에는 치소성으로 추정되는 김해 봉황동, 대성동·동상동 유적에서 출토된 '서면', '북면' 등의 명문기와의 분석을 통해 고려시대에 이미 면제가 실시되었을 가능성이 있다는 주장도 제기되었다. 앞으로도 이와 유사한 명문와가 지속적으로 발굴된다면 지방제도 연구에 중요한 자료가 될 것이다.

고선박은 육지에서 출토되는 유적과는 또다른 특징과 가치를 갖는 소중한 자료이다. 도자기와 곡물, 목재 등 당시 사람들이 배에 적재하였던 물품들은 물론이고, 발송지와 도착지, 발송인과 수취인, 발송일 등을 기록한 목간이 함께 출토되어 연구자들에게 새로운 연구자료를 제공하고 있다. 국립해양문화재연구소에서 해마다 주목할 만한 발굴성과를 제공하고 있으므로 이 분야에 대한 연구는 한동안 지속될 것으로 보인다.

그 외에도 북한의 고려 태조릉(현릉)에서 출토된 왕건상, 일본에서 출토된 고려청자와 동전, 청자불상 등도 흥미로운 주제 중의 하나이다. 고고 발굴 작업을 통해 출토된 고려시대의 유물과 유적들은 문헌의 부족으로 어려움을 겪는 연구자들에 다양한 연구 기회를 제공해주고 있다. 고려시대 건물지가 심심찮게 출토되는 요즘의 상황을 고려하면 중세 고고학은 앞으로도 지속적으로 주목해야 할 분야라고 생각된다.

그러나 아직까지도 고고학자들과 문헌사학자들의 연계활동이나 협동 연구는 그리 활발하지 않은 듯하다. 어느 시기든 마찬가지이지만 특히 고려의 경우처럼 문헌이 많지 않은 시기의 연구는 고고학의 도움을 받지 않을 수 없다. 또한, 고고학 역시 문헌의 뒷받침 없는 새로운 해석은 한계가 있을 수밖에 없다. 이러한 문제점을 보완하기 위한 두 영역 연구자들의 체계적이고 긴밀한 협업이 요구된다.

6) 새로운 자료와 연구 전망

앞서 소개한 것처럼 최근 고려사 연구의 경향은 기존에 발표된 연구자료의 미비점을 보완하는 것과 고고 자료들을 문헌연구에 접목하는 것, 즉 기존연구의 보완과 새로운 자료의 활용이라는 두 가지 방향으로 흐르고 있다. 이러한 두 가지 연구를 통해 고려사 연구는 더욱 정밀해지고 풍성해졌다. 이와 함께 주목되는 부분은 초고속 인터넷 환경이 구축되면서 많은 연구 성과들이 데이터베이스화되고 있다는 점이다. 1990년대에만 해도 CD-ROM으로만 검색이 가능하거나 특정 기관에서만 유통되던 자료들이 인터넷 환경의 개선과 함께 공용화되면서 훨씬 이용하기 쉬워졌다. 그 대표적인 예가 국사편찬위원회 홈페이지에 구축된 한국사데이터베이스이다. 한국사데이터베이스의 '고려시대 사료 데이터베이스' 코너에는 『고려사』와 『고려사절요』를 비롯하여 5편의 문집류, 3편의 중국 사료, 고려시대 금석문 등이 공개되어 있다. 또한, 국사편찬위원회 홈페이지에는 한국역사정보통합시스템, 조선왕조실록, 승정원일기, 우리역사넷, 전자사료관, 전자도서관 등의 홈페이지가 링크되어 있어 언제 어디서든 연계 검색이 가능하다.

이외에도 자료가 데이터베이스화되어 있는 곳은 매우 많다. 예컨대 고고학의 성과를 정리한 '한국 중세 고고학 기초자료 데이터베이스(http://smgogo.sookmyung.ac.kr)', 주요 금석문의 내용을 역주하고 탁본과 사진을 탑재한 '한국금석문 종합영상정보시스템(gsm.nricp.go.kr)', 『고려사절요』와 각종 문집을 번역하여 탑재한 한국고전번역원(www.itkc.or.kr) 등이 대표적이다.

이러한 웹 서비스를 통해 쉽고 빠른 검색이 가능해지고, 한자 자료의 이용이 어려운 세대에게 번역·주석된 자료가 풍부하게 제공된 만큼 양적·질적으로 고려시대사 연구도 활기를 띠게 될 것이라고 기대한다. 다만, 앞으로의 과제는 이미 구축된 데이터베이스 자료를 꾸준히 보완하고, 대조·교감하여 이용자들에게 좀 더 명확한 자료를 제공하는 것이다. 뜻있는 연구자들에 의해 지금까지 많은 교감과 역주 작업이 진행되기는 하였으나 여전히 인터넷 자료에는 누락된 부분이나 잘못 해석된 자료가 탑재되어 있는 경우가 적지 않다. 이를 위해서는 사서를 읽고 교감할 수 있는 능력을 갖춘 후진을 양성하는 일도 시급하다고 할 수 있다.

다소 아쉬운 것은 고려시대 연구를 위한 자료의 빈곤 문제가 여전히 해결되지 않고 있다는 점이다. 남북 관계가 개선되는 분위기가 조성되고 있는 만큼 양측의 공동연구가 다시 재개되고, 중국 또는 일본을 비롯하여 해외 자료들 중 고려와 관련된 자료들을 꾸준히 발굴하여 소개하는 연구가 진전된다면 고려사 연구의 가장 큰 장벽이라 할 수 있는 자료 부족의 문제도 다소 해소되리라 기대한다. ｜문경호｜

참고문헌

김용선, 『역주 고려묘지명집성』 상·하, 한림대출판부, 2012.
장동익, 『고려사연구의 기초』, 경인문화사, 2016.
최연주, 『高麗大藏經 硏究』, 경인문화사, 2006.
韓國史硏究會, 『韓國史學史의 硏究』, 乙酉文化社, 1996.

김광철, 「『고려사』 판본과 그 간행 시기」 『석당논총』 59, 2014.
김형수, 「고려시대 인물 문집의 현황과 문집의 편찬 과정 - 한국국학진흥원 소장
　　　 본을 중심으로 -」 『한국중세사연구』 40, 2014.
노명호, 「『고려사』와 『고려사절요』의 재인식과 한국사학의 과제」 『歷史學報』 228,
　　　 2015.
안병우, 「중세고고학의 발전과 고려사 연구」 『역사비평』 64, 2003.
趙東元, 「金石文의 歷史와 資料的 價値」 『大東文化硏究』 55, 2006.
최영호, 「고려시대 대장경·문집·고문서 자료의 정보화 현황과 전산화 방안」 『한
　　　 국중세사연구』 30, 2011.
홍영의, 「한국 중세고고학의 시작과 연구 동향, 그리고 과제」 『역사와 현실』
　　　 103, 2017.

1장

정치세력과 국정 운영

1. 건국과 집권화 과정
2. 문벌사회의 전개와 개혁의 모색
3. 무신정권과 왕정의 위기
4. 원간섭기의 정치세력과 정치 운영
5. 신흥유신의 성장과 왕조 교체

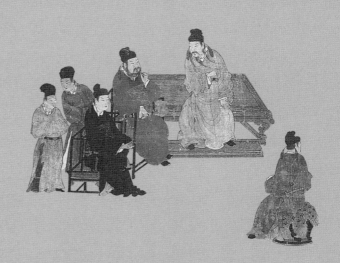

1. 건국과 집권화 과정

1) 왕건의 고려 건국과 후삼국 통일

고려의 건국과 통일

왕건王建은 신라 헌강왕 3년(877)에 송악에서 태어났다. 그의 집안은 고구려 유민 출신이었다. 6대조 할아버지 호경虎景이 활을 잘 쏘았다든가 백두산으로부터 내려와 송악에 정착하였다는 기록이 그것을 말해준다. 또 할아버지 작제건作帝建도 활을 잘 쏘아 '백발백중'이었다고 한다. 고구려의 건국자인 고주몽高朱蒙도 명궁이었는데, 이러한 공통점은 왕건의 가문이 고구려계였음을 간접적으로 시사해준다.

송악에 정착한 왕건 가문은 해상세력으로 성장해 나갔다. 송악[개성] 자체가 해안에 위치하고 있어 중국과의 해상무역에 유리한 지역이었다. 이에 따라 부를 축적할 수 있었다. 5대조 할아버지에 해당하는 강충康忠이 부자였다는 기록이 이를 말해준다. 작제건이 바다를 건너 중국으로 가다 용왕의 딸인 용녀를 아내로 맞이하였다는 설화도 그의 가문이 바다와 밀접한 관련이 있었음을 보여준다. 그리하여 이미 작제건 시대에 그 일대를 장악한 세력으로 성장하였다. 작제건이 용녀를 맞아오자 개주[개성]·정주[개풍군 풍덕]·염주·백주의 4주와 강화·교동·하음 3현의 백성들이 그를 위해 영안성永安城을 쌓고 궁실을 지어줬다는 『고려사』 고려세계高麗世系의 기록이 이를 뒷받침해준다.

그는 궁예 밑에서 정복 활동을 전개하면서 정치적으로 성장하였다. 그러나 태봉 말기에 궁예가 의심이 많아지고 포악해지면서 부하 장수들에 의해 왕으로 추대되었다. 즉 918년 6월, 왕건은 홍유洪儒·배현경裵玄慶·신숭겸申崇謙·복지겸卜智謙 등의 장군에게 추대되어 왕위에 올랐다. 이렇게 왕건은 궁예의 뒤를 이어 왕위에 올라 창업주인 태조太祖가 되었다. 그는 우선 나라 이름을 '고려高麗'라 하였다. 이 국호는 이미 궁예가 사용한 바 있으나 신라의 왕실 출신이었던 궁예에게는 어울리지 않는 국명이었다. 그러나 왕건은 고구려의 유민 출신이었으므로 고구려의 부흥을 표방할 만 하였다. 그리고 궁예가 차지하고 있던 지역이 대개 옛 고구려 지역이었으므로 지역민들을 결집시키는 데에도 효과적으로 작용하였다.

신라에 대해서도 궁예와는 달리 우호적인 태도를 보였다. 왕위에 오르자마자 궁예가 새로 설치한 관계와 군현의 명칭을 다시 신라식으로 환원하였다. 신라에서 오는 사람들도 후대하였다. 특히 6두품 계열을 많이 수용하였다. 최언위나 최은함·최승로 부자와 같은 세력을 영입하였다. 최언위는 당나라에 유학하였다가 돌아온 인물로 신라에서 관직생활을 하다 왕건에게로 온 인물이다. 그는 태조 휘하에서 많은 활약을 하였다. 태자의 사부가 되었으며, 문필을 관장하여 한림원의 장관을 지내기도 하였다. 최승로 부자도 귀순해오자 그 실력을 인정하여 어린 최승로를 원봉성의 학생으로 삼기도 하였다.

이렇듯 신라와의 관계를 탄탄히 다져놓은 왕건에게 남아 있는 숙제는 후백제 견훤과의 관계를 어떻게 정립시키느냐 하는 것이었다. 왕건이 즉위한 초기에 그들은 외형적으로 우호관계를 유지하였다. 왕건이 즉위하자 견훤 측에서 사신을 보내 공작선같이 좋은 부채와 지리산 대나무로 만든 화살을 선물하였고 왕건도 이에 화답하였음은 물론이다. 그러다가 태조 3년(920)에 견훤이 신라의 합천·초계를 공격하고 신라의 구원 요청에 고려가 응하면서 둘 사이에 틈이 벌어지기 시작하였다. 924년에 일어난 조물군(구미 부근으로 추정) 전투 이후 인질 교환으로 잠시 소강상태를 보이던 그들은 태조 10년(927)에 왕건이 용주(지금의 예천)를 선제공격함으로써 다시 대립하였다.

같은 해 견훤이 신라의 수도를 침범하여 경애왕을 살해하면서 양자의 관계는 극도로 악화되었다. 이때 신라를 구원하러 가던 왕건은 공산(지금의 대구 팔공산)에서 후백제군을 만나 싸웠으나 크게 패하였다. 여기서 그는 신숭겸·김락 등 두 장수를 잃고 간신히 몸만 빠져나왔다. 이에 충격을 받은 왕건은 전열을 재정비하여 태조 13년(930)에 고창군(지금의 안동) 전투에서 김선평金宣平·권행權幸·장길張吉 등의 도움으로 견훤군을 크게 무찔렀다.

승기를 잡은 왕건은 견훤과 경순왕의 귀순을 받고 후백제 신검神劍과 선산 부근의 일리천一利川에서 마지막 결전을 벌였다. 여기서 패배한 신검은 황산군(지금의 충남 논산군 연산면)으로 도망하여 진영을 정비하였다. 그러나 이를 추격한 고려는 여기서도 크게 승리함으로써 936년에 후삼국을 통일하였다. 이 기념으로 왕건은 연산에 개태사開泰寺라는 절을 세우기도 하였다.

통일 정책과 후삼국 통일의 의의

왕건이 후삼국을 통일할 수 있었던 것은 그의 개인적 자질과 역량 때문이기도 하였지만 '호족豪族'들의 협조 덕택이기도 하였다. 호족은 지방의 대토지소유자로서 권력·무력뿐 아니라 문화적 능력도 갖추고 있는 존재였다. 신라 말 이들은 지방에서 성주·장군의 호칭을 가지고 각 지역을 장악하고 있었다. 처음 농민봉기가 일어났을 때 그들은 관망의 자세를 보였으나 혼란이 계속되자 농민들과 연합하여 새로운 사회의 건설에 앞장섰다.

왕건은 온건개혁정책을 추구하면서 이러한 호족들을 자신의 휘하에 끌어들이려 하였다. 그는 즉위하자마자 전국의 호족들에게 선물을 보내는 한편 말을 낮추어 공경하는 겸손한 태도를 보였다. 자신에게 귀부해 오는 호족들에게는 토지와 저택을 주기도 하고 관계官階를 수여해주면서 통치권을 인정해 주기도 하였다. 또 그들의 딸과 혼인을 추진하여 혈연적 친분관계를 유지하기도 하였다. 그 결과 그에게는 29명의 부인이 있었으며, 여기서 25명의 왕자와 9명의 왕녀를 얻게 되었다. 이러한 혼인정책이 호족들에게 환영받을 수 있었던 것은 왕건의 회유정책 때문이기도 하였지만 그의 출신배경이 송악의 호족으로서 동질성을 느낄 수 있었던 데에도 한 원인이 있었다.

호족들의 자제들을 기인其人으로 삼아 수도에 올라오게 하는 조치도 취하였다. 평상시에는 이들을 잘 대우해 주었지만 유사시 인질로 삼기 위한 것이었다. 대호족들이 서울로 올라올 경우 그들을 사심관事審官으로 삼아 출신지의 향리들을 비롯한 제반 사항을 통제하게 하기도 하였다.

한편으로 그는 일반백성들을 위한 정책적 배려도 아끼지 않았다. 그는 우선 농민들의 조세 부담을 경감시켜 주었다. 궁예 시절에는 수확의 반가량을 수탈해 갔지만, 태조가 집권한 후부터는 10분의 1세를 유지하였다. 흑창黑倉이라는 빈민구제기관을 설립하여 가난한 백성들에게 곡식을 나누어 주기도 하였다. 또 억울하게 남의 노비가 된 자들을 양민으로 풀어주는 정책도 추진하였다.

왕건의 후삼국 통일로 인하여 신라 진성여왕 3년(889)부터 시작된 전란은 끝을 맺게 되었다. 무려 47년간이나 계속된 내부적인 진통을 수습하고 나서야 고려는 새로운 사회를 건설할 수 있었던 것이다. 따라서 고려왕조도 사실은 태조 19년(936)까지는 후삼국 시대에 속한다고 하겠다. 결국 한국사에서 '후삼국 시대'란 태봉의 뒤를 이어 후백제가 건국한 900년부터 936년까지 36년간을 가리키며, 이 시기는 한국의 '전국시대戰國時代'라 불러도 좋을 것이다.

2) 혜종·정종대의 왕위계승전

혜종의 즉위와 세력 관계

943년에 태조 왕건이 죽자 혜종惠宗이 즉위하였다. 그의 후견인으로는 박술희朴述熙가 있었다. 그러나 혜종은 왕규세력의 도전에 의해 3년 만에 세상을 떴다.

왕규는 혜종의 장인이었다. 혜종의 제2비 후광주원부인後廣州院夫人 왕씨가 바로 왕규의 딸이었던 것이다. 그러나 왕규는 이미 태조에게 두 딸을 바친 바 있다. 따라서 혜종에게는 장인일 뿐 아니라 외할아버지 뻘이 되기도 하였다. 왕규의 딸과 태조 사이에 낳은 아들이 있었는데, 그가 광주원군廣州院君이다. 그는 혜종에게 이복동생이었다. 왕규는 광주원군을 왕위에 앉히려 하여 혜종을 두 번이나 죽이려 하였다. 혜종은 또 다른 세력의 도전도 받았다. 태조와 충주유씨 사이에서 태어난 왕요王堯(정종)와 왕소王昭(광종)가 그들이었다.

이런 상황 속에서 혜종은 병이 들어 죽게 되었다. 박술희·왕규도 혜종의 임종을 전후하여 살해를 당하였다. 혜종이 병이 들자 왕요는 얼마 안가 그가 죽을 것을 예견하고 박술희가 반역을 음모하였다고 모함하여 그를 살해하였다. 왕요는 박술희를 제거한 뒤 서경의 왕식렴王式廉 군대를 끌어들여 왕위에 올랐다. 그리고 마지막 장애물이었던 왕규도 제거하였다.

정종의 즉위와 정책

혜종의 뒤를 이어 왕요가 정종定宗으로 왕위에 오른 것은 혜종 2년(945)이었다. 정종은 우선 서경 천도를 계획하였다. 이는 자신의 즉위가 왕식렴을 비롯한 서경세력의 협조 덕분이었기 때문이다. 서경 천도는 또한 풍수도참설의 영향이기도 하였다. 좀 더 생각해보면 정종은 자신의 즉위과정에서 많은 사람들이 살상된 개경을 떠나고 싶었을지도 모른다. 그리하여 서경으로 천도하여 새로운 마음으로 정치를 하고자 원하였을 것이다. 이러한 심정이 천도를 더욱 부채질하였으리라 여겨진다. 그러나 반대 의견도 만만치 않아 이는 시도에 그치고 말았다.

서경 천도 계획과 더불어 정종은 전국에 걸쳐 광군光軍 30만을 조직하고 광군사光軍司를 두어 관할케 하였다. 이 같은 조치는 거란이 침입할 것이라는 최광윤의 보고에 따른 것이었다. 이는 그 숫자로 볼 때 전국적인 규모로 조직한 예비군적인 존재가 아닌가 한다. 즉 광군은 각 지역 호족들의 협조 하에 이루어진 호족연합군의 형태를 띠었으리라 짐작된다. 그러나 정종은 재위 4년 만에 죽었다.

3) 광종·경종대의 왕권 강화

광종의 즉위와 정책

정종 사후에 그의 내선內禪을 받아 광종光宗이 즉위하였다. 광종은 태조의 셋째 아들이었다. 그는 26년간 집권하면서 많은 개혁을 추진하였다. 재위기간 동안의 치적을 자세히 살펴보면, 그 성격상 세 시기로 구분할 수 있다. 첫째는 즉위 후부터 광종 7년(956)까지의 시기이고, 둘째는 그 이후부터 광종 11년(960)까지이며, 셋째는 광종 11년 이후부터 그의 말년인 975년까지의 시기로 나누어 볼 수 있다.

우선 그는 왕위에 즉위하자마자 국초의 공역자功役者를 정하게 하는 조치를 취하였다. 그리하여 4역자役者에게는 쌀 25석, 3역자에게는 20석, 2역자에게는 15석, 그리고 1역자에게는 12석을 주고 이를 예식例食으로 삼게 하였다.

곧이어 식회式會와 신강信康 등에게 명하여 주·현의 세공액歲貢額을 정하게 하였다. 세공액이란 각 주·현에서 해마다 중앙에 바치는 공물의 액수를 말한다. 세공액을 정하였다는 것은 당시 지방을 장악하고 있던 호족들이 수탈할 수 있는 한계를 정하였다는 뜻이기도 하다. 결국 이 조치는 지방의 호족들을 통제하기 위한 것이었다. 또 그는 즉위 직후부터 항상 『정관정요 貞觀政要』를 읽으면서 당 태종과 같은 선정을 꿈꾸었다.

그러나 광종 7년(956)부터 왕권을 강화하고 호족세력을 약화시키기 위한 여러 작업에 착수하였다. 먼저 그 해에 노비안검법奴婢按檢法을 실시하였다. 노비안검법이란 원래는 노비가 아니었으나 전쟁에서 포로로 잡혔거나 빚을 갚지 못하여 강제로 노비가 된 자들을 판별하여 원래의 상태로 되돌려 주는 법령이었다.

이러한 왕권 강화의 시도는 958년에 과거제도를 도입하면서 가시화되었다. 이는 후주에서 귀화한 쌍기雙冀의 건의에 따라 처음으로 실시한 것이었다. 과거제를 실시한 목적은 정치적 식견과 능력을 갖춘 새로운 관료층을 형성하기 위한 조치였다.

이어 960년에는 백관의 공복公服을 정하였다. 원윤元尹 이상은 자삼紫衫으로, 중단경中壇卿 이상은 단삼丹衫으로, 도항경都航卿 이상은 비삼緋衫으로, 그리고 소주부小主簿 이상은 녹삼綠衫으로 정하였던 것이다. 이때에 와서 공복을 제정하였다는 것은 왕을 중심으로 한 관료들의 서열을 체계적으로 정비하였다는 것을 뜻한다.

또 곧이어 개경을 황도皇都라 하고, 서경을 서도西都라고 부르는 조치를 취하였다. 뿐만 아니라 준풍峻豊이라는 새로운 연호를 쓰기도 하였다. 이는 왕실의 위엄을 높이고 자주적인 측면을 강조하고자 한 것으로 생각된다. 특히 개경을 황도라 한 것은 황제가 거주하는 도성이란 뜻으로 자신을 중국의 황제와 같은 존재로 부각시키고자 한 것 같다. 그리하여 어떤 세력도 자신의 권위에 도전하지 못하도록 한 조처라고 하겠다.

한편 광종 11년(960)부터 호족세력에 대한 무자비한 숙청이 시작되었다. 그 발단은 평농서사評農書史 권신權信이 대상大相 준홍俊弘과 좌승佐丞 왕동王同 등이 반역을 도모하였다고 참소하여 이들을 폄출시킨 데서 비롯되었다. 이 사건이 일어난 이후로 정국은 혼란에 빠지게 되었다.

또한 이 해에는 군사에 관한 관부의 개혁도 이루어졌다. 순군부徇軍部를 군부軍部로 고치고 내군內軍을 장위부掌衛部로 고쳤으며, 물장성物藏省을 보천寶泉으로 고쳤다. 내군의 명칭 변화는 필시 시위군의 강화와 관련된 것으로 생각되며, 순군부의 개칭도 국왕의 병권 장악과 관련하여 그 조직이나 기능의 강화로 여겨진다. 또 물장성을 보물이 숨겨져 있는 샘이라는 뜻의 보천으로 고친 것은 이에 관한 통제권을 왕실에서 장악하겠다는 의지의 표현이었다. 광종 11년(960)부터 그 말년까지는 이러한 개혁과 숙청, 그리고 혼란이 계속되면서 일부 호족공신세력들이 재등장하였다.

경종의 정책

광종은 재위 26년 만에 51세의 나이로 죽고 그 뒤를 이어 광종의 맏아들이 왕위에 올랐는데 그가 곧 경종景宗이다. 경종의 즉위와 더불어 광종대에 타격을 입었던 호족공신세력이 재등장하게 되었다. 좀 더 소급해 본다면 958년부터의 개혁에 따라 숙청당하였던 호족공신세력은 광종대 후반 이후로 점차 세력을 만회하기 시작하였을 것이다.

이러한 상황을 잘 반영해 주는 것이 바로 976년에 제정된 시정전시과始定田柴科이다. 전시과는 국역복무의 대가로 등급에 따라 전지田地와 시지柴地를 지급해 주는 제도이다. 처음 제정된 전시과는 관품官品의 높고 낮음을 논하지 않고, 다만 인품人品을 기준하였다. 그리고 광종대에 정한 4색 공복제에 의거하였는데 자삼紫衫을 제외한 단삼丹衫·비삼緋衫·녹삼綠衫층은 다시 문반·무반·잡업雜業의 세 층으로 나누어 지급하였다. 여기에서 자삼층은 광종대의 공복제도에 의하면 원윤 이상의 관계官階 소유자들을 말한다. 결과적으로 이들이 가장 좋은 대우를 받고 있는 것은 호족공신계열이 재등장한 당시의 정치적 상황이 반영된 것이다.

그런데 시정전시과가 제정된 지 얼마 되지 않은 경종 2년(977) 3월, 개국공신과 향의귀순성주向義歸順城主들에게 훈전勳田이라는 토지를 지급하였다. 훈전의 액수는 50결에서 20결까지로 적은 액수였지만 이는 전시과와는 달리 세습이 허용된 토지였다.

한편 경종대의 정치는 경종 1년(976) 11월까지 죄수들의 사면과 복수법의 허용 등으로 극심한 혼란을 겪다가 집정執政 왕선王詵이 추방되면서 왕을 중심으로 한 개혁이 이루어졌다. 경종은 우선 왕선을 내쫓는 대신 순질荀質과 신질申質을 좌左·우右 집정에 임명하고 이들로 하여금 내사령內史令을 겸하게 하였다. 집정제를 좌·우집정제로 바꾼 것은 한 사람에게 권력을 집중시키지 않기 위함이었다. 또 내사령은 일찍이 경종 자신이 태자로 있을 때 역임하였던 관직으로, 그 기능은 왕명의 출납이었다. 따라서 좌·우 집정으로 내사령을 겸하게 한 것은 권력의 집중을 막으면서 왕명을 효과적으로 전달하기 위한 조치였다. 다시 말해 신료들의 최고위 층인 집정까지도 국왕이 직접 장악하려 한 것이었다.

경종 2년(977)에는 과거시험을 재개하였다. 이때 경종은 지공거知貢擧를 독권관讀卷官이란 명칭으로 바꾸고 동지東池에 나아가 친히 진사進士시험을 주관하기도 하였다. 또한 급제자 6명에게 즉시 관직을 주기도 하였다. 이와 같은 경종의 과거에 대한 특별한 관심은 과거관료들을 통해 왕권을 강화하려 한 데서 나온 것이었다. 그러나 경종은 재위 7년 만인 981년에 27세의 나이로 세상을 떠났다.

4) 성종대의 체제 정비

유학의 진흥

경종의 뒤를 이어 그의 사촌 동생인 성종成宗이 즉위하였다. 성종이 의도하였던 정치는 유교적 중앙집권체제의 완비였다. 우선 그는 불교의 폐단을 시정하고 유교적인 제도와 문물을 정비하였다. 성종 3년(984)에 자기 집을 희사하여 사원으로 만드는 폐단을 금지하였고, 성종 6년(987)에는 불교의 큰 행사였던 팔관회조차 폐지하였다.

한편 성종 2년에 원구단圓丘壇을 설치하여 풍년을 빌었으며, 농사의 시범을 보이기 위해 적전籍田을 갈고 농사의 신인 신농씨神農氏를 제사하였다. 성종 4년에는 오복五服 제도를 실시하고 그에 따른 휴가제를 마련하였다. 오복이란 사람이 죽었을 때 유교적 의례에 따라 상복을 입을 수 있는 기간을 5단계로 나누어 각각에 따른 친족의 범위를 정한 것이다. 이듬해에는 가난한 백성들에게 쌀을 나누어주기 위해 의창義倉제도를 마련하였다. 성종 9년(990)에 전국의 효자와 순손順孫·의부義夫·절부節婦 등을 찾아내어 포상하였고, 성종 12년에는 물가조절기관인 상평창常平倉을 설치하기도 하였다.

충성스런 유교적 관리를 선발하기 위해 교육제도와 과거제도도 정비하였다. 그는 지방의 주·군·현으로 하여금 자제들을 뽑아 서울에 올려 교육하도록 하였다. 성종 6년에는 12목에 경학박사經學博士·의학박사醫學博士 각 1인을 파견하여 지방의 자제들을 가르치게 하였다. 2년 후에는 문신들과 지방의 경학박사들에게 교육에 힘써 줄 것을 당부하고 이를 인사에 반영할 것이라 밝히기도 하였다.

그는 유학 교육의 진흥을 위해 학교를 설립하기도 하였다. 성종 11년(992)에 경치 좋은 곳에 학교를 설립하고 국자감國子監을 창설하도록 하였다. 물론 이때 처음 국자감이 창설된 것은 아니고 확대·정비를 뜻하는 것이었다. 이처럼 성종은 교육에 큰 관심을 기울였음을 알 수 있다.

과거제도도 강화하였다. 성종 2년(983)에 최종 고시인 예부시禮部試 합격자들을 왕이 다시 시험하는 복시覆試를 실시하였다. 과거도 거의 매년 실시하다시피 하였다. 그리고 합격 인원수도 증가시켰다. 또한 인재의 확보를 위해 천거제도 실시하였다. 지방관으로 하여금 경전에 밝고 효성스런 자를 천거하도록 하였으며, 경관京官 5품 이상은 의무적으로 한사람씩 천거하도록 하기도 하였다.

통치제도의 정비

성종이 가장 치중한 것은 중앙집권적인 제도의 정비였다. 우선 그는 중앙의 관제를 정비하였다. 당唐의 3성·6부 체제를 모방하여 국초의 광평성廣評省과 내의성內議省의 기능을 합쳐 내사문하성內史門下省(뒤의 中書門下省)으로 하였으며 내봉성內奉省의 기능을 계승한 상서도성尙書都省을 설치하였다. 정사의 업무를 6개 부서로 나누어 관할하게 하는 조치도 취하였다. 당의 문산계文散階·무산계武散階를 도입하여 관리들의 서열체계도 확립하였다.

성종의 중앙집권정책은 군현제의 정비로도 나타났다. 성종 2년 전국의 주요한 지역 12곳에 외관을 파견하는 조치를 취하였다. 양주楊州·광주廣州·충주忠州·청주淸州·공주公州·해주海州·진주晉州·상주尙州·전주全州·나주羅州·승주昇州·황주黃州 등지에 주목州牧이란 외관을 파견하였던 것이다. 이는 지방의 토호세력을 억제하고 중앙의 명령을 지방에까지 효과적으로 전파하기 위함이었다.

각 지역의 지방관아에는 공해전公廨田을 지급하였다. 공해전은 지방관청에서 소요되는 경비를 충당하기 위한 토지였다. 여기에는 공수전公須田·지전紙田·장전長田 등이 있었다. 공수전은 말 그대로 지방관청을 운영하는 데 드는 비용을 조달하기 위한 토지이며, 지전은 사무용지에 대한 토지였다. 그리고 장전은 그 지역의 장長에게 지급한 일종의 직무수당이었다.

또 지방의 향리직 명칭을 개정하였다. 지방관청의 각 부서인 병부兵部·창부倉部를 사병司兵·사창司倉으로 고치는 한편 당대등堂大等·대등大等 등의 직명을 호장戶長·부호장副戶長 등으로 개명하였다. 이로써 지방과 중앙의 차이를 확실히 하였다.

이러한 군현제의 개편은 성종 14년(995)에 다시 한 번 대대적으로 이루어졌다. 우선 전국을 10도道로 나누었다. 전국에 군 단위의 행정구역 명칭을 없애고, 주현제州縣制를 실시하였다. 전국의 각 지역에 많은 외관을 파견하기도 하였다. 이러한 제도적 정비를 통해 성종은 유교적 집권국가를 만들고자 하였다.

5) 목종대의 정변과 현종의 즉위

성종의 뒤를 이어 목종穆宗이 왕위에 올랐다. 목종은 제5대 경종의 아들이었다. 경종과 제3비 헌애왕후 황보씨獻哀王后 皇甫氏(뒤의 千秋太后)와의 사이에서 경종 5년(980)에 태어났다. 다음 해에 경종이 죽자 제6대 임금 성종이 궁중에서 그를 키웠다. 그리고 성종의 사위 자격으로 왕위에 올랐다.

즉위 첫해(998) 12월 문무양반 및 군인전시과를 개정하고, 1004년에 과거시행법을 정하는 등 자못 왕정체제의 확립을 위해 노력하였다. 그러나 시종 어머니 천추태후와 김치양金致陽 등의 영향에서 벗어나지 못하였다.

목종 12년(1009) 천추태후와 김치양이 그들의 소생을 왕위에 올리고자 태조의 손자로서 유일하게 왕위계승 자격을 가진 대량원군大良院君을 해치려는 움직임이 있었다. 그러자 재신宰臣 최항崔沆·채충순蔡忠順 등에게 대량원군을 자신의 후사로 맞아 세울 것을 지시하였다. 그러는 한편, 서북면도순검사 강조康兆에게 호위를 명하였다. 그리하여 대량원군을 왕위에 옹립하는 데 성공하였다. 그러나 그 자신은 도리어 김치양 일당을 제거한 강조에 의해 폐위당하여 태후와 함께 충주로 가던 중 적성에서 강조가 보낸 사람들에 의하여 시해되었다.

이 같은 강조의 정변으로 현종顯宗이 즉위하였다. 그 후유증으로 그는 즉위하자마자 거란의 침입을 맞게 되었고, 나주까지 피난 가는 신세가 되었다. 그러나 환궁한 뒤로는 나름의 개혁을 통해 왕권을 강화하려 하였다. 그는 우선 불교숭배정책을 실시하였다. 연등회·팔관회를 복설하였으며 부모의 명복을 빌기 위해 현화사玄化寺를 창건하였다.

그의 개혁은 주로 지방제도의 개편에 두어졌다. 현종 3년(1012)에 12절도사제를 폐지하고 대신 5도호都護·75도안무사道安撫使를 설치하였다. 안무사도 폐지하고, 1018년에는 4도호·8목·56지주군사知州郡事·28진장鎭將·20현령縣令을 설치하는 개혁을 하였다. 이와 더불어 이 해에 군·현의 내속來屬관계를 대폭 정비하기도 하였다. 그리하여 고려 군현제의 대체적인 골격이 마련되었다. 같은 해 정丁을 기준으로 한 주·현의 대소에 따라 향리들의 숫자를 정하였으며 지방관이 지켜야 할 6개 조항의 업무를 제정하기도 하였다. 또 향리들의 공복제公服制도 정비하였다.

이로써 고려의 집권체제는 강화되었다. 중앙 관제뿐 아니라 지방의 통치체제도 정비되어 국가로서의 기틀을 다지게 되었다. 이후 과거에 급제한 문신관료들의 정치적 성장과 외척의 등장으로 인해 소위 '문벌귀족'이 등장하면서 고려는 중기사회로 치닫게 되었다.   ㅣ김갑동ㅣ

참고문헌

金甲童, 『羅末麗初의 豪族과 社會變動研究』, 고려대 민족문화연구원, 1990.

김갑동, 『고려의 후삼국 통일과 후백제』, 서경문화사, 2010.

김명진, 『고려 태조 왕건의 통일전쟁 연구』, 혜안, 2014.

김창현, 『천추태후 역사 그대로』, 푸른 역사, 2009.

노명호, 『고려국가와 집단의식 - 자위공동체, 삼국유민, 삼한일통, 해동천자의
천하 -』, 서울대 출판문화원, 2009.

류영철, 『고려의 후삼국 통일과정 연구』, 경인문화사, 2005.

박용운, 『고려의 고구려계승에 대한 종합적 검토』, 일지사, 2006.

신호철, 『후삼국사』, 도서출판 개신, 2008.

李基白 편, 『高麗光宗研究』, 一潮閣, 1981.

李基白, 『高麗貴族社會의 形成』, 一潮閣, 1990.

李基白, 『崔承老上書文研究』, 一潮閣, 1993.

이재범, 『고려 건국기 사회동향 연구』, 경인문화사, 2010.

최규성, 『고려태조 왕건 연구』, 주류성, 2005.

洪承基 외, 『高麗 太祖의 國家經營』, 서울대출판부, 1996.

黃善營, 『高麗初期 王權研究』, 東亞大出版部, 1988.

2. 문벌사회의 전개와 개혁의 모색

1) 11세기 중엽~12세기 말엽 정치사의 이해 방향

11세기 중엽에서 12세기 말엽에 이르는 시기에 중앙지배층 사이에서 혈통과 가문의 배경을 중시하는 경향이 강화되어 소위 '문벌사회門閥社會' 가 전개되었다. 아울러 권력을 둘러싼 정치적 갈등과 대립이 점차 심화되었다. 특히 현종 이후 국왕의 지위와 세습에 있어서 외척의 힘이 중요하게 작동하였다. 이는 형제 상속[덕종-정종-문종, 순종-선종]과 부자 상속[선종-헌종, 숙종-예종-인종-의종] 양자 모두의 경우에 해당한다. 왕실의 권위에 기반한 외척세력은 폐쇄적이고 중첩적인 혼인망을 더욱 강화하며 세력화하였고, 문벌은 점차 그들 가문의 족망族望을 중시하면서 이를 정치적 성장에 활용하게 되었다. 게다가 여진족이 세운 금나라의 흥기는 대외정책의 변화를 불러일으켰으며, 금에 대한 사대 문제를 둘러싸고 국내 정치세력 간의 갈등을 촉발하였다. 뿐만 아니라 개경과 서경이라는 지역과 유교와 풍수사상[지리도참]이라는 사상의 대립도 결부되어 더욱 복잡한 양상을 띠게 되었다.

이러한 내외의 상황 변화에 따라 개혁을 필요로 하였으며, 이를 추진할 수 있는 정치 역량이 요구되었다. 문종대에는 국왕이 지도력을 발휘하며 관료제를 체계적으로 운영하였을 뿐만 아니라 녹봉과 전시과제도, 형률 등의 제도를 대대적으로 정비하였다. 이후 숙종은 어린 조카 헌종을 몰아내고 즉위한 이후, 윤관을 비롯한 측근세력과 무장세력 및 상업세력 등과 결탁하여 신법을 내세워 주전鑄錢정책과 북진정책을 통해 개혁을 시도하였다. 숙종의 이러한 정치 개혁은 문벌 출신 관료들과의 갈등을 예고한 것이었다. 뒤를 이은 아들 예종은 숙종의 정책을 그대로 계승하면서 한안인과 곽여 등 신진세력을 중용하여 각종 제도의 신설을 통해 개혁정치를 이어갔다.

그러나 인종의 즉위와 함께 외척 이자겸이 득세하여 국왕의 측근세력과의 갈등 속에서 이자겸의 난을 초래하였다. 이후 이자겸 반란의 후유증을 해결하는 과정에서 서경 천도를 둘러싸고 개경세력과 서경세력의 갈등이 묘청의 난으로 표출되어 내분과 갈등이 극에 이르렀다. 불안한 상태에서 즉위한 의종은 일부 무신을 통해 왕권을 강화하려 하였지만, 오히려 문신의 반발을 불러왔다. 결국 의종 24년(1170)에 발생한 무신정변을 통해 60여 년에 걸친 고려사회의 정치적 갈등과 대립은 전혀 다른 방향으로 돌파구를 찾게 되었다.

2) 사회 발전과 문벌의 강화

문종대 체제의 정비와 강화

현종대에 거란과의 전쟁을 끝낸 뒤에 국내외의 정세가 상대적으로 안정되어 사회가 점차 발전의 길로 들어섰다. 현종의 뒤를 이어 그의 아들인 덕종, 정종, 문종이 차례로 등극하였다. 이들은 모두 형제들인데, 고려왕조의 왕위 세습상의 특징 중 하나인 형제상속에 따른 것이었다. 물론 정종에게는 아들이 있었지만, 그의 동생인 문종이 뒤를 이은 점은 흥미롭다.

특히 문종은 여러 제도를 정비하여 고려사회에 큰 영향을 끼친 국왕으로 유명하다. 흔히 문종의 치세를 고려의 전성기라 한다. 그는 즉위 직후 시중 최충崔冲에게 명해 종래의 율령과 서산書算에 대한 상세한 교정을 가해 형법의 기틀을 마련하게 하였다(1047). 이어서 양반공음전시법을 제정하고(1049), 재면법災免法과 답험손실법踏驗損失法을 마련하였다(1050). 그리고 사직단을 신축하여 국가와 왕실의 위엄을 새롭게 하였고(1052), 태자첨사부의 직제를 강화하였으며(1054), 삼원신수법三員訊囚法도 제정하였다(1062). 또한 국자감 학생의 고교법考校法을 제정하여 학생의 재학 연한을 제한하였다(1063). 불교를 숭상하여 왕자 후[대각국사 의천)를 출가시켰으며(1065), 흥왕사를 준공하였다(1067). 이후 양전보수법量田步數法을 제정해 전답의 세율을 정하였으며 (1069), 전시과를 다시 고치는 등 토지제도를 정비하여(1076) 고려전기의 토지법이 마무리되었다. 지방제도 면에서는 기인선상법其人選上法을 제정하여 (1077) 국초 이래 향리의 자제를 개경에 인질로 보내어 출신 지방의 계문啓聞(지방 관리들이 중앙에 상주하는 일)에 대비하였던 제도를 정비하였다. 이외 양계에 방어사·진장의 수를 늘렸으며, 남쪽 여러 도에 지주(부, 군)사·현령을 증설하였다.

대외관계에서는 재위기간 중 다섯 차례에 걸쳐 변방에서 동여진의 침구가 있었으나 모두 토벌하였으며, 때로는 회유책을 쓰기도 하였다. 또한 거란遼과 송나라와도 원만한 관계를 유지하였다. 이처럼 문종 재위 기간에는 문물제도가 크게 정비되었으며, 불교와 유교 그리고 미술과 공예 등에 이르기까지 문화 전반에 걸쳐 큰 발전을 이루었다.

문벌사회의 발전과 외척의 등장

과거와 음서제를 이용하여 관직에 진출한 문신관료들은 11세기 중엽이후 고려사회가 안정된 가운데 정치적 주도권을 장악해 나갔으며, 유력한 가문을 중심으로 점차 문벌화 되어 갔다. 이들은 재추宰樞로 불린 중서문하성과 중추원 소속의 재상직과 함께, 관료의 인사를 담당한 이부·병부의 판사와 상서직을 장악하였다. 또한 왕명과 외교문서의 작성을 전담한 문한관文翰官은 과거 출신의 전유물이었으며, 국왕의 비서와 같은 존재인 승선과 지방 수령 또한 이들이 많이 차지하였다. 문신들은 정치권력을 장악하는 데에서 그치지 않고, 사회·경제적 지위를 공고히 하고 불교계에 대한 영향력도 키워갔다. 전시과제도에 따라 과전을 지급받는 한편, 공음전을 받아 세습하여 안정된 경제 기반을 확보하였다. 아울러 이들은 유력한 가문끼리 혼인망을 구축하여, 권력적 위상을 대를 물려 이어갔다.

문신관료들이 세력을 키워 간 데에는 과거의 시행과 사학私學의 융성이 바탕이 되었다. 문종 때 최충의 문헌공도文憲公徒를 비롯한 12개의 사학기관[12도]의 창설자는 대부분 전직 고위 관료들이었으며, 과거의 시험관인 지공거知貢擧(座主)를 역임한 경우가 많았다. 이들은 과거시험을 주관한 좌주와 그 밑에서 합격한 문생의 관계를 이용하여 정치세력집단을 형성해 나갔다.

이처럼 문신이 사학을 설립하고 융성해지자, 국왕은 관학의 진흥을 추진하였다. 사학이 문신의 세력기반으로 이용되는 한 국왕이 강력한 왕권을 행사하기는 어려웠기 때문이다. 문종을 비롯하여 숙종, 예종, 인종 등이 모두 최고의 유학 교육기관인 국자감의 진흥에 각별한 노력을 기울인 이유가 여기에 있었다. 관료를 양성하는 방식에 대한 국왕과 문신관료의 상반된 접근은 결국 국왕과의 정치적 긴장 관계를 유발하는 하나의 계기로 작동하였다.

이와 같은 문신관료의 정치적 성장은 궁극적으로 최고위 지배층인 소위 '문벌귀족'의 형성으로 연결되었다. 그들은 여러 대에 걸쳐 중앙 관직에 진출하였고, 경제적으로 윤택하였으며, 서로의 혼인망을 통해 긴밀하게 연결되었다. 경원이씨[인주이씨], 경주김씨, 파평윤씨, 철원최씨, 해주최씨, 남평문씨, 강릉김씨, 평산박씨 등이 대표적인 문벌가문에 해당한다.

현종대 이후 문신이 정치적 주도권을 장악하면서 왕권 강화에 비판적이었고, 이에 대처하기 위해 국왕이 여러 조치를 취하였다. 문종이 이자연의 세 딸과 혼인한 것도 그러한 노력의 일부였다. 이자연도 사직단을 신축하는 등 왕실의 권위를 드러내기 위해 노력함으로써 문종의 의도에 부응하였다. 그리고 예종은 이자겸의 딸을, 예종의 아들인 인종도 이자겸의 두 딸을 비로 맞이하였다.

그런데 이처럼 왕실과 혼인을 맺은 인주이씨 가문은 이후 왕권에 힘입어 점차 세력이 강대해져갔다. 이자겸은 자신의 3녀와 4녀를 인종의 비로 들여 국왕의 장인이자 외조부로서의 지위를 누렸다. 이자겸은 이를 통해 막강한 권력을 잡고 결국에는 인종을 내몰고 스스로 왕위에 오르려 하였다(이자겸의 난, 1126).

3) 국왕, 문벌, 신진관료의 갈등과 대립

숙종대 부국강병과 왕권 강화를 위한 개혁

이자의의 난을 진압한 다음 어린 조카 헌종을 내몰고 왕위에 오른 숙종은 소태보를 수상으로 삼고 왕국모를 요직에 발탁하는 등 자신의 즉위에 공로가 많은 신료들을 포상하고 중용하였다. 그리고 자신의 등극에 적극적으로 찬성하지 않은 유홍, 김상기, 최사추 등 여러 문벌세력들도 포용하여 요직에 앉혔다.

숙종은 이전의 여러 왕들과 달리 경원이씨가 아닌 정주유씨 집안에서 아내를 맞이하였으며, 태자를 위해 첨사부詹事府를 설치하여 왕위 세습에 대비하였다. 숙종대에 가장 역점을 두어 추진한 개혁분야는 재정개혁이었다. 재정이 확보되어야 다른 분야의 개혁도 추진할 수 있었기 때문이다. 이러한 차원에서 해동통보를 주조하고(1102) 유통시켜 국가 세수의 증대를 도모하였다. 또한 숙종은 아우 의천이 천태종天台宗을 개창하자, 그 중심 사찰인 국청사國淸寺의 창건을 지원하였다. 이것은 당시 문벌들과 연결되어 있던 사원세력의 재편성을 뜻하는 것이다. 이는 왕권의 강화와 밀접한 관계가 있었다. 숙종은 김위제가 음양도참설을 내세워 건의한 남경 건설을 측근 윤관에게 적극 추진하도록 하였다. 그러나 숙종의 남경 천도는 실현되지 않았다. 또한 해동통보의 사용이나 천태종의 개창도 문벌의 거센 저항에 직면하였다. 이는 곧 왕권을 강화하려는 숙종의 노력이 문벌의 반발에 부딪쳐 성공하지 못하였음을 뜻한다.

이와 같은 정국에서 숙종은 여진 정벌을 단행하였다. 여진은 발해의 지배 하에서 말갈로 불린 종족이다. 그들은 문화적으로 선진인 고려를 부모의 나라라고 부르며 식량과 농기구의 수요를 충족시켜 왔다. 따라서 여진족 중에는 자신들의 거주지에 살면서 고려에 의탁해오거나 이주해 온 자들이 적지 않았다. 고려는 이들에게 가옥과 토지를 주어 회유하였다. 그러나 여진족에서 오아속烏雅束이라는 추장이 나타나면서 사정이 달라졌다. 그는 여진인이 고려에 의탁하는 것을 막고, 이미 고려에 복속하고 있던 여진부락을 침략하여 다스렸다. 그리하여 정주 이북의 여진부락이 모두 그의 통치 아래 들어갔다.

숙종은 임간을 보내어 여진을 치게 하였지만, 큰 성과를 거두지는 못하였다. 이후 숙종은 윤관의 건의를 받아들여 새로이 별무반別武班을 편성하고 재원정의 기회를 노렸다. 별무반은 기병인 신기군과 보병의 신보군, 그리고 승려로 조직된 항마군으로 구성되어 있었다. 주목되는 것은 신기군에 농민과 승려 등과 함께 고위 문무관료층 자제들까지 편성 대상으로 삼았는데, 이 또한 왕권의 강화와 관련이 깊었다.

이처럼 숙종은 의천과 윤관 등 측근세력을 중심으로 새 정책들을 밀고 나갔다. 이와 같은 숙종의 조치는 '신법新法'으로 표현된다. 물론 신법에 대해서 '태조의 유훈遺訓'을 내세워 '조종祖宗의 법을 가볍게 고치는 것은 옳지 않다'는 대신들의 반대도 적지 않았다. 그렇지만 숙종은 무력을 통해 왕위에 오른 군주였던 만큼 조정의 면모를 일신시키기 위한 여러 정책을 과감하게 추진하였다.

예종대 개혁정치와 여진 정벌

예종은 즉위한 해(1105)에 내린 교서에서, "지금 여러 도와 주·군의 사목司牧 가운데에 청렴하고 구휼에 힘쓰는 자는 열에 한두 명도 없이 (…) 뇌물을 좋아하고 사리를 도모하여 백성에게 해를 끼쳐서 유망이 연이어 열 집 가운데 아홉 집이 비었으니[十室九空], 짐은 심히 가슴 아프다"고 하면서, 부왕의 정책을 그대로 계승해가고자 하였다. 그런데 즉위 직후 양부의 근신과 대간들에게 국정을 위해 바람직한 대책을 묻자, 그들은 조종의 유훈을 받들 것과 화폐의 사용을 금지할 것 등 이전 정책들에 대해 비판적인 입장을 내비쳤다. 그동안 숙종대 신법에 대하여 적극적인 비판을 자제해 온 반대론자들이 새로운 국왕의 즉위를 계기로 자신들의 주장을 내세운 것이었다. 그러나 예종은 이들의 견해를 일부 수용하면서도 화폐 유통과 여진 정벌 등 중요한 정책들은 그대로 펼쳐나갔다.

예종대 개혁정치의 특징은 대략 다섯 가지로 나누어 살펴볼 수 있다. 첫째, 당시의 사회 상황과 관련하여 백성의 구휼을 목적으로 한 제도를 신설하였다. 먼저, 감무 파견은 당시 지방관들의 가렴주구가 심각하고 자연재해가 빈번하게 일어나 민의 유망이 급속히 늘어가는 시기에 이를 막는 역할을 하였다. 또한 구제도감은 전염병으로 죽는 이가 많아 이를 치료하고 수습되지 못한 시체를 처리하기 위해 신설된 상설기구이다. 혜민국 또한 일종의 약국으로 백성들을 상대로 구휼하는 기관이다.

둘째, 국학 진흥을 위한 제도를 신설하였다. 이는 당시 대체大體를 잃어버린 대다수의 신료를 대신할 새로운 인재 양성에 목적을 둔 정책이었다. 그런데 대부분의 신료들이 예종의 국학진흥책에 무관심하거나 반대한 까닭에 이를 적극적으로 추진해 나갈 측근세력의 도움이 필요하였다. 이를 담당한 인물로는 예종의 태자 시절 스승인 한안인과 곽여 그리고 송나라에서 온 호종단 등을 들 수 있다. 예종은 이들을 중심으로 7재와 청연각·보문각, 양현고를 설치하여 사류를 길러내고 국학을 최고의 교육기관으로 만들었다. 이들은 송나라의 태학太學제도를 도입하여 국학진흥을 시도한 예종의 정치적 후원자가 되었다.

셋째, 왕실과 국왕의 권위 회복을 위해 예의상정소禮儀詳定所를 설치하고 송의 대성악大晟樂을 받아들였다. 예의상정소는 표장과 서간 등의 행정서식과 의복제도를 정비하는 등의 역할을 하였다. 즉, 예의상정소는 상하의 복식을 명확히 하여 왕의 권위를 높이고자 설치하였던 것이다. 또한 대성악은 송의 황제에게 하사받은 것으로, 예종이 이에 관심을 쏟은 것은 송의 권위를 빌려 당시 왕권에 도전하는 자들에게 왕실의 권위를 보여주기 위해서였다.

넷째, 도교진흥책을 통해 국가 위기의 극복과 민생의 안정을 꾀하고자 하였다. 당시 고려사회는 여진과의 전쟁, 계속되는 자연재해로 인한 기근과 질병 때문에 고통 받고 있었다. 이에 예종은 도교의 최고신인 원시천존元始天尊을 숭배하였으며, 이를 통해 민생의 안정을 도모하고 백성들의 고통을 구제할 수 있다고 믿었다. 아울러 예종은 의술에도 큰 관심을 나타내었다. 이는 예종이 직접 의약을 조제하기도 하였으며, 의술에 뛰어난 이중약을 발탁한 사실을 통해서 알 수 있다. 이중약은 고려 도교의 본산인 복원궁의 건립에 앞장섰으며, 이 과정에서 송나라로부터 도교의 진수를 전수받아 도교 진흥에 힘썼다. 즉, 예종은 당시 고려사회가 처한 현실적 모순을 타개하기 위하여 도교사상과 현실정치를 접목하였는데, 여기에 측근세력을 활용하였으며 그 기반은 송나라의 지원에 두고 있었던 것이다.

다섯째, 왕권 강화를 목적으로 별무반을 통해 여진 정벌에 나섰다. 예종은 즉위 후 그간 참지정사·판병부사로서 병권을 장악하고 별무반을 조직하여 여진 정벌을 주도한 윤관의 직위를 더 높이고 계속 준비토록 하였다. 그리하여 마침내 재위 2년째 윤관을 원수, 오연총을 부원수로 삼아 여진족을 소탕하게 하였다. 윤관은 여진을 정벌한 후 그들의 거주지역인 오늘날의 함경도 일대에 9성을 설치하였다. 그러나 얼마 되지 않아서 9성을 다시 여진에게 돌려준 데에서 알 수 있듯이, 이 정벌은 별다른 성과를 거두지 못한 전쟁이었다. 이에 윤관의 반대세력들은 '패군敗軍한 죄'를 물어야 한다고 강력하게 주장하여 뜻을 이룬다. 예종과 윤관의 여진 정벌은 당시의 정치상황 및 왕권 강화책과 관련이 있었다. 예종의 즉위 직후 국왕의 권위는 여지없이 추락하고 있었다. 숙종대에 불만을 품었던 문신들은 예종 즉위와 함께 왕권을 견제하고자 하였다. 즉, 예종에 의한 왕권 강화와 문신들의 왕권 견제라는 정치적 상황 속에서 여진 정벌이 추진되었던 것이다.

인종·의종대 정국의 추이와 정치변란

예종의 뒤를 이어 예종과 경원이씨 이자겸의 딸 사이에서 태어난 인종 이 즉위하였다. 인종은 외할아버지인 이자겸의 도움을 받아 즉위하였다. 이자겸은 한안인 일파 등 정적을 숙청하고 인종을 보위하면서 권력을 강화하였다. 그리고 자신의 셋째와 넷째 딸을 인종의 비로 들였다. 이자겸 은 인종의 외할아버지이자 장인이 된 셈이다. 그는 숭덕부라는 부府를 설치하여 자신의 지위를 높이고자 하였다. 그가 중심이 된 외척세력이 강력한 권력을 휘두르자 이를 견제하려는 움직임이 나타났다. 인종 초기 에 일어난 이자겸의 난은 외척세력의 권력 독점과 벌열화된 사회의 내적 모순을 그대로 드러낸 사건이었다.

인종은 재위 4년째(1126) 왕권 수호를 표방하는 하급 관료와 일단의 무장 인력으로 먼저 이자겸 일당을 제거하려고 하였다. 내시지후 김찬, 내시녹사 안보린, 동지추밀원사 지녹연 등의 사주를 받은 상장군 최탁, 오탁 등이 군사를 이끌고 궁궐에 들어가 이자겸의 세력인 병부상서 척준 신, 내시 척순, 지후 김정분, 녹사 전기상과 최영 등을 제거하였다. 이에 이자겸 일파인 척준경과 이자겸의 아들인 현화사의 승려 의장이 무장하여 궁궐을 쳐 들어가 궁궐에 불을 지르기까지 하였다. 이리하여 이자겸 일당을 제거하려는 기도는 실패로 돌아가고 오히려 참여하였던 인물들은 이자겸 세력에 의해 죽음을 당하거나 먼 지방으로 유배되었다. 이때 왕은 해를 당할까 두려워 글을 지어 이자겸에게 선위할 것을 청하기까지 하였다. 이후 이자겸의 지위는 크게 높아져갔다. 이에 왕의 의중을 헤아린 내의군기소감 최사전이 척준경을 회유하여 이자겸을 사로잡아 유배 보냈다. 그리고 이듬해 초 정지상의 탄핵을 받아 척준경이 유배됨으로써 인주이씨 세력은 몰락하였다.

이자겸의 난은 진압되었지만 이를 통해 왕권은 극도로 추락하였다. 인종은 이자겸의 난 이후 곧이어 서경에서 '유신지교維新之敎'라는 이름으로 15조의 조서를 반포하여 국왕의 권위를 새롭게 회복하고 정치를 쇄신하고자 하였다. 그런데 갑자기 흥기한 금나라가 고려에 압박을 가하자, 고려 내부에서는 풍수지리설을 기반으로 '서경 천도'와 '금국 정벌' 등을 주장하는 정치세력이 새롭게 등장하였다. 이들은 묘청妙淸을 중심으로 하는 서경세력이었다. 인종은 자주 서경에 행차하고 그곳에 대화궁을 짓는 등 관심을 보였는데, 끝내 서경 천도가 이루어지지 않자 이들은 서경에서 반란을 일으켰다(묘청의 난, 1135). 조정에서는 김부식을 중심으로 토벌군을 편성하여 1년 만에 이들을 진압하였다. 이후 정국은 유교정치이념에 충실한 문신관료들이 이끌어 나가게 되었다. 묘청의 난 진압 이후, 김부식은 유교적 합리주의를 표방하였다고 평가받고 있는『삼국사기三國史記』의 편찬에 착수하였다.

이자겸의 난과 서경 반란을 겪으면서도 문벌 중심의 사회체제에 대한 적극적인 개혁을 하지 못하고 여전히 문벌들이 권력을 독점하고 있었다. 양란을 겪은 이후에도 김부식으로 대표되는 기존의 정치세력이 실권을 장악하고 있었다. 이에 새로운 인물, 지방세력, 하급 지배층 출신들이 중앙정계에 진출하기는 여전히 힘들었다. 이러한 지배층의 분열과 갈등, 고착화와 보수화 현상은 결국 문벌 중심으로 고착된 사회질서를 부정하는 새로운 정치변동을 예고하는 것이었다.

인종대부터 왕권이 크게 실추된 상황에서 즉위한 의종은 이러한 상황을 타개하고자 측근세력을 육성하였다. 의종의 측근세력은 일부 문신 및 하급무인들과 환관과 술사 등이 중심이 되었다. 또한 의종은 격구에 심취하고 음양도참에 따른 토목공사에 열중하였다. 이 때문에 재상과 대간들은 이를 격렬히 비판하였다. 의종대는 정치·사회적 혼란이 정점에 이른 시기였으며, 고려중기의 문벌사회는 위기에 그대로 노출되어 있었다. 결국 의종 24년(1170)에 국왕과 신료들이 보현원에 행차하는 와중에 무신들에 의한 정변이 발생하기에 이르렀다.

이처럼 11세기 말에서 12세기에 이르는 동안 사회 모순이 드러나 위기가 고조되는 상황을 극복하기 위해서 새로운 수준의 정치적 지도력과 개혁이 필요하였다. 그러나 점차 문벌세력이 성장하고 외척세력이 비대화 되면서 오히려 지배계층의 폐쇄화와 보수화를 초래하였다. 또한 국왕들이 종종 왕권 강화의 수단으로 삼았던 북진정책도 사실상 어려워졌다. 아울러 개경을 중심으로 한 문벌이 권력을 독점하면서 지방세력은 점차 소외되었다. 이에 국왕은 신진관료나 술사 등을 측근으로 삼아 문벌을 견제하고자 하였다. 그러나 오랜 시간을 거쳐 형성된 문벌들은 족망을 내세우면서 신진세력을 견제하고 대립하였다. 그러한 과정에서 개혁정치는 실패하였으며, 마침내 이자겸과 한안인의 대립, 이자겸과 인종 측근세력의 대립, 개경 출신 관료와 서경 출신 관료의 대립, 문신과 무신관료의 대립이 복잡하게 연결되면서, 마침내 무신정변을 통해 갈등이 폭발하고 끝내 고려사회의 질적 변화를 초래하게 되었다.　　　　　　　　| 김병인 |

참고문헌

김당택, 『고려 양반국가의 성립과 전개』, 전남대출판부, 2010.
김병인, 『고려 예종대 정치세력 연구』, 경인문화사, 2003.
남인국, 『고려중기 정치세력 연구』, 신서원, 1999.
하현강, 『한국중세사연구』, 일조각, 1988.

강옥엽, 「인종대 서경천도론의 대두와 서경세력의 역할」『사학연구』 55·56, 1998.
권순형, 「고려중기 남경에 대한 일고찰-문종·인종대를 중심으로-」『향토서울』
　　　 49, 1990.
김광식, 「고려 숙종대의 왕권과 사원세력-주전정책의 배경을 중심으로」『백산
　　　 학보』 36, 1989.
김남규, 「고려 인종대의 서경천도운동과 서경반란에 대한 일고찰」『경대사론』
　　　 1, 1985.
김상기, 「고려 문종시대의 문화」『국사상의 제문제』 3집, 국사편찬위원회, 1959.
김상영, 「고려 예종대 선종의 부흥과 불교계의 변화」『청계사학』 5, 1988.
김정권, 「고려 인종대 '維新之政'의 추구와 정국동향」『韓國史硏究』 133, 2006.
박성봉, 「고려 인종기의 양란과 귀족사회의 추이」『고려사의 제문제』, 삼영사,
　　　 1986.
박종기, 「예종대 정치개혁과 정치세력의 변동」『역사와 현실』 9, 1993.
오영선, 「인종대 정치세력의 변동과 정책의 성격」『역사와 현실』 9, 1993.
채웅석, 「12세기초 고려의 개혁 추진과 정치적 갈등」『한국사연구』 142, 2008.

3. 무신정권과 왕정의 위기

1) 무신정권의 성립과 변천

무신정변의 배경

무신정권기는 문신 중심의 지배체제를 몰락시키고 무신이 권력을 잡은 시대로서 다방면에서 많은 변화가 일어났다. 하지만 고려전기 이래의 왕조질서도 몰락하지 않고 여전히 유지되고 있었다. 최씨정권은 여러 국왕을 폐립할 정도로 강력한 권력을 가졌지만 왕위에 오르지는 못했던 것에서 짐작되듯이 국왕의 권위가 완전히 상실된 것은 아니었다. 무신들의 지배기구가 정치 군사적 영향력을 발휘하였으나 3성 6부의 관료제도도 국가 운영의 기본 제도로서 역할하고 있었다. 이런 점들을 고려하면서 무신정권의 성립과 변천, 무신정권의 지배방식, 왕정의 위기에 대하여 살펴보자.

무신정변은 문·무 차별에 대한 무신들의 불만을 배경으로 발생하였다. 고려는 문·무의 분업이 이루어져 문반과 무반을 구분하였다. 하지만 문산계의 수여, 음서의 시행, 국자감의 입학에서 문·무의 차별은 없었다. 다만 문반은 2품 이상의 재추가 있었으나 무반은 정3품의 상장군까지 있었고, 군대의 지휘 통솔권은 문반이 가지고 있었다. 이러한 제도 운영을 차별로 해석하고 이것이 무신정변의 배경이 되었다는 견해가 있으나, 정변 이전에 문·무반의 제도적 차이나 문신이 군대의 지휘 통솔권을 가진 것에 대하여 무신이 불만을 표현한 경우는 거의 없었다.

대신 무신들도 문반 관직을 받기를 바랐는데, 현종 5년(1014)에 상장군 김훈과 최질이 정변을 일으킨 이유도 문반 관직을 얻지 못한 것에 대한 불만이었다. 무신정변 이후의 무신들도 관료제도를 폐기한 것이 아니라 무신의 문반 관직 임명을 확대하거나 무신도 군대의 지휘 통솔권을 갖는 방향으로 운영방식을 개편하였던 것이다.

무신정변의 배경으로 더욱 고려할 것은 여진 정벌 이후에 형성된 문치주의로 인종대에 무신에 대한 멸시 풍조가 나타났고 의종대에 상당히 심해졌다는 점이다. 김부식의 아들 김돈중이 정중부의 수염을 촛불로 태웠다거나, 무신 우방재가 아들 우학유에게 "무관이 문관에게 억울함을 당한 지 오래되었으니 어찌 분함이 없겠느냐"라고 한 사례, 유자량이 유가의 자제들과 계契를 하면서 무인을 가입시키려 하다가 반대하자 "교유하는 데는 문무를 구비하는 것이 옳다. 만약에 저들을 거부한다면 뒤에 반드시 후회할 것이다."라고 하여 허락을 받은 사례 등에서 무신 멸시 풍조와 무신들의 불만을 확인할 수 있다. 그리고 대장군 이소응이 문신 한뢰에게 뺨을 맞은 사례는 무신들의 분노를 사서 정변이 발생한 직접적인 원인이 되기도 하였다.

의종의 측근정치도 무신정변의 중요한 배경이 되었다. 의종은 왕권 강화를 위해 환관, 내시, 문·무신의 측근세력을 중심으로 정치를 운영하였다. 측근무신의 격구·열병과 같은 군사력 강화에 대한 비판이 일부 수용되기는 하였으나, 국왕의 자의적인 정치 운영과 측근정치로 인하여 재추와의 합의나 대간의 비판 활동이 크게 위축되었다. 관료제도가 정상적으로 운영되지 못하면서 국왕의 지지기반이 축소되고 권위가 약화되었다. 반면에 풍수나 도참에 의거하여 별궁을 짓거나 사치스런 연회나 문치주의를 표방하는 시회詩會의 개최가 계속되는 가운데 측근세력의 일탈이 심해졌고 문신관료들도 이에 부화뇌동하였다. 그로 인해 호위를 담당하며 고생하던 측근무신과 군사들의 불만이 고조되었는데, 이것이 무신 멸시 풍조에 따른 이소응 사건과 맞물리면서 무신정변이 발생하였다.

군인들의 불평도 중요한 배경이었다. 군인들은 토지를 제대로 지급받지 못해 생활이 어려운 가운데 의종대 측근정치와 관련되는 많은 공역에 시달리자 불평이 누적되어 있었다. 그들이 정변의 주도권을 갖지는 못하였으나 무신들이 선동하자 따라서 봉기하였다.

무신정권의 성립과 변천

의종 24년(1170) 정중부, 이의방, 이고가 보현원에서 국왕을 시종한 문신, 환관을 살해하면서 정변이 발생하였고, 의종이 거제현으로 추방되고 명종이 옹립되면서 무신의 시대가 열렸다. 이의방, 이고가 정변을 주동하고 정중부는 온건한 입장이었다는 견해가 있으나, 당시 정중부는 대장군, 이의방과 이고는 산원이어서 지위의 차이에 따른 역할 분담으로 보는 것이 더 적절한 이해이다. 이의방, 이고가 먼저 정변을 제안하기는 하였으나 정중부가 동의하여 함께 모의하였고, 이의방, 이고가 순검군을 동원하여 군사 행동에 나서자 정중부가 함께 지휘하였다. 정중부가 주도하여 의종을 축출한 후에 셋이 함께 명종을 옹립하였다. 정중부는 당시에 이미 대의를 주창하여 무신들의 분을 씻고 무위를 신장시킨 인물로 인식되고 있었으므로 정변에 소극적이었다고 보기 어렵다. 그들 모두 주동자로 보아야 한다.

정변에 성공한 무신들은 문반 관직을 받아 국정 운영에 참여하며 정치적 영향력을 확대하였다. 정변의 주체가 다수의 무신이었고 집권무신 1인이 권력을 독점하는 상황이 아니었기 때문에 그들은 중방에서 의사를 결정하였다. 그래서 중방은 권력기구로 부상하였는데, 이렇게 되는 데는 이의방의 공로가 커서 많은 무신들이 그를 지지하였다.

무신들은 정변에 함께 참여하기는 하였으나 정치적 운명을 같이 하는 단일한 세력집단은 아니었다. 그래서 정권이 안정되지 못하여 권력투쟁이 일어났다. 이고가 권력을 독점하기 위해 반역을 시도하다가 명종의 왕위를 인정하는 이의방에 의해 제거되었고, 이후 이의방의 군사적 영향력이 커져 위기를 느낀 정중부가 두문불출하자 이의방은 정중부와 부자의

의를 맺으며 정치적 결속을 다졌다. 정중부와 이의방 어느 쪽도 권력을 독점하지 못하는 상황이었다. 이 시기를 이의방 정권이라 부르기도 하나 김보당, 조위총이 정중부와 이의방의 제거를 명분으로 난을 일으켰던 것을 보면 연합정권으로 보는 것이 타당하다.

명종 3년(1173) 김보당은 정중부, 이의방을 제거하고 의종을 복위시킨다는 명분으로 난을 일으켰다. 김보당이 사로잡혀 "무릇 문신으로 모의에 참여하지 않은 사람이 누가 있겠느냐"고 하여 다시 많은 문신들이 죽임을 당하였고, 경주로 나와 있던 의종은 정중부, 이의방이 보낸 이의민에 의해 살해되었다.

연합정권이라 해도 이의방의 독선적인 행동이 문제가 되었다. 명종 4년 그는 딸을 태자비로 바친 뒤에 권력을 독단적으로 행사하여 비난을 받았다. 그러자 조위총이 정중부, 이의방을 토벌하고 의종의 장례를 치를 것을 요구하며 난을 일으켰고, 난의 와중에 정중부의 아들 정균이 승려 종참을 사주하여 이의방을 살해하였다. 의종의 죽음과 장례로 무신정변 이전의 상태로 돌아가는 것이 불가능하게 되었다. 이처럼 김보당, 조위총의 난의 발생과 진압은 무신들에게 정치적 의미가 컸다.

이의방을 살해한 뒤에 정중부가 권력을 장악하였다. 이의방의 문객인 무신들이 그의 원수를 갚기 위해 정중부를 죽이려 하다가 발각되어 중방이 유배를 보냈다. 중방에는 이의방의 휘하였던 인물들이 있었으나 정중부의 권력이 그들을 제거할 정도로 강하지는 못하였다. 이러한 상황에서도 정중부가 권력을 유지할 수 있었던 것은 그가 무신정변의 주동자였기 때문이었다. 그러나 정중부 세력이 무반 인사를 마음대로 하면서 관직을 잃은 무신들의 불만이 쌓였고 군사들도 권력 남용을 비난하였다. 정균은 공주와 혼인하려고 하여 물의를 일으켰다. 사위 송유인은 무신과 친밀한 관계에 있던 문신 문극겸, 한문준을 사적인 이유로 탄핵하고 명종의 만류에도 무리하게 좌천시켜 인심을 크게 잃었다.

명종 9년(1179) 장군 경대승이 정균을 죽이고 이어 정중부, 송유인을 제거하였다. 경대승은 무신으로 평장사에 오른 경진의 아들로, 무신들의 불법을 싫어하여 복고의 뜻을 가졌다. 문·무의 분업을 중시하여 무신의 문반 관직 임명에 대한 불만이 많았다. 국왕 시해를 용납할 수 없었기에 의종을 살해한 이의민에 대한 반감도 컸다. 사직 호위를 명분으로 정변을 일으켰기 때문에 명종을 부정하지는 않았으나 무신정변으로 왕위에 오른 명종은 그를 부담스러워 하였다. 경대승은 장군으로 사퇴하여 이의방의 휘하였던 인물들이 있는 중방을 장악하지는 못했으나, 집권무신으로 국가 대사의 논의에는 참여하였다. 무신정변의 공로가 있는 정중부를 죽였다며 무신들이 반발하자 도방을 조직하여 신변을 호위하였고 불안하여 무리한 옥사를 많이 일으키다가, 명종 13년에 병사하였다.

이의민은 소금장수인 아버지와 옥룡사의 비인 어머니 사이에 태어났다. 무신정변의 주동자는 아니었으나 크게 활약하였다. 김보당, 조위총 난을 진압하여 입지를 굳혔고, 특히 의종을 살해하여 정치적 비중이 커졌다. 경대승을 피하여 경주로 내려갔다가 그가 사망하자 명종 14년(1184)에 명종이 불러 개경으로 왔다. 이의민은 정변을 통해 집권한 것이 아니어서 독보적인 위상을 갖지 못했다. 김사미 난이 발생하자 도참에 기대어 왕위에 오르는 것을 꿈꾸었다. 무반 인사를 맡아 뇌물을 많이 받았고, 민가를 점령하고 토지를 빼앗았으며, 아들 이지순, 이지영의 횡포가 심해 인심을 많이 잃었다.

장군 최충헌은 상장군 최원호의 아들로 명종 26년(1196)에 이의민을 제거하고 반발하는 무신들을 많이 숙청하면서 권력을 장악하였다. 봉사 10조를 올려 정변을 합리화하고 명종을 폐위하고 신종을 세웠다. 동생 최충수가 딸을 태자비로 들이고 권력을 잡으려 하자 그를 제거하고 권력을 독점하였다.

최충헌은 여러 국왕을 폐립할 정도로 왕권을 능가하는 권력을 행사하였다. 그의 집권기간 동안 신종은 신민의 위에 있으나 나무 인형 같았다는 평가를 받았고, 희종은 최충헌을 신하로 대우하지 않고 은문상국恩門相國이라 불렀다고 하며, 강종은 하는 일이 모두 강신彊臣에게 제약을 받았다고 하였다. 최충헌은 국정을 장악하기 위해 재추, 이부, 병부, 어사대와 상장군의 관직을 동시에 가졌다. 이러한 점은 최우[최이로 개명], 최항도 마찬가지였다. 진강후에 책봉되고 흥녕부를 두면서 정치적 위상이 더 높아졌다. 권력을 독점하고 유지하기 위한 새로운 지배기구도 두었다. 무엇보다 신변 보호를 위해 도방을 조직하였고, 교정도감을 설치하여 정변의 처리를 담당시켰는데 무신정권을 대표하는 권력기구가 되었다.

고종 6년(1219) 최충헌이 사망하자 최우는 문·무반의 관직에 임명되어 관료제도를 장악하는 동시에 무신정권의 지배기구를 확충하였다. 최충헌을 이어 교정도감을 통해 최씨정권의 이해를 대변하는 다양한 업무들을 처리하였다. 사제에 정방을 설치하여 이·병부를 배제하고 인사를 독점하였고, 문객 중에 명유名儒를 서방에 두어 자문 역할을 하도록 하였다. 도방을 내·외도방으로 확대하고, 기병인 마별초를 새로 설치하였다. 야별초를 조직하고 경찰 기능을 하게 하였다. 이로써 무신정권의 지배기구가 체계적으로 정비되었다. 몽골의 침략으로 정치적 위기를 맞이하기도 하였으나 강화 천도를 단행하여 권력을 유지하였다.

최항, 최의는 천인 출신이어서 정치적 권위는 물론 관료제도와 지배기구에 대한 장악력이 최충헌, 최우에 비해 약화되었다. 최항은 기생의 소생이어서 처음에는 후계자로 고려되지 못했다. 고종 36년(1249) 최우가 사망한 후 족당인 주숙이 야별초, 도방을 거느리고 왕정 복구를 도모하였다가 최우의 호위를 담당했던 가노 김준 등이 최항을 지지하자 최항편으로 돌아섰다. 권력을 장악한 최항은 교정별감에 임명되었다. 최의도 천인 소생이었기 때문에 최항은 문객 선인렬에게 권력 승계에 대한 도움을 부탁하였고, 고종 44년(1257) 그가 사망하자 선인렬과 가노 최양백

등이 야별초, 신의군, 서방, 도방을 이끌고 최의를 호위하였다. 이로써 최의 역시 권력을 장악하고 교정별감이 되었다.

최씨정권의 무력기반을 넘어서는 세력이 존재하지 않는 상황에서 최씨 정권의 몰락은 최의의 정치 군사적 영향력이 약화되는 가운데 무력기반이 분열되면서 이루어졌다. 최의가 권력을 승계하는 과정에서 소외되자 위기를 느낀 김준은 고종 45년(1258) 왕정 복구를 명분으로 신의군, 야별초를 동원하여 최의를 제거하였다. 김준은 정변 이후 권력을 강화하여 교정별감이 되고 해양후에 책봉되면서 다시 무신정권이 복구되었다. 하지만 왕정 복구의 명분이 사라진 것은 아니어서 몽골의 후원을 받고 있던 원종은 왕권의 실제적인 회복을 시도하며 김준과 대립하였다.

김준 휘하에 있다가 김준의 권력 강화 과정에서 소외되었던 임연은 원종 9년(1268)에 환관 최은이 김준을 죽이자 야별초를 동원하여 김준의 세력을 제거하였다. 임연 정권에서 무신정권의 쇠락은 더욱 두드러졌다. 원종이 환관을 우대하자 권력에서 소외되었다고 생각한 임연은 원종을 폐위하고 안경공 창을 왕위에 올렸다. 안경공이 임연을 교정별감에 임명하면서 무신정권이 계속 이어졌다. 그러나 원종 폐위에 대하여 최탄, 한신이 반발하여 난을 일으켜 몽골에 귀부하고 몽골에서도 압력을 가하자, 다시 원종을 복위시켰다.

원종 11년(1270) 임연이 사망하자 임유무가 계승하여 교정별감이 되었다. 하지만 원종의 출륙 명령을 거부하다가 무신 홍문계, 송송례가 삼별초를 동원하여 제거하면서 무신정권은 막을 내렸다.

2) 무신정권의 지배방식

3성 6부의 관료제도 장악

무신정변 이후 무신들은 문반 관직을 받아 국정 운영에 참여하였으나 최씨정권 이후에는 교정별감이 되어 권력을 장악하고 행사하였기 때문에 공식 관직은 형식적인 것이 되었다고 이해되어 왔다. 하지만 3성 6부의 관료제도는 무신정권기 내내 국가 운영의 기본 제도로 기능하였고 그 위상을 상실하지 않았다.

무신정변 이후 관료제도의 운영에 변화가 있었던 것은 분명하다. 이러한 변화의 기본 방향은 무신이 문반 관직에 임명되는 것이었다. 고려전기에도 소수의 무신이 복야, 상서나 경, 감 등 일부 문반 관직에 임명되었으나, 정변 이후에는 다수의 무신이 종류에 크게 제약 없이 문반 관직을 겸대하였다. 문필 능력이 필요한 문한관 외에는 문신만 임명되던 내시, 다방이나 지방관직에도 무신이 임명되었다. 이를 통하여 무신들은 국정 운영에 개입하는 것이 가능했는데, 이는 관료제도의 무력화가 아니라 운영방식의 변화라는 관점에서 이해될 필요가 있다.

그런데 관직의 수여에서 관료제도의 법제와 관행이 일정하게 준수되었다. 집권무신들은 군사력을 기반으로 권력을 장악하였으므로 그들이 가진 관직의 높낮이와 상관없이 권력을 행사하였다. 하지만 관료제도상의 관직을 받는 과정에서는 다른 관료와 비교해서 서열을 뛰어넘어 승진하기는 하였어도 승진 과정에서 법제나 관행을 완전히 무시하지는 못했다.

무신들은 기본적으로 무반 관직인 대장군, 상장군에 임명되어 중방에서 활동하였다. 이는 중방이 정치 군사의 중심 기구로 운영되던 최씨정권 이전에 더욱 중요하였다. 문반 관직에 임명되어 국정 운영에 참여하였는데 우선적으로 중시된 것은 승선이었다. 무신들은 권력을 장악한 후에 재추로 승진하였으나 그럴 만한 관력을 갖추지 못하였을 때는 대부분 승선이 되어 왕명 출납을 통하여 정치적 영향력을 행사하였다. 문·무반의 인사를 담당하는 이·병부의 관직도 중요하게 여겼다. 다만 대부분의 집권무신은 이부 또는 병부의 관직 하나를 받아 인사를 하였던 반면에 최씨정권은 집권무신 1인이 이·병부의 관직을 모두 받아 문·무반의 인사를 행하여 인사에 대한 장악력이 더욱 컸다. 관리를 감찰하고 탄핵하는 어사대의 관직은 최씨정권의 집권무신들이 받았고 다른 집권무신들은 거의 받지 않았다. 그리고 국가 중대사를 논의하는 재추에 임명되어 국정 운영에 영향을 미쳤는데, 재추에 오르기 전에 정변으로 제거되거나 병사한 경우를 제외하고는 집권무신들은 모두 재추에 올라 국정을 이끌어 갔다.

이처럼 무신들은 3성 6부의 관료제도를 폐기하지 않고 정치적으로 비중 있는 관직을 차지하고 그것을 통해 국정 운영에 참여하였다. 특히 최씨정권은 강력한 권력을 바탕으로 재추, 이부, 병부, 어사대와 상장군의 관직을 동시에 가지고 관료제도를 장악하였다. 무신들이 문·무반의 관직에 임명되어 관료제도를 장악한 것은 무신정권의 중요한 특징으로서 3성 6부의 관료제도가 국가 운영의 기본 제도로 기능하고 있었기 때문이었다.

무신의 무력기반과 지배기구

무신들은 중방이나 교정도감을 통하여 권력을 장악하고 행사했다고 보는 경향이 있으나, 무신들의 권력 장악 기반은 그들이 확보한 공·사의 군사력이며 중방이나 교정도감은 권력을 장악한 후에 활용한 것이었다.

우선 무신들은 권력 장악과 신변 보호를 위하여 사병을 두었다. 사병에는 무신이나 군졸이 포함되어 사인私人으로만 이루어진 것은 아니었다. 최씨정권은 다른 무신들의 사병 양성을 억제하고 자신들의 사병은 체계적으로 정비하였다. 최충헌은 이의민을 제거한 후에 모집한 장사壯士를 바탕으로 사병을 확대하여 도방을 설치하였다. 도방은 문무의 관료, 한량, 군졸 등으로 구성되었다. 이들은 최충헌의 사병 역할을 하였으나 공인으로 활동하기도 하여 공·사의 성격이 혼재되어 있었으므로 관료사회를 장악하는 효과가 있었다. 6번으로 구성되어 최충헌의 사제에서 숙위하였고, 규모가 3천여 명이나 되었다. 최우는 도방을 물려받는 동시에 자신의 사병을 더하여 내·외도방으로 확대하였다. 도방은 최항, 최의의 권력 계승 과정에서 집권무신을 호위하였고, 임연의 원종 폐위와 임유무의 사제 호위에 동원되었다. 최항이 36번으로 개편하였다가 이후 6번으로 복구되었다.

최충헌은 도방 외에 가노 출신의 사병도 양성하였다. 가노는 최씨집권자를 최측근에서 호위했으므로 권력 계승에서 핵심적인 역할을 하는 등 영향력이 컸다. 다만 최의가 최양백을 의지하자 김준이 소외되면서 분열이 일어나 최씨정권 몰락의 요인이 되기도 하였다. 최우는 기병인 마별초도 조직하였는데 신변 보호와 의장대 기능을 하였다.

사병 조직에 군졸이 참여하면서 공병이 약화되기는 하였으나 그렇다고 해서 공병이 몰락한 것은 아니었다. 정중부, 이의방, 이고는 무반 장수로서 순검군을, 경대승은 금군을 동원하여 정변을 일으켰고, 집권무신을 따르는 무반 장수와 휘하의 경군도 무력기반이 되었다. 김보당, 조위총의 난을 비롯한 민란을 진압하는 데 공병이 동원되었다. 최씨정권은 반란의 진압이나 거란이나 몽골과의 전쟁에 중앙과 지방의 공병을 동원하였다. 다만 공병이 부실하여 무반 관직을 받은 장수가 휘하 병력을 거느리지 못하는 경우가 있었다.

도방의 확대로 공병이 더욱 약화되자 최우는 공병인 야별초를 따로 조직하여 도적을 잡고 치안을 유지하는 경찰 기능을 맡겼는데 민의 저항을 억압하는 의미도 있었다. 몽골이 침략하자 전투에 참여하는 군사 활동을 하였고, 도성 수비와 친위대 기능도 하였다. 숫자가 많아지면서 좌별초, 우별초로 분리되었는데, 몽골 포로가 되었다가 도망한 사람들을 신의군으로 조직하고 합쳐 삼별초로 삼았다. 이들은 집권무신에게 수족처럼 충성을 바치는 정예 부대로 운영되어 사병적 성격이 강하였고 대신 녹봉과 은혜를 후하게 받았다. 그래서 야별초는 최씨정권을 유지하기 위한 최항의 권력계승 과정에 동원되었고, 야별초, 신의군은 최의의 권력계승을 지지하였다. 김준은 야별초, 신의군을, 임연은 야별초를 동원하여 정변을 일으켰고, 홍문계, 송송례는 삼별초 일부를 동원하여 임유무를 제거하였다.

무신들은 권력을 장악한 후에 정치적 영향력을 확대하기 위하여 다양한 지배기구를 설치 운영하였다. 중방은 원래 상장군, 대장군이 군사 문제를 회의하는 공적 기구인데 무신정변 이후에 정치·군사의 중심 기구가 되어 군사력의 운영이 필요한 정변의 처리와 경찰 업무 및 그와 관련된 형벌 부과, 무신의 이해를 대변하는 인사제도 개편, 질서유지를 위한 물가조절, 도로정비 등의 기능을 수행하였다. 이처럼 중방이 권력기구가 되면서 기능이 확대되기는 하였으나 3성 6부의 관료제도를 무력화시키고 그것을 대신한 것은 아니었다.

최씨정권이 교정도감을 설치하면서 중방의 영향력은 약화되었다. 그들은 도감류의 공적 기구인 교정도감을 설치하여 정변의 처리와 형벌 부과, 정보의 수집과 규찰을 담당시켜 중방의 기능을 대신하게 하였다. 나아가 최씨정권이 그들의 이해를 대변하는 다양한 서사庶事를 처리하는 기구로 활용하면서, 본래의 기능에서 벗어나 인재의 천거를 요구하거나 청탁을 받아 지방 행정에 간여하는 일도 하였고 재정원을 과도하게 확보하고 수취와 수탈을 자행하였다. 특히 집권무신이 교정별감에 임명됨으로써 교정도감은 무신정권을 대표하는 권력기구가 되었다.

교정도감을 군국의 서정을 지휘하는 막부적 정청政廳으로 이해하는 견해도 있으나, 교정도감은 3성 6부의 관료제도를 관할하거나 그것을 대체하는 것이 아니라 무신정권에 이익이 되는 다양한 국정에 간여하는 기구였으며, 공적 기구인 도감으로 설치되었다는 점에서 관료제도 바깥에 수립된 막부로 보기도 어렵다.

정방은 최우가 사저에 설치한 것으로 관료의 인사를 담당하는 기구였다. 최씨정권은 이·병부의 관직에 임명되어 문·무반의 인사를 장악하였는데, 정안政案을 정방에 가져와 인사를 하면서 이·병부를 배제하고 인사권을 독점할 수 있었다. 정방은 사적 기구였으나 무신정권 내부의 사인이 아니라 관료를 선발하는 기구였으므로 실무를 담당하는 구성원은 문신 관료 중에서 선택하였고 인사 업무도 공적 업무로 인식되었다. 그래서 최씨정권이 몰락한 후 정방은 편전 옆으로 옮겨져 국가 기구가 되었다.

서방은 최우의 문객 중에 명유名儒를 모아 3번으로 숙위를 하며 자문에 응대하도록 만든 기구였다. 도방이 무력기반이라면 서방은 문사들의 숙위기구였다. 문신으로 구성된 정방에 충원이 필요할 때에 서방의 문사들로 충당했다고 알려졌는데, 이처럼 서방의 명유는 단순히 유학자가 아니라 문신으로 구성되어 있었다.

이와 같이 무신정권의 지배기구는 관료제도를 관할하거나 관료제도의 바깥에 독자적인 지배체제를 구축하여 관료제도 자체를 무력화시키기 위한 것이 아니라, 관료제도의 운영에 영향을 미치고 관료사회를 장악하려는 목적으로 운영된 것이었다.

3) 무신정권과 왕정의 위기

무신들이 권력을 행사하면서 왕권이 크게 약화되었다. 그러나 여러 국왕을 폐립할 정도로 왕권을 능가하는 권력을 가진 최충헌도 국왕이 되지는 못하였다. 그 이유를 생각할 필요가 있다.

먼저 무신정권기에도 국왕의 권위가 완전히 상실된 것은 아니었다. 이러한 권위는 천명天命 사상과 용손龍孫 관념으로 합리화되었다. 고려에서 국왕은 천명을 받아 신료와는 뚜렷이 구분되는 존재로 인식되었다. 신료는 왕위를 넘볼 수 없으며 신료에 의한 국왕 살해는 용납될 수 없는 것이어서 정중부, 이의방, 이의민은 의종을 시해한 것으로 비난을 받거나 죽임을 당하였다. 고려 지배층은 용손으로 인식되는 왕건의 후손만이 왕위에 오를 수 있으며 이성異姓이 올라서는 안 된다고 생각하였다. 그래서 왕권을 능가하는 권력을 가진 최충헌과 최우도 정치적 위험을 감수하며 왕위에 오르려 하지는 않았다.

그리고 국왕을 정점으로 하는 전통적 신분질서가 남아 있었다. 이의방은 딸을 태자비로 들였다가 비난을 받았고, 정균은 공주와 결혼하려다가 물의를 일으켰다. 최충수가 딸을 태자비로 들이려 하자 최충헌은 그들이 비록 세력은 나라를 기울이고 있지만 가계가 한미하니 딸을 동궁의 배필로 삼는다면 비난을 받을 것이라고 하며 반대하였다. 하지만 권력을 독점한 최충헌은 강종의 서녀와 혼인하였고, 아들 최향은 종실 수춘후 왕항의 딸과, 최성은 희종의 딸과 혼인하여 가문의 명망을 높였다. 전통적 문벌관념이 없어진 것도 아니어서 무신들은 문벌로 성장하거나 문벌과의 통혼을 통하여 가문의 명망을 높였다. 특히 최씨정권은 누대에 걸쳐 재상을 배출하며 문벌로 성장하였을 뿐만 아니라 문벌인 경주김씨, 횡천조씨, 정안임씨, 철원최씨와 통혼하였다.

또한 무신정변 이후에도 3성 6부의 관료제도를 근간으로 하는 통치질서에서 국왕은 최고 통치권자이자 국정의 최종 결정권자였다. 국왕은 고려왕조를 상징하는 존재로서 대내외적으로 고려국가를 대표하였다. 국왕의 결정권은 왕명의 반포나 신료의 상주문에 대한 결재를 통하여 행사되었다. 이는 신료가 대신하지 못하는 국왕의 고유 권한으로 무신정권기에도 변함없이 유지되었다. 정변을 포함하는 무신들의 정치 군사적 행동은 국왕의 허락을 받아 합리화되었고, 중방, 교정도감, 정방 등의 활동도 국왕의 결재를 통해 이루어졌다. 그러므로 무신들이 권력을 장악하기는 하였어도 국왕이 되기는 쉽지 않았다.

하지만 당시 국왕의 권력이 약하였던 것은 분명하다. 명종은 여러 차례 정변을 겪으면서 두려움에 떨었고 군국의 기무는 대체로 무신들에게 견제를 받았다고 한다. 최충헌 이후로 왕권이 더욱 약화되었다. 예를 들어 신종은 군주가 약하고 신하가 강한 것이 이때보다 심한 적이 없었다는 평가를 받았다.

원래 고려의 국정은 관료제도의 절차를 거쳐 국왕의 최종 결재를 받아 시행되었다. 그러나 무신정권기에는 결재 과정에서 국왕의 판단과 의지가 존중되지 않고 무신들의 입장이 관철됨으로써 왕정이 위축되었다. 무신들은 문·무의 관직을 받아 국정 운영에 참여하였으므로 절차를 지키기는 하였으나 실제적인 결정권을 행사하여 국왕의 결재는 승인하는 성격이 컸다. 이러한 현상은 최충헌, 최우 때 더욱 심하였다. 최씨정권의 몰락이 왕정 복구의 명분으로 이루어진 것은 이 때문이었다.

이처럼 무신들이 국정을 장악하여 왕정이 위축되었으나, 국왕과 집권무신의 관계는 군신의 상하관계로 인식되었다. 그래서 국왕은 집권무신의 이해를 침해하지 않는 범위 내에서는 정치를 이끌어갈 수 있었다. 이러한 상황에서 최씨정권은 국왕의 정치를 돕는다는 보상輔相의 논리로 권력의 행사를 합리화 하였다. 그리고 영공令公의 호칭으로 일반 신하와 구별되는 정치적 위상과 권위를 과시하기도 하였다.

이처럼 무신정권기에 왕권이 약화되고 왕정에 위기가 있었으나 고려전기 이래의 왕조질서도 몰락하지 않고 유지되고 있었다. 그래서 무신들은 문·무반의 관직을 받아 국정 운영에 참여하고 지배기구를 설치하여 관료제도의 운영에 영향을 미치거나 관료사회를 장악하려 하였다. 이것이 무신정권 지배방식의 중요한 특징이었다.

|박재우|

참고문헌

김당택, 『고려의 무인정권』, 국학자료원, 1999.
민병하, 『고려무신정권연구』, 성균관대출판부, 1990.
邊太燮, 『高麗政治制度史研究』, 일조각, 1971.
申虎澈 편, 『林衍·林衍政權 研究』, 충북대출판부, 1997.
에드워드 슐츠, 『무신과 문신-한국 중세의 무신정권-』, 글항아리, 2014.
洪承基 편, 『高麗武人政權研究』, 서강대출판부, 1995.
황병성, 『고려무인정권기 연구』, 신서원, 1998.

김상기, 「고려무인정치기구고」 『東方文化交流史論考』, 을유문화사, 1948.
나만수, 「高麗 明宗代 武人政權과 國王」 『成大史林』 6, 1990.
박재우, 「고려 최씨정권의 政房 운영과 성격」 『한국중세사연구』 40, 2014.
박재우, 「고려 최씨정권의 권력행사와 왕권의 위상」 『한국중세사연구』 46, 2016.
鄭杜熙, 「高麗 武臣執權期의 武士集團」 『韓國學報』 8, 1977.
尹容均, 「高麗毅宗朝における鄭仲夫亂の素因とその影響」 『靑丘學叢』 2, 1930.
旗田巍, 「高麗武人の政權爭奪の形態と私兵の形成」 『古代東アジア史論集(上)』, 吉川弘
　　　　文館, 1978.

4. 원간섭기의 정치세력과 정치 운영

1) 원종~충렬왕대 측근정치의 성립

대몽 강화와 왕정 회복

원종대(1259~1274)는 1231년부터 시작된 고려의 대몽항쟁이 끝나고, 1170년 무신정변 이후 100년 간 지속된 무신정권이 붕괴된 시기이다. 대몽 강화와 무신정권의 종식은 서로 밀접한 관계가 있으나, 지금까지 연구에서는 그 관련성에 크게 주목하지 않았다. 원종대에는 몽골의 간섭이 시작되면서 무신집권기의 정치체제를 대신하는 새로운 정치체제가 수립되었다. 따라서 이 시기의 정치사는 원간섭기 정치체제의 성립이라는 관점에서 재조명할 필요가 있다. 또한 원종대부터 시작된 원간섭기에는 외세의 영향이 매우 강하게 미쳐왔으므로 국내 정치와 대외관계의 조응 양상을 주의 깊게 살펴야 한다.

대몽항쟁 기간 동안 고려에서는 최씨정권이 권력을 잡고 항쟁을 주도하였지만, 전쟁이 장기화되고 피해가 커지면서 강화론이 점차 힘을 얻어갔다. 주로 문신관료로 구성된 강화론자들은 고종 45년(1258) 정변을 일으켜 최씨정권을 무너뜨리고 강화를 추진하였다. 표면상으로는 항전을 고집하던 최씨정권이 붕괴됨으로써 강화가 추진된 것으로 보이지만, 그보다는 항쟁이 더 이상 힘들어진 상황에서 강화론이 힘을 얻음에 따라 그때까지 항전론을 앞세워 유지되었던 최씨정권이 붕괴된 것으로 이해된다.

정변을 일으켜 최씨정권을 무너뜨린 강화론자들은 왕정 복구를 표방하였다. 하지만 정변에 필수적인 군사력이 최씨정권 아래서 성장한 김준 등 무신들에 의해 동원되었으므로 정변이 성공한 뒤에도 이들이 권력을 장악하고 무신정권을 연장하였다. 김준은 출륙 환도를 지연시키면서 강화도를 근거로 정권을 유지하였다. 한편, 몽골과의 강화가 진척되어 고종 46년(1259)에 태자가 몽골에 파견되었고, 그곳에서 쿠빌라이를 만나 고려국왕의 지위를 인정받고 귀국하였다. 당시 쿠빌라이는 고려국왕을 후원함으로써 무신정권을 견제하려 하였다. 따라서 이후 고려의 정치는 몽골의 후원을 받는 국왕이 무신정권과 대립하는 양상으로 전개되었다.

원종과 김준 정권의 대립은 원종 9년(1268)에 몽골이 출륙 환도와 납질納質·조군助軍·수량輸糧·설역設驛 및 호구戶口조사와 다루가치 설치 등 '6사事'를 강력하게 요구하고 김준을 소환한 것을 계기로 폭발하였다. 김준은 즉시 재항전을 주장하였고, 원종이 반대하자 국왕마저 폐위하려 하였다. 이 문제는 몽골에 출륙 환도와 '6사'의 이행을 약속하고 김준의 소환에는 응하지 않는 것으로 매듭지어졌지만, 곧 원종이 무신 임연을 끌어들여 김준을 제거함으로써 새로운 양상을 띠게 되었다. 원종은 김준을 제거하고 개경으로 환도함으로써 몽골의 후원 아래 왕권을 회복하고자 하였던 것으로 보인다.

하지만 원종의 의도는 임연에 의해 좌절되었다. 임연은 원종 10년(1269)에 김준을 제거하고 권력을 장악한 뒤 원종마저 폐위하고 무신정권을 재건하고자 하였다. 하지만 곧 몽골의 요구에 따라 불과 5개월 만에 원종을 복위시키고 말았는데, 이 과정을 보면 당시 무신정권의 권력이 매우 약화되어 있었음을 알 수 있다. 원종은 복위하자마자 몽골에 친조하여 임연 제거와 출륙 환도를 조건으로 군사를 요청하였고, 원종 11년에 몽골 군대를 앞세우고 돌아와 무신정권을 종식시키고 개경으로 환도하였다. 이로써 무신정변이 일어난 지 100년 만에 왕정이 회복되었다.

원종이 복위한 뒤에는 몽골에 대한 의존이 더욱 심해졌다. 게다가 무신정권의 무력 기반이었던 삼별초의 반란을 몽골군의 도움으로 진압함으로써 몽골의 영향력은 더욱 강화되었다. 원종 복위 후에는 몽골 군대가 고려에 주둔한 가운데 다루가치가 설치되고, 태자가 인질, 즉 뚤루게禿魯花

로 몽골에 파견되는 등 호구 조사를 제외하고 '6사'가 모두 실행되었다. 특히, 원종 15년(1274) 몽골의 제1차 일본 침략에서 군사와 선박, 식량 등을 몽골의 요구대로 제공하게 됨에 따라 막대한 피해를 입게 되었다.

한편, 원종 때에는 대몽 강화와 병행하여 무신정권을 무너뜨리고 왕정을 회복하였지만, 국왕의 정치적 위상에 변화가 있었다. 국왕이 직접 정쟁에 나섬에 따라 초월적인 지위를 상실하고 여러 정치세력 가운데 하나로 전락하게 되었던 것이다. 원종이 강화를 주도하면서 무신정권과 대립한 것이 그 발단이라고 할 수 있으며, 외세의 지원을 받아 복위하고 무신정권을 무너뜨림으로써 그러한 위상은 더욱 고착화되었다. 그로부터 국왕이 개인적으로 신임하는 사람들을 중심으로 국정을 운영하려는 경향이 나타났다. 원종이 복위한 뒤 '총신寵臣'들에게 토지를 나누어주고 환관에게 왕명 출납을 맡긴 것에서 그러한 단초가 보인다. 이것이 원간섭기에 국왕이 소수의 측근을 통해 정치를 운영하는 측근정치의 출발점이었다.

충렬왕대 측근정치의 성립

원종 말에는 고려의 요청으로 태자(충렬왕)와 원 공주의 혼인이 성사되었고, 그로부터 줄곧 고려국왕은 원 황실의 부마가 되었다. 원종에 이어 즉위한 충렬왕은 대원외교에서 부마의 지위를 적극적으로 활용하였다. 우선, 다루가치 등 고려에 파견된 원 관리들을 견제하였으며, 공물의 부담을 줄여나갔다. 충렬왕 4년(1278)에는 직접 원에 친조하여 고려에 주둔하고 있던 원의 군대를 철수시키고, 다루가치를 소환하며 호구 조사를 면제받는 성과를 거두었다.

다루가치 설치와 호구 조사는 강화 이후 몽골에서 요구해오던 '6사'의 핵심 조항이었다. 이 두 가지가 폐기됨으로써 이후 고려-원 관계는 고려왕조의 존속을 전제로 원의 정치적 간섭이 강하게 미쳐오는 형태로 자리를 잡았다. 당시 고려에서는 왕조의 유지를 중요한 성과로 평가하고, 이를 전통적인 책봉-조공 관계로 인식하였다. 실제로 원종 이후 고려국왕은 대대로 원의 책봉을 받았다. 그리고 이것이 뒷날 원 세조(쿠빌라이 카안)의 옛 제도라는 의미에서 '세조구제世祖舊制'라 불리면서 양국 관계의 틀을 유지하는 원칙으로 작용하게 되었다.

충렬왕 친조외교의 성과는 친원정책을 대가로 한 것이었다. 실제로 고려는 충렬왕 7년(1281) 원의 제2차 일본 침략에 적극 협력하였다. 일본 침략을 위해 정동행성이 설치되자 자원하여 그 장관이 되었으며, 고려 관리들을 고려-원 연합군의 지휘관으로 충원하고 군대와 식량, 선박 등을 지원하였다. 하지만 지원 규모를 먼저 제시하고 그대로 이행한 점에서, 원종 말에 있었던 제1차 침략 때 원의 요구를 일방적으로 수용하였던 것과 달랐다. 즉, 충렬왕은 원의 요구에 적극 대응함으로써 고려의 피해를 줄였던 것이다. 1290년에 동녕부, 1294년에 탐라총관부를 각각 돌려받은 것도 충렬왕의 외교적 성과였다.

충렬왕은 대원 관계의 안정을 바탕으로 국내에서 왕권을 강화해갔다. 먼저, 전쟁 중에 항복하고 원의 앞잡이가 되어 고려의 정치에 개입하던 부원세력을 제거하였다. 강화 이후 이들은 공물 수색을 빌미로 고려에 와서 폐단을 일으켰고, 특히 원에서 고위 관직에 오른 홍차구洪茶丘는 군대를 이끌고 고려에 돌아와 충렬왕과 대립하였다. 충렬왕은 4년(1278) 친조에서 쿠빌라이 카안과 담판을 벌여 홍차구를 비롯한 부원세력을 축출하는 데 성공하였다.

한편, 충렬왕은 원종과 마찬가지로 자신에게 충성하는 측근세력을 육성하였다. 충렬왕의 측근세력은 태자 시절 툴루게로서 몽골에서 숙위할 때 시종하였던 사람들로 구성되었다. 여기에는 몽골어 통역관을 비롯하여 환관과 내료, 하급 무신 등이 주로 포함되었으며, 몽골인 왕비를 시종하여 고려에 온 케링구怯怜口들이 추가되었다. 이들은 고위 관직에 오르거나 공신에 책봉되고 토지를 지급받는 등 국왕의 신임을 바탕으로 정치적, 경제적 기반을 강화해갔다.

국왕이 측근세력을 중심으로 정치를 운영하기 위한 제도도 마련되었다. 충렬왕 즉위 직후에는 원에서 시종하였던 사람들로 친위군인 코르치忽赤를 조직하였고, 충렬왕 4년(1278) 친조를 마치고 돌아온 뒤에는 비체치必闍赤를 설치하였다. 비체치는 궁궐 안에서 모여 주요 정책을 의논하였으므로 당시 '별청재추別廳宰樞'라고 불렸다. 또 원에 보낼 매를 사육하는 기관으로서 응방을 설치하고 측근들로 충원하였다. 코르치, 비체치와 응방은 모두 몽골 카안의 친위 조직인 케식怯薛에 해당하는 직책으로, 충렬왕 때의 측근정치가 몽골의 정치 형태와도 관련이 있음을 보여준다.

충렬왕 때에는 측근세력에게 권력이 집중되면서 여러 가지 문제가 발생하였다. 이들은 권력을 앞세워 토지를 탈점하거나 조세를 침탈하는 등 불법 행위를 자행하였다. 토지 탈점에는 사급전 제도가 악용되었다. 이 제도는 황폐해진 토지를 개간하기 위한 것이었지만, 개간이 필요 없는 토지를 속여서 사급전으로 지급받거나, 심지어는 사급전 지급 문서인 사패를 위조하여 다른 사람의 토지를 빼앗았다. 또한 측근 인물들은 국왕의 후원 아래 신분의 한계를 넘어 고위 관직에 올랐으며, 더 나아가 불법적으로 관리 인사에 개입하는 등 권력을 남용하였다.

충렬왕의 측근세력 육성에 대하여 일반 관료들은 반발하였는데, 특히 대간들이 측근세력의 불법 행위를 적발하고 탄핵하였다. 하지만 충렬왕은 오히려 이들을 처벌하고 측근세력을 비호하였다. 그 때문에 대간의 활동은 크게 위축되었고, 관료 사회에서는 뇌물과 청탁이 횡행하였다. 측근정치는 원의 정치적 간섭 아래서 변화한 국왕의 위상에 조응하는 것이었으므로 충렬왕뿐 아니라 원간섭기의 모든 국왕들에게서 측근정치의 경향이 나타났다.

2) 충선왕의 개혁정치

충선왕 즉위와 개혁 추진

1298년에 충렬왕이 왕위에서 물러나고 아들 충선왕이 즉위하였다. 이 왕위 교체는 충렬왕의 요청을 원이 수락하는 형식을 띠었지만, 사실은 원이 충렬왕을 퇴위시킨 것이었다. 이것은 책봉-조공 관계에서 전례가 없는 일이지만, 당시에는 책봉을 철회한 것으로 간주되어 반발이 없었다. 이처럼 고려와 원의 책봉-조공 관계는 원의 책봉이 실질적인 권한으로서 행사되었다는 점에 특징이 있었다. 그 때문에 원간섭기에는 왕위 교체가 자주 일어났고, 국왕 부자 사이에 왕위가 오가는 '중조重祚'가 여러 차례 발생하였다. 하지만 어떤 경우에도 왕위의 자격이 없는 사람이 고려국왕에 책봉되는 일은 없었다.

원이 충렬왕을 퇴위시킨 이유는 분명치 않다. 다만, 1294년에 쿠빌라이 카안이 세상을 떠나고 그 손자인 테무르 카안(성종)이 즉위하면서 원 황실 내에서 충렬왕의 지위에 변동이 생겼기 때문일 가능성이 있다. 또 세자(충선왕)는 쿠빌라이의 외손자로서 원에서 선호하는 조건을 갖추고 있었다. 하지만 특별한 이유 없이 왕위가 교체된 것은 고려국왕에 대한 책봉의 권한이 원에 있으며, 고려 왕위가 전적으로 원의 인정과 후원에 의해 유지될 수 있었다는 사실을 보여준다.

충선왕의 즉위는 충렬왕의 측근세력을 중심으로 정치가 운영되던 상황에서 커다란 파장을 일으켰다. 왕위 교체에 따라 충렬왕의 측근세력이 퇴장하고 권력집단의 교체가 일어났기 때문이다. 마침 충선왕은 어린 시절부터 충렬왕의 측근세력에 대해 부정적인 인식을 가지고 있었고, 즉위하기 전에도 정치에 간여하여 충렬왕의 측근 인물들을 처벌한 적이 있었다. 충선왕의 즉위에 대하여 일반 관료들은 대부분 환영하였는데, 이들이 원의 일방적인 왕위 교체에 대해 문제를 제기하지 않은 것은 이러한 사정과도 무관하지 않다.

충선왕은 즉위교서를 통해 당시 고려사회가 안고 있던 여러 가지 문제점을 지적하고 해결책을 제시하였다. 교서에서 지적된 토지 탈점과 대토지 집적, 그리고 농장의 조세 불납 등 불법행위는 대부분 충렬왕의 측근세력에 의해 벌어진 일이었으므로, 앞으로 충렬왕의 측근정치를 청산할 것임을 예고한 것이었다. 충선왕은 사림원을 중심으로 정치를 운영하고자 하였는데, 사림원은 과거 급제자로 충원되었다. 여기에는 충렬왕의 측근세력에 의해 문란해진 정치질서를 정상화하겠다는 의지가 담겨 있었다.

한편, 즉위교서에서 인민들의 처지에 대해서도 언급하였다. 당시 일반민들이 권세가의 토지 탈점과 불법적인 수취 때문에 본거지를 떠나 유망하는 현상이 광범하게 일어나고 있었다. 유망한 사람들은 권세가의 농장에 흡수되거나 노비가 되는 경우도 있었지만, 국경을 넘어 요양과 심양, 쌍성총관부 등 원의 영토로 흘러들어가기도 하였다. 민의 유망은 국가의 통치 질서를 근본부터 뒤흔드는 일이었고, 특히 본관제에 바탕을 두고 지방사회를 통치하던 고려로서는 심각한 타격이 아닐 수 없었다. 유망으로 나타난 민의 저항에 대한 대책을 마련하였다는 점에서 충선왕의 정치는 권력 투쟁을 넘어 개혁정치의 성격을 띠었다.

충선왕 이후 원간섭기에는 국왕의 교서를 통한 개혁이 수차례 반복되었다. 그것들은 대부분 탈점된 토지와 강제로 노비가 된 사람을 본래대로 되돌리는 전민변정田民辨正의 수준이었고, 제도 개혁을 통한 근본적인 문제 해결에 이르지 못하였다. 심지어는 토지 탈점의 수단이 되었던 사급전 제도도 폐지되지 않았다. 그러한 가운데서도 충선왕 즉위년의 개혁은 원간섭기 개혁정치의 선구일 뿐 아니라, 측근정치를 청산하고자 하였다는 점에서 남다른 의미가 있다.

충선왕은 즉위한 지 8개월 만에 퇴위하고 충렬왕이 복위하였다. 이 역시 원의 일방적인 결정에 따른 것으로, 이 때문에 충선왕의 정치를 반원反元 개혁으로 평가하는 견해도 있다. 하지만 충선왕 즉위년의 개혁에서 반원적인 요소를 찾기는 어려우며, 오히려 쿠빌라이 카안 시대에 번성하였던 원의 정치를 모범으로 삼아 고려의 정치 질서를 바로잡으려 하였던 것으로 이해된다.

충선왕이 퇴위하고 충렬왕이 복위한 뒤 측근정치를 부활하려는 충렬왕과, 원에 있는 충선왕을 지지하는 일반 관료들 사이에 대립이 계속되었다. 충렬왕은 비록 복위하였지만 원의 신임을 얻지 못함으로써 국내에서 왕권을 온전히 회복하지 못하였다. 그러는 사이에 원이 고르기스闊里吉思를 정동행성 평장정사로 파견하여 고려의 내정에 간섭하려 하였다. 충렬왕은 행성의 고위직 충원과 내정 간섭이 '세조구제'에 어긋난다는 점을 들어 고르기스를 소환시키고 원의 간섭이 강화되는 것을 막는 데 성공하였다. 하지만 국내 정치에서는 충렬왕과 충선왕 지지세력의 대립은 계속되었다.

충선왕 복위와 정책의 변화

충렬·충선왕 부자의 대결은 원의 정세에 따라 판가름되었다. 1307년에 원의 테무르 카안이 죽자 아난다와 카이샨·아유르바르와다 형제 간에 제위 쟁탈전이 벌여졌는데, 충렬왕은 아난다와, 충선왕은 카이샨 형제와 각각 연결되었다. 이 싸움에서 카이샨 형제가 승리하였으므로 충선왕은 권력을 회복하였고, 마침 충렬왕이 죽자 고려로 돌아와 복위하였다. 이 과정에서 고려의 정치세력이 원의 정치세력과 직접 연결되는 선례를 남김으로써 그 뒤로 원의 정치적 여파가 고려에 직접 미쳐오게 되었다.

충선왕은 복위 직후 충렬왕의 측근세력을 제거하고 복위교서를 통해 다시 한 번 개혁을 표방하였다. 그런데 이번에는 처음 즉위하였을 때와 달리 민생과 관련된 토지와 노비 문제에 대한 관심이 줄어들고 왕실

재정을 확충하는 데 초점이 맞추어졌다. 또 충선왕이 복위한 뒤로는 퇴위 이후 10년 동안 원에서 시종한 사람들이 새로운 측근세력으로 대두하여 측근정치가 재현되었다. 이 역시 측근정치를 청산하려 하였던 즉위년의 개혁과 다른 점이었다.

충선왕의 측근정치는 충선왕이 왕위에 있으면서도 원에 머문 것과 밀접한 관계가 있었다. 충선왕은 카이샨 카안(무종)을 옹립한 공으로 공신에 책봉되고 심양왕(심왕)에 봉해졌으며 원의 정사에 참여하는 등 원의 실력자가 되었다. 그 때문에 주로 원에서 활동하였고, 고려에서는 국왕의 부재라는 초유의 사태가 발생하였다. 고려 통치는 국내의 측근세력에게 전지傳旨를 보내 실행하도록 하였는데, 그런 만큼 충선왕이 신임하는 측근세력의 필요성이 커졌다. 하지만 이들의 권력 남용을 막을 수 없게 되어 측근정치의 폐해가 반복되었다.

한편, 충선왕 복위 후에는 대원 정책이 크게 변화하였다. 충선왕은 원의 제도를 적극적으로 수용하고자 하였다. 이는 충렬왕이 '세조구제'를 앞세워 고려의 전통을 지키고 원의 제도를 받아들이지 않으려 하였던 것과 크게 다른 정책이었다. 원의 요구에 따라 왕실 족내혼을 금지한 것은 대표적인 사례이다. 또 충선왕은 책봉-조공 관계에서 제후국의 위상을 분명히 하였다. 원에 요청하여 '충렬'이라는 시호를 받은 것이 대표적인 사례이다. 충렬왕이 '세조구제'를 앞세워 고려왕조를 유지하는 데 중점을 두었다면, 충선왕은 원의 정치에 직접 개입함으로써 자신이 통치하는 고려의 위상을 높이고자 하였던 것이다.

하지만 충선왕의 정책은 자신의 개인적인 역량에 지나치게 의존한다는 데 문제가 있었다. 또한 국왕이 원의 특정 세력과 밀착함으로써 원의 정치 상황이 변동하면 그 파장이 고려에 직접 미쳐올 가능성도 있었다. 실제로 원에서 아유르바르와다 카안(인종)이 즉위한 뒤 충선왕은 경쟁자들로부터 고려국왕과 심왕 가운데 하나를 선택할 것을 요구받았고, 원에 머물기 위해 고려 왕위를 아들 충숙왕에게 물려주었다. 고려 통치는 상왕으로서 자신의 측근세력을 통해 계속하였는데, 그로 말미암아 측근정치의 폐해가 더욱 심화되었다.

3) 부원세력의 대두와 정치도감의 개혁

심왕 옹립운동과 입성 책동

원종 말부터 충선왕대까지 약 40년 동안 측근정치가 계속되고, 특히 충렬·충선왕의 대립 과정에서 국왕 측근세력의 역할이 부각되면서 점차 측근정치가 일상화되었다. 게다가 국왕이 즉위하기 전 뚤루게로서 원에서 숙위하는 관행 때문에 시종 신료들을 중심으로 측근세력이 재생산되는 구조가 정착되었다.

충선왕은 원의 세력 기반을 지키면서 동시에 고려에 대한 지배력을 유지하기 위해 충숙왕에게 전위하였으나, 충숙왕 측근세력의 출현을 막지 못하였다. 충숙왕은 즉위한 지 5년 만인 1318년 교서를 반포하고 개혁을 시도하였다. 앞서 충선왕이 하였던 것처럼 자신의 측근세력을 앞세워 전왕의 측근세력을 제거하려는 것이었다. 충숙왕의 이 시도는 충선왕에 의해 저지되었지만, 두 왕의 측근세력을 앞세운 대결은 끝나지 않았다.

충선왕과 충숙왕의 대립은 원의 정치상황으로부터 영향을 받으며 전개되었다. 먼저, 1320년에 원에서 아유르바르와다 카안이 죽자 충선왕은 결정적인 타격을 받고 토번(티베트)으로 유배되었다. 그와 동시에 충숙왕은 부왕의 측근세력을 몰아내고 친정을 시작하였다. 하지만 곧 충숙왕 역시 원으로 소환되어 왕위를 빼앗길 위기에 처하였다. 원에서 아유르바르와다 카안 사후에 벌어진 정쟁의 여파가 고려 왕위에까지 영향을 미친 결과였다. 이러한 상황에서 충숙왕 대신 심왕 고를 고려국왕으로 옹립하려는 움직임이 일어났다.

　앞서 충선왕은 고려국왕과 심왕을 겸하고 있다가 고려국왕은 충숙왕에게, 심왕은 조카인 왕고에게 전위한 바 있었다. 왕고는 원 황실의 부마가 되어 고려 왕위에 오를 자격을 갖추었을 뿐 아니라 새 황제 시데발라 카안(영종)의 지원을 받았다. 충선왕이 유배되고 충숙왕이 원에 억류된 상황에서 충숙왕 9년(1322) 심왕 옹립운동이 일어났는데, 그것을 주도한 사람들은 대부분 충선왕의 측근으로서 충숙왕에 의해 축출된 사람들이었다. 즉, 심왕 옹립운동은 충선왕 측근세력의 권력 회복을 위한 시도였으며, 결국 충선왕이 빌미를 제공한 것이라고 할 수 있다.

　심왕 옹립은 원의 거부로 실패하였다. 그러자 심왕 옹립운동을 주도하였던 충선왕 측근세력 일부가 충숙왕 10년(1323)부터 입성 책동을 벌였다. 고려왕조를 없애고 원의 행성으로 만들자는 주장이었다. 이에 대하여 고려에서는 극력 반대하였는데, 그것이 고려왕조의 존속을 약속한 '세조구제'에 어긋난다는 논리였다. 원에서도 쿠빌라이 카안의 정치는 오랫동안 영향을 끼쳤을 뿐 아니라 당시 시데발라 카안은 쿠빌라이 정치의 회복을 표방하던 참이었다. 그러한 분위기 속에서 입성 책동은 성공하기 어려웠다.

　이후에도 입성 책동은 몇 차례 더 제기되었지만 끝내 실현되지 않았다. 그 과정에서 '세조구제'를 부정하고 고려왕조를 없애려 한 정치세력이 출현했는데, 이들을 부원세력이라고 부를 수 있을 것이다. 부원세력은 대부분 국내의 정쟁에서 패배한 전 왕의 측근 인물들로 구성되어 있었다. 따라서 부원세력의 출현은 왕위 교체 때마다 권력집단의 교체가 이루어지는 측근정치의 부산물이라고 할 수 있다. 심왕 옹립운동과 입성 책동이 실패로 끝난 뒤에도 이들은 원에서 심왕 고를 중심으로 세력을 결집하고 고려왕조와 대립하였다.

　충숙왕 10년(1323) 원에서 예순테무르 카안(태정제)이 즉위하자 충숙왕은 국왕인을 돌려받고 귀국하였다. 하지만 그 뒤에도 충숙왕의 지위는 안정되지 않았는데, 원에서 권신 엘테무르와 바얀이 정쟁을 벌이면서 그 영향이 미쳐왔기 때문이다. 엘테무르가 충숙왕의 아들 충혜왕을 지지하고, 바얀이 심왕 고를 지지하면서 권력의 향배에 따라 고려 왕위가 교체되어 충숙왕과 충혜왕 부자의 중조가 일어났다. 충숙왕 사후에는 고려 관료들이 심왕 옹립을 막기 위해 충혜왕을 지지하였고, 충혜왕은 원에서 바얀이 제거됨으로써 겨우 복위할 수 있었다.

충숙·충혜왕의 중조를 거치는 동안 부원세력이 강화되어 고려 정치에 적극 개입하였다. 특히 이 무렵에는 원에서 기황후가 등장함에 따라 기철 등 그 일족이 고려에서 막강한 권력을 갖게 되었다. 충혜왕은 측근세력을 앞세워 이들 부원세력과 대립하였는데, 그 과정에서 측근세력에게 권력이 집중되는 현상은 피할 수 없었다. 충선왕의 몰락 이후 고려의 정치는 국왕 측근세력과 부원세력이 대결하는 양상으로 전개되었으며, 대원 관계에서 '세조구제'의 유지와 국내 정치에서 개혁은 모두 어려운 일이 되고 말았다.

충목왕대 정치도감의 개혁 활동

충혜왕은 부원세력과의 대결에서 패배하고 원으로 압송되어 유배 중에 죽고 말았다. 그 뒤를 이어 아들 충목왕이 즉위하였으나 나이가 어려 국정을 장악하지 못하였고, 그 때문에 원에서 시종한 사람들이 측근세력으로서 뚜렷한 활동을 벌이지 못하였다. 대신 충목왕 때에는 원에서 충혜왕의 실정을 바로잡기 위한 내정 개혁을 요구하였다. 그에 따라 충혜왕 측근세력이 제거되고 충목왕 3년(1347)에는 정치도감이 설치되어 개혁활동을 벌였다.

정치도감은 권세가들이 토지를 탈점하고 양인을 노비로 만드는 행위를 처벌하는 등 전민변정 수준의 개혁을 추진하였다. 하지만 원에서 활동하던 환관 일족의 불법 행위를 처벌하고, 정동행성이 고려의 행정에 영향을 미치고 있는 것을 금지하는 등 이전과는 다른 면이 있었다. 이때는 이미 부원세력이 고려에서 권력을 장악하고 각종 불법 행위를 저지르고 있었으므로 개혁 과정에서 이들을 처벌하게 되었던 것이다.

정치도감의 활동에 대하여 부원세력이 조직적으로 저항함에 따라 결국 정치도감의 개혁은 부원세력과의 대결로 압축되었다. 하지만 기황후의 일족인 기삼만이 정치도감의 조사를 받다가 옥사한 것을 계기로 기황후가 직접 개입하여 정치도감의 활동을 저지하였다. 결국 정치도감은 폐지되고, 부원세력의 권력은 더욱 강화되었다. 이러한 추세는 충목왕이 곧 죽고 연이어 나이 어린 충정왕이 즉위하면서 더욱 심해졌다. 모처럼의 개혁이 부원세력의 방해로 좌절되었던 것이다.

정치도감의 활동은 실패로 끝났지만 중요한 의미가 있었다. 우선, 이 개혁은 모처럼 국왕 측근세력이 존재하지 않는 가운데 일반 관료들이 중심이 되어 진행되었다. 그 과정에서 이제현을 비롯한 신흥유신新興儒臣들이 등장하였는데, 이들은 성리학자로서 현실 인식을 공유하고 개혁에 참여하였다. 특히, 충목왕 때에는 이들의 주장에 따라 과거제도가 개편되어 성리학 서적인 사서四書가 과목에 포함됨으로써 성리학이 널리 수용되고 신흥유신이 성장하는 계기가 마련되었다. 신흥유신들은 이후 고려말에 이르기까지 개혁정치의 주인공이 되었다.

또한 정치도감의 활동이 부원세력에 의해 좌절되면서 고려에서는 부원세력과의 대결이 정치적 과제로 부각되었다. 부원세력을 제거하지 않고는 개혁도 성공할 수 없다는 사실이 분명히 드러났던 것이다. 부원세력은 고려-원 관계에서 '세조구제'를 부정하는 존재였으므로, 이들과 대립하면서 고려의 대원 정책이 '세조구제'의 회복으로 압축되었다. 이 과제는 뒷날 공민왕에 의해 해결되었는데, 이러한 의미에서 정치도감의 활동은 공민왕 개혁의 선구가 되었던 것으로 평가된다.　　　　　| 이익주 |

참고문헌

金塘澤, 『元干涉下의 高麗政治史』, 一潮閣, 1998.
김형수, 『고려후기 정책과 정치』, 지성인, 2013.
張東翼, 『高麗後期外交史硏究』, 一潮閣, 1994.

高柄翊, 「麗代 征東行省의 硏究」(上·下) 『歷史學報』 14·19, 1961·62.
高柄翊, 「高麗 忠宣王의 元 武宗 擁立」 『歷史學報』 17·18, 1962.
權寧國, 「14세기 전반 '개혁정치'의 내용과 그 성격」 『역사와 현실』 7, 1992.
權容徹, 「大元帝國 末期 政局과 고려 충혜왕의 즉위, 복위, 폐위」 『韓國史學報』 56, 2014.
金光哲, 「高麗 忠烈王代 政治勢力의 動向」 『昌原大論文集』 7-1, 1985.
金光哲, 「14세기초 元의 政局동향과 忠宣王의 吐蕃 유배」 『한국중세사연구』 3, 1996.
閔賢九, 「辛旽의 執權과 그 政治的 性格」(上·下) 『歷史學報』 38·40, 1968.
閔賢九, 「整治都監의 性格」 『東方學志』 23·24, 1980.
李康漢, 「고려 충선왕의 정치개혁과 元의 영향」 『韓國文化』 43, 2008.
李康漢, 「고려 충선왕의 국정 및 '舊制' 복원」 『震檀學報』 105, 2008.
李起男, 「忠宣王의 改革과 詞林院의 設置」 『歷史學報』 52, 1971.
이명미, 「몽골 복속기 권력구조의 성립-원종대 고려-몽골 관계와 권력구조의 변화-」 『韓國史硏究』 162, 2013.
이명미, 「몽골 복속기 고려국왕 위상의 한 측면-忠烈~忠宣王代 重祚를 중심으로-」 『동국사학』 54, 2013.
李益柱, 「高麗 忠烈王代의 政治狀況과 政治勢力의 性格」 『韓國史論』 18, 1988.
李益柱, 「충선왕 즉위년(1298) '개혁정치'의 성격-관제(官制) 개편을 중심으로-」 『역사와 현실』 7, 1992.
李益柱, 「高麗·元關係의 構造에 대한 硏究-소위 '世祖舊制'의 분석을 중심으로-」 『韓國史論』 36, 서울대 국사학과, 1996.
李益柱, 「14세기 전반 高麗·元關係와 政治勢力 동향-忠肅王代의 藩王擁立運動을 중심으로」 『한국중세사연구』 9, 2000.
정동훈, 「고려 元宗·忠烈王대의 親朝 외교」 『韓國史硏究』 177, 2017.

5. 신흥유신의 성장과 왕조 교체

1) 고려말 정치상황의 변화와 흐름

공민왕대 개혁정치와 정치세력

공민왕대는 대내외적으로 변화가 많았다. 그때마다 내정개혁을 단행하여 위기를 극복해 갔다. 공민왕 재위 23년 동안 시행된 개혁은 원년(1352)의 개혁과 5년의 반원개혁, 12년, 20년의 내정개혁 등 4차례의 개혁교서가 이에 해당한다. 물론 12년에 신돈辛旽을 등용하여 추진한 개혁도 여기에 포함하면 거의 4, 5년 간격으로 시행되었다. 때문에 공민왕대를 '개혁정치의 시대'라고 부른다.

공민왕은 원년 개혁에서 정당한 왕위계승의 확립과 국왕권 강화를 목적으로 몽골식의 변발辮髮과 호복胡服을 폐지하는 조처를 취하였다. 공민왕이 추구한 정책은 '선왕지제先王之制' 곧 전통적인 원래의 모습으로 되돌아가는 것이었다. 아울러 먼저 정방을 혁파하고 인사 개혁을 시도하였다. 그리고 충목왕대에 제기된 서연書筵을 개설하였다. 서연은 성리학의 이념에 따라 왕 내지 세자에게 학문을 교육하기 위한 기관이었다. 왕은 서연에서 여러 인물을 접견하고, 정치세력 간의 이해관계를 조절하거나 정치 자문을 구하였다. 또한 전민변정도감田民辨整都監을 설치하여, 불법적으로 점탈된 토지·농민을 바로잡고 되찾도록 하였다. 당시에는 권력가들이 불법적으로 땅과 노비를 차지하는 일이 많았고 소송하더라도 공정하게 처리되지 않았다. 전민변정도감은 이런 문제들을 바로잡아 처리하기 위한 기구였다.

공민왕 개혁에서 가장 주목받은 것은 공민왕 5년(1356)에 원으로부터 자주권을 회복하기 위한 정책을 시작한 것이다. 그 당면 목표는 고려의 정치제도와 운영을 원래의 모습으로 바꾸는 것이었다. '일국갱시一國更始'로 표현된 공민왕의 개혁은 원제국의 질서에 편입된 이후 나타났던 변화를 다시금 고려전기 문종대의 제도인 '조종지법祖宗之法'으로 되돌아가려는 개혁의지를 담았다.

당시 중국 여러 곳에서 한족 출신들의 반란이 일어나는 등 원이 쇠망하는 기미를 보였다. 이에 공민왕은 왕실의 가장 큰 후원 세력이던 원과 관계를 단절하겠다는 의지를 보였다. 그는 국왕 권력 확대에 가장 큰 걸림돌이 친원세력이고, 이들과 연결된 것이 원나라임을 인식하였다. 공민왕은 먼저 친원세력의 대표인 기황후 집안의 기철奇轍 등을 숙청하였다. 또한 정치에 간섭해 온 정동행성이문소征東行省理問所를 없애는 한편, 원의 연호 사용을 중단하였다. 원의 직접 통치를 받던 동북면의 영토도 회복하였다.

그러나 공민왕이 권력 기반을 강화한 방식은 개인적 기반을 중심으로 국왕 중심의 정치 운영을 꾀한다는 점에서 앞선 국왕들과 같았다. 원에서 숙위하던 시절부터 자신을 섬겼던 시종 공신들을 우대하고, 권문세가인 홍언박洪彦博 등 외척 세력과 일부 과거출신 관료를 중심으로 정치를 운영하였다. 그 결과 권력에 새로 참여한 세력과 그렇지 못한 세력 간에 갈등이 야기되었다. 공신 중 하나인 조일신趙日新의 반란(1352)이 그 대표적인 예다.

이처럼 공민왕은 반원개혁으로 자신의 기반을 강화하고 국가 운영을 이전 체제로 복귀시키려 하였지만, 그 성과는 미흡하였다. 국왕권 강화와 반원 정책에 대한 불만 세력들이 생기고, 1359년과 1361년 두 차례 홍건적의 침입과 격퇴과정에서 일어난 '삼원수三元帥 살해사건', '흥왕사의 변' 등은 공민왕의 정치적 기반을 약화시켰다. 1362년에는 원이 반원 정책에 대한 불만으로 공민왕을 폐위하고, 충숙왕의 아우인 덕흥군德興君을 임명한다고 발표하였다. 이러한 반발은 공민왕의 국왕권 강화와 반원 정책에 대한 기황후 등 원과 밀착된 세력들에 의해 일어난 것이었다.

공민왕은 이 어려운 국면을 다시 개혁을 통해 풀어가려 하였다. 그는 "대대로 벼슬한 명문거족들은 가까운 무리들끼리 얽혀져 있어 서로를 감싸주며", "초야에 묻혀 있던 신진기예들은 마치 초연한 듯 성행을 가장해 명예를 구하다가 일단 귀한 신분이 되면 명문거족과 혼인하여 초심을 잃어버리게 되며", "유생들은 강직하지 못하고 유약한데다가 문생門生이니 좌주座主니 동년同年이니 떠들면서 개인적인 친소만을 따져 당파를 이룬다" 고 하며, 이들 세 부류를 등용할 수 없다고 하였다. '초야신진草野新進'인 이들은 옳지 못한 행위로 명망을 얻거나 가문이 한미함을 부끄러워하여 문벌가문과의 혼인을 선호하는 등 현실 순응적인 자세를 보였기 때문이다. 이에 공민왕은 국내 정치적 인맥이 없는 승려 신돈을 등용하였다.

신돈은 먼저 최영崔瑩 같은 무장이나 권문세족에 대한 숙청을 단행하였다. 또 정치권력을 한 곳에 집중시키기 위하여 내재추제內宰樞制를 시행하였다. 그리고 순자격제循資格制를 채용하여, 관료 인사가 연줄에 좌우되지 않고 근무 연한에 따라 승진시키도록 하였다. 경제적으로는 전민변정도 감을 다시 설치하여, 권세가들이 불법으로 빼앗은 땅을 돌려주고 강제로 노비가 된 사람들을 양인으로 만들어 주었다. 그러자 그는 한때 성인聖人으로 불릴 만큼 하층민들로부터 지지를 받았다.

신돈의 개혁에서 특히 중시된 것은 개혁 추진세력을 형성하는 문제였다. 공민왕이 신돈을 등용한 이유가 기득권을 가진 세력과 무관한 사람離世獨立之人을 얻으려 한 것이고, 신돈을 통하여 기득권의 청산이라는 목표를 이루려고 하였다. 그러나 신돈 한 사람만으로 개혁을 추진하기는 어려웠고, 이를 위하여 공민왕은 '유생[草野新進]'들을 주목하였다. 과거 출신의 문신들에게 좌주·문생관계를 통한 세신대족과의 연결을 스스로 끊고 평소 그들이 주장해오던 개혁에 참여할 것을 요구하였다. 이를 위하여 과거제도를 고쳐 좌주·문생제를 부정하고 성균관을 다시 지었다.

이색을 중심으로 정몽주·이존오·김구용·박상충·김제안·임박·이숭인·정도전·윤소종·이첨·권근·박의중 등이 성균관에서 성리학 공부를 통하여 결속력을 키워 갔다.

그러나 신돈의 개혁도 한계가 있었다. 이전과 다른 점은 공민왕의 강력한 의지를 바탕으로 전민변정 개혁을 강력하게 추진하여 효과를 보았다는 것이지만, 탈점을 가능케 하였던 토지제도에 대한 개혁은 고려되지 않았다. 개혁 추진 세력의 결집에도 문제가 있었다. 신흥유신新興儒臣 가운데 일부는 개혁에 동의하였지만 일부는 신돈의 권력 행사에 반발하며 그를 제거하려 하였고, 개혁에 참여한 신흥유신과 신돈 사이에 개혁의 방향을 둘러싸고 마찰을 빚기도 하였다. 특히 신돈에게 집중된 권력은 그의 자의적 행정과 무리한 사법 판단을 야기하여 개혁 추진에 장애가 되었다. 신돈의 권력 집중을 공민왕 또한 바라지 않았기 때문에, 신돈은 공민왕 20년(1371)에 숙청되었다.

그동안 정치활동이 제약되었던 권문세족과 무장세력이 신돈의 실각을 계기로 재집권하게 되면서 신흥유신의 정치적 입지는 약화되었다. 그리고 공민왕은 새로운 친위 측근세력을 구축하기 위하여 고위층 자제들을 소속시킨 자제위子弟衛를 만들고 환관 등으로 폐행 세력을 양성하였다. 그러나 공민왕은 자제위 소속의 최만생崔萬生, 홍륜洪倫 등에 의해 공민왕 23년(1374) 시해되었다.

우왕대 권문세족의 전횡과 위화도 회군

공민왕의 죽음은 고려 정국에 후계자 문제를 불러왔다. 이인임 등은 공민왕의 유명遺命에 따라 강릉대군 우禑를, 공민왕의 모친인 명덕태후 홍씨와 경복흥慶復興은 종실 내에서 새로 왕을 추천하려 하였고, 친원세력은 심왕瀋王 고暠의 손자를 옹립하려고 하면서 고려 정국은 위기를 맞는다. 이때 의견이 결정되지 않아 "도당都堂이 서로 쳐다만 보고 감히 말을 꺼내지 못하였다"고 한다. 결국 왕족인 영녕군永寧君 왕유王瑜와 밀직 왕안덕王安德 등이 이인임의 의견에 동조하면서 이인임을 중심으로 하는 세력이 나이 어린 우왕을 추대하면서 권력을 잡았다. 최영 등의 무장세력도 이때 재등장하였다.

우왕을 중심으로 한 국왕권의 행사가 제대로 이루어질 수 없는 상황이 되었다. 당시 이인임을 위시한 집권 세력은 개인적인 기반을 극대화하려고 하였다. 우왕 역시 측근세력을 육성하여 왕권 회복을 꾀하였지만 여의치 않았다. 이때 왕실의 대표인 명덕태후明德太后뿐만 아니라 무장인 지윤池齋, 우왕의 유모 장씨張氏, 목인길睦仁吉, 경복흥慶復興 등이 이인임과 최영에 의해 제거되면서 권문세족인 임견미林堅味와 염흥방廉興邦이 이인임에 의지하면서 불법을 자행하였다. 이런 행위들은 법과 운영 체계를 무력화하였고, 특정 집단에게 독점적 권력을 만들어 주었다. 이후 도당을 중심으로 하는 이인임세력의 권력독점에 따른 인사행정의 문란으로 정치 갈등이 심화되고, 토지탈점과 국가재정의 부족, 민의 저항 등 사회모순이 계속되었다.

그러자 우왕 14년(1388) 무장세력의 대표격인 최영은 우왕과 이성계의 동조를 바탕으로 임견미, 염흥방, 이인임 등을 차례로 축출하였다. 정계의 최고 실력자로 부상한 최영은 이인임 처리에 미온적이었지만, 이성계는 신흥유신과 결합해 단호한 처벌을 주장하였다. 이후 양자는 대외 관계 문제를 두고 대립하였다. 명이 철령 이북 땅에 철령위鐵嶺衛를 설치해 직접 통치하겠다고 알려오자, 최영은 요동 정벌을 주장하였다. 그러나 이성계는 사대불가론四大不可論을 내세워 정벌을 반대하였다. 최영은 요동 정벌군을 조직하여 조민수와 이성계를 각기 좌·우군 도통사로 삼아 출정시켰다. 하지만 이성계는 압록강 중간에 있는 위화도에서 조민수를 설득해 회군하였다. 이른바 위화도 회군(1388)이다. 이성계 세력은 개경에 진입하여 회군의 명분을 얻기 위해 최영을 요동을 공격하려 한 죄로 체포하고 창왕을 세웠다. 그리고 이어 우왕과 창왕 부자가 공민왕의 혈통이 아니라 신돈의 혈통이라는 이른바 '우창비왕설禑昌非王說'을 제기하여 창왕을 몰아냈다. 이들은 1389년 11월에 이성계를 제거하려고 한 김저金佇의 옥獄과 폐가입진廢假立眞의 명분을 내걸고 공양왕을 추대하는 한편, 창왕 즉위에 기여하였던 이색李穡과 그의 계열 대부분을 탄핵, 유배를 보내고 우왕과 창왕을 살해하였다.

이성계의 집권과 왕조 교체 과정

공양왕 즉위 뒤에 일어난 공양왕 2년(1390) 윤이尹彝·이초李初 사건으로 이색 계열은 더욱 곤경에 빠졌다. 윤이·이초의 사건은 공양왕 2년 5월 명에 파견되었던 왕방王昉과 조반趙胖이 돌아와 보고한 내용이 계기가 되어 이색·우현보禹玄寶 등 반이성계파 33명이 연루되어 처벌되었다.

그 보고 내용을 보면, 윤이와 이초가 명나라에 가서 공양왕은 종실이 아니고 이성계의 인척이며 이성계가 병마兵馬를 동원하여 명을 공격하려 한다고 무고하고, 또 이성계의 집권을 반대하던 이색 등이 죽임을 당하거나 원지에 유배되었기 때문에 명이 군대를 보내서 이성계 일파를 토벌해 달라고 요청하였다는 것이었다. 이 보고는 정치적 파장이 컸다.

헌부와 형조에서는 잇따라 소를 올려 소위 '이초당彝初黨'을 처벌할 것을 요구하였으나 왕은 별다른 대응을 하지 않았다. 그런데 지용기池湧奇로부터 '이초의 명단'에 자신의 이름이 실려 있어 위태할 것이라는 말을 들은 김종연金宗衍이 야밤에 도주하는 사건이 발생함으로써 큰 옥사가 일어났다. 김종연은 곧 붙잡혔으나, 다시 도망하여 서경천호 윤귀택尹龜澤·양백지楊百之에게 군사를 동원하여 개경의 심덕부沈德符·지용기 등과 함께 이성계와 정몽주·정도전·설장수·조준·성석린 등을 살해하려고 모의하였다는 사실이 발각되었다. 공양왕 추대의 9공신이기도 한 심덕부·지용기·박위 등이 사건에 연루되었다는 것은 이성계 세력 내부, 특히 무장세력 내부에 변화가 있음을 보여준다. 이성계 세력은 김종연을 참혹하게 처형하는 등 매우 강경한 조치를 취하였다.

이를 빌미로 이성계 세력은 다시 대간을 동원하여 이색 등에 대한 처벌을 주장하고 나섰다. 무고로 판명되었지만 이를 정치 쟁점으로 삼은 것은 정치적 효과를 노린 것이었다. 이 무렵 이성계와 정도전 등은 사전 혁파를 바탕으로 한 전제개혁을 추진하고, 과전법을 반포하였다(1391). 아울러 '종연당宗衍黨' 처벌 후 여러 장수의 인장을 모두 회수하여 무장들이 가지고 있던 사병집단을 흡수하였고 이성계가 군권을 통솔할 수 있게 되었다. 삼군도총제부三軍都摠制府가 만들어지고, 이성계가 군권을 장악하는 삼군도총제사를 맡고, 조준·정도전·배극렴裵克廉 등이 각각 좌·우·중군 총제사로서 군권을 장악하였다.

윤이·이초 사건과 김종연의 사건 처리 과정에서 반대세력을 정계에서 완전히 축출하고, 공양왕 옹립에 참여하였던 개혁파 신흥유신이 결속하는 한편, 자신들의 의도대로 따르지 않던 공양왕의 왕권을 제한하려는 의도가 있었던 것이다. 그러나 사건을 처리해나가는 과정에서 이성계 세력이 왕조 교체의 의도를 드러내자 오히려 역효과가 나타났다. 공양왕은 이색 등을 사면하고 정도전·남은南誾 등 이성계 세력과 일정하게 거리를 두었다. 사헌부와 형조가 윤이·이초의 당여를 치죄할 것을 요청하였을 때 공양왕은 이를 도당에게 의견을 물었고, 정몽주가 반대 입장을 표명하였다. 위화도 회군에서 공양왕 옹립에 이르기까지 정도전 등과 함께 정치적 노선을 같이해 왔던 정몽주가 고려왕조를 유지시키려는 중심인물로 선회하고 있음을 보여주는 것이다.

왕조 교체 문제는 신흥유신 세력이 분화하는 또 한 번의 계기가 되었다. 당시 정몽주와 입장을 같이하면서 조선 건국에 반대하였던 세력에는 권우權遇·허응許應·김첨金瞻 등 세족 출신과 이행李行·이첨李詹·성석린成石璘 등 신진관료들이 포함되어 있었다.

공양왕 2년(1390) 11월 김종연 사건으로 숙청된 심덕부를 대신해 이성계가 시중의 자리에 올랐을 때, 공양왕은 정몽주를 수시중에 임명하여 이성계를 견제하였다. 정몽주가 공양왕의 지원을 받으면서 이들은 조선 건국 추진세력에 대해 공세를 펴기 시작하였다. 이성계 세력으로 활동하던 윤소종·오사충吳思忠·남재南在 등을 대간직에서 교체하거나 좌천시키고 정도전 등을 유배 보냈다. 이듬해에는 이성계 세력의 핵심을 유배, 국문하게 하는 조치를 취하는 한편, 유배되었던 이색·이종학李種學 부자와 이숭인李崇仁을 소환하여 복권시켰다. 조선 건국을 주도하고 있던 이성계 세력은 이 정치적 위기를 정몽주 암살(1392)이라는 비상수단을 동원하여 타개하였고, 곧 형식적 절차를 거쳐 조선을 건국하였다. 배극렴 등이 공민왕의 정비定妃였던 왕대비 안씨에게 건의하여 공양왕이 양위 형식으로 이성계에게 왕위를 넘기게 하였다. 공양왕은 폐위된 뒤 원주를 거쳐 삼척으로 유배되었다가 죽임을 당하였다.

당시 신흥유신의 분화는 복잡한 양상을 보이고 있었다. 전제개혁에 급진적이었거나 공양왕 옹립에 동조하였던 사람들이 모두 왕조 교체를 지지한 것은 아니었다. 신흥유신의 한 사람이었던 이행은 조준 등과 함께 사전 혁파를 강력히 주장한 바 있으나 왕조 교체에는 반대하는 입장이었다. 정몽주·이첨·설장수偰長壽도 공양왕 옹립에는 참여하였으나 조선 건국과정에서 이성계 세력과 대립하였다. 성석린은 공양왕 옹립을 주도하였으나 왕조 교체에 반대함으로써 이색의 당여로 지목되어 유배되었다.

결국 사전 개혁과 공양왕 옹립 그리고 왕조 교체를 추진하는 등 일관된 정치노선을 유지하였던 대표적인 신흥유신은 조선 개국공신이기도 하였던 정도전·윤소종·남은·남재·오사충·조인옥 등으로 좁혀졌다. 그들은 위화도 회군 후 역시 분화의 길을 걷고 있던 세족 출신 사대부 가운데 조준·김사형·정총 등 정치노선을 같이하는 인물들과 연대하여 조선 건국을 주도하였다.

2) 신흥유신의 이념 대립과 조선 건국

신흥유신의 성장과 정치세력화 과정

14세기 후반의 개혁정치는 이전의 개혁과는 다른 양상을 띠었다. 우선 실질적인 개혁을 추진할 수 있는 정치세력이 성장하였다. 충목왕대 정치도감의 설치를 통한 개혁활동에서 그러한 모습을 엿볼 수 있다. 8세에 즉위한 충목왕이 정국을 주도하지 못하는 상태에서 개혁성향의 관료들이 개혁의 전면에 나섰다. 특히 개혁에 참여한 관료 가운데에는 성리학을 받아들여 적극적 현실참여의식과 개혁의지를 가진 사람들이 다수 포함되었다.

이들 중 대표격인 이제현李齊賢은 성리학을 체득한 사람들을 지방관으로 파견하여 민을 교화한다면 20년 안에 유망 등 사회문제를 해결할 수 있다는 자신감을 보이기도 하였다. 또한 그들은 국왕의 측근세력에 의해 무너진 인사권의 정상적인 운영을 통한 군신관계의 회복과 전민변정 차원의 민생안정을 추구하였다. 그리고 신흥유신을 육성하기 위하여 정방政房을 혁파하고 녹과전祿科田을 회복할 것을 주장하였다. 당시 토지제도나 수취제도가 갖고 있던 구조적인 문제점을 인식한 것은 아니지만, 그들의 이념은 후일 신흥유신들이 정치적 성장을 거듭하여 개혁을 추진할 수 있는 모태가 되었다는 점에서 의미가 있다.

그러나 그 개혁은 반대 세력의 견제로 제대로 시행되지 못하다가, 1347년에 원의 지시로 개혁이 재추진되면서 정치도감整治都監이 만들어졌다. 정치도감은 불법적 토지와 노비 탈점문제 등을 해결하기 위한 임시기구였다. 그러나 기황후 일가인 기삼만奇三萬이 정치도감에 의해 투옥되었다가 죽자, 그때까지 개혁을 지원하던 원이 반대 입장으로 돌아섰다. 정치도감의 실패는 아직 친원세력이나 국왕의 측근세력 등의 힘이 개혁 추진 세력보다 강하였고 여전히 원의 압력이 변수로 작용한 것을 보여준다.

그 뒤 개혁성향을 지닌 공민왕이 즉위하자 개혁에 대한 기대감이 커졌다. 공민왕은 원간섭기에 제기된 사회경제적 개혁과 국왕권 강화를 통한 원제국의 부정이라는 두 가지 과제 가운데 후자를 우선하였다. 즉위 후 곧 연저수종신燕邸隨從臣 계열의 측근세력을 육성하여 국왕권 강화와 반원 정책을 단행하였다. 공민왕의 이러한 방식은 정치안정을 통해 사회경제 개혁을 구상하였던 이제현 등 과거 출신 문신세력의 방식과는 달랐다. 이런 차이로 개혁성향의 과거 출신 문신세력은 정국 운영과정에서 상대적으로 위축되었다.

그렇지만 신돈개혁기에 성균관 중영과 과거제 개편을 계기로 신흥유신의 세력이 성장하였다. 여기서 신흥유신은 '고려후기에 성리학을 배우고 과거에 급제한 문신'을 가리키며, 공민왕대 이후 세력이 부각되었다. 신흥유신들은 그동안 추진되어 온 개혁의 지속과 완성이라는 시대적 과제를 안고 있었다. 그에 따라 그들은 개혁안을 제시하는 한편, 정치적 입장을 실현하기 위하여 정국의 주도권을 장악해야 할 필요가 있었다.

우왕대 초기에 신흥유신들은 이인임 세력이 북원北元과 외교를 재개하는 정책을 시행하자 집단적으로 반대하다가 처벌당하였다. 이때 정도전·전녹생·박상충·이첨·정몽주·김구용·이숭인·임박 등이 유배되거나 죽었다. 신흥유신 가운데 이인임과의 개인적인 관계로 재등용된 인물들이 우왕의 친정親政과 정상적인 인사행정의 개편 등 제도개선을 요구하는 등 꾸준히 정치활동을 하는 동안, 그와 다른 계열의 신흥유신들은 우왕대 후반부터 세력 결집을 도모하면서 위화도 회군과 전제개혁론을 전개하였다. 후자 즉 이성계와 연결된 일단의 정치세력인 '개혁파 신흥유신'은 새로운 국가 건설을 목표로 설정하였다.

신흥유신의 분기와 이념 대립

공민왕대 이후 성장한 신흥유신들은 성리학자이며, 과거 출신의 개혁세력으로서 공통점에도 불구하고 그들 사이에 성리학에 대한 이해나 개혁방안 등을 둘러싸고 분화되었다. 특히 사회경제적 모순을 해결하는 방안에 대하여 전민변정사업과 부세 완화를 통하여 개선시키는 방향으로 풀어나갈 것인가, 사전私田 혁파와 전제田制 즉 토지제도의 전면적 개혁을 추진할 것인가를 둘러싸고 의견이 대립하였다. 그중에서 토지제도 개혁론은 우왕대의 반동기를 거치는 동안 신흥유신들이 정치에서 배제된 상태에서 대안을 모색하면서 자기 성장을 통하여 이루어졌다. 그 대표적인 사람이 정도전과 조준 등이다. 그 두 사람은 우왕대에 이성계와 결합하여 개혁을 위한 현실적 기반 마련을 모색하는 한편, 체계적인 개혁 방안을 구상하였다.

우왕 14년(1388) 위화도 회군 직후에 조준의 개혁안이 발표되었다. 그 개혁안에 따르면, 당시의 급선무는 '토지제도를 바르게 하는 것'[正田制]과 '인재를 가려 쓰는 것'[擇人材] 두 가지였다. 그 중에서 '토지제도를 바르게 하는 것'의 핵심인 토지제도 개혁은 사전 혁파를 전제로 삼고 있었다. 여기서 사전이란 관리들이 국가로부터 수조권을 지급받은 토지를 마치 자기 소유지인 것처럼 취급하던 토지를 말한다. 그는 이러한 토지를 모두 혁파하여 공전公田으로 흡수하려고 하였다. 그렇기 때문에 그 개혁안대로 시행하면 그동안 관행적으로 수조지를 집적하여 형성된 농장을 해체함으로써 기득권층의 경제 기반이 무너지는 결과를 초래하게 된다.

이런 사전 혁파론에 대하여 신흥유신 가운데 이색을 비롯한 세력이 앞장서서 반대하였다. 그들의 논리는 이전부터 추진된 전민변정사업의 기조에 따라 불법적인 토지탈점을 근절하여 사전 점유의 문란상을 시정한다면 사전을 그대로 두고도 민생을 회복시킬 수 있다는 것이었다.

사전개혁을 둘러싼 신흥유신의 분기는 공양왕 1년(1389) 도평의사사에서 전제를 논의하는 과정에서 구체적으로 드러났다. 이색·권근·이림李琳 등은 전면적인 사전개혁에 반대하였으며, 정도전鄭道傳과 윤소종尹紹宗은 찬성하였고, 정몽주鄭夢周는 입장을 밝히지 않고 있었다. 신흥유신 내에서는 사전개혁 방안을 놓고 이색과 정도전을 중심으로 각각 개선론과 개혁론으로 나누어졌다. 이런 분화는 권근과 조준의 입장에서 보듯이, 세족출신 사대부의 경우도 마찬가지로 나타났다. 정도전과 조준을 중심으로 하는 개혁파 신흥유신들은 이성계의 군사력을 바탕으로 정치권력을 장악하고 개혁을 추진하였으며, 그 결과 새로운 토지제도로서 과전법을 제정·공포하고, 개혁의 연장선 속에서 조선왕조를 건국하였다.

한편 개혁 목표에서 전제개혁과 함께 또 다른 축을 이루는 '인재를 가려 쓰는 것'의 핵심은 정상적인 인사권의 운영과 관료체제의 확립을 통하여 공적인 군신관계를 회복하는 것이었다. 신흥유신들은 원간섭기 이래 고착된 대로 사적 권력기구에 의존하여 정치가 운영되는 것을 차단하려고 하였다. 그러나 공민왕대 반원개혁 이후 새로운 국제관계가 형성되었음에도 불구하고, 여전히 왕권의 강화를 목적으로 측근세력을 육성하고 있었다. 더구나 대외정세에 따른 무장세력의 등장과 국왕권의 실추 그리고 신돈의 집권은 그들이 추구한 정상적 관료체제가 아니었다. 따라서 신흥유신들은 관제와 인사제도의 개혁을 지속적으로 요구하고, 일부는 신돈의 집권에 반발하기도 하였다.

정치 운영방안에서 신흥유신 내의 개선파와 개혁파의 차이는 각각 군주 중심의 체제유지론과 재상 중심의 체제개혁론에서 잘 드러난다. 전자는 고려적인 지배질서의 회복이라는 점에서 구제舊制를 원용한 군주 중심의 정치 운영을 지향하였고, 후자는 제도개혁을 통하여 재상 중심의 정치 운영론을 추구하였다. 그 차이는 고려국가의 체제를 유지할 것인가, 아니면 체제변혁을 통하여 새로운 국가 건설을 지향할 것인가라는 정치적 지향성과 관련이 있다. 개혁파 신흥유신이 추진한 정치제도 개혁은 재추 중심의 도당을 중심으로 하는 일원적 지배체제가 유지되는 가운데 재상과 6조의 기능의 활성화를 꾀하는 것이었다. 이를 뒷받침하기 위하여 정치적으로 공양왕의 실정과 부덕을 강조하여 군주 자질론을 거론하면서 재상 중심의 정치체제론을 주장하였다.

공양왕은 이성계 세력에 의해 추대되었음에도 불구하고, 개혁파의 정국 주도에 비판적인 입장을 취하였다. 그러나 군권軍權을 완전히 장악한 개혁파 신흥유신은 국왕과 고려왕조 자체를 문제 삼기 시작하였다. 당시 발생한 천재지변·자연재해와 연결하여 공양왕이 수신修身을 등한시하고 군주권의 행사를 잘못하였다고 비판하였다. 우왕·창왕이 왕씨가 아니라고 하면서 왕씨를 세우는 것이야말로 춘추대의와 명분론에 충실한 것이라고 말하던 개혁파 신흥유신은 이제 공양왕을 대신하여 천명을 받은 유덕자有德者를 세워야 한다고 주장하였다. 왕씨가 아닌 새로운 성씨를 즉위시켜 군신관계의 지배질서를 재조정하려는 것이었다. 이성계를 통한 새로운 국가 건설의 명분을 찾고자 하였기 때문이다.

나아가 개혁파 신흥유신은 사상적으로도 개선파와의 차이를 극명하게 보여줌으로써 주자성리학에 대한 정통과 명분을 강조하려고 하였다. 그에 따라 불교의 비윤리성을 비판함으로써 불교를 기반으로 하는 고려 지배세력을 공격하였다. 불교에 대한 비판은 권문과 불교사원의 사적 지배력을 억제하고 국가의 공권력에 의한 대민지배를 완성하려는 의도였고, 불교에 호의적이었던 개선파를 비판하는 의도도 있었다.

이러한 이성계 세력의 신왕조 개창 의도에 정몽주가 반대하였다. 정몽주는 고려왕조를 부정하는 개혁파 신흥유신의 주장을 인정할 수 없었다. 이에 정몽주는 이색 계열과 결합하며 대항하였다. 정몽주를 비롯한 체제 유지론자들은 공양왕을 옹립하였던 명분론에서 다시 공양왕을 지키려는 의리론으로 전환하는 한편, 당 태종이라는 이상군주상理想君主像을 받아들이고 기존의 군신관계에 충실할 것을 주장하였다. 이들은 군신관계를 혈연적으로 의제된 절대불변의 변경할 수 없는 관계로 보았다.

그리하여 신흥유신들 간에 체제 유지를 지향하는가, 체제 변혁 즉 역성혁명易姓革命을 지향하는가를 놓고 갈라져 정치적 대립이 치열하게 전개되었다. 고려국가의 체제를 유지할 것인가, 아니면 체제 변혁을 통하여 새로운 국가 건설을 목표로 설정할 것인가는 그들의 이념과 정치적 지향성과 관련이 있다. 결국 고려말의 신흥유신은 그들이 지닌 체제 유지와 체제 변혁적 정치이념의 차이로 분기·대립하였고, 그들이 추구한 두 방향의 정치 운영론은 조선 건국 이후 또 한 차례의 치열한 대립을 보이게 된다. │홍영의│

참고문헌

金光哲, 『高麗後期世族層研究』, 동아대출판부, 1991.
都賢喆, 『高麗末 士大夫의 政治思想研究』, 일조각, 1999.
민현구, 『고려정치사론』, 고려대출판부, 2004.
이익주, 『이색의 삶과 생각』, 일조각, 2013.
이형우, 『고려 우왕대의 정치적 추이와 정치세력 연구』, 고려대 박사학위논문, 1999.
洪榮義, 『高麗末 政治史 研究』, 혜안, 2005.

김기덕, 「14세기 후반 개혁정치의 내용과 그 성격」 『14세기 高麗의 政治와 社會』, 민음사, 1994.
閔賢九, 「整治都監의 設置經緯」 『論文集 11-인문과학편』, 국민대학교, 1977.
朴宰佑, 「高麗 恭讓王代 官制改革과 權力構造」 『震檀學報』 81, 1996.
이강한, 「공민왕 5년(1356) '反元改革'의 재검토」 『大東文化研究』 65, 2009.
이익주, 「고려말 신흥유신의 성장과 조선 건국」 『역사와 현실』 29, 1998.
이익주, 「1356년 공민왕 反元政治 再論」 『歷史學報』 225, 2015.
李亨雨, 「高麗 恭愍王代의 政治的 推移와 武將勢力 研究」 『軍史』 39, 1999.
최연식, 「공민왕의 정치적 지향과 정치운영」 『역사와 현실』 15, 1995.
洪榮義, 「恭愍王 初期 改革政治와 政治勢力의 推移-元年·5年의 改革方案을 중심으로-」(上·下) 『史學研究』 42·43·44, 1990·1991.
홍영의, 「고려말 신흥유신의 추이와 분기」 『역사와 현실』 15, 1995.
홍영의, 「高麗末 恭讓王代 新興儒臣의 對立과 政治運營論」(上·下) 『史學研究』 75·76, 2004.

2장

통치체제의 구성과 변화

Ⅰ. 정치와 경제
1. 중앙 정치제도와 권력구조
2. 토지소유권과 토지분급제도
보론 2 군사제도의 성격과 변천

Ⅱ. 중앙과 지방
1. 지방제도의 구성과 운영
2. 도시와 향촌사회
3. 교통과 운수
보론 3 재정운영과 조세제도

Ⅰ. 정치와 경제

1. 중앙 정치제도와 권력구조

1) 정치제도와 정치권력에 대한 이해

정치란, 물리적 강제력을 독점한 국가가 행사하는 일련의 질서를 말한다. 집단 상호간에 권력의 행사에 참여하거나 권력의 분배에 영향을 미치려는 노력 내지 과정이라고 조금 더 풀어볼 수 있다. 이를 왕조국가에 적용하면, 권력을 독점한 국왕을 중심으로, 그의 권력 행사 과정에 참여하는 일련의 엘리트 지배 집단 사이의 행위라고 하겠다. 그리고 이 행위나 권력이 결정되고 행사되는 구조나 수단이 곧 정치제도이다. 그 중에서도 국왕이 거주하고 정치가 이루어지는 수도를 중심으로 한 정치제도를 중앙 정치제도라 할 것이다. 이때 정치제도는 권력이 행사되는 하드웨어로서의 조직, 그를 운영하는 소프트웨어로서의 관료조직 운영 원리로 크게 나눌 수 있다. 이를 흔히 관청, 관사라고 하는 조직과 사람인 관료 운영방식이라 한다.

한편으로 정치권력은 권력이 확대되는 확장성, 지배의 효율성을 높이기 위해 권력을 집중시키는 집중성, 권력을 오래 갖기 위한 지속성을 기본적으로 지닌다. 이에 정치제도에는 바로 이러한 속성들을 반영하였거나 추구하고 있는데, 바로 이 과정에서 각 시대나 사회, 정치체에 따른 역사성이 담기게 된다.

그동안 고려의 중앙 정치제도를 중심으로 한 통치 조직에 대해서는 많은 연구가 이루어졌다. 무엇보다 고려의 중앙 정치제도에 대한 연구가 집중되어 국가 조직, 관료 조직, 지방과의 관계 등에 있어 괄목할 만한 성과를 내었다. 고려의 중앙 정치제도에 대한 연구 경향은 크게 두 부분으로 나누어볼 수 있다. 즉 1990년대까지는 관청 등 제도를 중심으로 파악하는 경향이 있었고 1990년대 이후에는 제도를 토대로 정치, 사회상 등과 연관지어 제도의 설치, 운영 등의 의미를 파악하려는 경향이 나타났다.

우선 정치제도에 대한 제도사 검토가 관청 중심으로 이루어졌으며, 특히 변태섭, 박용운 등에 의해 고려의 주요 제도에 대한 분석이 치밀하게 이루어졌다. 재상제도, 중서문하성, 중추원, 상서성을 비롯한 고려의 주요 관사들이 정밀하게 분석되었다. 한편으로 대간제도나 관직과 관계官階의 관계, 관료에 대한 고과제도, 공문서를 중심으로 왕명 문서의 종류와 공문서의 전달 방식 등의 행정체계에 이르기까지 관료체계를 운영하는 구체적인 제도 각각에 대해서도 검토가 진행되었다.

그러면서 주로 제도사에 연구가 집중된 경향에서 점차 벗어나 정치세력이나 정국 운영 등으로 논의의 폭이 넓어지면서, 현종대부터 문종, 선종, 숙종, 예종, 인종, 의종 등의 고려전기에 해당하는 여러 국왕들뿐만 아니라 무신정권시기, 충렬왕대를 비롯한 원간섭기에 이르기까지 단대별로 정치세력이나 정국 운영에 대한 많은 연구 결과가 제출되었다. 그리고 기왕의 연구성과들을 종합하여 최근에는 고려는 어떠한 사회였는가 하는 사회성격론으로까지 논의가 확대되고 있다.

2) 중앙 정치제도의 성립과 정비

고려는 태조 원년(918)에 태봉의 궁예를 몰아내고 지금의 개성인 송악을 수도로 하여 건국하여 공양왕 4년(1392)까지 존속하였으며, 몽골을 피해

잠시 강화도로 피난하였던 때를 제외하고는 개성이 유일한 수도로 기능하였다. 따라서 고려의 중앙정치제도라 할 때, 공간적 배경은 수도 개경이 중심이 되었다. 또한 태봉의 뒤를 이었고, 태조 18년(935)에 신라의 항복을 받아 내었기에 고려의 제도 속에는 태봉과 신라의 요소가 포함되어 있는 것은 당연하였다. 결국 고려는 이전의 신라, 태봉의 정치적 전통 속에서 고려가 등장한 시대적 상황에 맞추어 나름의 정치제도를 마련하여야 하였다.

여기에 신라 말 이래 호족이 대두하면서 나타난 분열의 시대이자 호족의 시대 속에서 고려왕조가 등장하였다는 역사적 배경은 고려시대 정치제도의 특징을 이해하는 데에 중요하다. 분열 상황을 종식시키고 적절하게 관리하면서 국가의 지배질서를 구축해 나가는 것이 국가적 과제였고, 정치제도는 그 역할을 해내야 하는 것이었다. 신라는 골품제와 관등제를 강하게 결합하여 신분적으로는 진골 중심의, 지역적으로는 경주에 근거한 이들 중심의 폐쇄적인 정치제도를 구축하였다. 이는 신라의 사회적 유동성을 약화시켜 끝내 지역에 근거하고 기존 신분제에서 이탈한 호족들의 시대를 초래하였다.

이에 고려는 지역적으로 분산된 호족이라는 지배세력을 이끌어 단일한 사회체제를 만들어내야 하는 시대적 과제를 안게 되었다. 이 점에서 광종의 왕권 강화를 위한 여러 개혁책은 정치 운영의 측면에서 뿐만 아니라 정치제도의 측면에서도 의의가 크다. 광종 9년(958)에 과거제를 시행하였으며, 11년(960)에는 백관의 공복을 제정하였다. 이런 조치들은 구신舊臣과 숙장宿將, 후생後生과 남북용인南北庸人이라 표현된 신구新舊 정치세력의 대결, 이를 이용한 광종의 왕권 강화라는 구도에서 크게 주목받아 왔다. 그러나 과거제가 관료 후보군을 선발하는 제도이며, 공복은 관료들의 지위, 역할 등에 따라 옷의 색, 복장服章, 장신구 등으로 구별하는 차등적이면서도 일원적인 제도라는 점을 감안하면, 이 시기에 관료의 재생산 방식과 관료에 대한 일원적인 관리 방식 등 관료체제에 대한 대대적인 정비가 있었음을 짐작케 한다.

큰 틀에서 건국 이래 고려초의 정치제도는 광평성, 내봉성, 순군부 등의 관청 명칭에서 드러나듯이 태봉의 제도를 상당 부분 계승했다. 여기에 내의성 등을 새롭게 설치하고 신라의 관계 명칭을 사용하기도 하면서 정치제도가 지속되고 있었다. 이러한 초기의 정치제도는 980년대에 성종이 대대적으로 개편하기 전까지 지속되었다.

성종대에 들어와 정치제도가 다시 새롭게 개편되었는데, 재위 초부터 유교적 정치이념을 표방한 최승로의 「시무28조」 건의가 채택되었던 사실에서 드러나듯이 유교적 색채가 강하였다. 이번에는 중앙과 지방, 관사만이 아니라 관직제도 등 정치제도 전반에 걸쳐 대대적인 개편이 이루어졌다. 태묘와 사직단의 건설, 오복제의 채택 등에서 드러나듯이 이 시기의 유교적 개혁은 비단 정치제도에 한정되지 않고 사회 전반에 걸친 것이었다. 특히 정치제도의 측면에서 보면, 당, 송의 제도를 적극적으로 참고하여 중국 관제의 모습이 강하게 나타나는 방향으로 구체화 되었다. 대표적으로 중앙 정치제도는 중서성中書省, 문하성門下省, 상서성尙書省, 이吏·호戶·예禮·병兵·형刑·공工의 6부部로 대표되는 당의 3성6부제가 도입되어 내사문하성, 어사도성, 6부 등 2성6부의 방식으로 운영되었다. 송의 제도로는 추밀원樞密院, 삼사三司가 중추원中樞院, 삼사라는 이름으로 도입되었다. 어사도성은 곧 상서성으로 개명되었고, 내사문하성은 문종대에 중서문하성으로 개칭되었다. 이외에도 감찰 기능을 담당한 어사대, 문한 기구인 한림원翰林院 등도 설치되었는데, 이들도 당의 영향을 받은 것이다.

물론 중국 이외 한국 특유의 정치적 관습이 제도화된 것도 있다. 도병마사都兵馬使와 식목도감式目都監이다. 이들은 군사, 법제 등에 대한 결정을 위해 재상들이 모여 합의하던 기구였다. 이는 중요 국사를 지배층의 합의에 의해 처리하던 신라의 화백회의와 같은 전통을 계승한 것으로 이해된다.

성종대 이래 정치제도의 개편 움직임을 선진화된 중국의 제도를 수용하는 현상이라는 의미에서 당풍唐風으로 부르면서 중국 영향으로 평가하여 왔다. 하지만 그런 측면이 있는 것도 사실이지만, 선진 문물이라고 해서 그대로 수용하여 제도로 삼고 길게는 수백 년간 운용하였다고 보기에는 한계가 있다. 짐朕, 태자太子, 제서制書, 조서詔書와 같은 황제의 격이나 위상에 걸맞는 용어를 채택하고, 당, 송과 거의 비슷한 이름의 관직, 관청을 설치하여 관명官名만을 보면 마치 중국의 왕조인 듯 보이기도 하였다. 또 간헐적이지만 연호를 사용하고 황도皇都라 지칭하기도 하였다. 이는 그저 중국의 제도를 수용한 것이 아니라, 고려를 중국과 대등한 정치체제로 설정하고 고려식으로 적용한 것이라 하겠다.

고려의 중앙 정치제도는 이후 예종대에 중추원이 추밀원으로 바뀌기는 하지만 큰 틀에서 거의 변동 없이 유지되었다. 그러다가 충렬왕대에 중서문하성과 상서성이 합쳐져 첨의부僉議府가 되고, 6부는 4사 체제로 변화되었으니, 이부와 예부를 합쳐 전리사典理司로, 병부를 군부사軍簿司, 호부를 판도사版圖司, 형부를 전법사典法司로 고치고 공부를 폐지하였다. 또 다른 재상 기구인 추밀원은 밀직사密直司로 바뀌었다. 이는 몽골제국의 영향을 받아 관청의 위상을 격하하려는 의도에서 이루어진 조치였다. 이후 첨의부와 4사 체제는 몇 차례의 개편을 더 겪지만, 도병마사가 개편된 도평의사사가 고려말에는 정치의 중심으로 자리하게 되었다.

3) 중앙 정치기구의 구성과 관료제도

주요 관사와 역할

중앙 정치는 국정, 곧 국가 정책 등 정치의 대소사를 어떻게 논의, 결정하는가 하는 문제가 핵심이다. 고려에서 그 역할을 담당한 것이 재상이다. 재상은 중서문하성의 재신과 중추원의 추밀로 구성되어 재추宰樞로 합칭되었으며, 이들이 속한 중서문하성과 중추원을 합쳐 양부兩府라고 하였다. 이중 재신은 진재眞宰라고도 하여, 중서문하성의 장관인 문하시중(종1품)을 비롯하여 평장사(정2품), 참지정사(종2품), 정당문학(종2품), 지문하성사(종2품) 등이 해당한다. 추밀은 중추원의 판중추원사, 중추원사, 지중추원사(이상 종2품), 동지중추원사, 중추부사, 첨서중추원사, 직학사(이상 정3품) 등이다. 이들은 6부의 판사나 상서를 겸하는 경우가 많았으며, 특히 서열 1, 2위의 재신들이 이부와 병부의 판사를 맡아 수상, 아상으로 불리기도 하였다. 애초 추밀은 궁궐에서의 숙직 등을 위해 설치되었다가 점차 의례, 군사 등 관련된 자문에 응하면서 중요성이 증대되어 예종대부터 재추로 위상이 높아졌으며, 고려후기로 가서는 군기 역할까지도 담당하게 되었다. 상서성은 2품 이상으로 구성되는 상서도성과 3품 이하로 구성되는 상서6부의 이중구조였다. 상서도성의 고위직인 복야(정2품)도 때때로 6부의 판사나 상서를 겸하기도 하여서, 넓은 의미에서 재상에 포함시킬 수도 있으나, 그 위상은 재추에 비해 낮았다.

고려는 왕조국가이기에 국왕과 관련하여, 국왕의 국정 운영을 보좌하기 위한 조직들이 갖추어져 있었다. 가장 핵심은 왕명을 전달하는 역할일 것인데, 중추원의 승선이 이를 담당하였다. 이들은 왕명을 받아 조정에 전달하였으며, 때로는 국왕의 자문에 답하기도 하였다. 왕명의 작성, 찬술은 지제고知制誥가 담당하였다. 특히 지제고 같은 문한직에는 과거 출신 관료만이 임명되었는데, 왕명을 문서로 작성하는 역할 때문에 과거를 통해 문장력과 학문적 능력이 검증된 이들로 운영하였기 때문이다.

왕명 등으로 결정된 정책은 이제 행정을 통해 실현되게 되는데, 이는 6부의 역할이다. 6부는 상서성의 예하에 있어서 상서성이 행정을 총괄하는 역할을 하는 듯이 생각되나, 고려에서 상서성은 문서를 통해 명령이나 보고를 전달하는 문서행정의 총괄에 그치고 있다. 관품상의 위상에 비해 정무적 기능보다는 사무기능이 강한 관서라 하겠다. 대신 재신이나 추밀 등이 6부의 판사判事나 상서尙書를 겸하면서 사실상 재상이 행정 실무 관사인 6부를 장악하는 방식으로 운영되었다. 일단 6부 예하에는 속사屬司 가 있었는데, 현종대에 12개가 설치되었다가 최종적으로는 이부 예하의 고공사, 형부 예하의 도관만이 남았다. 고공사는 관료의 인사 기록을 관리 하였고, 도관은 노비 문서와 그와 관련한 소송 등을 담당하였다. 결국 이, 병, 호, 형, 예, 공부의 6부 본사가 직접 거의 모든 업무를 담당하는 방식이었다. 그리고 6부는 해당 업무에 대해 국왕에게 직접 보고를 하였다.

6부 외에도 시寺, 감監, 국局, 도감都監 등의 실무 관사가 다수 있었다. 이들 시나 감은 동급으로 무기 제작, 의례 기구 제작이나 관리, 재화용 창고 관리, 하천 관리 같은 특정 분야의 역할을 담당하는 행정 실무 관사였으며, 국은 국왕이나 궁궐에 관련된 실무 부서였다. 도감은 수시로 벌어지는 각종의 임시 업무를 처리하기 위한 관사였다. 여기에 특수 목적의 조직으로, 국방상의 논의를 위한 도병마사와 예제나 법제를 논의 하기 위한 식목도감이 재상들의 회의기구로 있었다.

한편에서 정책의 결정, 집행 과정을 점검하면서 정당성을 확보하고, 나아가서는 관료들의 기강을 확립하여 불법을 금지하기 위한 장치도 마련되었다. 곧 비판, 견제, 감찰 등 현대의 언론 및 사정 기관 역할인데, 중서문하성의 낭사郎舍와 어사대가 각기 간관, 대관 혹은 함께 '대간臺諫'이 라 불리면서 담당하였다. 간관은 국왕의 말과 행동에 대한 비판을 담당하 였으니, 국왕이 국정을 책임진다는 왕조국가의 지배질서 속에서 정책의 최종 결정권자이자 시행의 출발점인 국왕을 비판, 견제하고자 한 것이다. 대관은 관청뿐만 아니라 관료 개개인의 행위에 대한 사정을 담당하였다. 그 외에도 사회의 풍속에 대해서 비판, 감시의 권한을 지니고 있었다. 특히 대간은 관료에 대한 인사나 법제의 제정 과정에 대해 동의하는 절차인 서경署經의 권한도 가지고 있어서 국정 과정에도 일정 정도 간여할 수 있었다. 이에 드물지만 국왕의 인사권과 충돌하기도 하였으니, 의종대에 환관인 정함의 합문지후 임명을 두고 국왕과 대간의 충돌 사례가 대표적이다. 어찌 되었든 국가 지배체제를 공고히 하고 정당성을 확보한다는 의미에서 이들 두 조직은 비슷한 성격으로 묶을 수 있고, 실제로 '대간'으로 불리면서 정치에 대한 비판 활동을 함께 하기도 하였다. 이는 관료에 대한 감찰에만 그치지 않고 국왕까지도 비판, 견제의 대상에 포함시켰다는 점에서, 정치의 정당성을 확보하고자 한 유교적 명분이 제도에 반영된 것이다.

권력 행사의 인적 조직, 관료제도

국왕은 관념상 권력을 독점하고 국가를 '소유'하였지만, 자신의 능력으로 온전히 국가 전체를 다스리는 것은 불가능하였다. 자신을 도와 권력을 부리고 지배를 관철시킬 수 있는 이들, 곧 관료가 필요할 수밖에 없었다. 그래서 왕조국가에서 관료들은 군주에 대한 충성심을 매개로 한 일종의 가신家臣이자 군주의 권력집행자로서 일반 백성과 구별되는 특권신분층으로 존재하였다.

고려에서 관료들은 좁게는 문반, 무반이라는 양반으로 설정되고, 넓게는 그 하부에서 여러 가지 보조적 업무를 수행하는 서리(지방의 경우에는 향리)까지 포함할 수 있다. 이들을 1~9품까지의 품관과 품외의 서리 등으로 조직화하였다. 관료가 되기 위해서는 출신出身이라 불린 자격을 갖추어야 했고, 자격을 획득하는 경로를 입사로入仕路 혹은 출사로出仕路라고 한다. 대표적인 사로가 과거, 음서, 서리, 군인 등이다. 문반의 경우, 앞의 삼자가 주된 경로이며, 무반의 경우에는 음서, 서리, 군인 등의 경로가 확인된다. 이중 과거와 음서가 주요한 사로로서 크게 주목을 받아왔다.

과거는 광종 9년(958)에 처음 시행된 관료 선발 시험제도로, 후주에서 귀화한 쌍기의 건의로 도입되었다. 고려는 문신을 선발하는 문과와 승려를 대상으로 하는 승과, 그 외 기술 시험인 잡과가 있었고, 무과는 없었다. 문과 시험은 보통 예부시라고 하는 본고시와 예비시험인 국자감시, 그 자격시험인 향시(또는 계수관시)의 단계로 구성되었다. 문장 능력을 시험하는 제술업과 경전 지식을 시험하는 명경업으로 나뉘는데, 제술업의 합격생수가 훨씬 많아 위상이 더 높았음을 알 수 있다.

음서는 종실이나 공신, 5품 이상 관료의 자손에게 관직을 내려주는 제도였다. 종실이나 공신의 후손이 그 대상으로 있어, 이 제도가 특별한 이들을 대상으로 은혜를 베푸는 성격임을 짐작할 수 있다. 그러나 이보다 5품 이상 관료의 자손을 대상으로 한 일반 음서가 특히 주목을 받아왔다. 5품 이상의 관료들은 아들, 손자, 조카, 사위, 형제 등에게 관직을 받을 수 있는 기회를 줄 수 있었으며, 한 번에 1인에게만 제공하였다. 음서는 5품이라는 일정 수준 이상의 관료들에게 관료 지위를 재생산할 수 있는 기회를 제공하는 제도라는 점에서, 지배층의 재생산 기제로 중요한 의미를 지닌다. 더구나 음서 출신이라 하여도 재상까지 승진하는 데에 문제가 없었고, 문한직을 제외하면 임명받을 수 없는 관직, 다시 말해 한직限職의 제한도 없었다.

관도에 들어선 관료들은 관계와 관직을 받았다. 계階는 관료의 지위를, 직職은 그의 역할, 임무를 의미한다. 고려의 관료들은 기본적으로 문산계를 받았으며, 관직은 관품에 따라 크게 최상층의 재상직과 참상과 참하, 그리고 품외의 서리로 나눌 수 있다. 참상과 참하는 국왕과 국정을 논의하는 조회에 참석할 수 있는가에 따른 구분으로, 대체로 6품과 7품을 경계로 한다. 그럼에도 5품이면서도 참하관이고 7품에도 참상관이 있기도 하였다. 관품에서 참상, 참하의 경계는 단일한 기준이 적용되지는 않았으며, 오히려 녹봉이 관직의 반차班次를 보다 정확히 반영하고 있어 참고된다.

관료들은 관직에 임명되어야만 관료로서의 역할과 대우를 받을 수 있었다. 처음 임명된 관직인 초사직 단계와 참하에서 참상으로의 승진 과정 등에서 지방 수령을 경험해야 하는 것이 일반적인 경로였다. 관료에 대한 급부로 고려는 전시과와 녹봉을 마련하였다. 관직에 대한 복무의 대가로, 전시과는 토지에서 수취할 수 있는 수조권을, 녹봉은 현물을 지급하였다. 관직을 임명받아 해당 업무를 하게 되면, 해당 임기 동안의 업무 성과를 평가하는 고과考課를 거치게 된다. 이상의 인사 경력은 관원 개인별로 관리되는데, 그 문서를 정안政案이라고 하였다.

왕명의 찬술 과정과 국정

국왕의 명령은 정치의 시작이자 끝이며, 이것은 주로 문서의 형태로 나타난다. 고려는 안건의 중요도 등에 따라 여러 가지 형식의 문서를 사용하였으니, 책서冊書, 제서制書, 교서敎書, 조서詔書, 선지宣旨, 왕지王旨 등이 그것이다. 책봉 등의 의례를 위한 명령문서인 책서를 제외하고 제서 이하가 정무 수행 과정에서 사용되었다. 제서는 중서문하성의 심의를 거쳤는데, 이 과정에서 문제가 있으면 국왕에게 반송하는 봉박封駁이 있기도 하였다. 그 외의 문서들은 이러한 심의 과정이 생략되어 상대적으로 쉽게 반포될 수 있는 왕명이었는데, 특히 교지, 왕지는 보다 가벼운 내용의 명령에 사용되었다. 일반적으로는 교서, 조서, 선지 등이 주로 사용되었다. 내용이 결정된 왕명은 문한관인 지제고知制誥가 작성하였는데, 대간이 겸직한 경우에는 내지제고, 그 외의 경우를 외지제고라고 하였다.

반대로 관청이나 신료들의 상주나 보고는 국왕에게 직접 이루어졌다. 중서문하성 등 재상급 관청만이 아니라 6부나 시, 감 등의 일반 실무 관사까지도 업무에 대한 상주를 국왕에게 직접 하였다. 이는 중앙만이 아니라 지방의 경우에도 마찬가지였다. 문서 전달 과정에서 상서도성을 경유하기는 하나, 지방의 군현 역시도 6부 등을 거치지 않고 국왕에게 보고하였다. 이로써 고려의 국왕은 사실상 모든 관사와 문서 행정상 직접 연결되어 있다고 하겠다.

4) 중앙 정치제도의 특징

중서문하성과 중추원의 이중구조

고려의 정치에서 가장 핵심 조직은 중서문하성과 중추원이다. 이들 두 관서는 이중구조를 갖고 있다는 특징이 있다. 곧 중서문하성은 2품 이상의 재신으로 구성된 재부宰府와 3품 이하 관직으로 구성된 낭사로, 중추원은 상층의 추밀(종2품, 정3품)과 하층의 승선(정3품)으로 구성되어 있다. 그리고 이들은 제각기 재신과 간관, 추밀과 승선으로 그 역할도 구별되어 있었다.

당제에서는 왕명을 기초하던 중서성, 이를 심의하는 문하성으로 역할이 구별되고 그 아래에 간관에 해당하는 몇 관직이 있었다. 그러나 고려에서 중서문하성으로 운영되면서는 간관의 규모가 13직으로 훨씬 커졌고, 왕명의 기초는 문한관인 지제고가 담당하고, 문서를 심의하는 봉박에는 재신도 참여하는 등 고려 나름의 운영방식이 나타났다. 중추원은 애초 국왕을 가까이에서 보좌하는 '직숙원리直宿員吏'의 기능으로 출발하였으나 점차 그 역할이 확대되어 추밀들이 국왕의 자문을 하게 되었다. 예종대에는 완전히 재신과 함께 추밀이 재상이 되면서 중추원은 중서문하성과 함께 '양부兩府'로 불리게 되었다. 승선은 왕명 출납을 담당하면서, 추밀과는 뚜렷이 구별되었다.

이와 같은 '양부'의 이중구조는 전혀 다른 복수의 기능을 한 관서에서 담당한다는 점에서 이들 관사의 정치적 위상이 높음을 보여준다. 이 현상은 조선시대에 가서 각 기능을 담당하는 개별 관사로 독립하면서 해소되었다.

재상제 운영방식

고려시대 관료들은 2개 이상의 관직을 띠고 있는 경우가 많은데, 특히 재상들의 경우에 이런 현상이 흔히 나타난다. 주로 재상직인 중서문하성과 중추원의 관직과 함께 6부나 여타 시, 감 등의 관직을 함께 지니는 방식이다. 이때 재상직을 겸직으로 볼 것인가 하는 문제가 있다. 종1품 문하시중, 정2품의 평장사는 논의의 대상이 아니며, 주로 종2품 재신직인 참지정사 등 하위 재신직이 특히 문제가 된다. 겸직이라고 규정되지 않은 재신직을 동시에 지니고 있는 상황에서 재신직을 중복직으로 보는 견해와 겸직으로 보는 견해로 대별된다. 전자는 재신직을 모두 본직이라고 보는 입장이며, 후자는 6부 등 여타의 관직을 본직으로, 재신직을 겸직으로 보는 입장이다. 이것은 다시 소수의 문벌귀족가문 출신들이 재상직을 중심으로 국정을 장악할 수 있게 하는 귀족제 사회인가, 아니면 겸직으로 효율을 높인 국정 운영방식인가 하는 논의와도 연결된다. 이런 견해 차이는 해당 관직이 '겸직'이라고 명확한 규정이 없기 때문에 생긴 문제이며, 관직, 특히 재상직 운영에 대한 보다 치밀한 검토가 지속되리라 기대된다.

권력구조와 대간, 그리고 사회성격

1970, 80년대에 고려사회의 성격을 두고 귀족제, 관료제 논쟁이 활발히 전개된 바 있다. 이후 논의가 잠잠하다가 2000년대에 들어와 다시 귀족이란 개념에 의문을 표시하며 문벌로 바라볼 것을 주장하고 이에 반대하여 귀족제를 주장하는 논쟁이 이어졌다. 이 논쟁 과정에서 대간의 역할은 국왕권을 제약하는 것이고 재상과 대간을 신하의 입장에서 공동운명체였다고 보아 동일 집단으로 묶어 보는 견해가 제시되기도 하였다. 하지만 최근에는 대간에 대한 이해에 변화가 나타나고 있다.

앞서 언급한 바와 같이 대간은 간관인 중서문하성의 낭사와 대관인 어사대를 합쳐 부른 말이다. 낭사에게는 왕명이 문서화되는 과정 중 그 내용을 비판할 수 있는 권한인 봉박封駁, 관원의 인사에 대한 동의 절차인 서경署經을 할 수 있는 권한이 있었으며, 이 권한들은 간쟁과 함께 대간의 핵심 역할로 파악하여 왔다. 하지만 봉박의 과정에 낭사만이 아니라 재신들도 서명하고 있다는 점이 밝혀지면서 봉박이 낭사만의 권한이라 하기 어렵게 되었다. 이에 봉박은 낭사만의 것이 아닌 중서문하성의 권한으로 이해하고 있다.

한 걸음 더 나아가 서경권의 실체에 대해서도 접근하고 있다. 서경은 관직에 임명된 관료의 행적, 신분 등을 조사하여 문제가 있는 이들을 걸러내는 역할을 한다. 이를 통해 잘못된 인사를 하지 못하도록 인사권자인 국왕을 견제할 수 있었다. 그렇다고 해서 국왕의 인사권에 대해 대간이 국왕에 대립하는 정치수단으로 서경권을 활용한 것은 아니라는 점이 명확해지고 있다. 다만, 의종이 환관인 정함을 문반직인 합문지후로 임명한 조치에 대간이 신분상의 하자를 들어 서경을 반대하여, 끝내 의종의 임명이 관철되지 못한 사례가 있다. 서경은 국왕권의 강약을 결정짓는 요소라기보다는 견제에 있다는 견해도 어느 정도 타당성을 갖고 있다.

현재는 연구가 대간의 역할이나 기능을 왕권의 제약이나 규제에 강조점을 두어 평가하는 경향에서 벗어나고 있다. 즉 대간이 왕명의 발출 과정에 적극적으로 간여하고 있으며 재신과 대간을 귀족 등 동일한 특권 계층으로 하나로 묶어 보는 데에 반대하는 것이다. 이제 귀족이나 문벌이라는 계층적 입장보다는 관료라는 입장에서 파악한다. 이를 통해 왕권을 조금 더 강조하는 방향에서 이해하려 하고 있다. 결국 대간을 문벌과 깊게 상관지어 이해하는 방식에서 벗어나 관료제의 운영 양상 속에서 그 역할, 의미를 탐색하는 방향으로 연구가 진행되고 있다 하겠다.

관직 중심의 관료제 운영

한편 고려는 당의 산계散階를 수용하였다. 광종대에 산계를 수용하였다는 입장도 있지만, 대체로 성종대에 관제를 대대적으로 개편하는 과정에서 당의 산계도 본격적으로 적용하였을 가능성이 크다. 그러나 산계의 적용 과정에서 당제와는 다른 양상이 주목된다. 당은 계와 직을 1~9품으로 세분하고 문관에게 문산계, 무관에게 무산계를 부여하고는 그 지위에 맞는 관직을 임명하는 방식을 사용하였다. 고려는 당과 달리 문·무관 모두에게 문산계를 부여하고 무산계는 향리, 군인, 여진인 등에게 부여하고 있다.

무엇보다 큰 차이는 산계와 관직의 대응에 있다. 관료에 대한 경제적 대우 지급 방식인 전시과나 녹봉의 지급 규정을 보면, 세분화된 그룹별로 토지나 곡식의 지급액수를 규정하고, 그에 해당하는 관직을 나열하고 있다. 곧 관료에 대한 지급 기준이 관직인 것이다. 더구나 산계의 품(산관품이라고 한다)과 관직의 품(직관품이라고 한다)을 가능한 일치시키려 한 당과 달리, 고려의 산관품은 관직의 품에 미치지 못하는 경우가 많아 양자 사이에 일치하지 않는 것이 일반적이었다. 이는 산계가 관료의 지위를 규정한다는 애초의 기능을 구현하지 못하고 있음을 의미한다. 고려에서 산계는 제대로 기능하지 못하였고, 관직이 역할 뿐만 아니라 지위 구현의 기능까지도 담당하였다. 이 때문에 고려사회에서 지배층들은 전, 현직의 관직으로 자신을 표현하였다. |김보광|

참고문헌

강은경, 『고려시대 기록과 국가운영』, 혜안, 2007.
김대식, 『고려전기 중앙관제의 성립』, 경인문화사, 2010.
朴龍雲, 『高麗時代의 臺諫制度 研究』, 일지사, 1980.
朴龍雲, 『高麗時代 蔭敍制와 科擧制 研究』, 일지사, 1990.
朴龍雲, 『高麗時代 官階·官職 研究』, 고려대출판부, 1996.
朴龍雲, 『高麗時代 尙書省 研究』, 경인문화사, 2000.
朴龍雲, 『고려시대 中書門下省宰臣 연구』, 일지사, 2000.
朴龍雲, 『高麗時代 中樞院 研究』, 고려대 민족문화연구원, 2001.
박재우, 『고려 국정운영의 체계와 왕권』, 신구문화사, 2005.
박재우, 『고려전기 대간제도 연구』, 신서원, 2014.
邊太燮, 『高麗政治制度史研究』, 일조각, 1971.
李貞薰, 『高麗前期 政治制度 研究』, 혜안, 2007.
李鎭漢, 『고려전기 官職과 祿俸의 관계 연구』, 일지사, 1999.

金昌賢, 「고려시대 限職제도」 『國史館論叢』 95, 國史編纂委員會, 2001.
朴宰佑, 「高麗時期의 告身과 官吏任用體系」 『韓國古代中世古文書研究(下)』, 서울대
    출판부, 2000.
박재우, 「고려시대 署經의 행정절차와 성격」 『역사문화연구』 36, 한국외국어대
    역사문화연구소, 2010.
이진한, 「고려시대의 본품항두(本品行頭)」 『역사와 현실』 54, 2004.
최종석, 「고려초기의 관계(官階) 수여 양상과 광종대 문산계(文散階) 도입의 배경」
    『역사와 현실』 68, 2008.

2. 토지소유권과 토지분급제도

1) 토지소유를 둘러싼 여러 논의들

　고려말 사전私田 혁파를 주장하였던 신흥유신들은 고려의 전제를 균전제로 인식하고 선왕의 균전제를 회복할 것을 주장하였다. 그들에게 고려후기 사전 문제는 고려사회의 모든 제도적 모순 가운데에서도 가장 먼저 해결해야 할 시대적 과제였다. 전시과 제도가 안고 있었던 사전의 제도적 한계를 사전 혁파를 통해 균전제를 회복함으로써 해결할 수 있을 것이라고 여겼던 것이다. 그러나 그들의 개혁 논의는 완결되지 못한 채 과전법이라는 방식으로 사전제도를 존속시켰으나, 16세기에 이르러서야 지주전호제의 발달에 따라 역사의 뒤안길로 사라지게 되었다.

　고려초 역분전의 분급 이래 전시과-녹과전-과전법으로 이어지던 고려의 국가적 토지분급제는 고려의 사회경제적 성격을 특징짓는 토지제도로서 본관제와 함께 고려사회를 지탱하던 근간이었다. 국가적 토지분급제는 국가가 토지분급의 주체로 등장함으로써 공전公田과 사전에 대해 국가의 규정력을 일정하게 인정할 수밖에 없는 제도라는 점에서 고려사회에서 토지소유의 실체를 규정하기 어렵게 만드는 요인이 되었다.

　일제 관학자들의 토지소유권에 관한 견해 가운데에는 일제하 토지조사사업의 일환으로 한국 전근대 토지제도의 역사적 추이를 살핀 와다 이치로和田一郎의 견해가 있다. 그는 고려에는 토지 사유가 존재하지 않으며 모든 토지는 왕토王土로서 국가의 토지라는 입장의 토지국유론을 제기하였다. 또한 식민사학의 입장에서 토지국유론을 주장한 후쿠다 도쿠조福田德三가 있다. 그는 '한국사회는 19세기말까지 일본의 고대 말기 10세기 경 후지와라藤原시대에 해당하며 한국은 국가의 개념을 사용할 수 없고 토지 소유의 관념이 존재하지 않은 정체된 나라'라는 정체성론을 제기하였다.

다음으로 일제하 식민사학에서 제기한 정체성론, 즉 봉건제결여론을 비판하고 마르크스의 역사방법론을 이용하여 아시아적 봉건제를 주장한 백남운의 견해가 있다. 백남운은 통일신라 이후를 조세=지대라는 관점에서 국가가 최고의 지주인 아시아적 봉건제라고 보았다. 따라서 최고의 지주인 국가가 거두어들이는 조세는 바로 토지의 주인이 경작자로부터 거두어들이는 지대와 동질적이며, 그런 측면에서 세계사의 보편적 발전과정에서 아시아적 특수성을 구현하고 있다고 보았다.

일제 식민사학의 입장이 한국사에 미치는 영향이 지대한 가운데 이를 극복하고자 하는 노력이 1960~70년대에 일어나면서 내재적 발전론에 입각한 토지사유론이 등장하였다. 이에 의하면 고려시대에 보이는 민전에 주목하고 민전의 소유주는 일반 농민으로 이들에 의한 토지소유가 일반화되어 있었다고 본다. 이러한 관점에서 선 논자들로서 이우성, 이성무, 김용섭, 이경식 등을 들 수 있다. 이들에 의하면 고려시대 일반농민층인 백정층은 자신의 소유지로서 민전民田을 소유하면서 국가에 조세를 바치는 소농민이었다. 그러나 토지사유론이 일반화되는 가운데에서도 하타다 다카시旗田巍, 하마나카 노보루浜中昇 등은 여전히 고려전기 사회는 고대사회로서 일반 농민의 토지사유가 일반화되지 못한 공동체적 토지소유 단계라고 주장하였다.

반면에 김용섭, 이경식 등에 의하면 고려시대는 명백하게 토지사유가 실현된 시기로서 양전을 통해 토지소유주와 전품, 소유 면적, 토지의 위치 등을 기록하는 양전제와 토지의 전품에 따라 수취를 차등화한 전품제가 실현되었다고 보았다. 김용섭과 이경식에 의해 고려시대에 토지사유론은 확립되었으며, 이를 바탕으로 전시과의 토지분급방식을 과전법과 동질적인 수조권 분급제로 설명하였다. 수조권 분급제는 국가가 토지소유주인 농민으로부터 수취할 1/10의 수조권을 양반 관료에게 위임한 방식으로 수조권을 위임받은 양반 관료는 전주田主로, 실질적 소유주인 농민은 전객佃客으로 파악된다.

토지사유론은 내재적 발전론의 일환으로 일제의 식민사학에서 제기하였던 토지국유론을 정면에서 비판하고 식민사학 극복의 가장 중요한 이론으로 등장하였다. 특히 '민전'이라는 일반 농민층의 토지 사유를 표현한 토지 지목은 토지사유론의 부정할 수 없는 증거였다. 그럼에도 불구하고 『고려사』의 사료에서 등장하는 농민층을 지칭하는 '전호佃戶'라는 개념은 일반농민층의 존재를 민전을 소유한 자영소농으로 보기에 의문을 가지게 만들었고, 토지소유농민으로서의 위상에 한계를 가지고 있는 점에 주목하여 이영훈은 국전론을 제기하였다.

이영훈은 고려시대 전호는 나라의 땅을 차경하고 있는 농민호로서 국전제國田制 이념에 바탕한 농민 규정으로 파악한다. 그는 늦어도 12세기 초에는 국전제 이념에 바탕을 둔 토지제도가 정비되었고 예종 연간에 전국의 농민을 국왕에 전속하는 공민으로, 곧 국전을 차경하는 전호로 규정하였다고 보았다.

그의 국전론은 토지사유론에 대한 비판과 고려시대 농민의 자영소농으로서의 한계에 대한 반성에서 비롯된 것인 만큼 연구사적 의의를 가지고 있다. 그러나 관찬사료로서 『고려사』의 한계와 조선 건국세력의 입장이 투영된 사료의 한계를 동시에 고려하면서 국가적 입장에 가려진 토지사유의 실체를 부정할 수는 없다고 본다. 토지사유에 내포된 중세적 한계를 인정하면서 고려의 토지제도가 갖고 있는 특질을 살펴보아야 할 것이다.

2) 양전제와 전품제

양전제量田制

고려왕조는 조세수취를 목적으로 양전사量田使와 하전下典 산사算士 등을 해당 지역에 파견하여 토지소유주와 토지면적, 토지의 위치, 토지의 전품 등을 조사하는 양전을 시행하였다. 고려시대 양전 사례는 다양한 사료에서 나타나고 있다. 「약목군정도사석탑조성형지기若木郡淨兜寺石塔造成形止記」에서는 양전대장의 내용 일부를 살필 수 있다. 이에 의하면 광종 6년(955) 양전사가 실무자들을 대동하고 약목군으로 가서 이전의 양전대장을 토대로 양전을 실시하였다. 『삼국유사』 가락국기에는 성종 10년(991) 김해부 양전사가 수로왕릉 소속의 전결을 양전하는 사례를 기록하고 있다. 앞의 「형지기」에는 약목군의 양전에서 토지소유주, 전품, 토지의 형태, 위치, 토지의 면적 결수 등을 기록하였다.

고려시대의 양전은 결부제에 의해 시행되었는데, 문종 23년 양전 보수를 제정함으로써 1결의 면적은 '방方 33보步'로 '1089보²'이 된다. 원래 결부의 단위는 토지의 생산성을 반영한 용어이지만 고려전기 결부는 절대면적을 의미하는 것으로 본다. 『고려사』 권78, 식화1 조세 성종 11년 판에 의하면 1결의 수조량이 전품에 따라 차이가 나는 것으로 보아 고려는 조선과는 달리 단일양전척에 의해 양전이 되었음을 알 수 있다.

김용섭의 경우 고려의 1결結은 중국의 1경頃과 대략 같은 것으로 본다. 이 견해에 따르면 1결의 면적은 17,000평 정도에 이른다. 그러나 결의 면적과 관련하여 다른 견해도 있다. 여은영에 의하면 고려 1결의 면적은 중국 1경의 1/22 정도이며, 대략 1,500~1,600평 정도의 크기였을 것으로 보기도 한다. 이우태에 의하면 신라에서 고려전기에 이르기까지 양전에 쓰인 기준척은 35cm 정도의 고구려척으로 1결의 면적은 1,450~1,500평 정도로 본다.

전품제田品制

전품제는 공평한 수취를 위해 토지의 비옥도에 따라 토지의 등급을 나누는 제도이다. 고려의 전품은 토지 생산력을 고려하여 3등 전품으로 나누어보는 것이 일반적이다. 성종 11년(992) 조세수취규정에 따르면 고려의 전품은 논과 밭 각각 상, 중, 하 3등 전품으로 나누어져 있다. 3등의 전품에 따라 수취액을 달리하여 전품에 따른 수취액을 정하였다. 이를 [표]로 만들면 다음과 같다.

[표] 992년에 제정된 전품별 수취액

토지 종류	전 품	조액(본문)	생산량	조액(세주)	생산량
논	상	3석11두2승5홉	15석	4석 7두5승	18석
	중	2석11두2승5홉	11석	3석 7두5승	14석
	하	1석11두2승5홉	7석	2석 7두5승	10석
밭	상	1석13두1승2홉5작	7.5석	2석 3두7승5홉	9석
	중	1석 5두6승2홉5작	5.5석	1석11두2승5홉	7석
	하	13두1승2홉5작	3.5석	1석 3두7승5홉	5석

또한 문종 8년(1054)의 전품 규정에 따르면 "무릇 전품田品은 불역不易의 땅을 상上으로 하고 일역一易의 땅을 중中으로 하며 재역再易의 땅을 하下로 한다. 불역산전 1결은 평전平田 1결에 준하며, 일역산전 2결은 평전 1결에 준하며 재역산전 3결은 평전 1결에 준한다"(『고려사』 권78, 식화1 전제 경리)라고 규정하고 있다.

위의 성종 11년 조세수취규정과 문종 8년의 전품규정을 고려하면 고려의 전품제는 토지이용방식에 따라 불역전, 일역전, 재역전을 상, 중, 하로 나누는 3등 전품제를 기반으로 하고 그 생산량을 고려하여 상중하에 따라 조세수취액을 규정하였음을 알 수 있다. 여기에 보이는 세주의 내용은 대체로 시안이나 조세수취의 상한으로 파악한다.

고려의 전품제를 9등 전품제로 주장하는 견해가 있다. 김용섭은 성종 11년 조세수취규정에 보이는 본문은 하등 전품의 조세규정이고 세주는 중등 전품의 조세규정으로 파악한다. 이 견해에 따르면 9등 전품은 농지의 비옥도에 따라 세 지역을 상, 중, 하로 나누고 그 지역 안에서 다시 지품에 따라 상, 중, 하로 나누어 9등 전품이 이루어지는 것으로 본다.

전품제가 3등 전품제인지, 9등 전품제인지 정확하게 단정적으로 규정할 수는 없으나, 위의 두 규정을 고려해보면 고려전기는 기본적으로 토지이용방식에 따른 3등 전품으로 보는 것이 합리적인 유추로 여겨진다.

3) 공전公田·사전私田·민전民田의 개념

고려의 토지 종류는 크게 공전과 사전, 민전 세 종류로 나누어볼 수 있다. 공전의 개념과 관련하여 주목되는 사료는 현종대 상평의창조常平義倉租의 규정이다. 이 규정에 따르면 고려의 공전은 1과 공전, 2과 공전, 3과 공전 세 종류로 나누어져 있다. 상평의창조를 수조할 때 1과 공전에서 가장 많은 3두를 거두고, 2과 공전과 이에 준하는 궁원, 사원, 양반전 등 사전에서 2두를, 3과 공전과 이에 준하는 군인·기인호의 정丁에서 1두를 수취하는 것으로 규정한다.

세 종류로 나누어진 공전의 개념에 관해서 1과 공전은 왕실소유지, 2과 공전은 공해전, 3과 공전은 민전으로 파악하는 것이 일반적인 이해방식이다. 일반 농민의 소유지로 여겨지는 민전을 3과 공전으로 파악하는 것은 토지에 대한 왕토 이념이 반영된 표현으로 본다. 따라서 공전의 개념에는 본질적으로 개념이 상이한 국공유지, 민유지를 모두 포함하고 있음을 알 수 있다.

고려전기의 사료에는 민전에 대한 양전을 통하여 식역食役을 균등히 할 것으로 요청하는 몇 가지 사례가 『고려사』 권78, 식화1 경리 편목에 보인다. 여기서 호부 등에서 상주하여 민전의 많고 적음과 비옥도가 고르지 않으니 양전을 하여 이를 고르게 할 것을 요청하는 사례 등이다. 이처럼 민전은 양전과 수세의 대상으로 국가 재정의 기반이 되는 토지이다.

고려의 민전은 신라 시기 연수유전답烟受有田畓을 계승한 토지로서 여기에는 마치 국가가 토지를 지급하여 일반 농민이 가지고 있는 토지라는 왕토 이념이 반영되어 있다. 이와 관련하여 고려에서도 민전을 국가가 양급한 토지로 이해하는 균전제적 시각이 보이기도 한다. 민전을 3과 공전으로 분류하는 것은 연수유전답과 마찬가지로 왕토 이념이 투영되어 국가의 수조대상이라는 측면에서 상호 관련이 있다고 볼 수 있다.

사전은 궁원전, 사원전, 양반전 등이 대표적이라고 할 수 있다. 사전은 기본적으로 국가가 농민의 토지에 수조권을 분급하여 수조권자로 하여금 수조할 수 있는 권리를 부여한 토지라는 개념이다. 즉 국가가 수조할 권리를 기관이나 개인에게 위임한 토지라는 의미다. 그러나 고려의 사전을 수조지로만 볼 수 있을지에 대한 의문은 여전히 해소되지 않고 있다.

특히 『고려사』 권78, 식화1 조세 광종 24년 12월 판에 보이는 진전陳田은 사전의 개념을 진전 소유자의 토지로 볼 여지를 남기고 있다. 이 사료는 광종대 진전 개간을 통해 획득한 생산물의 분배에 관한 규정으로 공전과 사전에 대해 각각 분배 비율을 정하고 있다. 여기서 사전의 경우 첫해에 한해서 경작자에게 모두 주고 두 번째 해부터는 전주와 경작자간에 반반씩 나누도록 규정하였다. 여기서 진전 개간이 끝난 후 경작이 정상화되었을 때 양자 간에 배분 비율을 1/2로 한다는 사실은 사전이 전주의 사유지일 가능성을 반영하고 있다. 여기서 전주가 수조권자라면 수확물의 반을 전주와 나누도록 한 명령을 이해하기 어렵다.

사전에 대해 사유지로서의 사전과 분급수조지로서의 사전으로 나누어 보는 견해가 있다. 사전에 하나의 개념만 있는 것이 아니라 소유권적 의미와 수조권적 의미의 두 가지 개념이 중첩되어 있다고 본다. 공전에도 소유권적 의미로서의 국유지와 국가수조지로서의 민전이 있다고 보고 3과 공전을 민전으로 보는 것은 이와 관련이 있다.

고려말 전제개혁에서 사전 혁파를 둘러싸고 사전혁파론자와 사전개선론자 사이의 논쟁 과정을 보면 양자 사이에는 사전을 둘러싼 이해 방식의 차이를 엿볼 수 있다. 이색李穡 등 사전개선론자들은 사전제도를 조종祖宗의 성법成法으로 보고 '사전제도를 혁파해서는 안 된다'라고 주장한다. 반면에 조준趙浚 등 사전혁파론자들은 전시과 제도를 중국의 정전제井田制와 균전제를 모델로 해서 만든 토지제도로 이해하고 고려후기 '사전의 폐단을 불식하는 것을 선왕의 균전제를 회복하는 것'이라고 보았다. 사전혁파론자들은 사전을 혁파하고 사전의 조를 공수公收하여 국가 재정으로 돌리고자 하였다.

4) 토지분급제도의 변화 ─ 전시과, 녹과전, 과전법

전시과田柴科

고려의 기본적인 토지제도인 전시과제도는 신라의 토지제도를 계승하면서 직역부담자에 대한 대우체계로서 성립된 국가적 토지분급제도이다. 전시과는 경종 원년(976) 처음으로 만들어진 이후 목종대 개정전시과를 거쳐 100년 만인 문종 30년(1076)에 완성되었다.

왕건은 고려를 건국한 후 건국에 공을 세운 조신朝臣과 군사軍士들에게 역분전役分田을 지급하였다. 역분전은 조신과 군사의 관계官階를 논하지 않고 성행性行의 선악과 공로의 대소를 보고 지급하였다고 하여 지급 기준이 지위의 높낮이가 아니라 통일전쟁 수행과 관련된 논공행상적 성격을 가지고 있음을 보여준다.

경종 원년에 처음으로 정해진 시정전시과의 지급 기준은 직산관職散官의 관품官品이 아니라 인품人品임을 명시하고 있다. 그 구체적인 지급 기준은 자삼층紫衫層, 문반의 단삼층丹衫層, 비삼층緋衫層, 녹삼층綠衫層, 잡업雜業의 단삼층丹衫層, 비삼층緋衫層, 녹삼층綠衫層으로 구분하여 4색 공복이 주요한 기준이 되었다. 즉 인품의 구체적인 구분 기준이 공복제公服制임을 보여준다.

공복제는 광종대 일련의 정치개혁 과정에서 제정되었다. 광종 7년(956) 노비안검법, 광종 9년(958) 과거제 실시에 이어 광종 11년(960)에 공복제가 만들어졌다. 공복제의 제정은 관료들의 서열적 구조를 공복을 통해 구현하고자 한 제도이다. 따라서 경종 원년 처음으로 제정된 시정전시과는 광종대 개혁의 연장선에 있음을 알 수 있다.

공복제에 의해 구분된 시정전시과의 지급 기준인 인품은 당시의 정치사회적 역학관계를 고려한 기준으로 보인다. 이는 역분전의 지급기준과는 직접적인 관련이 없는 것으로 보는 편이다. 역분전이 고려 건국과 관련하여 논공행상적인 성격의 토지였다면 시정전시과는 광종의 개혁 이후 유학적 지식인의 국가체제 확립과 밀접한 관계를 가지고 있다. 따라서 시정전시과는 국가에 직역을 부담하는 관료군에 대한 대우체계라는 성격을 가지고 있다. 또한 자삼층을 둠으로써 건국 이래 국가에 기여하면서 관계를 가지고 있는 이들에 대한 배려도 고려하였다.

자삼층은 18품 체계로 나누고, 나머지는 문반, 무반, 잡업 별로 나누어 그 내부에 다시 단삼, 비삼, 녹삼층으로 나누었다. 자삼층은 원윤元尹 이상의 관계를 가지고 있는 층에 해당하며, 나머지 문반, 무반, 잡업은 특정 직역에 종사하면서 단삼, 비삼, 녹삼의 공복제에 해당하는 관계 소지자였을 것이다. 다만 그 이상으로 승진하였을 경우, 자삼층의 대우체계로 편입되어 대우를 받았을 것으로 본다.

목종 원년(998) 12월에 이르러 시정전시과는 크게 개편되어 문무 양반과 군인에 대한 지급 기준을 확립하였다. 목종대 개정전시과는 시정전시과의 다소 복잡한 전시 지급 기준을 모두 18과의 단일 체계로 만들어 각 과별로 전시의 액수와 관직명을 기술하였다. 개정전시과의 18등급은 대략 관품과 일치하나 16과부터는 다소 혼효되어 나타난다. 개정전시과를 시정전시과와 비교하면 다음의 특징을 가지고 있다.

첫째, 개정전시과는 관직 반열의 높고 낮음이 지급의 기준이 되었다. 둘째, 무반직이 문반직에 비해 열세로 나타난다. 셋째, 한외과限外科인 잡색원리雜色員吏와 유외잡직流外雜職이 과내로 편입되어 16과·17과·18과에 들어 있다. 넷째, 16과 이하에게는 전田만 지급하였다.

이후 전시과는 몇 차례의 개정을 거쳐 문종 30년(1076) 최종적으로 완성되었다. 이를 경정전시과라고 부르는데, 개정전시과와 같이 18과로 나누어 편성하였다. 경정전시과에서는 무산계 전시과와 승려·지사地師들에게 지급하는 별사전시과別賜田柴科를 새로 설치하였다.

경정전시과는 다음과 같은 몇 가지 특징을 가지고 있다. 첫째, 전지와 시지 가운데 시지의 감소폭이 훨씬 크다. 둘째, 무반에 대한 대우가 개정전시과에 비해 높아졌다. 셋째, 산직이 지급 대상에서 제외되었다. 넷째, 개정전시과에서 제외되었던 향직이 지급대상으로 포함되었다. 다섯째, 한외과가 없어지고 모두 18과 내로 편입되었으며, 잡류雜類와 한인閑人이 18과에 포함되었다.

무산계전시과는 6등급으로 나누어 지급되었다. 문산계는 문무 양반관료층에게 수여된 관계임에 반해, 무산계는 향리·노병·탐라의 왕족·여진의 추장·공장工匠·악인樂人 등에게 수여된 관계이다. 별사전시과는 지리업地理業·승인僧人에게 지급된 전시과로서 6등급으로 나누어졌다. 수급자 내에 대덕을 제외하고는 모두 지리업 관계자이며, 불교와 풍수지리설의 유행으로 이들을 국가적 토지분급체계 속으로 수용하였던 것이다.

경정전시과는 이후 고려사회의 기본적인 토지제도로서 기능하였다. 고려는 전제田制와 역제役制가 일치된 전정연립제田丁連立制를 통하여 토지와 직역의 계승을 유기적으로 연결시킴으로써 국가체제를 유지해갔다. 그러나 문벌 등의 대토지소유와 토지겸병, 사원의 농장 확대 등으로 인하여 전정연립제가 점차 그 기능을 상실해감에 따라 직역의 계승에 따른 토지의 분급이 제대로 이루어지지 않게 되었다. 그 결과 전시과체제는 무너지고 녹과전이라는 제도를 통해 새롭게 이를 보완하고자 하였다.

녹과전祿科田

녹과전 제도는 원종 12년(1271) 2월 도병마사의 제안에 따라 경기 8현에 설치하였다. 녹과전은 당시 대몽항쟁과 무신집권기를 거치면서 문란해진 토지제도로 인해 문무관료에게 토지를 지급할 수 없게 되자 만들어진 제도였다. 그러나 이미 당시에 권귀들의 대토지소유가 확대되고 특히 사패賜牌를 받아 경기 8현의 토지를 차지한 사패전이 많아 녹과전제의 시행이 원활하게 이루어질 수 없었다. 이에 대한 대책으로 충혜왕 원년 (1331) 8월에는 경기 내의 사급전賜給田을 혁파하여 녹과에 충당하도록 하거나, 충목왕 원년에 경기 내 양반조업전兩班祖業田을 제외하고 반정半丁을 혁파하여 녹과전을 두도록 하는 조처를 취하였다. 그럼에도 불구하고 함부로 사패를 받아 사패전이 확대되어 산천을 경계로 할 정도로 문제가 되었다.

녹과전은 전시과 제도가 제 기능을 상실하면서 직역에 상응한 토지의 분급이 곤란한 상황에서 만들어진 제도라는 점에서 고려후기 토지 문란을 시정하려는 노력의 일환이라고 볼 수 있다. 충목왕 원년에 도평의사사의 제언으로 선왕이 제정한 경기 8현의 토지를 경리하여 여러 사급전을 빼앗아 직전職田으로 나누어주고, 나머지 토지에서는 조를 거두어 국용에 충당하도록 하였다. 이처럼 고려 정부는 녹과전 제도를 제정하여 고려후기 토지제도의 문란과 양반 관료들에 대한 토지 부족의 문제를 해결하고자 하였다.

과전법科田法

고려후기 농장 확대와 대토지소유, 토지 겸병 등으로 인한 토지문제는 심각한 수준에 이르게 되었고, 토지 문제의 해결을 둘러싼 논의는 정치적 갈등과 대립으로까지 확대되었다. 이에 대한 조준趙浚의 상서는 당시 토지 문제에 대한 개혁파 신흥유신의 인식을 보여준다.

조준은 자애로운 정치의 시작은 경계로부터 비롯된다고 보고 전제를 바르게 하여 국용을 풍족하게 하고 민생을 넉넉하게 하는 것이 당시의 가장 시급한 과제로 보았다. 조준은 당시 토지 겸병이 주군州郡을 포괄하는 규모로 확대되고 산천을 경계로 조업전이라 칭하여 1무의 주인이 5, 6인을 넘으며 1년에 8, 9차례나 조세를 거둔다고 탄식하였다. 이러한 혼란의 가장 큰 원인은 사전私田에 있다고 지적하였다.

조준은 원래 고려의 수취는 기본적으로 1/10조임에도 불구하고 제대로 지켜지지 않아 처자를 팔아서도 갚지 못한다고 지적하였다. 따라서 태조가 지극히 공평하게 토지를 나누어준 제도至公分授之法를 본받아 사사로이 토지를 주고 겸병하는 폐단을 없애기를 주장하였다. 이후 이행李行, 황순상, 조인옥, 허응 등의 상소가 있었고, 조준의 2차, 3차 상소가 이어지면서 사전 혁파를 둘러싼 논의는 확대되었다.

이행은 국전제적 인식으로 사전을 혁파하여 국가 중흥의 계책을 세우도록 주장하였다. 황순상은 고려의 토지제도는 문무 관료에서부터 군인에 이르기까지 모두 토전土田을 받아 공사가 풍족한 제도였다고 보았다. 조인옥은 탐학한 무리들의 토지 탈점과 사사로이 토지를 물려준 조업전으로 인해 토지 문제가 발생한 것으로 보고 사전의 폐단을 바로잡기를 주장하였다. 허응은 옛 균전제도를 복구하여 군국의 비용을 풍족하게 하고 사대부가 토지를 받지 못하는 일이 없도록 해야 한다고 주장하였다.

이후 조준은 2차, 3차 상소를 올려 경기 사전의 원칙을 확인하고, 외방에 사전을 확대하려는 세신거실世臣巨室들의 시도를 막고자 노력하였다. 권세가들은 사전제도를 '본조성법本朝成法'이라 주장하며 이에 대한 개혁을 반대하고 사전을 복구하고자 하였다. 마침내 공양왕 2년(1390)

9월 공·사公·私의 토지대장을 시가에서 모두 불태우니, 공양왕은 '역대 사전의 법이 내게 이르러 혁파되니 애석하다'라고 하였다. 다음해 5월 도평의사사의 건의에 따라 과전법이 제정되기에 이르렀다.

과전법은 1품에서 9품, 그리고 산직散職에 이르기까지 18과로 나누어 경기의 토지를 지급하였다. 제1과 문하시중 150결에서부터 제18과 권무, 산직 10결에 이르기까지 차등을 두어 지급하였는데, 이때에 이르러 시지는 지급하지 않았다. 외방에는 군전軍田을 두어 군사를 기르고 양계 지역은 예전처럼 군수에 충당하도록 하였다.

과전법은 기본적으로 수조권 분급을 원칙으로 하여 사전 경기의 원칙에 따라 경기 지역의 토지에 대한 수조권을 관리에게 나누어주었다. 공사전의 전조는 논에서 1결당 조미糙米 30두, 밭에서는 1결당 잡곡 30두로 하였다. 또한 토지를 가진 자는 세를 납부하는데 논 1결에 백미白米 2두, 밭 1결에 황두黃豆 2두로 하였다. 수조권자인 전주는 수조권이 설정된 민전의 소유주인 전객의 토지를 빼앗지 못한다고 규정하여 전객의 경작권을 보호하였으며, 전객 또한 죽거나 호가 끊어진 경우와 많은 토지를 차지하여 황폐하게 한 경우에 한하여 전주의 처분권을 허용하였다.

고려후기 전제개혁의 논의 결과 성립된 과전법은 근본적으로 사전을 혁파하는 데까지 이르지는 못하였으나, 사전 경기의 원칙을 확립함으로써 외방의 토지에 대한 조업전화를 막는 데 일정하게 기여하였다. 그러나 과전법은 과전의 점유기간을 수급자 당대에 한하도록 하였지만 휼양전, 수신전의 이름으로 사실상의 세습을 가능하게 함으로써 과전 수급의 불균형과 과전부족 현상을 초래하였다. 이후 조선 세조 12년(1466) 직전제職田制의 시행으로 국가적 토지분급제는 새로운 국면에 들어서게 되었다.

| 김기섭 |

참고문헌

姜晉哲, 『高麗土地制度史研究』, 고려대출판부, 1980.

姜晉哲, 『韓國中世土地所有研究』, 일조각, 1989.

金琪燮, 『韓國古代·中世戶等制研究』, 혜안, 2007.

金容燮, 『韓國中世農業史研究』, 지식산업사, 2000.

박용운 외, 『강진철 역사학의 이해』, 경인문화사, 2017.

白南雲, 『朝鮮封建社會經濟史(上)』, 改造社, 1937.

安秉佑, 『高麗前期의 財政構造』, 서울대출판부, 2002.

尹漢宅, 『高麗前期 私田研究』, 고려대 박사학위논문, 1995.

李景植, 『高麗前期의 田柴科』, 서울대 출판문화원, 2007.

李景植, 『韓國中世土地制度史－高麗』, 서울대 출판문화원, 2011.

李景植, 『高麗時期土地制度研究』, 지식산업사, 2012.

旗田巍, 『朝鮮中世社會史の研究』, 法政大學出版局, 1972.

浜中昇, 『朝鮮古代の經濟と社會』, 法政大學出版局, 1986.

金琪燮, 「白南雲의 토지소유론과 그 시대적 의미－『朝鮮封建土地制度史(上)』을
　　　중심으로－」『韓國史研究』 145, 2009.

박종진, 「고려초 공전·사전에 대한 재검토－현종대 '의창조수취규정'의 해석을
　　　중심으로－」『韓國學報』 37, 1984.

魏恩淑, 「고려시대 토지개념에 대한 재검토－私田을 중심으로－」『韓國史研究』
　　　124, 2004.

李相國, 「고려시대 토지소유관계 재론」『역사와 현실』 62, 2006.

李成茂, 「公田·私田·民田의 槪念－高麗·朝鮮初期를 中心으로－」『韓㳂劤博士停年
　　　紀念史學論叢』, 지식산업사, 1981.

李榮薰, 「高麗時期의 佃戶」『歷史學報』 161, 1999.

보론 2

군사제도의 성격과 변천

1) 군사제도의 정비

군사는 외세의 침략으로부터 국가의 안녕과 질서를 유지하고 국민의 생명과 재산을 보호하는 중요한 수단이 되는 물리력이다. 물리력의 상징인 군사를 효과적으로 활용하기 위해서 만들어진 규정들이 군사제도이다. 군사제도와 관련된 연구는 단순히 군대가 어떻게 구성, 조직되었는가 하는 데에 머무는 것이 아니라, 토지나 신분과 같은 사회구조와의 연계 속에서 이루어지기 때문에 고려사회의 성격을 해명하는 데 중요한 주제이다.

고려시대 군사조직은 중앙의 2군 6위와 남도지역의 주현군, 양계지역의 주진군으로 편제되어 있었다. 2군 6위라 불리는 중앙군은 태조 왕건이 후삼국을 통일하는 과정에서 통솔하던 군사를 토대로 재편성한 것이었다. 왕건은 송악의 호족으로서 거느리고 있었던 군대를 기반으로 하고 후삼국 통일 과정에서 자신에게 귀부한 호족의 군대를 흡수하면서 전쟁 수행에 효율적인 군대 편성 체제를 갖추었다. 이후 통일을 이룬 후 전시 체제 하에 있던 군대의 재조정이 이루어지면서 2군 6위의 제도로 완성되었다.

2군과 6위가 정확히 언제 어떤 경위로 설치되었는지는 분명하지 않다. 『고려사』에 따르면 "목종 5년에 6위의 직원들을 배치하였다. 그 후에 응양군과 용호군 2군을 설치하였는데, 2군은 6위보다 지위가 높았다."라고 기록되어 있어 2군이 6위보다 늦게 설치되었음을 알 수 있다.

목종 원년(998)에 개정된 문무양반과 군인전시과의 지급 대상자 속에 이미 '6위·제위諸衛' 등의 표현이 있는 것으로 보아 6위는 그 이전에 설치되었을 것이며, 대체로 성종 14년(995) 무렵으로 추정한다. 성종 2년(983) 지방의 향리직을 개편하면서 병부兵部를 사병司兵으로 바꾸어 기존에 지방 호족들이 가지고 있던 군사적 독립성을 약화시키는 것을 시작으로 군사제도의 정비가 추진되었다. 성종 3년에는 군인의 복색服色을 제정하여 군대를 규격화하였고, 성종 6년에는 지방의 무기를 몰수하여 농기구로 주조하도록 하였다. 성종 7년에는 이전에 군적軍籍에 오른 군인들 중 부적격자를 정리하여 지방으로 돌려보내며 군대의 정예화를 기도하였고 성종 9년에 좌우군영을 설치하여 군대 시설을 마련하였다. 그러나 성종 12년(993) 거란의 침략으로 이민족의 침입에 맞선 고려 군사력의 현황이 여실히 드러나면서 군사제도의 정비가 강화되었다. 성종 14년에 성종은 당나라의 지방행정제도를 본받아 종래 12주목州牧을 12군軍으로 개편하고 각 군마다 목사牧使 대신 군사지휘관의 성격이 강한 절도사를 파견함으로써 지방사회에 대한 군사 행정적 통제를 강화해 나갔다. 이러한 과정에서 6위 체제를 중심으로 하는 중앙군과 주현군·주진군 등의 지방군이 조직되었다.

2군은 현종 8년(1017) 11월에 "이원李元을 용호군 상장군 겸 호부상서로 임명하였다"는 기록을 통해 확인된다. 현종 원년(1010)에 거란군의 대대적인 침입으로 나주까지 피난을 가야했던 상황에서 임금을 수행한 군사가 겨우 50여 명에 불과하였고, 현종 5년(1014)에는 상장군 김훈과 최질 등이 군사들을 선동하여 정변을 일으킨 사건까지 있었다. 이러한 상황에서 현종은 국왕을 호위할 군대를 재정비할 필요를 느껴 2군을 설치한 것으로 보인다.

2) 군대의 편제와 임무

2군 6위

중앙군인 2군 6위의 병력은 45개의 영領을 단위로 편성되었으며, 그 중 2군이 3령, 6위가 42령이다. 1령은 1,000명을 단위로 한 편성이었으므로, 중앙군의 전체 병력은 45령 즉 45,000명이었다.

2군은 응양군鷹揚軍과 용호군龍虎軍으로 궁궐 내에 머물면서 국왕의 의장과 호위를 담당한 친위부대이다. 응양군이 용호군보다 우위에 있어 응양군의 최고지휘관 상장군을 반주班主라고 불렀다.

6위는 좌우위左右衛·신호위神虎衛·흥위위興威衛·금오위金吾衛·천우위千牛衛·감문위監門衛 등의 6개 부대로 42령으로 편제되어 있었으며, 각각의 부대는 보승保勝·정용精勇·역령役領·상령常領·해령海領·감문위령監門衛領 등의 병종으로 다시 구분되었다. 보승과 정용은 보병과 기병으로, 역령·상령·해령은 특수부대로 이해하고 있다. 구체적인 편제 모습은 다음 [표]와 같다.

[표] 2군 6위의 조직과 편제

부대명	2군		6위					
	응양군	용호군	좌우위	신호위	흥위위	금오위	천우위	감문위
임무	친위		전투			치안	의장	경비
조직	1령	2령	보승10령 정용 3령	보승 5령 정용 2령	보승 7령 정용 5령	정용 6령 역령 1령	상령 1령 해령 1령	감문위 1령
규모(명)	1,000	2,000	13,000	7,000	12,000	7,000	2,000	1,000

중앙군의 주력부대라고 할 수 있는 좌우위·신호위·흥위위는 모두 32령이며, 보승과 정용으로만 구성되었다. 이들은 전체 중앙군 45령의 70% 이상을 차지하고 있으며, 수도 개경의 수비, 전쟁 출전, 국경지역 방어를 담당하였다. 금오위는 개경의 치안, 천우위는 왕의 신변 보호 및 의장, 감문위는 궁성과 도성의 문을 지키는 일을 담당하였다.

2군 6위는 각각 정3품의 상장군을 최고 지휘관으로 하여 대장군(종3품), 장군(정4품), 중랑장(정5품), 낭장(정6품), 별장(정7품), 산원(정8품), 교위(정9품), 대정(품외관) 등의 지휘관이 있었다. 2군 6위의 상장군과 대장군은 합좌기구인 중방重房에 모여 군사업무를 총괄적으로 논의하였고, 응양군의 상장군인 반주班主가 중방회의를 주관하였다.

주현군과 주진군

지방군은 경기와 남방 5도 지역의 주현군과 양계지역의 주진군으로 편제되어 있었다.

주현군은 국초 호족의 지휘 하에 있던 광군과 태조 때부터 지방에 파견된 진수군鎭守軍을 기반으로 재편성한 것이며, 경기 지역 및 교주도·양광도·경상도·전라도·서해도의 5도 지역에 배치되었다. 주현군의 총규모는 보승군 8,601명, 정용군 19,754명, 일품군 19,882명으로 48,237명이었다. 보승과 정용이 주현군의 핵심으로 지역의 치안 및 전쟁에 동원되었고, 이들이 교대로 양계에 나가 국경을 수비하였다. 일품군은 주로 공역工役에 동원되는 노동부대였다. 이들 외에 일품군과 같은 노동부대로 이품군과 삼품군도 있었다. 최근 동평현 치소성 유적에서 '삼품'이라는 명문이 보이는 기와가 발견되어 지방의 사역에 삼품군이 동원되었음이 확인되었다. 보승·정용·일품군이 중앙정부의 직접적 통제를 받는 부대였던 것에 반해 이품군과 삼품군은 촌장村長과 촌정村正의 통제를 받는 촌에 조직된 부대였다는 점에서 차이가 있다.

국경 지대인 동계와 북계에 편성된 주진군은 상비하는 방수군이었다. 주진군의 지휘는 대략 도령(중랑장)-중랑장-낭장-별장-교위-대정의 계통으로 이루어졌다. 도령은 중랑장 중 1명이 임명되는 것이 일반적이었으며, 임명되지 않은 경우는 진장鎭將이 대신하였다. 주진군은 병종이 훨씬 다양하게 구분되었다. 북계에는 초군抄軍, 정용, 좌군左軍, 우군右軍,

보창保昌 외에 신기神騎, 보반步班이 있었고, 동계에는 초군, 좌군, 우군, 영새寧塞 외에 공장工匠, 전장田匠, 투화投化, 생천군鉎川軍, 사공沙工 등이 있었다. 북계의 초군과 정용의 경우, 정용이 있는 주·진에는 초군이 없고 초군이 있는 주·진에는 정용이 없는 것으로 보아 양군은 동일한 병종의 다른 명칭으로 추측된다. 초군, 좌군, 우군은 양 지역에서 공통적으로 확인되며 마대馬隊와 노대弩隊가 편성되어 있어 정예부대였을 것이다. 보창과 영새는 각각 북계와 동계에서만 보이는데 지역적 특색을 반영하여 동일한 성격의 부대를 다르게 호명한 것으로 추정된다. 주진군은 북방민족의 침입으로부터 나라를 지키는 것이 가장 중요한 임무였고, 주나 진의 성을 거점으로 하여 문을 굳게 닫고 지키는 전술을 사용하였다.

3) 2군 6위 소속 군인의 성격

군사제도 연구에서는 2군 6위에 소속된 군인의 사회적 성격을 둘러싸고 논쟁이 진행 중이다. 전시과 지급 대상에 포함되어 있는 2군 6위 소속 군인들의 성격을 파악하는 것은 신분 및 토지제도 등을 이해하는 데도 중요한 단서가 되기 때문이다. 대표적인 견해가 군인의 신분을 농민층으로 보는 부병제府兵制론과 군반씨족軍班氏族이라는 특수한 계층으로 보는 군반제軍班制론인데, 최근에는 두 견해를 절충한 이원적 구성론이 제시되었다.

부병제론은 2군 6위 45,000명의 군인의 사회적 신분이 일반농민이라는 병농일치에 초점을 맞춘 것이다. 즉 중앙군은 각 지방의 군부가 파악한 일반농민 중에서 선정한 농민군이며, 이들은 상번과 비번으로 나누어 교대로 수도로 번상하였으며, 중앙군과 지방군에 똑같이 보승·정용군이 있었던 것은 이를 보여준다고 하였다. 고려가 모범으로 삼은 당나라의 부병은 국가에서 토지를 분급 받은 균전농민이었지만 고려에서는 균전제가 실시되지 않았으므로 부병을 확보하기 위해 설치한 군인전은 본래 농민의 소유지인 민전民田이라는 것이다. 이 경우 농민군은 군인전에 대해 조세가 면제된다고 보았다.

군반제론은 중앙군이 전문 군인들로만 구성되었으며, 이들은 개경에 거주하며, 군역은 세습된다고 보았다. 군반씨족이라는 용어는 『고려사』 세가 문종 18년의 기록에서 유일하게 발견된다. 병부에서 "군반씨족의 적籍을 만든 지 오래 되어 좀먹고 썩어 군액이 분명하지 않으니 옛 방식에 의거하여 다시 장적을 고쳐 만들기를 요청한다."는 기록이다. 이를 근거로 군반제론에서는 일반농민들을 파악한 호적과는 별도로 '군반씨족의 적籍'이라는 군적軍籍에 기재되어 관리되었으며, 전문군인 집단의 형성은 태조 23년(940)의 역분전 지급을 계기로 이루어졌을 것으로 보았다. 또한 선군도감, 선군사, 선군청 등 다양한 선군기관을 운영하여 군인을 선발한 것은 징병제를 근간으로 하는 부병제와는 다른 것이며, 군인전은 관리들에게 지급되는 전시과와 같은 성격의 토지인 수조지收租地로 보았다.

부병제론과 군반제론을 절충한 이원적 구성론은 2군 6위의 중앙군이 전문 군인과 농민군이라는 두 종류의 군인이 모두 포함되었다고 보는 견해이다. 이 견해는 중앙군 전체를 군반씨족으로 볼 경우, 당시 개경의 인구수에 비추어 볼 때 군인 및 그 가족이 차지하는 비중이 너무 크다는 점, 군인전을 면조지로 보거나 수조지로 보거나 모두 고려 전체 토지 결수를 초과하게 된다는 점, 2군 6위를 구성하는 각 부대의 임무를 고려할 때 군인의 구성을 이원적으로 파악하는 것이 효과적이라는 점 등을 근거로 하여 이원적 구성론을 주장하였다. 그러나 전문 군인과 농민군의 규모를 어떻게 설정한 것인가를 두고 많은 이견이 있다.

전문 군인과 농민번상병의 구성에 대해서 영을 단위로 편제되었다고 보는 견해와 하나의 영 내부가 이원적으로 구성되었다는 견해로 구분된다. 전자의 경우는 2군 3령 또는 2군과 6위의 역령·상령·해령·감문위 등의 특수령을 합한 7령, 2군과 특수령으로 편제된 금오위, 천우위, 감문위 13령을 군반씨족으로 보는 연구 등이다. 후자의 경우는 하나의 영 내부에 상층군인인 군반씨족과 하층군인인 농민군으로 구성된다는 점에서는 동일하나 상층군인의 사회적 성격이나 하층군인과의 숫자 비율에 있어서는 다른 의견들을 제시하고 있다.

이원적 구성론은 군인전도 이원적으로 파악하였다. 전업 군인들은 군인전을 수조지로 지급받았고, 농민번상군은 입역기간 동안에만 군인호의 농경보조자로서 양호를 지급받았다고 보거나 민전을 군인전으로 지급받아 조세를 면제 받은 것으로 보기도 한다.

최근 군사제도 연구에 군사학적 고찰이 필요하다는 관점이 제시되었다. 즉 군사제도는 전투력을 최대화하고 효과적으로 사용하기 위한 방향으로 정비되었을 것이므로 고려의 부병제는 단순히 농민 전체를 대상으로 한 것이 아니라 지역 주민들 중 우수 역량을 보유한 무사를 선발해 토지를 주고 번상시킨 제도라는 것이다. 2군 6위의 개경 거주 군인 및 지방에서 번상한 보승·정용군들이 모두 전업군인이었을 것으로 본 견해 역시 같은 문제의식에서 나온 것이다.

4) 군사제도의 변천

고려는 전정연립田丁連立이라 하여 군인들에게 군인전을 지급하고, 군인전은 군역과 함께 자손에게 세습하도록 제도화하였다. 그러나 대를 이어 군인전을 세습할 자손이 없거나 혹은 도망하여 결원이 생기는 경우는 선군을 통하여 보충하였다. 선군된 군인에게도 군인전이 지급되었는데 이를 선군급전選軍給田이라 한다. 즉 군사제도의 유지는 확보한 군인층의 관리와 군인전 지급이 안정적으로 이루어질 때 가능하였다. 그러나 현종 5년(1014)에 상장군 김훈과 최질 등이 백관의 녹봉을 경군의 영업전에서 충당한 조치에 불만을 품고 난을 일으킨 것은 군인전 지급이 안정적이지 못하였음을 알려 준다. 경제기반을 상실한 군인들은 역을 감당할 수 없게 되고 결국 군 조직에서 이탈하게 된다. 정종 11년(1045)에 1령 내 1~2백 명씩 보충하게 한 선군의 기사를 시작으로 부족해진 군인수를 확보하기 위한 선군이 계속 이루어졌다.

숙종대에 설치한 별무반은 일정한 규모의 경제력을 가진 정호층만을 선군 대상으로 하던 것에서 문무·산관·서리로부터 상고商賈·복예僕隸, 주부군현민에 이르기까지 전 국민을 대상으로 하였다. 그렇지만 예종, 인종 때 계속된 여진과의 전투 과정에서 군인의 수는 안정적으로 확보할 수 없었고 문신 중심으로 정국이 운영되면서 군인들의 경제적 기반도 열악해졌다.

군사제도는 무신정권으로 급격히 동요하였다. 2군 6위는 국왕 및 국가의 수호보다는 오히려 무신들의 사적인 신변 보호를 전담하면서 본연의 기능을 완전히 상실하고 집정 무인의 사병 조직으로 흡수되었다. 『고려사』 병지에 따르면 "권신이 권력을 잡고서는 자신들의 심복[爪牙]으로 만들어 녹봉[俸祿]을 후하게 주거나 혹은 사사로이 특혜를 베풀기도 하였고 또 죄인의 재산을 몰수하여 지급하기도 하였기 때문에" 사병은 더욱 발전하였고 공병은 더욱 유명무실해졌다.

원간섭기 이후 2군 6위는 대몽전쟁 이후 제대로 충원되지 못해 사실상 허설화 되었다. 종래의 친위군과는 별개로 원의 숙위군인 케식[怯薛]이 수용되었고, 개경에는 순군만호부가, 외방에는 진변만호부가 설치되었다. 만호부는 하급 단위의 천호소, 백호소를 지휘하였다. 만호부의 책임자인 만호는 군사의 징발권도 행사하였다. 만호 임명권은 원나라의 황제가 갖고 있어 군권에 대한 원나라의 간섭과 통제가 심하였다.

이에 공민왕이 고려전기 군사제도로의 회복을 기도하는 군제개혁을 시도하였다. 그러나 군인전의 분급이 제대로 시행되지 못하면서 2군

6위로의 회복은 사실상 불가능하였고 대신 자신의 개혁을 뒷받침할 수 있는 무력기반으로서 친위군인 2군을 본 딴 충용위를 조직하였다. 지방군제는 진변만호부를 혁파하여 진수군제鎭守軍制를 확립하였고, 동서북면 지역에는 새롭게 만호부를 설치하였다. 이때의 만호부는 양계지역의 유력가나 토호들을 천호·백호에 임명하고 이들로 하여금 농민 중심의 둔전군적 전투부대인 익군翼軍을 편성하게 한 것이다. 이에 따라 남도로부터 진수군의 번상입진番上入鎭이 중단되었고 토착민으로만 조직된 만호부 중심의 독자적인 방위체제가 갖추어졌다.

고려후기 국방상 중요한 방어선이 된 남도의 방위 체제는 도 중심으로 전환되어 갔으며, 육수군陸守軍으로서 진수군, 수군으로서 기선군騎船軍이 정비 강화되면서 국방의 중심이 중앙군에서 지방군으로 옮겨가는 변화를 맞았다. |전경숙|

참고문헌

권영국,『고려후기 군사제도 연구』, 서울대 박사학위논문, 1995.

송인주,『고려시대 친위군연구』, 일조각, 2007.

윤훈표,『麗末鮮初 軍制改革研究』, 혜안, 2000.

이기백,『高麗兵制史研究』, 일조각, 1968.

전경숙,『고려전기 군사기구연구』, 숙명여대 박사학위논문, 2007.

정경현,『高麗前期 二軍六衛制研究』, 서울대 박사학위논문, 1990.

洪元基,『고려전기 군제연구』, 혜안, 2001.

강진철,「高麗初期의 軍人田」『淑明女子大學校 논문집』 3, 1963.

구산우,「고려 一品軍·三品軍에 관한 새로운 자료의 소개와 분석」『역사와 경계』
　　　 78, 2011.

권영국,「고려전기 중앙군의 성격」『한국 전근대사의 주요 쟁점』, 역사비평사,
　　　 2002.

이강한,「고려후기 군제(軍制)의 변화상 연구-만호(萬戶) 및 외관(外官)과의 관계
　　　 를 중심으로」『韓國文化』 75, 2016.

임용한,「고려, 조선전기의 부병제」『역사문화연구』 40, 2011.

전경숙,「고려시기 개경의 군사시설과 방위구역」『한국중세사연구』 28, 2010.

최종석,「高麗前期 保勝·精勇軍의 性格과 地方軍 構成에 대한 再檢討」『역사와 담론』
　　　 58, 2011.

II. 중앙과 지방

1. 지방제도의 구성과 운영

1) 지방제도의 특성과 기원

지방제도란 국가권력이 지방사회를 일정한 단위로 편성해서 수취 등의 지배를 실현하는 제도를 총칭한다. 우리나라는 중국의 군현제郡縣制를 도입하여 지방제도를 구성하였지만, 그 형태와 운영방식은 시대마다 차이가 있었다. 군현제는 사회의 기초 단위를 현縣으로 편성하고 몇 개의 현을 묶은 중간 단위로 군郡을 두는 것이었다. 현이 재래의 사회 단위를 계승한 것이라면, 군은 현을 통제하기 위해 인위적으로 편성한 단위였다. 군에는 수守, 현에는 령令을 파견하여 다스렸는데, 이들을 흔히 수령守令으로 통칭하며 외관外官, 또는 지방관地方官이라고 부르기도 한다.

고려의 지방제도는 군현제의 원리를 채용하였다. 기초 단위와 중간 단위가 현과 군이라는 일원화된 명칭을 가지지는 않았지만, 군현으로 통칭되는 기초 단위를 바탕으로 몇 개의 군현을 묶어 중간 단위를 편성하는 점은 동일하였다. 그런데 외관이 파견되지 않은 '속현屬縣'이 많았다는 점에서 예외적이었다. 속현은 통상 '주현主縣'으로 부르는 외관 파견 군현의 관할을 받았다. 이러한 편성 방식을 '주현-속현체계'로 부를 수 있다.

고려의 주현-속현체계가 어디서 비롯되었는가를 두고 학계에는 세 가지 견해가 있다. 첫 번째는 신라 말 지방세력 사이의 지배-복속 관계가 주현과 속현의 편제로 나타났다고 보는 견해이다. 주현은 큰 세력의 지배 지역이며, 속현은 그의 지배를 받는 군소 세력의 지배 지역이라는 것이다. 지방세력이 지방통치의 주도권을 가진다고 봄으로써 국가권력의 한계를 지적한다.

두 번째는 고려 정부가 지역에 따라 점진적으로 주현-속현체계를 수립해 나갔다고 보는 견해이다. 정부 주도의 지방통치를 강조한다는 점에서 첫 번째 견해와 상반된다.

세 번째는 현종 9년(1018)에 전면적인 지방제도 개편의 결과로 주현-속현체계가 수립되었다고 보는 견해이다. 신라 말에 형성된 지방사회의 지배 질서를 재편한 결과로 보는 점에서는 두 번째 견해와 상통한다. 하지만 지방제도 개편 과정에서 시기마다 다른 운영체계를 도입하였다고 보는 점에서 차이가 있다.

2) 지방제도의 성립 과정

경덕왕 때 완성된 신라의 지방제도는 후삼국 분열과 함께 해체되었다. 각급 군현은 몇 개의 성읍城邑으로 나뉘었고, 주요 성읍에는 성주城主가 등장하였다. 고려는 각지의 성주들을 포섭하면서 지배 범위를 넓혀갔고, 이를 발판으로 후삼국을 통일하고 새로운 국가 체제를 구성하였다. 이 과정에서 지방제도도 재편되었다.

그 첫 단계는 성읍으로 분립된 지방사회를 다시 군현으로 획정하는 일이었다. 이것은 태조 23년(940) 읍호 개정을 통해 이루어졌다. 일부 군현이 신설되거나 소멸하였지만, 대부분은 신라 군현을 토대로 획정되었다. 다만 이 조치는 군현의 형식을 부여하는 수준이었다. 광종대부터 토지와 호구 등을 파악하고 이를 토대로 군현을 확립하였는데, 이를 치읍置邑이라 하였다.

한편 원활한 지방통치를 위한 중간 단위의 편성도 진행되었다. 신라는 군과 현이 개별 단위였다는 점에서 중국 군현제와 차이가 있지만, 군이 몇 개의 영현領縣을 관할하는 형태로 중간 단위를 편성한 점에서 같은 원리를 가진다. 이를 '군-영현체계'로 부를 수 있다. 태조대에는 신라의 군현을 토대로 군현을 획정하면서 중간 단위 또한 군-영현체계를 원용하였다.

성종 14년(995)에는 당나라의 지방제도를 도입하여 중간 단위를 전면 개편하였다. 이 개편은 기초 단위를 현으로 일원화하고 그 위에 몇 개의 현을 묶은 주州를 둔 것이었다. 이를 '주-현체계'로 부를 수 있다. 주에는 절도사節度使를 비롯해 군사적 성격이 강한 여러 종류의 외관을 두었다. 그리고 중간 단위를 구성하는 군현을 대폭 조정하여 지방사회의 지배질서를 해체하고자 하였으나 실패로 끝났다.

이를 거울삼아 현종 9년에 새로운 형태의 개편이 이루어졌다. 이것은 주요 지역에 외관을 두고 다수의 속현을 관할하는 형태로서 획일적인 주-현체계 대신 다원화된 방식을 적용하였다. 곧 중간 단위의 범위를 확대하되 지역 여건에 따라 소규모로도 편성한 것이다. 그 결과 20개 내외의 군현으로 구성된 중간 단위가 있는가 하면, 동해안처럼 1~2개의 속현만 관할하거나 아예 속현이 없는 경우도 있었다.

결국 주현-속현체계로의 개편은 지방사회의 자율적 운영을 일정 부분 용인하는 바탕에서 그 안에 형성되어 있던 독자적인 지배질서를 약화시키고 정부의 부담을 줄이는 방안이었다고 평가할 수 있다. 이 개편은 성공을 거두어 고려전기 지방제도의 근간을 형성하였다.

3) 주현−속현체계의 운영

향리와 기초 단위의 운영

고려의 군현은 외관의 유무에 상관없이 사회 운영과 행정의 기초 단위였다. 군현을 단위로 수취가 책정되고 진휼이 시행되었다. 속현은 독자적인 수취단위가 되지 못하였다고 보는 견해도 있으나 이는 속현이 군현의 하부 영역으로 개편되던 고려말 조선초의 상황에 근거한 것이다.

군현의 운영은 향리鄕吏가 담당하였다. 신라말 재지세력은 각기 독자적인 조직을 만들어 사회를 운영하였는데, 이를 '재지관반在地官班'이라고 부르기도 한다. 향리제는 성종 2년(983) 재지관반을 일원적인 체계로 개편하면서 성립하였다. 현종 9년에는 군현의 규모에 따라 향리의 정원이 책정되고, 공복公服 규정도 마련되었다. 문종 5년(1051)에는 승진 규정이 정비되면서 제도적으로 완성되었다.

향리는 재지세력인 동시에 정부를 대행하여 군현을 통치하는 공직자였다. 고려 향리의 공식 명칭은 장리長吏였는데, 이는 본래 행정관부의 장을 말한다. 장리는 좁은 의미로는 향리의 최고직인 호장戶長을 가리켰다. 호장은 외관의 추천을 거쳐 상서성尙書省에서 직첩職牒을 발급하였다. 또한 70세가 되면 안일호장安逸戶長이 되어 직전職田의 반을 받았는데, 이는 중앙 관인이 70세에 퇴직하는 치사致仕와 같은 의미였다. 질병으로 인한 휴가 기간을 100일로 제한한 것도 동일하였다.

호장은 특정 가문에서 세습하는 경향이 있었고, 비슷한 격의 가문끼리 통혼권을 형성하였다. 이들은 중앙의 문벌에 버금가는 지배층으로서 위세와 문화를 향유하였으며, 과거를 통해 중앙 관인을 배출하였다. 이 중에는 문벌로 성장하는 경우도 있었다.

향리들의 조직인 읍사邑司는 행정 관부로서 공해전公廨田과 공문서에 사용하는 인신印信을 지급받았다. 읍사의 인신은 호적 등본의 발급, 노비

문서의 증빙, 촌락에 대한 명령 전달, 외관에 대한 보고 등에 사용되었다. 호장은 군현의 규모에 따라 4~8명의 정원이 책정되었는데, 이 중 대표인 상호장上戶長이 인신을 관리하며 읍사 운영을 주도하였다.

호장 밑에는 행정 업무를 보좌하는 부호장副戶長과 호정戶正 등이 있었다. 아울러 군사 업무를 담당하는 사병司兵, 수취와 재정 업무를 담당하는 사창司倉이 기본 조직을 구성하였는데, 병정兵正과 창정倉正이 그 책임자였다. 규모가 큰 군현에는 운영 경비를 관리하는 공수정公須正, 급여를 관리하는 식록정食祿正, 사법을 담당하는 사옥정司獄正, 의약을 담당하는 약점정藥店正 등이 설치되기도 하였다.

외관과 중간 단위의 운영

고려의 외관은 특정 군현에 파견되는 형식을 취하였지만 관할 속현까지 아우르는 상급 체계로 기능하였다. 외관과 읍사 사이에는 문서를 통한 상하 행정체계가 수립되었으며, 이는 같은 군현 안에서도 마찬가지였다. 이렇게 외관이 관할하는 범위를 통틀어 임내任內라고 한다.

읍사와 별도로 외관의 관청이 마련되었는데, 이를 외관청外官廳 또는 공아公衙라고 한다. 외관청에는 기관記官을 비롯한 아전衙前이 배속되었다. 향리들은 5일마다 외관에게 와서 명령을 받았는데, 한 달에 6번 모인다고 해서 육아일六衙日이라고 하였다. 이는 중앙 관청의 운영방식과 같은 것이었다.

외관의 기본 기능은 향리들이 담당한 군현 운영을 감독하는 것이었다. 외관은 봄에 관내를 순찰하며 권농 활동을 펼쳤는데, 이를 행춘行春 또는 춘행春行이라고 한다. 또한 감창監倉이라 하여 주기적으로 읍사의 재정 운영을 감찰하였다. 관내에 금령을 시행하고 범법 행위를 처벌하며 교화에 대해서도 책임을 졌다. 외관은 군사와 요역에서 인적 자원을 관리하는 책임자였는데, 지방군의 편성과 차출 단위인 군사도軍事道도 이에 맞추어 편성되었다.

외관 설치 군현은 기초 행정단위인 동시에 외관의 격에 따라 등급이 책정되었다. 이 등급 칭호를 관호官號라 하며, 군현의 고유명인 읍호와 구분되었다. 관호의 삭제는 외관이 폐지되어 속현이 된다는 의미였다. 반면 읍호의 삭제는 군현이 폐지되고 읍사도 해체되어 다른 군현의 하부 영역으로 흡수되는 것을 의미하였다.

외관은 다수의 속현까지 관할해야 하였기 때문에 다수의 원료員僚로 구성되었다. 그 내역을 관호별로 정리하면 다음 [표]와 같다.

[표] 외관 원료의 구성

	유수관(留守官)	대도호부(大都護府)·목(牧)	중도호부(中都護府)	방어진(防禦鎭)·지주군(知州郡)	제현(諸縣)	제진(諸鎭)
3품 이상	유수사(留守使)	사				
4품 이상	부유수(副留守)	부사	사			
5품 이상			부사	사		
6품 이상	판관(判官)	판관	판관겸장서기(判官兼掌書記)	부사		
7품 이상	사록참군사(司錄參軍事) 장서기(掌書記)	사록겸장서기(司錄兼掌書記)		판관	령(令)	장(將)
8품 이상	법조(法曹)	법조	법조	법조	위(尉)	부장(副將)
9품 이상	의사(醫師) 문사(文師)	의사 문사				

고려의 외관은 중앙 관직을 겸직한 상태로 부임한다는 점에서 전임으로 파견된 조선의 외관과 차이가 있었다. 이 때문에 그 직급도 '몇 품 이상'으로 하한을 정할 뿐이었다. 사使와 부사副使는 처음에는 모두 파견되었으나 점차 하나만 파견되었다. 그 명칭은 겸직한 중앙 관작의 고하에 따라 결정되었다.

판관判官은 장관의 업무를 분담하는 차관의 성격을 지녔다. 현과 진에서는 위尉와 부장副將이 그 역할을 하였다. 사록司錄과 장서기掌書記는 각종 문서를 작성하는 것이 주 업무였으며, 때로는 판관의 업무를 대행하였다. 법조法曹는 사법 업무를, 의사醫師와 문사文師는 지방의 의료와 학문 교육을 각각 담당하였다.

기인과 사심관

고려에서는 속현이 많았기 때문에 소수의 외관 원료만으로 지방사회를 자세하게 파악하기 어려웠다. 이를 보완하기 위해 활용된 장치로 기인其人과 사심관事審官이 있었다.

일반적으로 고대 국가는 새로 점령한 지역의 지배층 자제를 인질로 잡아둠으로써 통제 효과를 도모하였는데, 이 원리는 지방통치에도 원용되었다. 고려는 통일전쟁기에 귀순한 성주의 자제를 중앙에 머물게 하였는데, 이는 귀순에 대한 포상인 동시에 성주가 이탈하지 못하도록 묶어두는 효과가 있었다. 이것이 향리제 정착과 함께 제도화된 것이 기인其人이다.

기인은 중앙 관청에 일정 기간 복무하면 관직을 얻을 수 있었는데, 그 기간 동안 본향本鄕의 상황에 대해 자문하였다. 과거 응시자의 신원을 확인하는 일이나 사심관 선임에 대해 자문하는 것이 대표적인 예이다. 현지의 정보를 직접 얻기 어려웠던 정부는 기인을 통해 이 문제를 보완하였다.

사심관은 중앙의 관리가 출신 지역의 일을 자문하고 일정한 책임을 지도록 한 제도로서 태조 18년(935) 신라 경순왕을 경주의 사심으로 삼은 데서 비롯되었다. 뒤이어 각지의 공신들이 본향의 사심에 임용됨으로써 제도화되었는데, 군현의 규모에 따라 2~4명이 선임되었다.

사심관의 대표적인 기능은 향리 중 부호장 이하의 임용과 업무에 간여하는 것이었다. 이 때문에 사심관은 호장과 상피相避가 적용되었다. 또한 사심관은 군현 주민의 구심점이 되고, 지역 내의 신분·지위를 구분하며, 주민의 세금 부담을 고르게 하고, 풍속을 바로잡는 등의 일을 하였다.

다만 통치 과정에 직접 참여한 것이 아니라 통합과 안정에 연대 책임을 지는 차원이었다.

고려후기에 외관이 증가하고 통치의 중심이 되면서 기인과 사심관의 역할도 줄어들었다. 기인은 관청의 재정 확보를 위한 개간 사업에 동원되거나 잡무를 수행하는 처지로 전락하였고, 조선전기까지 유지되다가 폐지되었다. 사심관도 폐해가 커지면서 여러 차례 폐지가 논의되다가 고려말에 완전 폐지되었다. 다만 본향의 일을 자문하는 기능은 여전히 필요하였기 때문에 조선에서는 경재소京在所를 두어 이를 해결하였다.

4) 특수운영단위

고려는 군현과 더불어 다양한 형태의 특수운영단위를 두었다. 대개 특정한 수취를 안정적으로 확보하거나 지방제도 운영에 필요한 기능을 지속적으로 수행케 하려는 것이었다. 연구자에 따라서는 이들을 '부곡제部曲制'라고 통칭하여 '군현제'와 구분하고 이를 고려 지방제도의 핵심적인 특징으로 제시하기도 한다. 하지만 존재 형태나 운영방식에 차이가 많아 하나의 범주로 묶어 이해할 수 없다는 비판도 있다.

이 단위는 크게 향鄕·부곡部曲, 소所·장莊·처處, 진津·역驛 등 세 부류로 분류된다. 향과 부곡은 읍사와 장리가 있었다는 점에서 일반 군현과 비슷하였다. 공해전도 받았지만 그 액수는 군현에 비해 훨씬 적었다. 그리고 장리의 책임자를 '호장' 대신 '장長'으로 불러 구별하였다.

향과 부곡은 공통적으로 농업 생산을 중심으로 한 단위로 보고 있으나 주민의 신분에 대해서는 논란이 있다. 종래에는 천민 집단으로 보았으나 근래에는 양인으로 보는 견해가 주류이다. 하지만 두 견해 모두 나름의 근거가 있기 때문에 어느 한 쪽으로 단정하기 어려운 실정이다. 향·부곡은 고려말 조선초에 걸쳐 일부가 군현으로 승격하였고, 대부분은 군현에 통합되면서 소멸하였다.

소·장·처는 조세·공물·요역이라는 기본 세목稅目 중에서 특정 부문의 수취를 위해 군현 안의 촌락에 설정된 단위였다. 향·부곡과 달리 읍사와 장리의 존재가 명확히 드러나지 않아 운영방식에 차이가 있었던 것으로 짐작된다.

소는 특정 물품을 생산하기 좋은 지역에 설정되어 그 물품을 집중 생산하고 이를 관청 등에 납부하는 곳이었다. 그 품목에는 광산물과 농산물, 수산물, 수공업 제품이 있었다. 광산물이나 전문적인 수공업 제품은 대개 기술자들이 일년내내 전담 생산해야 하였다. 이들에게는 구분전口分田을 주고 잡역을 면제하여 생산에 전념하도록 하였다. 이 때문에 지역적으로도 다른 촌락과 구분되고 주민의 지위도 일반 양인보다 열악한 것으로 여겨졌다.

장과 처는 공물과 요역을 관청에 납부하고 조세만 궁원宮院이나 사원 등에 납부하는 단위였다. 소·장·처는 고려후기부터 해당 세목의 수취가 점차 군현을 통해 이루어지면서 대부분 일반 촌락과 다름없게 되어 소멸하였다.

한편 교통 요지에 일정한 영역 단위를 설정하여 교통·운송과 관련된 일을 수행하도록 하였는데, 대표적인 것이 역驛과 진津이다. 역은 육상 교통로의 주요 지점에 설치되었고, 진은 이 교통로가 강을 건너는 지점에 설치되었다.

이외에도 다양한 교통 관련 단위가 있었다. 도渡는 진과 마찬가지로 강을 건너기 위한 시설이나 규모가 작았다. 관館은 육상 교통로에 설치되었는데 숙박 시설을 갖춘 단위였다. 관關은 국경 지대에서 외부로 통하는 관문에, 포浦는 바다로 나가는 포구에 각각 설치되었다.

이들은 규모도 크지 않고 생산 기반도 약하였으나 교통로의 중요성 때문에 정부는 각각에 공해전을 지급하고 별도로 관리하였다. 조선에서도 진·역 등은 계속 유지되었으나 군현의 관리를 받았다.

5) 광역 단위의 운영

계수관

고려의 지방제도에서는 중간 단위 위에 다시 광역 단위가 설정되어 있었다. 이 광역 체계는 계수관界首官과 5도道·양계兩界·경기京畿의 두 범주로 나뉜다.

계수관이란 '계界'로 설정된 일정 영역에서 가장 격이 높은 군현 또는 외관을 가리키는 것으로, 경·목·도호의 관호를 가진 경우가 이에 해당한다. 여기서 '계'는 대개 다수의 중간 단위로 구성된다.

계수관은 신라의 9주州에서 연원하였다. 신라는 전국을 9주로 구획하였으며, 각 주에는 다수의 군-영현 단위가 포함되었다. 주는 광역의 군사 운영 및 관내 외관에 대한 감찰 등의 기능을 담당하였다. 각 주의 중심 군현은 같은 주의 명칭을 사용하였다. 9주는 고려초기에도 광역의 영역 관념으로 유지되다가 성종 2년 12목으로 확대 개편되었다. 현종 9년 개편에서는 8목으로 정리하고 동·서 양경兩京과 안북安北·안서安西·안변安邊·안남安南 등 4도호를 아울러 계수관으로 설정하였다. 곧이어 안남도호부가 폐지되고 숙종 때 남경南京이 설치되면서 3경·3도호·8목의 체제가 확립되었다.

계수관의 기능은 중앙 정부와 관내 외관들을 연결하는 기능, 곧 주현속현체계의 상급 체계로서 수행하는 기능과 영역 내의 모든 군현을 대표하여 수행하는 기능으로 나뉜다.

전자의 대표적인 기능은 광역의 군사 운영이다. 고려의 지방군은 중간 단위에 맞춘 군사도에 따라 편성되었으나 규모가 작았다. 이 때문에 실제 작전에서는 그보다 넓은 계수관을 매개로 운영되었는데, 이를 '계군

界軍'이라고 한다. 또한 외관이 담당하는 소송에서 계수관은 상급심 역할을 하였고, 병가病暇를 신청한 외관에 대해 사실 여부를 검토하였다. 수취와 관련해서는 감독 내지 정보 관리의 차원에서 관여하였는데, 특히 수취의 기준이 되는 도량형度量衡 기기의 검사는 계수관의 대표적인 권한이었다.

영역의 대표로서 수행한 기능으로는 각종 명절에 국왕에게 표를 올려 축하하는 상표진하上表陳賀가 대표적이다. 또한 각종 방물을 진상하고 국왕이 사망하였을 때 애도 행사를 갖는 것, 노인이나 승려를 위한 행사를 개최하는 것, 관내를 지나는 외국 사신을 접대하는 것 등도 계수관의 몫이었다. 그 밖에 과거 응시자를 예비 선발하여 중앙에 올려 보내는 향공선상鄉貢選上도 계수관이 담당하였다.

5도와 양계, 경기

도道는 통상 중앙에서 파견된 사신이 순찰하며 업무를 수행하는 구역을 나타낸다. 이 도는 사신 파견에 맞추어 설정되었다가 업무가 끝나면 없어지는 것으로, 필요에 따라 다양한 형식으로 편성되었다. 그런데 일정한 권역에 정례적으로 사신이 파견되면 도 역시 점차 고정되는 추세를 보이는데, 고려에서는 안찰사按察使 파견을 통해 5도가 성립하였다.

고려의 도는 성종 14년 시행된 10도에서 출발하지만, 이 10도는 오래 지속되지 못하였다. 현종 9년 계수관이 확정되면서 이를 토대로 몇 개의 계수관을 연결하는 도가 편성되었다. 다만 서해도西海道는 10도의 하나인 관내도關內道 중 현 황해도 지역에 해당하는 서도西道에서 비롯된 것으로, 가장 먼저 안찰사가 파견되었다. 그 뒤 안찰사가 전국으로 확대되면서 양광도楊廣道, 경상도, 전라도가 형성되었다. 교주도는 동계에서 분리되었다. 대략 12세기 중반에 이르러 5도가 형태를 갖추었다. 범위가 넓은 양광도와 경상도는 2개의 도로 나뉘어 운영되기도 하였다.

안찰사는 백성의 어려움을 살피고 외관의 근무를 평가하는 것이 주된 업무였다. 따라서 그의 활동은 지방통치 전반에 미쳤다. 하지만 안찰사는 순찰직으로서 품계가 높지 않고 임기도 6개월이었기 때문에 감찰과 동향 파악 이상의 기능을 수행하기 어려웠다. 고려후기에는 제찰사提察使, 안렴사按廉使로 명칭이 개정되었다.

한편 양계는 북계北界와 동계東界를 통칭하는 말이다. 흔히 5도와 아울러 '5도 양계'라 하여 고려 지방제도의 기본 구조를 나타내기도 한다. 북계는 대동강에서 압록강에 이르는 지역으로서 서북면西北面이라고도 하며, 고려초기의 서북방 개척과 함께 성립되었다. 동계는 동북면東北面이라고도 하였는데, 원산만에서 울진에 이르는 동해안 일대가 속하였다. 북부 일부는 신개척지이지만, 대부분은 신라 이래의 영역이었다.

양계에는 주州와 진鎭이 편성되었는데, 주에는 방어사防禦使가 파견되었고, 진에는 사使(방어사), 또는 장將이 파견되었다. 주진은 각기 군사도를 구성하였고 외관은 행정과 군사 업무를 함께 수행하였다. 다만 북계의 평양 인근에는 몇 개의 현이 있었고, 동계의 등주 이남 지역은 남도와 같은 주현-속현체계가 적용되었으나 규모가 작았다.

양계의 장관인 병마사兵馬使는 군사 부문을 총괄하는 동시에 계수관처럼 영역 대표 기능도 수행하였다. 병마사 아래에는 다시 구역을 나누어 분도장군分道將軍을 두어 군사 업무를 분담하였다. 한편 각 주진의 재정 운영을 감독하고 관리의 근무를 감찰하기 위한 사신으로 감창사監倉使를 파견하였는데, 기능적으로 남도의 안찰사와 비슷하였다. 북계의 운중도雲中道와 흥화도興化道, 동계의 삭방도朔方道와 연해도沿海道, 명주도溟州道가 감창사의 파견 지역이었는데, 연해도와 명주도는 하나로 합쳐 운영되기도 하였다.

경기는 생산 기반이 없는 왕경에 물적 자원을 제공하도록 편성된 지역으로서 대개 왕경을 둘러싸고 있다. 고려에서는 성종 14년 개성부開城府를 두고 6개의 적현赤縣과 7개의 기현畿縣을 관할하도록 한 것이 그 출발이다.

현종 9년에는 개성부를 없애고 대신 개성현령開城縣令과 장단현령長湍縣令을 두고 상서도성尙書都省에 직속시켰는데, 이때부터 이 지역을 경기라고 불렀다. 문종 16년(1062)에는 개성현령을 없애고 개성부를 복구하는 조치가 있었다.

한편 개경 외에 서경에도 경기가 편성되어 있었다. 문종 16년 서경에 4도를 두었으나 인종 때 묘청의 난이 진압된 후 폐지되었고, 대신 6개의 현이 설치되었다. 이 밖에 남경에도 경기가 있었던 것으로 보이지만 그 내용은 알 수 없다.

6) 지방제도의 변화

고려의 지방제도는 예종 초 서해도 지역에서 발생한 유민을 안집하기 위해 감무監務를 파견하면서 점차 변화를 겪게 되었다. 감무가 성과를 거두자 파견 지역이 확대되었고, 명종대에도 대대적으로 감무를 파견하였다. 감무는 기존의 주현-속현체계를 유지하면서 현안을 해결할 목적으로 파견하였다. 그렇기 때문에 감무를 파견하더라도 속현의 이속이 이루어지지 않아, 현령 등의 파견과 성격이 달랐다. 하지만 그 수가 증가하면서 점차 정식 외관으로 자리를 잡게 되었다.

한편 무신정권기와 원간섭기를 거치면서 군현의 등급을 특례로 올려주는 사례가 많아졌다. 고려중기에 태후의 고향을 올려주는 경우가 종종 있었으나 무신집권 이후 그 대상이 대폭 확대되었다. 무신 권력자의 고향이나 무신정권을 타도하는 데 공을 세운 인물들의 고향, 원과의 관계에 공헌한 인물의 고향, 국왕의 태胎를 묻은 군현, 외적의 퇴치에 공을 세운 군현 등에 대해 포상의 의미로 관호를 올려주었다. 속현은 현령관으로, 현령관은 지주군사로, 지주군사는 도호부로 올라갔다.

특례 승격에는 대부분 속현이 이속되지 않았다. 그 결과 고려후기 지방사회는 기존의 주현-속현체계가 유지되는 한편 속현이 없는 다수의 주현들이 혼재하게 되었다. 이로 인해 지방통치에 난맥이 생기자 정부는 전기의 체제로 환원시키고자 하였으나 실패하였다. 이에 주현-속현체계를 해체하고 각급 군현에 모두 외관을 파견하여 직접 관리하는 체계로 전환하였다. 공양왕 때 '신정감무新定監務'를 대규모로 파견하면서 인접 속현을 통합하여 규모를 확보해 주었다. 이 개편 작업은 조선 세종 연간까지 계속되었다. 그 결과 속현 및 특수운영단위는 대부분 소속 군현의 하부 영역이 되면서 소멸하였다.

이와 함께 외관이 설치된 군현의 읍사는 폐지되고 그 기능도 외관청으로 흡수되었다. 향리는 외관의 업무를 보좌하는 아전으로 위상이 바뀌었다. 일부 속현의 읍사가 유지되었으나 행정 기능은 크게 제한되었다. 반면 외관은 겸직이 폐지되고 전임으로 파견되었고, 규모가 큰 일부 군현을 제외하면 1명만 파견되었다. 그 결과 외관은 지방사회 운영의 주도권을 쥐고 강력한 권한을 행사하게 되었다.

또한 다수의 군현들을 관리하기 위한 상급 단위로서 도의 기능이 강화되었다. 고려말 대신大臣을 도관찰출척사都觀察黜陟使로 파견하면서 도는 군현을 통할하는 상급 체계로서 위상이 확립되었다. 한편 몽골과의 전쟁에서 동요가 컸던 양계 지역은 점차 남도와 같은 체제로 전환되었다. 군사적 역할이 큰 병마사를 대신하여 안렴사와 같은 기능을 가진 존무사存撫使가 파견되었다. 고려말 양계와 경기에도 도관찰출척사를 파견함으로써 전국의 구획이 도로 일원화되어 조선의 8도로 이행하게 되었다.

| 윤경진 |

참고문헌

具山祐, 『高麗前期 鄕村支配體制 硏究』, 혜안, 2003.

金甲童, 『羅末麗初의 豪族과 社會變動 硏究』, 고려대출판부, 1990.

朴龍雲, 『고려시대 開京 연구』, 일지사, 1996.

박종기, 『지배와 자율의 공간 고려의 지방사회』, 푸른역사, 2002.

邊太燮, 『高麗政治制度史硏究』, 일조각, 1977.

李樹健, 『韓國中世社會史硏究』, 일조각, 1984.

河炫綱, 『韓國中世史硏究』, 일조각, 1988.

윤경진, 「고려 태조대 군현제 개편의 성격 - 신라 군현제와의 상관성을 중심으로
　　　-」『역사와 현실』 22, 1996.

윤경진, 「고려 전기 호장의 기능과 外官의 성격 - 지방행정체계상의 상관성을
　　　중심으로-」『國史館論叢』 89, 1999.

윤경진, 「고문서 자료를 통해 본 고려의 지방행정체계」『韓國文化』 25, 2000.

윤경진, 「고려 시기 소의 존재 양태에 대한 시론」『한국중세사연구』 13, 2002.

윤경진, 「고려 전기 계수관의 운영체계와 기능」『동방학지』 126, 2004.

윤경진, 「고려 전기 道의 다원적 편성과 5도의 성립」『동방학지』 135, 2006.

윤경진, 「고려시대 西京畿의 형성과 재편」『동방학지』 148, 2009.

2. 도시와 향촌사회

1) 본관제本貫制와 토성土姓

후삼국 통일전쟁기에 고려는 귀부歸附한 호족豪族들에게 관계官階와 녹읍祿邑 등을 주고, 그들이 장악한 지역사회 지배력을 추인하여 국가질서 속에 흡수하는 정책을 펼쳤다. 이와 함께 향촌사회에서 일어난 사회경제적 변동을 수렴하기 위한 제도적 대책도 마련하였다. 지방사회와 호족들에 대한 정책은 후삼국을 통일한 후에도 지속되었다. 군현제郡縣制와 부곡제部曲制 지역의 개편과 함께, 고려는 향촌사회 내부에서 일어난 계급, 계층 질서의 변동을 수렴하는 제도적 대책으로서 본관제를 시행하였다. 본관제는 향촌사회에 대한 국가의 통제 수단으로도 작동하였다.

고려초의 본관제는 신라말에 형성된 새로운 계층구조를 반영하여 본관 지역 내부에서 계서적階序的 계층구조를 설정하는 방식으로 실현되었다. 본관제는 국가가 향촌사회를 통제하기 위한 수단이기도 하였으므로, 군현제와 부곡제의 운영 형태에서 보듯이 본관 지역 사이에도 계서성을 두는 방식으로 실현되었다. 본관제는 양전量田과 호구戶口 조사 등의 절차를 거쳐서 실행되었으므로, 지역에 따라 시차를 두고 시행되었으며, 그것이 전국적으로 정비된 시기는 성종대로 추정된다.

전형적 형태의 본관제가 시행된 고려전기에 국가는 공적으로 거주지 이동을 허용한 경우를 제외하면 모든 사람들이 본관 지역에 살도록 긴박하는 정책을 실시하였다. 본관을 벗어나 다른 지역에서 거주하고 활동할 수 있도록 허용한 대상은 관인官人이나 승려, 방수防戍와 같은 특정 역役을 지거나 직업적으로 이동이 필요한 행상行商, 사민이나 유배 등의 정책에 의해 이동한 사람, 기타 관에서 이동을 허용한 사람 등이다. 본관을 단위로 거주지를 제한하는 '영역 규제'를 실현하기 위해, 국가는 호구 이동과 전정田丁 소유를 원칙적으로 본관 지역의 내부로 제한하는 정책을 시행하였다.

고려전기에 향촌사회 내부의 계서적 계층구조는 중앙에서 파견된 지방관을 제외하면, 다음과 같다. 향리층과 향리를 배출하는 모집단인 토성土姓 가문이 향촌지배층의 상부를 이루고, 촌락 행정 담당자와 정호층丁戶層=자립농의 상층부가 그 하부를 형성하였다. 일반 양인良人인 백정白丁이 향촌 사회 주민의 다수를 차지하고, 수공업 등에 종사하는 잡척雜尺층이 하층 양인으로서 존재하였으며, 노비 등의 천인賤人이 최하층을 이루었다. 고려 후기에는 중앙관료를 역임한 후 귀향한 전직 품관층品官層이 새로운 향촌 지배층으로 등장하여 공식, 비공식의 역사役事에서 주도적 역할을 수행하였다.

고려시대에는 일반 군현을 본관으로 하는 사람이 가장 많지만, 지역촌地域村이나 특수행정구역인 부곡제 지역을 본관으로 하는 사람도 있었다. 본관의 격에 따라 주민의 신분적 지위와 사회경제적 부담이 달랐는데, 이는 본관 지역 사이에 계서성이 있었음을 잘 보여준다.

본관제에 의한 계서적 지배와 영역 지배방식은 12세기 전반기부터 향촌사회의 변동에 짝하여 변화하기 시작하였다. 거주지와 본관의 분리가 심화되면서, 점차 본관에 긴박시키는 거주지 통제 정책이 허물어졌다. 그 대신에 현재 거주지의 호적에 등록하는 정책이 실현되었다. 지역간의 갈등이 심화되고, 부곡제 지역 주민의 저항으로 부곡제가 점차 해소되면서 계서적 영역 지배의 근간이 무너졌다. 무신정권기에 폭발적으로 일어난 '농민 천민의 항쟁'은 국가권력과 지배층에 대한 피지배층의 격렬한 저항을 잘 보여준다. 이와 함께 '호족인豪族人'과 '잡족인雜族人'으로 표현되는 향촌사회 내부의 지배층과 피지배층의 대립, 재경在京세력과 재지在地세력간의 갈등으로 말미암아, 본관 내부의 계서적 계층구조도 전반적으로 흔들리고 있었다.

토성土姓은 군현제 지역뿐 아니라 향鄕·소所·부곡部曲·장莊·처處·역驛 등의 부곡제 지역에도 존재하였다. 1개 군현에는 평균적으로 서너 개 이상의 토성이 분정分定되었다. 고려초에 토성을 분정 받은 대상은 신라말에 그 지역의 유력 세력으로 등장한 중소호족 이상의 가문으로 추정된다. 학계에서는 국가가 유력 호족 가문의 후예이면서 토성을 분정 받은 사람 중에서 최상층 향리직을 선임하여 행정 실무를 맡긴 것으로 본다. 말하자 면 국가가 향촌사회를 지배하는 데 필요한 정책적 파트너로서 향리=토성 층을 선택하였음을 보여준다.

조선전기에 만들어진 지리지地理志들에서 토성은 인리성人吏姓, 차리성次 吏姓, 백성성百姓姓, 촌성村姓=촌락성村落姓, 망성亡姓, 내성來姓, 속성續姓 등으 로 다양하게 기록되었다. 인리성, 차리성은 인리=향리를 배출하는 성씨로 서 전형적인 토성이다. 망성, 내성, 속성의 구분은 그 지역에서 존속하였던 시기를 말해준다. 망성은 과거에 있다가 없어진 성씨이다. 내성과 속성은 다른 지역에서 이주해온 성씨인 것은 공통점이나 이주한 시기는 다르다. 내성은 고려초부터 있었던 성씨인 반면, 속성은 고려후기에 이주하여 토성으로 처음 등장한 성씨로 파악된다.

우리 역사에서 혈연과 지역을 결합시킨 최초의 사회제도로서 실시된 본관제는 고려전기에 전형적인 기능을 발휘하였고, 이후 고려후기에는 그 기능이 약화되고 변질되는 과정을 겪었다. 본관제는 중국에서 발원한 제도이지만, 우리 역사 속에 정착되는 과정에서 우리의 주체적 역사 조건을 반영하여 성립하였고 운용되었다.

2) 향촌지배층과 향리鄕吏

고려로 귀부한 호족들은 같은 혈연집단 내에서도 일부 가문은 개경으로 상경하여 중앙관료의 길을 걷게 된 부류가 있는가 하면, 이보다는 더 많은 수의 가문은 지역사회에 거주하면서 향촌지배층과 향리로 살아갔다. 국가에 의한 향촌지배층 통제의 제도적 기반은 향리제를 통해 마련되었다. 『고려사』에는 호족의 관반官班을 향리제로 개편한 시기를 성종대로 기록하였다. 그러나 경주와 같은 일부 지역에서는 건국 초기부터 국가가 개입하여 향촌지배층을 통제하기도 하였다.

지역사회에 머물게 된 호족 가문의 후예들은 이전부터 쌓아올린 기반을 바탕으로 향촌지배층으로 활동하였다. 이들은 향촌사회의 제반 업무를 장악하고 주도하였다. 수취와 같은 국가의 공적 업무를 실무적 차원에서 수행하였고, 비공식적 역사役事에서도 중심 역할을 수행하였다. 성종 때 중앙집권화의 이념적 기반을 제시하였던 최승로崔承老는 시무책에서, '향호鄕豪'로 일컬어진 이들이 업무를 수행하는 과정에서 권력을 남용하고 사적인 이익을 취하였던 사실을 지적하고, 그 문제를 하루빨리 시정해야 한다고 지적하였다. 이는 당시 향촌지배층이 누렸던 위상과 면모를 역설적으로 잘 말해준다.

향촌지배층은 군현 내부에서 상하의 서열을 가지면서 직임에 따른 역할을 분담함으로써 군현의 공적, 사적 업무를 수행하였다. 그들은 신라 말 고려초에 지역마다 독자적 형태의 조직인 관반을 만들었다. 다음의 [그림 1]에서 보듯이, 당대등堂大等과 대등大等을 정점으로 하여, 그 아래에 7개 직책으로 구성된 관반 조직은 읍사邑司 기구로서의 기능을 발휘하였다. 당시 금석문을 보면, 지역에 따라서는 대등 이하의 직책이 [그림 1]보다 더 많다. 당대등과 대등은 신라의 위계位階에서 가져온 것이므로, 신라적 질서를 반영한 직책이다. 관반이 수행한 중요한 업무는 호구 조사, 병력 징발, 조세 수취 등이었다. 고려초에 관반 조직은 직임의 구성과 업무의 분장에 있어서 국가의 통제로부터 벗어난 형태로 운영되었다. 따라서 그것은 향촌지배층의 자치적 기구였던 것이다.

고려초 향촌지배층의 동향은 사원의 공양구나 당간幢竿, 고승의 탑비塔碑 등을 조성한 불사佛事에서 잘 드러난다. 이는 국가가 개입한 경우와 그렇지 않은 경우로 나뉜다.

먼저 국가가 개입한 탑비의 건립에는 입적하기 이전 그 승려와 인연을 맺었던 같은 성씨를 가진 재경세력과 재지의 향촌지배층이 모두 참여하였다. 경북 영풍군 명봉사鳴鳳寺의 자적선사慈寂禪師비, 충주 정토사淨土寺의 법경대사法鏡大師비가 대표적 사례이다. 이는 재경-재지관계로 연결되는 당시 지배층의 정치적 동향이 일반적이었음을 말해준다. 중앙정계에서 활동하는 인물들도 지역 연고와 관련된 사업에 적극적으로 참여하였음을 알 수 있는데, 이는 그들이 출신지인 재지사회에 마련한 정치적 기반을 지속하기 위한 방편이었다. 향촌지배층이 재경세력과 함께 불사에 참여한 것은 지역사회에서 다른 향촌지배층과의 경쟁에서 우위를 차지하고, 그들의 위상을 드높일 수 있는 수단으로 작용하였다.

국가가 개입하지 않은 상태에서 이루어진 불사도 향촌지배층이 주도하였다. 이 경우 향촌지배층이 그들만의 권위와 사회경제적 동원력을 바탕으로 큰 규모의 불사를 독자적으로 완성하였다. 청주 용두사龍頭寺에서 철 당간을 만들 때, 청주의 유력한 네 개의 토성 출신의 관반 구성원들이 역사를 주도하였다. 이 역사에서 중심적 역할을 한 김희일金希一만이 오로지 관계官階와 어대魚袋를 갖고 있었는데, 이는 그가 중앙에서 인정한 지위를 바탕으로 청주 지역의 최고 지배자로 활동하였음을 보여준다.

지역에 따라 다양하게 운용되었던 향리들의 읍사 기구와 직제의 명칭을 국가가 일원적 형태로 전면 개편한 시기는 성종 2년(983)이다. 이때의 개편 내용은 [그림 1]과 같다.

이 개편에서 관반의 우두머리였던 당대등과 대등을 호장戶長과 부호장副戶長으로 바꾸었고, 그 이하의 모든 직책의 이름을 새로 정하였다. 전반적으로 종전에 신라식의 위계 명칭이었던 것을 이때 고려식으로 바꾸었는

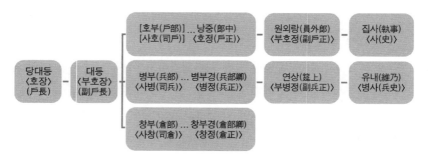

[그림 1] 성종 2년의 향리제 개편

* [ ]은 추정 명칭, 〈 〉은 개편 후의 명칭임.

데, 이는 성종대에 강화되는 중앙집권화 정책에 발맞추어 향촌지배층의
분립적 권력을 축소시킨 것이다.

이후 향리제가 다시 개편된 시기는 현종 9년(1018)이다. 이때 향리가
입는 공복公服의 복식을 직책의 상하에 따라 5등급의 색깔로 정하고,
화靴와 홀笏의 사용 유무를 정하였다. 이를 계기로 향리가 공복을 처음
입게 되었는데, 이는 국가가 향리를 관료의 하부구조로 편입하는 조치였다.

현종 9년에 정해진 향리의 직제와 정원은 다음 [표]와 같다.

[표] 현종 9년에 제정된 향리의 직제와 정원

지역	丁數＼직임	戶長	副戶長	兵正	倉正	副兵正	副倉正	史	兵史	倉史	公須史	食祿史	客舍史	藥店史	司獄史	합계
오도 五道	1000丁 이상	8	4	2	2	2	2	20	10	10	6	6	4	4	4	84
	500정 이상	7	2	2	2	2	2	14	8	8	4	4	2	2	2	61
	300정 이상	5	2	2	2	2	2	10	6	6	4	4	2	2	2	51
	100정 이상	4	1	1	1	1	1	6	4	4	3	3	1	1		31
양계 兩界	1000정 이상	6	2	2	2	2	2	10	6	6	4	4	2	2	2	52
	100정 이상	4	2	2	2	2	2	10	6	6	4	4	2	2	2	50
	100정 이하	2	1	1	1	1	1	6	4	4	2		2	2	2	29

성종 2년에 정한 향리직제에서 각 직책의 정원은 정해지지 않았다.
현종 9년에 향리 직책의 정원을 정한 것은 국가의 향촌지배층 통제가

더 강화되었음을 보여준다. 성종 2년에 제정된 향리 직임은 불과 9개였는데, [표]에서 보듯이 현종 9년에는 병사兵史 아래의 하부 직임인 여러 사史 즉 제단사諸壇史 직책이 대폭 늘어났다. 기록을 검토해보면, 현종 9년 무렵에 설치되었던 향리 직임은 [표]보다 최소 10개가 더 많았음이 확인된다. 향리 직임을 많이 늘인 것은 수취제도를 비롯한 지방행정 업무가 그만큼 확대된 것에 발맞추어 국가가 이를 효율적으로 수용하고 관리하기 위한 것이었다.

복수의 호장 중에서 가장 높은 호장이 군현 당 1개가 있는 인신印信(=印章)을 가지고 군현 내부에서 수행하는 공적 업무를 처결하였다. 지방관이 파견되지 않은 속현屬縣에서는 호장의 인장은 관인官印으로서의 기능도 발휘하였다. 호장은 향리들을 통솔하면서 행정 전반을 관장하였고, 군현을 대표하여 매년 원단元旦이나 국가와 왕실의 경조사가 있을 때에 개경에 올라가 숙배肅拜하는 일도 수행하였다. 호장을 비롯한 향리들은 군현에서 거행하는 향사享祀나 제의祭儀, 불사佛事를 주도하였다. 속현의 향리는 5일에 한번씩 주현의 읍사에 가서 업무를 보고하고 새로운 과제를 배당받아야 하였다.

향리들은 궁과弓科의 시험을 합격하면 직급에 따라 지방군의 일품군一品軍 장교를 겸직할 수 있었다. 향촌 사원의 불사에서 지방군 장교를 겸직한 향리들이 자기 휘하의 지방군을 동원하여 참여한 여러 사례를 확인할 수 있다.

고려후기에 일어난 향촌사회 변화에 대응하여 향리제는 삼반三班체제로 개편되었다. 삼반체제는 상호장上戶長·도령都領·조문기관詔文記官을 총괄하여 일컫는 용어로서, 이들은 호장·도군都軍·기관記官으로 짜여진 향리 삼반의 수위 직임이었다.

향리는 속현이 많았던 고려시대에 지방관에 버금가는 위상과 권위를 지녔다. 당시 향리의 사회적 지위나 위신은 일반 양인에 준하는 신분으로 격하되었던 조선시대에 비하면 매우 높았다. 이를테면 그들은 중간지배층으로서 확고한 위상을 지녔다고 할 수 있다. 과거科擧 종목 중 정통 관료로의 출세가 보장된 제술업製述業의 합격자 중에서 전·현직 향리층의 후예가 차지하는 비중이 고려중기부터 커지기 시작하고, 고려후기에는 더 확대되었다. 이는 고려시대에 향리층이 중간지배층이면서 동시에 고위 관료를 배출하는 모집단으로서의 사회적 지위를 누렸음을 잘 말해준다.

3) 불사佛事를 통해 본 향촌사회 질서와 향도香徒

고려시대에 향촌사회의 내부 질서와 주민의 생활 모습을 보여주는 기록은 거의 없다. 고려사 연구의 기본 사료인 『고려사』와 『고려사절요』에서는 이와 관련된 기록을 거의 찾을 수 없다. 사찬 기록이면서 동시에 불사가 일어난 당시에 남긴 일차 자료로서 불교 금석문이 주목되는 이유가 여기에 있다.

지방사회의 불사는 향리를 중심으로 한 향촌지배층이 주도하였다. 지방 사원에서 이루어진 특정 승려의 탑비 조성에는 왕실과 중앙 관료도 참여한 사례가 있지만 그런 경우는 소수에 지나지 않는다. 향촌지배층이 주도하고 주민들이 참여한 불사가 압도적으로 많다. 불사가 이루어진 공간 범위를 보면, 넓게는 계수관界首官 지역부터 주현主縣 및 속현屬縣 등의 군현 지역, 부곡제 지역과 촌락 단위에 이르기까지 각급 단위의 주민들이 참여하였다. 이들은 일종의 지역적 신앙공동체의 형태로 결합하여 활동하였다.

불사와 관련해서도 계수관의 기능이 주목되며, 당시 속현이 압도적으로 많았던 지방제도의 실상이 반영된 결과, 주현에 비해 속현에서 이루어진 불사 사례가 훨씬 많다. 고려전기의 불사에 지방관이 참여한 경우는 드물고, 대부분 향리 등의 향촌지배층이 그 불사를 주도하였다. 고려후기에 이르면, 지방관의 참여가 증가되는데, 이는 주현이 늘어나고 그에 따라 지방관이 증치됨으로써 관 주도의 향촌지배체제가 강화된 시대적 배경이 작용한 결과이다.

향촌사회의 불사 조성은 연등회燃燈會, 팔관회八關會와 유기적 관련을 갖고 있었다. 팔관회는 국왕이 직접 주재하여 개경과 서경에서 열렸으며, 지방을 대표하는 계수관이 파견한 인원이 궁궐에서 거행하는 행사에 참여하는 형태로 진행되므로, 향촌사회와도 연결된다는 상징적인 의미를 띠고 있다. 향촌사회에서 거행되는 불교 행사와 직접 연관된다는 점에서 연등회는 매우 중요한 의미를 지니고 있다.

향촌사회의 불사 조성은 대부분 불교 신앙단체를 중심으로 이루어졌다. 그 단체 가운데 대표적인 것은 향도香徒 조직이다. 고려전기에 향도를 비롯한 신앙단체는 불사에 필요한 노동력과 경제력을 제공하였으며, 향촌지배층의 주도 아래 활동하였다. 그런 불사 형태는 사찰의 건립, 불상·종·탑·탑비 등과 각종 공양구의 조성, 법회 보시 등 실로 다양하였다. 불교 신앙조직은 기본적으로 자율적인 단체였다. 그러나 그 활동 양상을 보면, 향촌지배층과 향리층이 주도하는 가운데 필요한 경우에 광군光軍이나 일품군 등의 국가의 공적 조직까지 결합하여 불사가 완결되는 경우가 많다. 이 점에서 그들의 활동은 국가의 향촌지배체제를 지지하고 보완하는 기능을 갖고 있었다.

향도에 관한 초기 연구에서 그 단체적 성격이 기본적으로 신앙공동체이면서도, 동시에 군현 단위에서 주민이 거의 모두가 광범위하게 참여한다고 판단하였고, 그것이 지역공동체로서의 면모를 아울러 갖고 있다는 점을 크게 부각시켰다. 이후의 연구에서는 고려 전기와 후기에 달라진 향도의 규모와 기능을 분석한 성과가 있었다. 한편 그처럼 향도의 구성원 규모를 지나치게 크게 본 것은 오류라는 반론을 제기하여, 지역공동체와의 관련성에 대한 가설을 재검토해야 한다는 견해도 발표되었다. 또 향도는 기본적으로 신앙공동체라는 사실에 입각하여, 그들의 활동과 사회적 의미를 이해해야 한다는 점이 다시 강조되었다.

고려후기에 이르면 향리층이 향도를 주도하는 사례가 줄어들고, 대신에 고위 관료들로 이루어진 향도, 여성만의 향도, 향촌사회의 소농민들이 만든 향도가 출현하는 변화가 일어났다. 이처럼 향도 구성원의 분화와 함께 활동 내용도 변화하였다. 재회齋會, 소향燒香, 염불, 상호 부조, 친목 도모를 위한 연회 등의 사례가 두드러지고, 불교 건축과 공예품 제작에 관여할 때에도 소규모로 만들거나 중창하는 형태로 바뀌었다.

고려시대에는 촌락과 사원의 경계에 있으면서, 생활하기 편리한 장소를 선택해 살아가는 다양한 인간 부류들이 있었다. 이를테면 비승비속非僧非俗의 존재라 할 수 있는데, 사료에서 승수僧首, 재가화상在家和尙, 수원승도隨院僧徒, 거가용승居家傭僧 등으로 나타나는 존재가 바로 그들이다. 그들은 불교와 사원에 기대어 촌락과 사원을 오가면서 생계를 꾸리고, 단일 신분층으로서의 정체성을 갖지 않았다. 그들은 신분적으로 특정 신분과 다른 신분, 공간적으로 촌락과 사원 사이에 두 다리를 모두 걸치고 살아가는 주변인(경계인)이었다. 천인적 요소를 지니면서 양인의 가장 밑바닥에 있는 부곡제 주민이 광범위하게 존재하고, 이와 함께 신분적 제일성齊一性이 현저하게 결여된 비승비속의 존재가 많았다는 것은 고려시대가 한국사에서 다른 중세시대와도 구별되는 특징적 단면의 하나로 볼 수 있다.

4) 도시와 촌락

고려시대 도시의 대표는 수도 개경開京이고, 지방도시로는 계수관을 비롯한 지역거점의 행정 도시를 들 수 있다. 개경은 정치와 행정, 경제의 중심지였으므로, 많은 건축 구조물과 시설이 있었다. 개경에는 왕이 거처

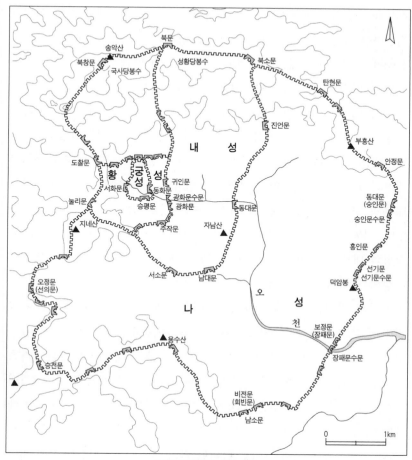

[그림 2] 개경의 성곽 구조

하는 공간과 정치와 행정을 펼칠 수 있는 중앙의 밀집된 관청 건물들을
둘러싸고 있는 여러 겹의 성곽이 조영되었다. 개경의 성곽 구조를 그림으
로 나타내면 [그림 2]와 같다.

　[그림 2]에서 보듯이, 궁성의 외곽에는 황성皇城이 둘러싸고 있고, 황성의
밖에는 다시 한번 내성內城이 만들어졌으며, 내성을 포함한 도성의 가장
큰 테두리를 나성羅城이 둘렀다. 고려 도성은 고대 이래로 우리 도성의

전통을 계승하면서 중국 『주례周禮』에서 발원한 동아시아 도성의 이념을 적용하여 만들어졌다. 궁성과 황성이 도성의 서북쪽에 위치한 것은 송악산松嶽山의 험난한 산세를 이용하고, 건국 이전에 왕건 가계의 활동 기반이 었던 송악성의 방어 기능을 활용하기 위한 공간 배치였다.

궁성 내부에는 여러 궁전 건물과 함께 불교와 유교의 제례, 국가와 왕실의 여러 행사를 거행하는 시설물이 집중적으로 건설되었다. 황성 내부에는 그 동쪽에 있는 광화문廣化門에서 궁성에 이르는 연도에 정치와 행정의 중심 관청 건물이 연이어서 포진하였다. 사직단은 궁성 밖, 나성 내부의 서쪽에 있었으며, 종묘는 나성의 안과 밖에 두 곳의 추정지가 있다. 사원도 도성 내에 많이 있었다. 궁성의 내부에 있는 내제석원內帝釋院, 황성의 내부에 있는 일월사日月寺나 광명사廣明寺뿐 아니라 여러 사원들이 나성의 안쪽에 만들어졌다.

황성의 바깥, 나성의 안쪽에는 개경 주민들이 거주하였다. 그들의 거주 구역은 방위를 기준으로 동부·서부·남부·북부·중부의 5부로 나누고, 5부 내에는 다시 방坊이라는 중간 구역을 정하였으며, 방은 기초 촌락인 이里로 나누어 행정적으로 편제하였다. 1개 방은 평균 9.8개의 이里를 포괄하였는데, 향촌사회에 견주어 말하면 이里는 자연촌自然村에 해당하고, 방은 다수의 자연촌을 묶어서 편제한 촌락으로서 수취를 비롯한 행정 실무를 수행하는 기초 단위인 지역촌地域村에 해당한다. 1개 지역촌이 10개에 가까운 자연촌을 관할한 것은 개경의 주민의 수가 지방 향촌사회보다 훨씬 더 많은 밀집 촌락이었기 때문이다. 방리는 계획된 구역으로 설정되었을 것으로 추정되는데, 이것은 개경이 동아시아 도성의 전통을 계승하는 계획도시로 설계 운영되었음을 보여준다.

도성 내에는 양반 및 평민의 거주 구역이 구분되지 않았다. 수공업자나 상인이 생산과 상업 활동의 편의를 위해 집단을 형성하여 거주하는 공간이 있었다. 그 공간은 도성의 중심부인 남대가南大街 연변에 있었다. 여기에 시전市廛을 비롯한 상가가 조성되었다. 황성의 바깥, 나성의 중심부인 개경 주민의 밀집 지역에 궁성에서 남쪽으로 뻗은 남대가가 만들어지고, 남대가를 십자 모양의 동서 방향으로 가로지르는 큰 도로인 십자가十字街가 있었는데, 십자가가 개경의 상업과 수공업 중심지였다.

지방도시에 관한 연구는 아직 많이 이루어지지 못하였다. 지방도시의 구조를 살피기 위해서는 공적 건물 등을 비롯한 다음의 항목을 검토해야 한다. 지방도시의 공적 건물은 치소성治所城과 입보를 위한 배후 산성, 지방관과 속관의 집무청, 향리의 집무청인 읍사, 객사, 역驛, 창고 등의 관아 시설, 향교, 사직단, 성황사城隍祠 등의 신사 등이다. 관청의 요구와 관련한 공적 불교 행사를 주관하는 자복사資福寺와 사원, 누각, 시장, 도로, 촌락의 분포 등도 지방도시의 구조를 살피는 데 빼놓을 수 없는 항목이다.

고려시대 상주尙州의 관아는 현재의 읍성 유구가 확인되는 왕산을 중심으로 한 일대에 있었다. 통일신라기에 상주의 치소성은 병풍산성이었는데, 8세기경에 현재의 상주시 도심인 평지로 이동한 이후, 그것이 고려를 거쳐 조선시대까지 이어졌다. 배후의 입보入保 산성은 고려 기록 속의 백화성白華城으로 추정되는 자산산성子山山城이었다. 치소성 내부에는 목사牧使의 집무청 건물, 객사, 풍영루風詠樓 등과 창고, 선군청選軍廳 등 관아 건물이 있었다. 그리고 향리들이 집무하던 읍사는 왕산 서쪽에 있었다. 향교도 설치되어 중앙에서 파견된 교관이 근무하면서 상주 계수관이 관할하는 지역의 교육과 향공鄕貢 선발을 담당하였다. 종교시설로는 상주 도시 내부에 자복사가 4개가 있었는데, 동방사東方寺, 봉두사鳳頭寺와 이름을 알 수 없는 두 사원이 그것이다. 성황사도 평지에 건립되어 고려시대에 성행하였던 성황 신앙이 거행되었다.

경주의 도시구조에 대한 연구는 치소治所 이동을 중심으로 이루어졌다. 원래 경주의 동부동, 동천동, 조양동을 포함한 월성 일대에 치소가 있었고, 그 일대에는 신라시기부터 많은 관아와 창고, 관시官市 등의 공공 건물과 사원 등이 있어서 경주의 공공 시설로 활용되었다. 그 뒤 치소성이 축조된 현종 3년(1012)을 전후하여 새로운 치소가 서북쪽에 있는 서부동, 황오동, 성건동을 포괄한 지역에 건설되어 옮겨갔다. 새로 치소가 된 지역은 과거 신라의 초기 궁궐이 있었던 금성金城 지역이었다.

이러한 상주와 경주의 도시구조 연구는 현존하는 관련 유물들과 고고학 보고서, 지명 자료와 읍지 등의 향토지, 지도 등을 치밀하게 검토하여 이루어낸 성과들이다. 그 밖에 문헌 자료를 중심으로 서경의 행정체계와 도시구조를 살펴본 연구도 참조된다. 서경은 개경에 버금가는 중요한 도시인데, 많은 관아 시설이 있었고 촌락 편제도 개경처럼 5부 방리로 짜여졌다.

고려국가는 지방행정의 효율을 높이기 위하여, 군현 내부에 인위적 촌락 단위인 지역촌을 설정하였다. 지역촌은 지배의 편의를 위해 자연촌 몇 개를 묶은 것으로서, 지방행정에서 가장 하부 기초단위였다. 지역촌의 수취 기능은 촌락 행정 담당자가 수행하였다. 지역촌은 호구 파악, 징병과 노동력 징발, 공부貢賦 수취의 기본 단위였다. 개경 촌락의 행정 담당자인 이정里正은 도적 예방, 호구 관리의 의무가 있었다.

촌락 내부에는 인보隣保조직이 있었다. 인보조직은 범죄의 예방과 퇴치 및 형사 사건이 일어났을 경우에 연대 책임을 지는 기능을 하였다. 부세 수취에서도 연대 책임을 졌다. 인보조직은 이웃하는 다섯 가호를 하나의 보保로 조직하여 공동의 책임을 지게 하였는데, 보에 대한 지휘와 감독은 촌락 행정 담당자가 수행하였다. 같은 조직으로 편성된 사람들에게 부세 수취의 공동 책임을 지운다는 점에서, 고려의 인보조직은 신라의 촌락문 서에 나오는 계연計烟을 잇는 것이고, 조선시대에 오가작통제五家作統制로 계승된다.

고려후기에는 경제적 변동과 군사 요인 때문에 새로운 촌락이 많이 생겨났다. 새로운 촌락은 기존의 입지와는 다른 곳에 형성되었다. 농업생

산력이 증대하고, 특히 토지 개간이 활발히 이루어짐에 따라 개간지에 농민이 장기간 이주하여 생활함으로써 새로운 촌락이 생겨났다. 몽골과의 항쟁, 홍건적과 왜구의 침략 등으로 원래의 거주지를 떠나 새로운 촌락을 형성한 경우도 많이 발생하였다. |구산우|

참고문헌

강은경, 『高麗時代 戶長層 研究』, 혜안, 2002.

김창현, 『고려 개경의 구조와 그 이념』, 신서원, 2002.

김창현, 『고려 도읍과 동아시아 도읍의 비교연구』, 새문사, 2017.

具山祐, 『高麗前期 鄕村支配體制 研究』, 혜안, 2003.

박경자, 『고려시대 향리연구』, 국학자료원, 2001.

朴龍雲, 『고려시대 開京 연구』, 일지사, 1996.

朴恩卿, 『高麗時代鄕村社會研究』, 일조각, 1996.

朴宗基, 『지배와 자율의 공간, 고려의 지방사회』, 푸른역사, 2002.

李樹健, 『韓國中世社會史研究』, 일조각, 1984.

정은정, 『고려 開京·京畿 研究』, 혜안, 2018.

蔡雄錫, 『高麗時代의 國家와 地方社會』, 서울대출판부, 2000.

한국역사연구회, 『고려의 황도 개경』, 창작과비평사, 2002.

한기문, 『고려시대 상주계수관 연구』, 경인문화사, 2017.

구산우, 「高麗前期 村落의 존재형태와 隣保組織」『한국중세사연구』 3, 1996.

具山祐, 「高麗前期 香徒의 佛事 조성과 구성원 규모」『한국중세사연구』 10, 2001.

金光洙, 「羅末麗初의 豪族과 官班」『韓國史研究』 23, 1979.

김창현, 「고려 서경의 행정체계와 도시구조」『韓國史研究』 137, 2007.

李炳熙, 「高麗後期 農地開墾과 新生村」『湖西史學』 34, 2003.

李樹健, 「高麗時代 '邑司' 研究」『國史館論叢』 3, 1989.

李佑成, 「麗代百姓考」『歷史學報』 14, 1961.

李泰鎭, 「禮泉 開心寺 石塔記의 分析」『歷史學報』 53·54, 1972.

李勛相, 「高麗中期 鄕吏制度의 變化에 대한 一考察」『東亞研究』 6, 1985.

정은정, 「고려전기 慶州圈域 정비와 邑內·外 분리」『韓國史研究』 154, 2011.

정은정, 「고려중기 경주의 邑基 이전과 景觀」『史學研究』 106, 2012.

채상식, 「한국 중세시기 香徒의 존재양상과 성격」『한국민족문화』 45, 2012.

蔡雄錫, 「여말선초 향촌사회의 변화와 埋香활동」『歷史學報』 173, 2002.

3. 교통과 운수

1) 고려시대 역제와 조운의 역사적 의미

전근대 시기 교통로를 따라 일정한 간격을 두고 설치되었던 역驛은 중앙과 외방 간 공문서나 긴급한 군사 소식의 전달, 국내외 사신 등 공적 여행객에 대한 숙식 지원, 관용 물자의 운송, 여행객의 신원 파악을 통한 치안 유지 등을 담당하기 위하여 운영된 일종의 공적 교통·통신 시설이다. 역은 참站, 역참, 참역 등으로도 불렸는데, '참'은 몽골(원)의 제도인 자무치站赤로부터 기원한 용어로서, 참이나 역참 등의 용어는 원간섭기부터 본격 사용되었다.

조운漕運은 곡식 등 현물로 거두어들인 각 지방의 조세를 선박을 통하여 중앙에 전달하는 관영 화물 운송제도이다. 화폐 유통이 활발하지 않았던 고려시대에는 조세로 수취하는 곡물이 중앙 정부의 핵심 재원으로 사용되었으며, 조운은 대표적인 세곡稅穀 운송수단이었다.

고려시대 역제驛制와 조운은 중앙집권적 통치체제의 원활한 운영을 지원하기 위한 핵심적인 기반 제도에 해당한다. 전국 각지에 설치된 역의 위치를 조사하면 전국적인 육상 교통로의 윤곽을 파악할 수 있으며, 역도驛道의 설정이나 역로망驛路網의 편성, 조운을 위해 설치된 조창漕倉의 입지 등은 지방 행정단위의 구성과 변동 양상, 지방 대읍大邑의 지역적 위상 등을 이해하는 데에 도움이 된다. 따라서 역제와 조운에 대한 연구는 군현제도와 지방사회 이해의 심화에 주요 근거로 활용될 수 있다.

역제에 대한 기존 연구들에서는 역제의 정비와 운영이 갖는 시대적 특성, 지방제도 운영과의 관계 속에서 나타나는 역제의 의미, 고려후기 역제 운영의 변동 양상 등에 대한 검토가 이루어진 바 있다. 또한 개경과 지방을 연결하는 주요 육상 교통로의 역사적 의미를 살펴보거나, 조선시대의 원院과 같은 숙식 제공 시설이 고려시대에는 어떻게 운영되었는지를 규명하는 연구들도 발표되었다. 한편 조운에 대해서는 조창의 위치와 입지, 조창별 수세收稅 구역의 검토, 조운선의 구조와 특징, 조운로의 노선 고증, 고려후기 조운제도의 변동 등에 대한 연구 등이 행하여졌다.

2) 역제의 정비와 변천

고려전기 역제의 정비

고려는 건국 직후부터 개경과 지방을 연결하는 교통로에 역을 설치하고 운영하였다. 새롭게 확보한 영역에 역을 신설하였고, 전국의 역들을 지역 단위로 묶어 역도로 편성하였다. 각 역도에는 순관巡官을 파견하여 해당 지역의 역들을 관장하도록 하였다.

성종 연간(981~997)에는 전국의 역들을 정丁의 많고 적음에 따라 대·중·소로의 세 등급으로 구분하였다. 각 역에 차등을 두고 토지를 지급하였으며, 역에서 행정 실무를 담당하는 역장驛長의 정원을 규정하였다. 성종 연간 후반에서 현종 연간(1009~1031) 전반 사이에는 개경과 양계 방면을 연결하는 주요 교통로 상의 역 149곳을 6과科로 나누어 편성하였다. 6과 제도에서는 149역을 6개의 등급으로 분류하여, 등급에 따라 정호丁戶의 정원을 차등 있게 배정하였다. 거란과의 군사적 긴장 관계에 있던 시기에 고려는 6과의 운영을 통하여 역의 기능을 안정적으로 유지하고, 변방에서의 긴급한 사태에 대비하고자 하였다.

고려전기 거란과의 군사적 긴장 관계는 개경 이북 지역 소재 역들의 중요성을 강조하는 요인이 되었다. 규모가 큰 대로역大路驛은 대부분 서북 및 동북 방면에 집중되어 있었고, 같은 대로역이라 하더라도 북방의 역들은 남방의 역들에 비하여 더 많은 토지와 인호가 배정되었다. 6과의 구분에서도 개경과 북방 지역을 연결하는 역들이 가장 중시되었다.

역제의 정비는 현종 연간에서 문종 연간(1046~1083)에 이르는 시기에도 계속되었다. 중앙 정부는 공역서供驛署라는 관서를 통하여 역마 이용의 허가권을 발행하였으며, 순관을 관역사館驛使로 개명하였다. 중앙에서 공문서를 외방으로 전송할 때에는 개경 청교역의 청교역관사靑郊驛館使, 즉 청교도관역사靑郊道館驛使를 거치도록 제도화하였으며, 역역驛役에 종사하는 역 거주민들에 대한 신분적, 세습적 규제를 강화하여 역역 담당 인원을 안정적으로 확보하고자 하였다. 또한 전국 525개 역을 22개 역도로 나누어 운영하는 제도를 정착시켰다.

역제의 안정적인 운영을 위해서는 역역 담당층의 확보가 가장 중요하였다. 고려에서는 역역 담당층을 역에 신분적, 세습적으로 긴박시켜 거주하도록 하는 정책을 채택하였다. 각 역에서는 정호층이 역역 담당의 중심이 되었다. 역정호의 상층부에는 역리를 배정하여 행정 실무와 입마역立馬役 등을 담당하도록 하였다. 역리층의 최상위에 있는 역장은 군현의 호장戶長에 대응하는 직위였다. 일반 역정호층은 소식 전달, 화물 운송, 길 안내 및 접대 등의 역할을 수행하였을 것이나, 인원이 많지 않은 소규모 역에서는 역리와 일반 역정호의 구분 자체가 무의미하였다. 역장 이하 역리들도 역정호의 일원으로 파악되었으며, 역정호의 부족 인원은 역이나 외부의 백정층白丁層에서 충원되었다. 중죄인을 역역 담당층으로 배정하는 징벌적 조치도 역역 담당 인원의 안정적인 확보와 관계가 깊다.

각 역은 국가로부터 공수전公須田과 같은 토지를 지급받아 지출 비용을 조달하였다. 대로역에 지급된 공수전의 규모는 중소 군현에 지급된 공수전의 규모와 비슷하였다. 역장 이하 역정호층도 역역 수행의 대가로 국가로부터 토지의 수조권을 지급받는 것이 원칙이었다. 역로망을 통해 국가의 공문을 전달하는 방법은 현령懸鈴 전송과 피각皮角 전송의 방식으로 구분되었다. 현령 전송은 전달되는 문서에 따라 1~3개의 방울을 달아서 중요함과 긴급함을 설정한 것이고, 피각 전송은 문서를 가죽 주머니에 담아 손상되지 않도록 하는 것이었다.

고려후기 역제 운영의 변화

13세기 몽골의 침입은 고려의 역제 운영에 큰 피해를 입혔다. 침입로 상에 위치한 북계 지역의 역들은 대부분 황폐화되었으나, 몽골(원)과의 화친과 더불어 재건되었다.

원간섭기에는 포마차자색鋪馬箚子色이라는 중앙 관서가 설치되어 역마 사용 허가를 관장한 적도 있었다. 원에서는 고려에 토토카순脫脫禾孫이라 불리는 관리를 임명하여 역 이용자들을 통제하였으며, 제주도와 압록강 하구 사이에 수역水驛을 설치하여 중국 강남과 고려, 그리고 요양遼陽 지방을 연결하는 곡물의 해상 수송 노선을 구축한 적도 있었다. 일본 원정과 같은 대규모 사업이 진행될 때에는 원의 고려 역로망 운영에 대한 통제가 강화되었다. 여·원 간의 특수한 정치 관계 및 활발한 인적·물적 교류 속에서, 개경과 서북 방면을 연결하는 역들은 몽골식 명칭인 참站이나 자무치로 일컬어지기도 하였다.

원간섭기에는 각 역도에 관역사 대신 정역별감程驛別監이 파견되는 등 22역도로 대표되는 기존의 역제가 변동되었다. 정역별감의 편성 단위나 관할 구역은 22역도와는 달리 5도 양계의 하부에 편제되었다. 상위 행정 단위로서 5도의 기능이 확고해진 것이다. 정역별감은 고려말기에 역승驛 丞으로 바뀌었다. 이후 조선초기에는 역도별로 중요도에 따라 찰방察訪과 역승이 구분되어 파견되다가, 16세기 전반부터 역승이 폐지되고 찰방으로 통일되었다.

고려시대 역마 이용의 가부를 허가하였던 공역서는 독립 관서였지만, 직급이 낮아 역마의 과도한 이용을 통제하는 데에 한계가 있었다. 고려말기에는 공역서를 병조에 소속시키고 병조의 지휘를 받게 하였다. 조선시대에도 역 이용의 허가는 병조에서 담당하였고, 기존의 공역서는 승여사乘輿司로 개편되어 병조의 하부 기구로 편제되었다.

고려후기에는 고려 정부나 원으로부터 특권을 부여받아 역을 이용하는 부류들이 역제의 운영에 장애를 초래하기도 하였다. 하지만 과도한 역역 부담으로 인한 역역 담당층의 이탈은 이미 만성적인 현상이었다. 중앙 정부에서는 안렴사按廉使나 정역별감 등 외관들의 역 이용자에 대한 감시 기능을 강화하는 한편, 역역 담당 인원의 안정적인 확보에도 노력을 기울였다.

원간섭기 이후 역역 담당 인원의 확보 방식은 새로운 양상으로 변화하였다. 역정호층의 안정적인 재생산이 어려워진 상황에서, 중앙 정부에서는 외부로부터 새로운 인원을 역역에 대거 투입하였다. 기한부로 입역하는 타 지역 출신자로부터 역 주변 거주자, 정동행성 및 부원 세력에 속해 있던 인호, 그리고 유이민에 이르기까지 다양한 부류에서 역역 담당 인원을 충원하였다. 그러나 이들에게는 수조지의 지급이 어려워진 만큼, 3정 1호의 편제를 통해 경제력을 유지시켜 역역을 수행하도록 하였다. 이러한 형태의 역역 담당층 확보 정책은 조선 건국 이후에도 계승되었다.

몽골 침입 이후 역제 운영을 재건하는 과정에서 중앙집권적 통제 장치는 체계화되고 치밀해졌다. 역 이용 수요의 억제, 역 이용자에 대한 통제 강화, 역역 담당층의 충원, 역 운영을 보조하는 원 시설의 설립 등 다양한 형태로 확인된다. 이와 같은 정책들은 조선의 개창 이후에도 대부분 계승되었다.

3) 육상 교통로의 편제와 원院 시설의 운영

역로망 구성의 특징과 육상 교통로

고려시대 전국의 주요 육상 교통로의 노선과 분포를 조선시대의 8대로나 10대로와 같이 자세한 형태로 고증하기는 불가능하지만, 22개 역도의 관할 범위와 525개 역의 위치에 대한 분석을 통하여 주요 교통로의 편성을 개략적이나마 파악할 수 있다. 전국의 교통로는 개경을 중심으로 한 'X'자 형태의 간선 교통로를 중심축으로 하였다. 고려시대 역로망의 편성과 육상 교통로 분포의 특성을 크게 세 가지로 정리하면 다음과 같다.

[표 1] 22역도의 편성 범위

역도명(관할 역 개수)	관할 범위
산예도(狻猊道, 10역)	경기 서부(개성), 서해도 남서부(해주, 염주 등)
금교도(金郊道, 16역)	경기 북서부(강음, 우봉), 서해도 남동부(평주, 동주, 곡주 등)
절령도(岊嶺道, 11역)	서해도 북부(황주, 봉주 등), 북계 남부(서경)
흥교도(興郊道, 12역)	북계 남서부(서경, 숙주, 영청, 안북부 등)
흥화도(興化道, 29역)	북계 북서부(곽주, 선주, 철주, 의주, 귀주, 삭주 등)
운중도(雲中道, 43역)	북계 동부(서경, 자주, 성주, 맹주, 태주, 운주 등)
도원도(桃源道, 21역)	경기 동부(송림, 장단 등), 교주도 북서부(교주, 동주, 금성 등)
삭방도(朔方道, 42역)	동계 북부(등주, 고주, 화주, 문주, 정주, 금양, 고성, 간성 등)
청교도(靑郊道, 15역)	경기 남부(개성, 임진 등), 양광도 북부(남경, 견주, 인주 등)
춘주도(春州道, 24역)	교주도 남부(춘주, 낭천, 횡천 등), 양광도 북동부(남경, 포주 등)
평구도(平丘道, 30역)	양광도 동부(남경, 광주, 원주, 충주 등), 경상도 북부(순안, 흥주 등)
명주도(溟州道, 28역)	동계 남부(명주, 정선, 삼척, 울진 등), 교주도 남서부(횡천)
광주도(廣州道, 15역)	양광도 중부(광주, 죽주, 이천, 음성, 괴주 등)
충청주도(忠淸州道, 34역)	양광도 남서부(수주, 청주, 천안, 공주, 홍주 등)
전공주도(全公州道, 21역)	전라도 북부(전주, 고부, 진례 등), 양광도 남부(공주, 회덕 등)
승나주도(昇羅州道, 30역)	전라도 남서부(나주, 영광, 영암 등), 전라도 남부(보성, 승주 등)
산남도(山南道, 28역)	전라도 북동부(전주 진안 등), 경상도 남서부(진주, 합주, 고성 등)
남원도(南原道, 12역)	전라도 동부(남원, 임실, 곡성 등)
경주도(慶州道, 23역)	경상도 동부(경주, 예주, 수성, 영주 등)
김주도(金州道, 31역)	경상도 남동부(김주, 밀성, 울주, 동래 등)
상주도(尙州道, 25역)	경상도 북서부(상주, 의성, 안동, 선주, 문경 등)
경산부도(京山府道, 25역)	경상도 중서부(경산부, 관성, 영동, 상주, 고령 등)

첫 번째, 고려시대 개별 역은 군현의 소속 영역으로 간주되었지만, 일정 지역의 역들을 묶어 편성한 역도는 도道나 계수관界首官 등 광역 지방 행정단위의 하위 영역으로 편성되지 않았다. 즉 역도 중에는 5도 양계 중 2개 이상의 도나 계수관의 영역 범위에 걸쳐 편성된 역도가 많았다. 이는 5도제나 계수관이 상위의 광역 행정단위로서 강력하게 기능하지 않았음을 의미하는 것이다. 평구도平丘道라는 역도의 관할 역들은 양광도와 경상도 양쪽에 걸쳐 있었으며, 남경南京에 위치하였던 6개 역은 3개의 역도에 나뉘어 소속되었다. 이러한 역도의 편제는 안찰사나 수령 등 상급 외관의 역 운영에 대한 영향력을 최소화시키는 효과를 가져왔다.

두 번째로, 고려시대에는 조선시대에 비하여 개경 이북 지역에 역의 숫자가 많고 분포 밀도도 훨씬 조밀하였다. 특히 양계 지역에서 그러한 면이 뚜렷하게 드러난다. 역의 숫자로만 비교해도 조선전기의 『경국대전』에는 평안도에 34개 역, 함경도에 52개 역이 기록되었지만, 『고려사』에는 북계에 89개, 동계에 68개의 역이 확인된다. 북계와 동계의 영역이 조선시대 평안도와 함경도의 면적에 비하여 훨씬 협소하였음을 감안하면, 고려시대 양계 지역 역의 분포 밀도가 매우 높았음을 알 수 있다. 이는 북방 국경 지역의 군사적 긴장 상태가 높았음이 반영된 결과이기도 하다.

세 번째로는, 대읍의 읍치邑治 이동이나 지방제도 개편에 따른 간선 교통로 노선의 변화를 들 수 있다. 특히 거점 군현의 중심지 이동, 읍격邑格의 변동 등은 해당 지역을 지나는 교통로의 성쇠와 영향을 주고받았다. 대표 사례로서 11세기 중·후반 개경과 남경 사이를 연결하는 간선 교통로가 장단나룻길에서 임진나룻길로 변동된 경우를 들 수 있다.

개경에서 장단長湍, 견주見州, 옛 양주楊州 읍치 등을 거쳐 한강 광진廣津(광나루)으로 연결되는 장단나룻길은 삼국시대 이래 한반도 중서부의 핵심 교통로로 기능하였다. 그러나 11세기 후반부터는 개경에서 임진臨津과

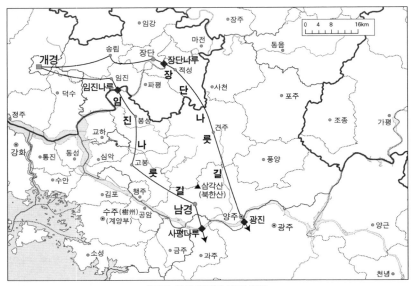

[지도] 임진나룻길과 장단나룻길

남경 등을 거쳐 한강 사평도沙平渡(사평나루)로 이어지는 임진나룻길이 그
역할을 대신하였다. 변화의 배경에는 현종계 왕실의 적통을 자임한 문종
과 숙종이 풍수지리설을 기반으로 남경 건설을 추진하였던 상황이 자리
잡고 있었다. 장단나룻길 상의 장단현은 속현屬縣으로 격하되었고, 임진나
룻길 상에는 혜음사惠陰寺와 자제사慈濟寺 등 여행객들을 위한 시설이 신설,
확충되었다. 이후에도 남경은 국왕이 정기적으로 순행하는 개경 남쪽의
대표 거점으로 중시되었다. 임진나룻길은 조선시대에도 제1의 국가 간선
로인 한양~의주 구간의 일부를 이루었다.

　고려시대에는 개경과 서경 사이의 교통로가 국가적으로 가장 중요시되
었다. 그 노선 구간 중에서, 조선시대에는 상대적으로 험준한 절령岊嶺(자비
령이라고도 하며 현 북한 황해북도 봉산군과 연탄군의 경계 지점에 위치)의 교통로
대신, 절령을 서쪽으로 우회하여 극성棘城을 지나는 평탄한 교통로가
선호되었다. 하지만 고려시대에는 절령의 길이 주로 이용되었다. 이는

북방에서의 군사 공격 가능성에 대응하기 위한 방어 수단으로서 간선 교통로 상의 험준한 지형을 활용하기 위해서였다. 한편 고려말기 왜구의 침략 이후 파괴된 군현의 재건 시에, 군현의 읍치가 신설되고 군현 읍격이 조정되면서 새로운 교통로가 개척되거나 지역 간 교통로 간에 중요도의 변화가 발생하기도 하였다.

사찰 중심의 원院 시설 운영과 변천

역은 국가로부터 허가를 받은 여행객들만이 이용하였기 때문에, 교통로 상에는 일반 여행자들에게 편의를 제공하는 시설이 필요하였다. 원이라고 불리는 시설이 대표적이다. 원 시설은 갈림길이나 나루, 고개 등 교통 요지와 인적이 드문 곳에 설치되어 여행객들에게 숙식과 휴식을 제공하였으며, 국왕에서부터 하층민에 이르기까지 모든 신분층을 이용 대상으로 하였다. 현종 15년(1024)에 세워진 천안 봉선홍경사奉先弘慶寺 갈기비碣記碑의 내용은 고려전기에 원 시설의 운영이 보편화되었음을 보여주고 있다.

원 시설의 건립과 운영에는 불교계가 중심 역할을 수행하였다. 그런 까닭에 원 시설을 원관院館 사찰로 부르기도 한다. 그리고 국가나 왕실, 지방관이나 지방 유력자가 원 시설의 건립과 운영을 후원하기도 하였다. 그러나 원 시설에 일률적으로 토지를 지급하거나 인원을 배정하는 등 국가에서 원 시설을 직접 관리하거나 통제하지 않았다.

고려시대 원 시설은 불교 사원의 기능을 함께 수행하는 곳들이 많았다. 홍경사弘慶寺와 혜음사, 자비령慈悲嶺 나한당羅漢堂 등과 같이, 원 시설은 원 이외에 사寺와 당堂 등 다양한 명칭으로 불렸다. 원 기능을 수행하였던 불교 사원 중 규모가 큰 곳에서는 내부에 숙식 제공 등 원의 기능을 담당하는 별도의 구역이 만들어졌다. 원 시설을 운영하는 곳 중 사寺로 칭해진 곳은 상대적으로 규모가 컸다. 정종 11년(1045) 임진 과교원課橋院이

자제사로 개명된 것은 시설 규모의 확장을 통하여 숙식 제공 이외에 종교적 기능이 강화되었던 결과이다. 한편 국왕의 순행로 상에 위치한 원 시설은 국왕의 숙박을 위한 행궁의 기능을 담당하기도 하였다. 경기도 파주의 혜음사 옛 터에서 발굴된 원 시설 유적은 당시 국왕의 남경 행차에 있어서 행궁으로서 혜음사가 지닌 기능과 입지의 중요성을 잘 보여주고 있다.

고려후기에는 국가에서 원 시설의 운영에 보다 적극적으로 개입하였다. 왜구의 침략으로 인한 조운의 불통과 그에 따른 조세의 육운 수송 증가가 주요 계기가 되었다. 이전까지는 원 시설의 운영에 불교계가 중심적인 역할을 수행하였다면, 이후로는 불교계와 상관없는 원 시설이 증가하였다. 공민왕 5년(1356)에는 기철奇轍 일파와 정동행성에 점유되었던 인원들을 원 시설의 기능 유지에 투입하였다. 불교계를 대신하여 지방관은 물론이고 낙향한 전직 관료 등 지방 유력자가 원 시설의 건립과 운영을 주도하는 주체로 부각되었다. 원 시설의 운영은 역참의 운영을 보조하는 국가 정책으로 격상하였고, 조선 개창 이후에도 원 시설의 운영을 위한 지방관의 역할이 강조되었다.

고려말기 국가 주도의 원 시설 운영은 조선 개창 이후에도 유지, 강화되었다. 공양왕 3년(1391)의 전제田制 개혁 때에는 원에 1~2결의 원위전院位田을 지급하는 내용이 제도화되었다. 원 시설 운영에 대한 불교계의 영향력을 최소화하고 원 시설의 운영을 국가 통치의 방편으로 편입시키고자 한 것이었다. 다양한 명칭으로 불렸던 원 시설은 조선 개창 이후 원으로 명칭이 통일되었다. 원에는 원주院主라 불리는 인원이 배치되었으며, 지방관이 원의 운영을 관리하는 등 원 운영의 주도권을 국가가 장악하였다. 이후 조선전기에도 원은 전국에 1,300여 곳이 운영되는 등 주요한 숙박·교통 시설로 기능하였다.

4) 조운과 조창

13조창제도의 운영

전국 각지에서 거두어들인 세곡을 안전하고 편리하게 개경의 국영 창고로 운반하기 위하여 해운이나 강운을 통한 조운제도가 운영되었다. 개경은 서해안과 가까이 위치하였던 까닭에 고려 정부는 건국 초기부터 조운제도를 적극적으로 활용하였다. 각 지방에서 개경으로 운송하기 위해 거두어들인 세곡은 지역별 거점 포구에 집결된 후, 조운 선박에 실려 개경의 경창京倉으로 운송되었다. 각 지방의 거점 포구에는 경창으로 운송할 세곡을 임시로 보관하는 창고 시설인 조창이 설치되었다.

고려초기에는 전국 60곳의 포구에 세곡을 집결시킨 후 경창으로 운송하는 조운의 방식을 채택하였다. 성종 11년(992)에는 60곳의 포구에서 개경까지 세곡을 운송하는 비용인 수경가輸京價를 제정하였다. 수경가는 해당 포구와 개경과의 거리에 따라 차등적으로 설정되었다. 60개 포구 중 개경에서 가장 먼 곳은 현 경상남도 남해안에 있었으며, 그 외 나머지 포구들은 한반도의 서해안과 남해안, 그리고 한강 수계에 위치하였다. 변방의 양계 지역은 60개 포구의 설치 지역에서 제외되었다.

60개 포구 중심의 조운제도는 늦어도 현종 연간(1009~1031)에 12조창을 중심으로 하는 조운제도로 정비되었다. 정종 연간(1034~1046)에는 각 조창에 배정된 조운선의 숫자를 규정하였다. 관영 조운선으로 정해진 기일 내에 세곡 운송이 어려운 경우, 민간 선박을 동원하여 조운을 행하기도 하였다. 문종 연간(1046~1083)에는 서해도 장연長淵에 안란창安瀾倉이 신설되면서 12조창제가 13조창제로 변화하였다. 중앙 정부에서 각 조창에 파견한 판관判官은 세곡의 수납과 보관, 선박 탑재와 운송 등을 관장하였다. 인종 연간(1122~1146)에 개정된 녹봉 규정에 의하면, 13조창의 판관에게는 20석의 녹봉이 지급되었다. 20석은 8품관이 받았던 녹봉 액수이다.

[표 2] 13조창과 수세 구역

조창 명칭	현 위치	수세 구역
忠州 德興倉	충북 충주시 가금면 창동리	양광도 충주와 주변 지역, 경상도 북부 지역.
原州 興元倉	강원 원주시 부론면 흥호리	양광도 원주와 주변 지역
牙州 河陽倉(便涉浦)	경기 평택시 팽성읍 노양리	양광도 공주, 천안 등과 주변 지역
富城 永豐倉	충남 서산시 팔봉면 어송리	양광도 홍주(현 홍성), 서산 등과 주변 지역
靈光 芙蓉倉(芙蓉浦)	전남 영광군 법성면 입암리	전라도 영광과 주변 지역
昇州 海龍倉(潮陽浦)	전남 순천시 홍내동	전라도 승주(현 순천), 보성 등과 주변 지역
泗州 通陽倉(通朝浦)	경남 사천시 용현면 통양리·선진리	경상도 진주와 주변 지역
合浦 石頭倉(螺浦)	경남 창원시 마산합포구 산호동	경상도 金州(현 김해), 梁州(현 양산) 등과 주변 지역
臨陂 鎭城倉(朝宗浦)	전북 군산시 성산면 창오리·대명리	전라도 전주, 진례(현 금산) 등과 주변 지역
保安 安興倉(濟安浦)	전북 부안군 보안면 유천리·영전리	전라도 고부와 주변 지역
羅州 海陵倉(通津浦)	전남 나주시 삼영동·안창동	전라도 나주와 주변 지역
靈巖 長興倉(潮東浦)	전남 해남군 영암읍 해창리·마산리	전라도 영암, 장흥 등과 주변 지역
長淵 安瀾倉	북한 황해남도 룡연군 남창리 한천 하구	서해도 풍주(현 북한 과일군), 옹진 등과 주변 지역

* 괄호 안은 성종 11년(992) 60포에 기록된 명칭

조창이 있던 13곳의 포구 중 9곳은 고려초기 60개 포구에 포함되었다. 13곳의 조창은 그 위치에 따라 서해안 지역의 8곳, 남해안 지역의 3곳, 한강 수계 지역의 2곳 등으로 분류된다. 개경에서 가장 멀리 떨어진 조창은 경상도 남해안의 합포合浦 석두창石頭倉이며, 개경 이북의 조창으로는 장연 안란창이 유일하다. 개경과 가까이 있거나 수운의 이용이 어려운 지역에서는 조창에 세곡을 집결시키지 않고 육운을 통하여 직접 경창까지 세곡을 운송하였다. 개경 이북 지역에서는 안란창 단 1곳의 조창만이 설치된 까닭에, 세곡 운송에 조운이 적극적으로 활용되지 않았다.

중앙 정부는 각 조창별로 세곡을 모으는 영역 범위를 설정하였다. 보통 이 영역 범위를 조창의 수세 구역이라 칭한다. 13조창의 분포를 고려하면, 각 조창의 수세 구역은 지방 계수관이나 주요 대읍의 관할

범위와 유사한 양상을 보인다. 즉 조창의 설치와 운영에 있어서 대읍의 관할 영역이 중요한 기준이 되었던 것이다. 또한 수세 구역의 설정에는 산줄기와 수계 등 지형적 요소가 고려되었다는 견해도 제기되었다.

추수 후에 조창에 수납된 세곡은 다음해 2월부터 경창으로 운송되었다. 개경에서 멀지 않은 지역은 음력 4월까지, 멀리 떨어진 지역은 음력 5월까지 운송이 마무리되도록 하였다. 세곡의 보관 및 운송과 관련된 실무는 조창이 설치된 포구와 그 주변의 거주민들이 주로 담당하였다.

전체 13조창 중 양광도와 전라도에 7곳의 조창이 설치되었다. 연해 지역에 위치한 조창들은 만灣이나 하천 하구의 깊숙한 내부 포구라는 입지적 공통점을 갖고 있었다. 조창의 측면에는 지류 하천이 흐르고, 배후에는 방어에 활용되는 구릉이 있는 곳이 많았다. 구릉의 정상부에는 조창 보호를 위한 방어용 성곽이 축조되기도 하였다.

13곳의 조창 중 3곳이 남해안에 위치하였다. 그 중 경상도에 2곳, 전라도에 1곳이 있었다. 하지만 고려말기 왜구 침략의 경험으로 인하여 조선전기에는 남해안에 조창을 운영하지 않았다. 조선후기가 되어서야 경상도 남해안에 3곳의 조창이 설치되었다.

근래에는 서해 등지에서 수중 발굴된 고려시대 선박들에 대한 조사와 분석이 진행되는 등 조운선에 대한 실증적 연구가 이루어지고 있다. 인양된 선박 중 군산 앞바다에서 출수된 십이동파도선과 태안반도 앞바다에서 출수된 마도1호선 등은 고려시대의 조운선으로 알려져 있다. 또한 경상도 남해안에서 개경에 이르는 연안 조운 항로 노선에 대해서도 구체적으로 연구가 진행되었다.

서해안 태안반도 끝의 안흥량安興梁은 암초로 인한 해난 사고가 빈번히 일어나던 악명 높은 구간이었다. 최근 이 일대에서도 고려시대에 침몰한 선박과 운송 물품 등에 대한 발굴 조사 작업이 진행되었다. 고려시대 당대에는 안흥량의 해로를 피해 태안반도를 남북으로 가로지르는 운하의 건설이 두 차례 시도된 바 있으나 모두 실패하였다.

고려후기 조운제도의 변동

고려후기에는 군현별 조운의 추세가 확대되었다. 군현별 조운은 조창을 거치는 대신, 해안가 군현에 세곡 수납을 위한 별도의 창고를 설치하고 군현의 세곡을 개경에 직접 운송하는 방식을 의미한다. 군현별 조운 하에서는 다수의 민간 선박이 조운에 활용되었다. 지배층의 침탈과 주민의 유망, 지방제도의 변화, 잦은 외침 등이 군현별 조운 확대의 주요 이유로 꼽힌다.

이후 고려말기 왜구의 침략은 조운제도의 안정적인 운영에 심각한 위협이 되었다. 해로나 하천 수로를 통한 조운이 정상적으로 작동하지 못하였던 것이다. 그리하여 우왕 2년(1376)에는 조운을 중단하고 육운을 통한 세곡 운송을 결정하기도 하였다. 하지만 산지가 많은 한반도 지형의 특성상 육운은 적지 않은 불편함과 위험을 갖고 있었다.

한반도에서는 수로를 통한 운송이 세곡 운송의 가장 효과적인 방식이었으므로 조운제도는 결코 포기될 수 없었다. 고려 멸망을 전후한 시기 왜구의 침략이 잦아들자 조운제도의 재건이 본격화되었다. 조창을 다시 설치하고 주변 구릉지에 방어 성곽을 축조하였다. 옛 13조창이 있던 곳에 조창이 재건되기도 하였지만, 기존 조창의 위치와는 상관없는 새로운 곳에 조창이 세워지기도 하였다.

고려와 조선의 왕조 교체를 전후한 시기에 신설된 신창新昌의 당성溏城, 용안龍安 득성창得成倉(용안성이라고도 함), 김해金海 불암창佛巖倉 등은 이전 13조창과 상관없이 새로운 곳에 위치한 조창들이다. 그리고 이들 조창에는 창고 시설의 보호를 위하여 조전성漕轉城이라고 부르는 방어용 성곽이 축조되었다. 그리하여 여말선초에는 조창의 재건과 신설을 통하여 조창을 거점으로 한 조운제도가 복구되었다. 하지만 조선의 개창 이후 조운제도가 정비되는 과정에서, 여말선초에 운영되었던 조창 중 상당수는 혁폐의 운명을 맞이하였다.

한편 대표적인 내륙 수운인 한강 수로에는 고려말기 정몽주의 건의로 주요 포구에 수참水站이 설치되었다. 한강의 수참은 조선왕조 개창 이후에도 유지, 계승되어 조운의 원활한 운영을 지원하는 기능을 담당하였다.

| 정요근 |

참고문헌

문경호, 『고려시대 조운제도 연구』, 혜안, 2014.
정요근, 『高麗·朝鮮初의 驛路網과 驛制 연구』, 서울대 박사학위논문, 2008.
한정훈, 『고려시대 교통운수사 연구』, 혜안, 2013.

문경호, 「여말 선초 조운제도의 연속과 변화」 『지방사와 지방문화』 17-1, 2014.
이병희, 「高麗時期 院의 造成과 機能」 『靑藍史學』 2, 1998.
정요근, 「7~11세기 경기도 북부지역에서의 간선교통로 변천과 '長湍渡路'」 『한국사연구』 131, 2005.
정요근, 「고려 역로망 운영에 대한 원(元)의 개입과 그 의미」 『역사와 현실』 64, 2007.
정요근, 「고려~조선전기 漕倉의 분포와 입지」 『韓國史學報』 57, 2014.
정요근, 「고려시대 驛 분포의 지역별 불균등성」 『지역과 역사』 24, 2009.
정요근, 「고려 중·후기 '임진도로(臨津渡路)'의 부상(浮上)과 그 영향」 『역사와 현실』 59, 2006.
최연식, 「고려시대 院館 사찰의 출현과 변천과정」 『梨花史學硏究』 52, 2016.
최완기, 「조운과 조창」 『한국사 14』, 국사편찬위원회, 1993.
한정훈, 「고려시대 연안항로에 관한 기초적 연구」 『역사와 경계』 77, 2010.
六反田豊, 「高麗末期の漕運運營」 『久留米大學文學部紀要』 2(國際文化學科編), 1993.

보론 3

재정운영과 조세제도

1) 재정운영체계의 특징

조세제도는 군현을 단위로 하여 중세국가가 필요로 하는 현물과 노동력을 민으로부터 거두는 제도이고, 국가 재정운영체계는 국가 운영에 필요한 재화를 획득·관리하고 처분하는 체계이다. 조세제도와 재정운영체계에는 토지제도를 비롯한 국가의 경제제도 운용과 그 성격이 반영되어 있다. 이렇듯 국가 재정운영체계와 조세제도에 대한 이해는 토지제도와 농업기술에 대한 이해 못지않게 당시의 경제구조를 이해하는 데 중요하다. 특히 현물경제에 바탕을 둔 고려시대의 경우 조세제도와 재정운영체계는 서로 밀접하게 연결되어 있었다.

고려시대 재정운영체계의 가장 큰 특징은 주요 재정항목을 담당하였던 재정관서들이 하나의 독립된 재정단위로 운영되었다는 점이다. 각 재정관서의 구체적인 재정운영은 주로 미곡의 출납에 관여한 좌창·우창 등 '창고倉庫'와 미곡 외에도 다양한 잡물의 출납에도 관여한 일반 관청들[各司] 사이에 차이가 있었다. 창고는 각 창고에 할당된 수조지[公田]에서 전조田租를 징수하여 녹봉, 국용, 군자 등 중요한 재정항목의 운영을 담당하였다. 결과적으로 이들 창고는 국가 재정의 대부분을 보관·관리하는 기능도 하였다. 반면에 일반 관청의 경우 각 관청의 고유업무에 필요한 것 중 미곡류는 우창 등 국용을 담당하였던 창고에서 지원을 받았고, 그 밖의 다양한 잡물雜物들은 공물제도를 통하여 군현으로부터 직접 징수하였다.

한편 호부戶部와 삼사三司는 국가의 재정운영 전반을 주관함으로써 구체

적인 재정운영이 재정관서 단위로 이루어지는 한계를 어느 정도 보완할
수 있었다. 즉 호부는 국가의 기본 세원인 호구와 토지를 파악하고 관리하
는 일을 하였으며, 삼사는 호부가 파악한 세원을 바탕으로 하여 조세를
거두고 쓰는 일, 즉 전곡 출납과 회계 업무를 주관하였다. 아울러 어사대御
史臺는 재정운영을 감찰하였는데, 특히 창고에서 창곡의 출납에 직접
관여하였다. 이러한 것은 체계적이고 합리적인 재정운영을 위한 제도적
인 장치였다.

2) 조세제도의 성립

조세제도는 국가 운영에 필요한 것을 민으로부터 거두는 제도이다.
따라서 조세제도는 고려국가의 중앙정치제도 및 지방제도의 정비시기
와 거의 같은 시기에 성립되었다. 또 조세는 땅(토지)과 사람(호구)을
토대로 거두기 때문에 조세제도의 성립은 토지를 조사하여 토지대장(양
안)을 만들고, 호구를 조사하여 호적을 작성하는 것과 밀접하게 연관되어
있었다.

고려 건국 당시 계속되는 전란 속에서 중앙 정부와 지방세력의 과중한
징수 때문에 일반 민의 사회경제적 처지는 매우 나쁜 상태였다. 따라서
고려초 국가의 당면과제는 백성들을 경제적으로 안정시키는 한편 지방세
력들의 경제기반을 축소하거나 약화시켜서 중앙 정부의 조세 수취를
전국적으로 실현하는 것이었다. 이러한 과정은 곧 조세제도의 성립과정
이며, 동시에 지방세력의 통제를 전제로 한 지방제도의 성립과정이기도
하였다.

고려초 조세제도를 정비하기 시작한 것은 후삼국통일 이후였다. 태조
23년(940) 고려의 단위군현을 확정하고, 군현의 명칭을 고치는 등 군현제
도가 개편되었는데, 이때 각 군현의 조세 액수가 정해졌다. 그렇지만

아직 전국적으로 토지와 호구 조사가 실시되지 않아서 전국의 세원을 체계적으로 파악하지 못하였고, 조세 수취와 관련된 제도적인 장치도 정비되지 않았으며, 이에 따라 지방세력의 경제기반을 효과적으로 통제하지 못하였기 때문에 이때 정해진 군현의 조세액수는 불완전한 과도기적인 것이었다. 태조 23년 정해진 각 군현의 조세 액수는 양전과 호구 조사의 진전에 따라, 또 중앙 및 지방의 제도 정비에 따라서 보완되고 개편되었다.

고려초기의 조세제도는 태조 23년 이후 빠른 속도로 정비되었다. 즉 이후 양전과 호구 조사를 통해서 세원을 확보하고 그를 토대로 군현 단위로 조세 액수를 정하는 한편, 금유今有·조장租藏·전운사轉運使 등을 파견하여 지방에서의 수취를 강화하였다. 특히 경종 원년(976) 전시과의 시행, 성종 2년(983) 공해전의 지급 등 토지제도가 정비되면서 군현 단위의 조세 액수도 조정되었다. 또한 성종 2년에는 외관을 파견하고 향리제를 시행하는 등 지방제도 개혁이 이루어졌는데, 이 개혁은 군현을 수취단위로 운영하는 고려시대 조세제도 성립과정에서 매우 중요한 의미를 가졌다.

특히 조세제도 성립과 관련하여 주목되는 점은 성종 7년(988) 12월에 조租·포布(=調)·역役 3세의 감면규정이 정해진 것이다. 조·포·역 3세는 민호가 부담하였던 기본 세인데, 성종 7년 12월의 조세 감면규정에 의하면 그 해의 토지 손실[田損]에 따라 조·포·역이 차례로 감면되도록 되어 있다. 즉 "그해 토지 손실이 40%에 이르면, 조를 면제해주고, 60%면 조와 포를 면제해 주었고, 토지 손실이 70%가 넘으면 조·포·역 3세를 모두 면제해 주도록 하였다"(『고려사』 권78, 식화1 전제 답험손실). 이것은 토지 손실의 비율에 따라 전조만 감면되는 고려말 과전법의 답험손실 규정과는 매우 다르다. 이것은 고려전기에는 민호의 토지 경작을 전제로 조·포·역 3세를 부과하였고, 이들 3세가 서로 보완적으로 운영되었기 때문이다. 이러한 점이 고려시대 조·포·역 3세 운영의 중요한 특징이다.

위와 같이 조·포·역 3세가 하나의 제도로 완성되고, 군현 단위의 조세 액수가 정해진 것은 고려국가의 제도적 정비가 이루어진 광종·성종 때였다. 특히 성종 때에는 조세제도 운영과 밀접하게 관련된 중앙 및 지방의 정치제도가 성립되었고, 재정관서가 정비되면서 재정운영체계가 성립되었으며, 외관이 파견되고 향리직이 개편되는 등 지방제도가 개편되었다. 또한 성종 때에는 공해전이 지급되었고(2년), 호구 조사가 실시되었으며(5년), 조·포·역 3세의 감면규정이 정해지고(7년), 공전조가 정해지는(11년) 등 경제조치가 취해졌다.

3) 조세제도의 구조와 특징

고려시대의 단위군현은 조세의 수취단위로 운영되었다. 따라서 조세의 수취장부인 세적稅籍과 공적貢籍(貢案)도 군현을 단위로 작성되었다. 또한 조세의 감면, 조세 수취를 위한 기초 작업인 양전과 양안量案 작성, 호구 조사와 호적 작성, 더 나아가서 권농과 구휼도 군현을 단위로 이루어졌다. 이때 중앙에서 지방관이 파견된 주군현主郡縣뿐 아니라 지방관이 파견되지 않았던 속군현屬郡縣도 똑같이 하나의 수취단위가 되었다.

고려시대 조세제도의 핵심은 일반 민호가 토지경작을 전제로 부담하였던 기본세인 조·포·역 3세를 군현을 단위로 하여 전세田稅(田賦)·공물貢物·요역徭役의 형태로 수취하는 것이었다.

전세는 가장 기본적인 현물세로서 경작하고 있는 토지에서 매년 수확량의 일부를 내는 세였다. 고려시대 중앙 정부가 군현을 단위로 징수하였던 전세田稅는 민이 내는 전조田租(租)를 바탕으로 구성되었는데, 전조는 그 수취비율 곧 수조율收租率에 따라서 그 내용과 성격이 달랐다. 기록에서 확인할 수 있는 고려시대의 수조율에는 1/10, 1/4, 1/2이 있다. 1/10조는 광범위하게 존재하였던 사유지私有地인 민전民田의 지세地稅였고, 1/4조는 농민이 둔전屯田과 공해전公廨田 등 국·공유지를 빌려 경작하고 내는 지대地 代였다. 한편 농민이 일반 사유지를 빌려서 경작하였을 때 지주에게 지대 로서 납부하였던 것은 조선시대와 마찬가지로 대체로 생산량의 1/2이었 다. 1/10조, 1/4조, 1/2조 중 고려전기에 가장 많은 비중을 차지한 것은 1/10조였으며, 국공유지에 적용되었던 1/4조는 토지소유권의 성장에 따 라 점차 소멸되었다.

논에서는 주로 쌀을, 밭에서는 조·보리·콩 등 잡곡을 거두었는데, 그 중에서 가장 중요한 것은 쌀이었다. 쌀의 형태는 껍질을 까지 않은 벼稻를 비롯하여 도정 정도에 따라서 조미糙米·갱미粳米·백미白米 등이 있었다. 논의 전조는 주로 쌀의 형태로 징수되었지만, 경우에 따라서는 벼로도 징수되었다.

군현 단위 조세는 수령의 책임 아래 각 군현의 향리들이 거두어 들였다. 군현에서 민들로부터 전조를 징수하는 과정에서 가장 기초적인 일은 각 촌락의 촌전村典이 관여하였지만, 군현의 전세 징수에 관여하고 실질적 으로 책임을 졌던 것은 향리였다. 다만 군현 단위로 정해진 조세를 중앙에 납부하는 책임은 원칙적으로 수령에게 있었기 때문에 정해진 액수를 채우지 못하였을 때 수령이 파직되기도 하였다.

공물은 국가 운영에 필요한 현물을 군현으로부터 직접 거두는 세목으 로, 공부貢賦·토공土貢·외공外貢·세공歲貢 등으로도 쓰였다. 고려 정부는 국가 운영에 필요한 물품 중 곡물을 제외하고는 대개 공물제를 통하여 군현 단위로 징수하였다.

공물의 품목에서 가장 큰 비중을 차지한 것은 직물류布類였다. 기록에 서 확인할 수 있는 직물류에는 평포平布와 중포中布, 저포紵布, 면주綿紬가 있는데, 그 중에서 평포가 기본 품목이었다. 공물에는 직물류 외에도 국가에서 필요한 다양한 물품이 포함되어 있었다. 특히 소所에서 생산되는 물품은 군현 공물의 중요한 품목이었다. 소는 국가에서 필요로 하는 물품 중 일반 민들이 생산하기 어려운 특수한 물품을 전문적으로 생산하는 곳이었다. 군현 공물에는 직물류와 소에서 생산하는 물품 외에도 다양한 것이 포함되었다. 고려시대에는 국가 운영에 필요한 거의 모든 물품을 공물제를 통하여 조달하였기 때문이다. 공물은 평포平布를 비롯한 직물류, 소所의 생산물, 민호의 공역貢役을 동원하여 조달한 물품으로 구성되었다. 이 중 직물류의 대부분은 민호가 포布로 납부한 것이었다. 따라서 공물은 포와 역을 포괄하는 복합적인 세목이었다.

중앙정부에서는 군현에 등록된 호구와 토지의 규모, 군현의 생산물 등을 기준으로 공물 징수 장부인 공안貢案을 작성하였고, 각 군현에서는 공안을 토대로 각 군현에 부과된 공물을 조달하여 정해진 기간까지 중앙 관청에 직접 납부하였다. 공물은 공안에 기록되어 매년 정기적으로 납부하는 공물인 상공常貢과 비정기적인 공물인 별공別貢이 있었으며, 이외에도 왕실에 특별히 납부하는 물품도 있었다.

요역은 국가가 민으로부터 아무 대가없이 노동력을 징발하는 세목이다. 고려는 건국 초기부터 군현단위로 호적을 작성하고 이를 토대로 요역을 징발하였다. 요역은 그 주체나 징발범위에 따라서 군현 차원의 요역과 국가 차원의 요역으로 나눌 수 있으며, 그 세부적인 형태에 따라서 성곽축조·사원영조·궁궐영조·수리시설축조 등의 토목공사역[工役]과 현물세의 조달과 운반에 관련된 공역貢役·수역輸役 등으로 나눌 수 있다. 군현 차원의 역 중 가장 중요한 것은 공물의 조달 운반과 관련된 공역이었고, 국가 차원의 요역 중 가장 전형적인 것은 궁궐과 사원의 영조였다. 국가 차원의 역사에는 재상급의 동역관이 파견되어 역부를 징발하고 부리는 일을 맡았다. 국가 차원의 요역에서는 일반 역부와 공장이 징발되었는데, 대부분은 역사役事가 있는 부근의 군현에서 징발되었다. 따라서 수도인 개경과 개경에 가까운 경기·교주도交州道·양광도楊廣道의 군현은 다른 지역에 비하여 많은 요역에 시달렸다. 군현에서 역부를 징발하고 부리는 일은 수령의 책임 아래 향리층의 주도로 이루어졌다.

4) 조세제도의 변화

성종 때를 중심으로 형성된 조세제도는 한편으로는 고려중기 이후 토지제도를 비롯한 사회·경제구조의 변화에 따라, 다른 한편으로는 그 속에서 추진된 국가의 재정운영과 관련하여 점차 변하였다.

고려후기의 조세제도는 원종 10년(1269)과 충숙왕 원년(1314) 두 차례에 걸쳐서 개편되었다. 원종 10년의 조세제 개편은 몽골과 전쟁 후 당면한 국가 재정수입을 위해서 호구만을 기준으로 공물의 액수를 조정한 것이었다. 이때의 부분적이고 불완전한 조세제도가 전면적으로 개편된 것은 충숙왕 원년이었다. 즉 그때 전국적인 양전과 호구 조사를 바탕으로 전세田稅·공물貢物·잡공雜貢 등 현물세 전반을 개편하였다. 양전과 그를 바탕으로 한 조세제 개편은 원종 10년에 정해진 세액의 불균등 문제를 해소하는 동시에 몽골과 강화 이후 진행된 토지개간과 생산력발전을 반영하여 조세 액수를 늘리고자한 것이었다. 이러한 측면에서 당시의 전국적인 양전에는 양전제의 변동이 수반되었을 것으로 추정된다. 또한 이때 잡공이 상정詳定되었는데, 이것은 결과적으로 민의 부담을 부분적으로 줄이는 효과를 가져왔다. 이때 개편된 조세제도는 고려말 조선초까지 조세제도의 기본이 되었다.

고려후기에는 전기의 기본 세목 외에 상요常徭·잡공雜貢을 비롯하여 시탄공柴炭貢·염세포鹽稅布·직세職稅·선세船稅·어량세魚梁稅 등의 잡세가 나타났다. 그 중 잡공은 조調의 명목으로, 상요는 역役(庸)의 명목으로 부가된 현물세였다. 이들 고려후기에 새로 등장한 세목들은 당시의 사회변동으로 기존의 조세체계가 제 구실을 못하게 되자 주로 국가재정문제를 해결하기 위해서 새로 부가된 것으로 조선초기 조세제도가 개편될 때 공물에 포함되었다.

공물을 비롯한 현물세의 대납代納이 일반화 된 것 역시 고려후기 조세제도의 변화에서 주목되는 현상이다. 조세의 대납은 고려중기부터 나타나며, 원간섭기에 접어들면서 일반화되었다. 그리하여 각 관청에 납부하는 공물뿐 아니라 중앙의 창고[兩倉]에 납부하는 녹전祿轉까지도 대납의 대상이 되었으며, 더 나아가서 방납防納의 형태로까지 발전하였다. 공물 대납의 문제는 공물 수납과정의 문제점에서 야기된 것으로, 그것은 당시의 국가 및 지방의 재정상황, 상업·수공업의 발달, 상인층의 성장을 배경으로 하였다. 고려말에는 공물의 대납이 더욱 성행하고 이의 폐단도 커졌는데, 국가에서는 일반화되어 있는 공물 대납의 폐단을 줄이기 위해서 공물 대납 자금을 이자 없이 빌려주는 상평제용고常平濟用庫의 설치를 추진하기도 하였다. 또 요역 징발과 관련해서 노동력 대신 현물로 내는 역의 물납物納과 고용노동이 부분적으로 나타나기도 하였다.

고려후기 이래의 조세제도의 변화는 조세체계의 기본 성격을 바꿀 정도의 큰 변화는 아니었지만, 고려후기의 사회경제의 변화를 배경으로 하고 있고, 또한 조선시대 이후 조세제 개편의 방향을 제시하고 있다는 점에서 의미가 있다.

5) 조세제도 연구의 쟁점

첫째, 수취단위의 범주를 둘러싼 논쟁이 있었다. 그 논쟁의 핵심은 속현을 하나의 독자적인 수취단위로 볼 것인지, 아니면 몇 개의 속현이 포함된 주현을 하나의 수취단위로 볼 것인가이다.

둘째, 고려시대 조세체계에 대해서도 논쟁이 있다. 그 중 하나는 조세체계를 조·포·역 3세로 보는 견해와 조·포·역+공부(공물)로 보는 견해 사이의 문제이다. 고려시대 농민이 부담하던 기본 세는 조·포·역 3세이며,

국가에서는 이를 군현을 단위로 하여 전부田賦·공물·요역의 형태로 징수하였다고 보는 연구자는 군현 단위로 징수하는 공물과 조·포·역 3세는 다른 세목이 아니라고 보지만, 조·포·역 3세와 군현 단위의 공물을 다른 세목으로 보는 견해도 있다. 또 하나는 상요·잡공이라는 세목이 나타나는 시기와 그 실체에 대한 논쟁이다.

셋째, 전조 수취율(수조율)에 대한 논쟁이다. 전조에 대한 연구는 주로 토지제도와 함께 일찍부터 연구되었기 때문에 많은 연구성과가 있다. 이들 연구는 토지소유권의 성격이나 민의 사회경제적 처지에 대한 이해 방식에 따라 전조비율에 대한 이해를 달리하고 있다. 전조율과 관련해서 가장 큰 논란은 1/10조가 실제로 고려사회에서 시행되었는지에 대한 것이다. 1/10조의 이해 방식에 따라 1/4조의 이해방식도 달라지는데, 현재 전조비율에 대해서는 크게 2가지 의견이 있다. 하나는 1/10조가 고려전기부터 시행되었다고 보는 견해이다. 즉 지세의 의미를 갖는 전조율은 공전·사전 모두 1/10이며, 1/4조는 국공유지의 지대로 1/2조는 사유지의 지대로 보는 것인데, 이 견해는 최근에 많은 연구자들에 의해 수용되고 있다. 다른 하나는 1/10조는 고려전기의 전조로 인정하지 않고, 1/4조를 공전의 지세로 1/2조를 사전의 지대로 보는 견해이다. 이 견해에서 1/10조租의 시행을 부정하고 지세로서는 과도한 1/4조를 공전公田(民田)조로 주장하는 것은 고려전기 농민의 성격을 고대적으로 보는 입장 곧 고려전기 사회를 고대사회로 보는 입장과 밀접하게 연결되어 있다. 또한 이 견해에서는 공전의 전조율 1/4은 고려후기에 1/10로 크게 감소되었다고 하여 고려후기를 전후하여 커다란 사회변화가 있었음을 암시하고 있다. 그런데 이 견해에 따르게 되면 고려 전시기에 걸쳐서 1/10조가 시행되었음을 보여주는 자료들을 부정해야 하는 부담을 갖게 된다. | 박종진 |

참고문헌

강진철,『高麗土地制度史研究』, 고려대출판부, 1980.
金載名,『高麗 稅役制度史 硏究』, 한국정신문화연구원 박사학위논문, 1994.
박종진,『고려시기 조세제도와 재정운영』, 서울대출판부, 2000.
박종진,『고려시기 지방제도 연구』, 서울대 출판문화원, 2017.
安秉佑,『高麗前期의 財政構造』, 서울대출판부, 2002.
이정희,『고려시대 세제의 연구』, 국학자료원, 2000.
이혜옥,『高麗時代 稅制硏究』, 이화여대 박사학위논문, 1985.

박종진,「고려시기 조세제도 연구의 쟁점과 과제」『울산사학』11, 2004.

3장

사회질서와 삶의 양태

I. 사회질서와 운영
1. 교육과 관리 등용
2. 신분과 계층
3. 가족과 친족
보론 4 율령과 사회정책

II. 기층민의 삶과 항쟁
1. 자연조건과 의식주 생활
2. 농업생산력과 농업경영
3. 수공업과 상업
4. 사회모순에 대한 항쟁

Ⅰ. 사회질서와 운영

1. 교육과 관리 등용

1) 개경과 지방의 교육기관

국자감國子監

전근대사회에서의 교육은 민을 교화하고 풍속을 바로잡는 역할뿐만 아니라 국가 통치에 필요한 유능한 인재를 길러내는 기능을 담당하였다. 이 때문에 어느 왕조를 막론하고 국정 운영에 있어 교육은 중요한 문제였다. 한편 지배층 입장에서도 교육은 치자治者로서 갖춰야 할 교양을 습득하고 국정 운영을 담당하는 관리로서 갖춰야 할 기본적 자질을 함양하는 과정이었다. 그러므로 지배층에게도 교육은 지배층이 되기 위한 중요한 과제였다.

통일신라 말 지방에서 성장한 세력 및 지식인을 기반으로 성립된 고려 왕조는 건국직후 유교적 정치이념을 앞세웠다. 그러므로 유교를 정착시키고 국가의 집권력을 확대하기 위해서는 민의 교화가 필수적이었다. 이에 따라 체계적인 교육 및 이를 담당할 교육 기관의 확충은 무엇보다 중요하였다. 그리하여 통일신라 말부터 발달한 지방의 교육 기관을 수용하여, 교육 기관의 설립 및 확충에 노력을 기울였다. 또한 지배층들도 사회 발달 및 학문의 발달에 상응하여 교육 기관을 세우려고 노력하였다.

고려시대 교육 기관으로는 중앙에는 국자감, 동서학당, 사학私學 12도徒

가 있었고, 지방에는 향교, 서재 등이 있었다. 국자감과 동서학당, 향교는 관립이었고, 사학 12도와 서재는 사립이었다. 이 중에서도 대표적인 교육 기관은 국자감이었다.

국자감은 지금의 국립대학에 해당하는 최고의 교육 기관이었다. 국자 감은 "좋은 곳을 가려 널리 서재와 학사를 짓고 전장田莊을 지급하여 학량學糧에 충당하며 또 국자감을 창건하라."(『고려사』 권3, 성종 11년 12월 병인)는 사료에서 처음 나오므로, 성종 11년(992)에 국자감을 처음 설치한 것으로 오해하기 쉽다. 그러나 성종은 즉위한 뒤에 지방 주·군·현에서 260명의 자제를 뽑아 올려 수도에서 교육하게 하였고, 동왕 8년에 태학조 교 송승연을 포상하여 국자박사로 삼았다. 그러므로 성종 11년 이전에 이미 신라의 국학을 계승한 국립대학이 존재하였고, 이것이 성종 11년에 중국제도에 의거하여 국자감으로 명칭을 변경하면서 이에 맞게 건물을 세운 것으로 이해하는 것이 타당할 것이다.

국자감은 크게 유학 학부와 잡학 학부로 구분되었다. 유학 학부는 국자학國子學·태학太學·사문학四門學으로, 잡학 학부는 율학律學·서학書學· 산학算學으로 구성되었다. 국자감의 교육 내용은 과정에 따라 달랐다. 유학 학부는 공통필수과목으로 『효경』과 『논어』를 1년 만에 이수한 뒤, 『상서』·『공양전』·『곡량전』 중 한 과목을 택해 2년 반 동안 이수하고, 『주역』·『모시』·『주례』·『의례』는 2년 동안 한 과목을 택해 이수하고, 『예 기』·『좌전』은 3년에 한 과목을 택해 이수토록 하였다. 이외에도 산술과 시무책을 익히도록 하여 실무에 필요한 훈련을 시켰을 뿐만 아니라 『설문』 ·『자림』 등의 자전을 읽도록 하여 문자생활을 원활히 할 수 있도록 하였다. 잡학 학부의 경우, 율학에서는 율律·영令을, 서학에서는 고문·대전大篆·소 전小篆·예서 등의 8서를, 산학에서는 산술을 가르쳤다.

유학 학부는 최고 9년까지 재학할 수 있었으며, 잡학 학부는 자세히 알 수 없으나, 율학의 경우 최고 6년까지 재학할 수 있었다. 교육의 중요한 목표가 인재 양성이었던 만큼, 국자감의 교육은 관리 등용 시험인 과거와 연계되어 있었다. 국자감 학생은 재학 중에 과거를 볼 수 있었는데, 3년간 재학하면 과거 응시가 가능하였다. 인종 14년(1136)에는 국자감 교육을 활성화하고 나아가 국자감과 과거의 연계성을 더욱 강화시켰다. 즉 국자감에서 봄·여름·가을·겨울마다 한 번씩 시험을 치르게 하고 여기 에서 받은 성적을 종합하여 그 성적에 따라 과거의 중장 또는 종장에 곧바로 나갈 수 있도록 하였다.

국자감 교육이 과거와 연계되었기 때문에, 교육 과정에 따라 입학 자격과 정원이 정해져 있었다. 과거의 제술업과 명경업에 응시할 수 있는 자격이 부여되었던 유학 학부에는 관리 자제에게 입학 자격을 주었 다. 국자학에는 대개 문무관 3품 이상의 자제가, 태학에는 5품 이상의 자제가, 사문학에는 7품 이상의 자제가 입학할 수 있었다. 잡업에 응시할 수 있는 자격이 부여되었던 잡학 학부에는 율학·산학·서학 모두 8품 이하 관리의 자제와 서인庶人이 입학할 수 있었다. 정원은 국자학·태학·사 문학이 각각 300인씩으로 모두 900인이었다. 잡학 학부의 정원은 자세히 알 수 없지만, 수요에 따라 정원에 증감이 있었던 것으로 파악된다.

성종대에는 국자감 전체를 총괄하는 국자사업이 있었고, 국자학·태학· 사문학에 각각 박사 및 조교를 두었다. 문종대에는 국자감의 행정 운영과 교육을 분리시켜, 전자를 위해 제거·동제거·관구를 두었고, 후자를 위해 판사·좨주·사업과 더불어 국자박사·태학박사·사문박사를 두었다. 또 한 조교 대신 학정·학록·학유·직학을 두어 그 직책을 전문화하였으며, 별도로 서학박사와 산학박사도 배치하였다. 이후 예종대에는 판사를 대사성으로 고침과 동시에 전임직으로 삼는 등 국자감의 기능을 강화하 려 하였다.

그런데 국자감은 사학의 발달로 위축되었다. 이에 숙종은 국학에 책의 인쇄 및 보급을 담당하던 서적포書籍鋪를 설치하여 국학을 진흥시키려고 하였다. 예종은 양현고養賢庫를 설치하여 국자감의 재정을 확충하였으며, 주역을 공부하는 여택재麗擇齋를 비롯한 7재를 설치하여 교과 과정의 운영을 체계화하였다. 7재 중 무학재武學齋는 당시 북방에서 흥기하던 여진족을 정벌하기 위한 무관을 양성할 목적으로 설치된 것으로서, 무과가 설치되지 않았던 고려에서 매우 이례적인 조치로 평가된다. 인종대에도 국자감의 학칙을 개정하는 등 관학을 진흥시키기 위한 노력은 계속되었다. 그렇지만 얼마 뒤 무신정권이 성립되고 몽골의 침입까지 겹치면서 교육이 전반적으로 위축되었고, 자연히 국자감의 역할도 감소되었다.

한편 국자감은 충렬왕 원년(1275) 원에 의해 관제가 격하되어 국학國學으로 개칭되었다. 이후 동왕 24년에 충선왕이 즉위하면서 성균감成均監으로, 동왕 34년에 충선왕이 복위하면서 성균관이라 하였다. 그 뒤 공민왕 5년(1356)에 다시 국자감이라 하였다가, 동왕 11년에 성균관으로 개칭하게 되었다.

이러한 명칭 변경과 함께 국자감의 교과 과정에도 변화가 있었다. 중국으로부터 성리학이 전래되면서 교육에서 경학經學과 사학史學이 중요시되었다. 이에 충선왕은 충렬왕 24년에 유학 학부에 명경학明經學을 더 설치하여 유학 학부를 강화시켰다. 공민왕은 국자감을 성균관으로 개칭하면서, 성균관을 유교 전문 교육 기관으로 전환시켰다. 공양왕은 기술학의 교육을 위해 별도로 10학을 설치하고, 율학은 전법사, 산학은 판도사에서 가르치게 하는 등 관련 관청에서 기술학을 교육시키도록 하였다. 그 결과 고려전기에는 유교 및 기술 교육을 국자감에서 모두 담당하였지만, 고려말에 이르면 성균관은 유교 교육을 전담하고, 기술 관련 관청은 기술 교육을 담당하여 교육이 이원화되었다.

사학私學 12도徒

사학 12도는 수도 개경에 설립된 12개의 사학을 가리킨다. 사학은 관학이 그 역할을 제대로 수행하지 못하고, 문벌 중심으로 문화가 발전하면서 보다 차별화된 양질의 교육을 받으려는 열망에서 설립되었다. 거란의 2차례 침입 등 내우외환으로 국자감의 교육이 충실하게 수행되지 못하였다. 또한 경학박사를 파견하여 지방 교육을 활성화시켰지만, 이는 일부 중요 지역에 국한되었다. 이에 따라 관학은 학생들의 높아진 향학열을 충족시켜 주지 못하였다. 학생들은 그들의 향학열을 충족시켜 줄 교육 기관을 원하게 되었고, 그 결과 사학이 설립되었다.

사학을 처음 세운 사람은 최충이었다. 그는 재직 당시부터 후진의 교육에 뜻을 두고 있다가 관직에서 물러난 뒤 학당學堂을 설립하였다. 그가 세운 학당을 문헌공도文憲公徒라고 하였는데, 문헌공도에서는 낙성樂聖·대중大中 등 9재로 나누어 각각 전문 강좌를 개설하여 교육하였다. 또한 매년 여름철이면 귀법사의 승방을 빌려서 하과夏課를 열었는데, 하과에서는 급제하고도 관직에 나아가지 못한 우수한 인재를 골라 학생들을 가르치게 하였다. 최충이 학당을 개설하자 학생들이 모여들어 거리를 메우고도 넘칠 정도로 많았다고 한다. 이처럼 당시 학생들의 사학에 대한 호응도는 매우 높았다.

문헌공도 이후 사학이 연이어 개설되었는데, 정배걸이 세운 사학을 홍문공도弘文公徒, 노단이 세운 사학을 광헌공도匡憲公徒, 김상빈이 세운 사학을 남산도南山徒, 김무체가 세운 사학을 서원도西園徒, 은정이 세운 사학을 문충공도文忠公徒, 김의진이 세운 사학을 양신공도良愼公徒, 황영이 세운 사학을 정경공도貞敬公徒, 유감이 세운 사학을 충평공도忠平公徒, 문정이 세운 사학을 정헌공도貞憲公徒, 서석이 세운 사학을 서시랑도徐侍郎徒라 하였다. 그리고 설립자가 분명하지 않지만, 구산도龜山徒도 개설되었다. 이들 사학들도 문헌공도와 비슷한 방식으로 운영되었다.

사학의 설립자들은 문종대 전후의 문관들로, 학식과 명망이 높고 과거 시험관인 지공거知貢擧를 역임한 인물들이었다. 과거에 매진하던 당시의 사회풍토 속에서 사학의 설립자들이 지공거 출신이라는 점은 과거 응시자에게 큰 매력으로 작용하였다. 실제로 사학 출신자들이 대거 과거에 합격하여 관직에 등용되면서, 학생들이 더욱 사학에 몰리게 되었다. 문종대 이후 사학은 꾸준히 발전하였다.

사학의 발달은 관립 교육 기관, 특히 과거 시험과 연계되어 운영되었던 국자감을 크게 위축시켰다. 예종과 인종대에 국자감의 진흥 정책이 나온 것도 바로 이 때문이었다. 고려전기에 발달하였던 사학은 무신정권이 들어서고 원의 지배를 받게 되면서 점차 위축되었고, 공양왕 3년(1391)에 교육제도가 정비되면서 폐지되었다.

향교 및 기타 교육 기관

국자감에 대비되는 지방의 교육 기관으로는 향교가 있었다. 향교는 지역에 따라 소학小學, 주학州學, 향학鄕學, 상숙庠塾 등 다양한 명칭으로 불렸다.

향교의 설치 시기는 명확하지 않다. 태조가 서경에 학원을 설치하였고, 성종이 12목에 경학박사와 의학박사를 두었던 것으로 보아, 전국적으로는 아니더라도 일부 지역에는 고려초기부터 지방에 교육 기관이 존재하였다고 할 수 있다. 이후 목종대에는 지사군知事郡 이상에 교수가 파견되었고, 예종대에는 지방관 중 과거 출신자로 하여금 학사를 주관하게 하였을 뿐만 아니라 일부 지역에서는 속현에도 향교가 설치되는 등 향교가 거의 전국적으로 확산되었다.

향교에서는 학생을 교육할 뿐만 아니라 공자와 같은 선현先賢에 대한 제사를 지냈다. 그러므로 향교에는 명륜당과 문묘가 갖추어져 있었다. 향교에는 8품 이하의 관리의 아들과 서인이 입학할 수 있었고, 7품 이상 관리의 아들도 원할 경우에는 입학이 가능하였다. 향교의 교과 내용은 명확치 않은데, 과거가 중시되었던 사회였던 만큼 향교의 교육 내용은 과거와 관련된 과목이 중심이 되었을 것이다.

고려후기에 들어와 개경에는 국자감 외에 학당이 두 곳 더 설치되었다. 개경의 동쪽과 서쪽 지역에 각기 설치되어 동서학당으로 불렸다. 동서학당은 『고려사』에는 원종 2년(1261)에 설치된 것으로 나오지만, 『고려사절요』에는 원종 2년에 다시 설치한 것으로 나온다. 아마도 동서학당은 원종 2년 이전 어느 시기에 설치되었다가, 원종 2년에 다시 설치된 것으로 생각된다.

동서학당은 지방의 향교와 같은 등급의 교육기관이었지만, 향교와 달리 문묘는 설치되지 않았다. 동서학당은 공양왕 2년(1390) 개경의 5부 체계에 맞게 확대되면서, 그 명칭이 5부학당으로 개칭되었다. 동서학당은 중국에서는 볼 수 없는 교육기관으로, 국자감에 진학하지 못한 중앙 학생들의 교육을 담당하였다.

한편 지방에서는 개인이 서재[서당]를 설치하였는데, 특히 무신정변 이후 널리 확산되었다. 서재의 교육 내용은 교수의 능력이나 교육 목표·수준에 따라 달랐지만, 대체로 유학을 중심으로 과거 준비에 필요한 내용을 가르쳤다.

2) 과거와 음서제도

관리 등용의 여러 방식

입사는 관리로 등용되는 것을 말한다. 전근대사회에서 관리는 치자, 즉 지배층을 의미하였으므로, 관리가 된다는 것은 지배신분을 획득함을 의미한다. 따라서 사람을 선발하여 관리로 등용시키는 방식은 국가 운영 및 신분제를 운영함에 있어 중대한 문제였다. 특히 폐쇄성이 강한 골품제에 의거하여 관리의 지위가 세습되고 관직 진출의 상한선이 정해져 있던 신라사회를 극복하고 성립한 고려왕조는 중앙뿐만 아니라 각

지역에서 성장한 인재를 골고루 등용하고 이를 바탕으로 국가를 운영해야
만 하였다.

이에 고려는 다양한 방식으로 관리를 선발하였다. 고려의 관리 선발
및 임용에 대한 내용을 규정한 선거지의 "비록 이름난 경卿과 대부大夫라
할지라도 반드시 과거로 말미암아 관직에 진출하는 것은 아니었으니,
과거 이외에 또한 유일遺逸의 천거와 문음門蔭에 의한 서용, 성중애마成衆愛
馬의 선보選補, 남반南班과 잡로雜路를 통한 승전陞轉 등이 있어서, 관리로
진출하는 길이 하나가 아니었다."(『고려사』 권73, 선거지 서문)라는 기록으로
보아, 고려시대에는 과거와 음서蔭敍, 유일 천거 등 여러 가지 방식으로
관리를 선발하였음을 알 수 있다.

과거는 시험을 통해 관리를 선발하는 제도였으며, 음서는 조상의 음덕
에 의거하여 관리를 선발하는 제도였다. 유일 천거는 학식과 덕행 등이
뛰어났음에도 관리로 입사하지 못한 인물을 천거로 특별히 등용하는
제도였다. 남반은 왕명 출납, 궁궐에서 숙직 및 조회 등을 담당하던
내료직內僚職이었고, 잡로는 관청에 소속된 말단 이속들이었다. 이들 남반
과 잡로는 일정 기간 근무를 하면 문반과 무반으로 전환될 수 있었다.
고려시대에는 다양한 관리 선발 방식이 있었지만, 이 중 가장 보편적인
방식은 과거와 음서였다.

과거제

과거는 개인이 가진 일정한 학문적 능력을 시험보아 관리로 선발하는
제도였다. 과거제는 중국 수나라 문제 때에 처음 실시되었는데, 우리나라
에는 광종 9년(958)에 도입되었다. 새로운 지배체제 수립을 모색하던
광종은 후주 출신의 쌍기의 건의를 받아들여 과거제를 실시하였다. 광종
이 과거제를 도입한 이유는 일정한 자격을 갖춘 사람을 선발하여 관료층
을 개편함으로써 건국에 지대한 공이 있지만 왕권에 위협이 되었던 지방

출신 세력을 약화시켜 왕권을 강화하기 위해서였다.

과거는 향공시鄕貢試, 국자감시國子監試, 예부시禮部試를 모두 지칭하기도 하지만, 일반적으로는 예부시만을 일컫는 말이다. 향공시는 지방에서 과거 시험을 볼 수 있는 거자擧子들을 선발하는 시험으로, 실시 지역에 따라 지방 군현에서 시행한 시험은 계수관시界首官試, 개경에서 실시한 시험은 개경시開京試, 서경에서 열렸던 시험은 서경시西京試 또는 유수관시留守官試라고 하였다. 국자감시는 성균시成均試 또는 감시監試라고도 불렸는데, 국자감에서 개최한 시험이었다. 그렇지만 연구자들에 따라서는 국자감시를 국자감의 입학시험으로 보기도 한다. 예부시는 예부에서 주관한 과거의 본고시로, 동당시東堂試·춘관시春官試·성시省試 등 다양한 명칭으로 불렸다.

과거는 관리를 선발하는 시험이었기 때문에, 관료군에 따라 응시하는 과목이 달랐다. 법관 및 의사 등과 같은 기술관이 응시하던 과목은 잡업雜業이었는데, 잡업은 명법업明法業·명산업明算業·명서업明書業·의업醫業·주금업呪噤業·지리업 등 11개 분야로 구성되었다. 문관이 되기 위해서는 제술업製述業과 명경업明經業에 응시해야 하였는데, 제술업은 문장으로 시험하였고, 명경업은 경전으로 시험하였다. 그런데 관료군의 중요한 한 축인 무관을 선발하던 시험인 무과는 고려시대 내내 설치되지 않다가 공양왕 2년(1390)에 처음 설치되었다. 무과가 설치되지 않았던 것은 무관을 선발하는 방법이 별도로 존재하였기 때문이었지만, 고려가 문관 위주로 관리제를 운영한 것도 큰 이유였다. 고려가 문관을 중시하였기 때문에, 실제 과거에서도 문관을 선발하는 제술업과 명경업을 양대업兩大業이라고 하여 기술관을 선발하는 잡업보다 중시하였다. 그리고 고려에서는 한당 유학의 영향으로 경학보다는 사장詞章이 더 중시되어 명경업보다는 제술업을 더 중요하게 여겼다.

시험의 응시 자격 및 시험 절차, 제수 관직도 과목에 따라 달랐다.

제술업과 명경업은 양대업이라 하여 중시하였던 만큼 시험 절차에 여러 번 변화가 있었다. 과거제 설치 초기에는 지방에서 선발된 향공鄕貢들과 국학생들이 예부시를 보았다. 그러다가 현종대에 국자감시가 신설된 후에는 향공시, 국자감시를 차례로 거친 다음 본고시인 예부시를 보도록 하였다. 그리고 제술업은 예부시 다음에 국왕 앞에서 재시험을 치르는 복시覆試가 별도로 더 있었다. 당락의 결정과 무관하고 특정 왕대에 간헐적으로 실시되었지만, 복시는 국왕이 주관한다는 점에서 국왕이 과거에 직접 영향력을 행사할 수 있었고, 국왕과 급제자 간의 관계가 돈독해진다는 장점이 있었다. 반면 잡업은 향공시가 없었다. 잡업은 국자감에 교과 과정이 있었던 명법·명산·명서업 등은 국자감에서 예비 시험을 치르고, 국자감에 교과 과정이 없었던 의·복·지리업 등은 직접 교육을 담당한 사천대와 태의감 등에서 예비 시험을 치른 다음 예부시에 응시하도록 하였다.

제술업과 명경업은 처음에는 부호장副戶長 이상의 손자와 부호정副戶正 이상의 아들만 응시하도록 하여 향리 이상의 신분이 응시할 수 있었다. 그러나 명경업은 그 규정이 완화되어, 인종대에 백정白丁과 장정이 시험을 보도록 하여 양인 이상이면 누구나 명경업에 응시할 수 있도록 하였다. 반면 잡업은 응시자에 대한 특별한 규정이 없었다. 그런데 고려시대 과거 응시 규정에서 특이한 점은 관리도 과거에 응시할 수 있었다는 것이다. 즉 7품 이하의 하급 관리이면 누구나 제술업과 명경업에 응시할 수 있었다. 또한 향공이 국자감시를 거쳐야 예부시를 볼 수 있었던 것과 달리, 관리에게는 국자감시를 거치지 않고 곧바로 예부시에 응시할 수 있는 특전도 주어졌다. 이렇게 하급 관리에게 과거에의 응시 및 특전을 준 것은 고려에서 관리의 자질로서 문장과 경학의 겸비를 중시하였기 때문이었다.

잡업 합격자들은 의사, 율사 등 응시 분야와 관련된 기술직 또는 사천대,

태의감 등의 하부 관리로 임명되었다. 제술업과 명경업 합격자들은 중앙의 문한직, 시寺 및 감監 등의 6품 이하 하급 관직, 제사도감각색의 권무직, 지방의 판관 및 서기 등에 배치되었으며, 이후 승진을 통해 재추와 같은 고위 관리로 성장하였다. 문한직은 왕명을 작성하거나 학사처럼 학문 및 문장의 작성을 담당하던 관직으로서, 모든 관리들이 선망하던 관직이었다. 문한직의 경우 고려전기에는 과거 출신자만 임명되었다.

과거는 공민왕 18년(1369)에 그 절차가 크게 변혁되어 향시鄕試·회시會試·전시殿試의 삼층제三層制로 바뀌었고, 국학생을 포함한 모든 과거 지망생은 먼저 자신이 속한 도道에서 향시를 치른 다음 나머지 시험에 응시하도록 하였다.

그런데 과거는 단순히 관리로의 등용문 역할만 한 것이 아니라 과거 급제자들에게 학문적, 정치적인 관계를 맺는 중요한 수단으로 기능하였다. 과거를 주관하던 지공거와 동지공거를 좌주座主, 급제자를 문생門生이라고 하였는데, 좌주와 문생은 시험관과 합격자의 관계를 넘어서서 부모와 자식처럼 매우 긴밀한 관계로 인식되었다. 그리하여 문생은 좌주를 일생 동안 스승으로 대하였고, 공고한 유대감을 기반으로 좌주의 학문적 전통을 이어가기도 하였다. 또한 문생이 관직을 받을 때 좌주는 문생의 관직을 추천하거나 좌주가 고위 관직에 오르면 문생도 승진할 수 있었다. 그리고 같은 해의 급제자들끼리는 동년회同年會를 만들어 좌주를 중심으로 긴밀한 유대관계를 가졌다. 이에 따라 좌주와 문생, 그리고 같은 해 급제자들은 정치적으로 연계되었으며, 고려후기에는 하나의 정치세력을 형성하기도 하였다.

음서제

음서는 조상의 음덕에 의하여 그 자손이 관리가 될 수 있도록 한 제도였다. 즉 일정한 관품에 오르거나 일정한 자격을 갖춘 관리의 자손에게 관직을 줌으로써 그 후손을 관리로 복무하게 하는 제도였다. 음서는 고려초기부터 있었으나, 공신과 더불어 5품 이상의 관리 전체를 대상으로 하는 제도로 정착된 것은 성종대부터였다.

음서는 탁음자托蔭者에 따라 문무 5품 이상 관리에게 주는 음서, 공신 자손에게 주는 음서, 왕족의 후손에게 주는 음서가 있었다. 음서 수혜자도 5품 이상의 관리의 경우 수양자를 포함한 아들, 내손內孫, 외손外孫, 사위, 질姪, 생甥, 동생 등이 받을 수 있었다. 공신이나 왕족의 후손인 경우에는 증손, 고손, 외고손은 물론 7대손이나 협狹 22녀의 후손에 이르기까지 광범위한 범위의 자손에까지 그 혜택이 미쳤다.

관리를 등용하던 수단이었던 만큼, 음서는 매년 정기적으로 실시되었다. 또한 국왕의 즉위나 왕비의 책봉, 공로가 있는 관리가 치사할 경우와 같이 특별한 경우에도 시행되었다. 한편 음서를 받는 사람의 숫자는 한 명의 관리가 한 명의 자손에 한해 음서를 줄 수 있었다고 하는 1인 1자가 원칙이었다. 1인 1자에 대하여 특정 관리가 전 생애에 걸쳐 1자에 한해 음직을 줄 수 있다고 보기도 하지만, 관리가 여러 명의 자손에게 음직을 줄 수 있는데 다만 음서를 시행하는 당해 연도에는 한 명의 관리가 자손 1인에게만 음직을 줄 수 있는 것으로 보기도 한다. 그런데 1인 1자의 원칙이 지켜졌더라도, 자손의 입장에서 보면 여러 종류의 음서를 적절히 이용함으로써 손쉽게 관직에 진출할 수 있었다.

음직을 받을 수 있는 나이는 법적으로는 18세였다. 그렇지만 실제로는 18세보다 어린 나이에 받은 경우도 많았으며 심지어는 5세에 음직을 받는 경우도 있었다. 조상의 음덕에 의거하여 입사한다고 하여, 음서 수혜자가 무조건 관직을 받았던 것은 아니었다. "옛 제도에는 국자감은 매년 사철 끝 달 6아일嗇日에 의관자제衣冠子弟를 소집하여 『논어』와 『효경』으로 시험을 보고 합격한 자를 이부에 보고하면, 이부가 그들의 세계世系를 상고하여 첫 관직을 주었다."(『고려사』 권99, 최유청 부 최종준)고 하여, 음서로 입사할 경우에도 일정한 자격을 갖추었는가를 시험한 뒤에 관직에 임명하였다.

음서의 초직初職은 8·9품의 동정직同正職 및 이속吏屬의 동정직이었다. 동정직은 행정을 담당하던 실직이 아니었으므로, 음서 입사자들은 녹봉을 받지 못하였지만 전시과를 지급받는 경제적 혜택을 누릴 수 있었다. 또한 동정직에 제수된 뒤 일정한 시간이 지나면 실직을 받았고, 한품限品의 제한이 없었기 때문에 고위 관리로 승진할 수 있었다. 뿐만 아니라 국자감시를 거치지 않고 예부시에 바로 응시할 수 있었다. 이는 과거를 준비하는 데 오랜 시간이 걸린다는 점을 고려할 때, 음서에 의한 입사는 관리 지망생에게는 큰 이점이었다. 특히 고려후기로 가면 음서의 초직으로 동정직 대신 권무직과 무반의 실직 품관이 많이 주어졌다. 이처럼 음서의 초직이 상급 직위로 변환됨에 따라 음서 출신자들의 승진 속도도 그만큼 빨라지게 되었다.

시험을 치르지 않고 조상의 음덕으로 관직에 나갈 수 있다는 점에서, 지배층은 음서에 의한 입사를 많이 이용하였다. 그렇지만 관리들 중에는 음서로 입사한 뒤에도 과거 시험을 보거나 과거에 계속 도전하는 사람들이 있었다. 또한 음서를 통해 고위 관리가 되었음에도 과거에 급제하지 못하였음을 후회하기도 하였다. 이는 음서가 관직 진출에 용이한 방법이었지만, 과거가 관리 생활을 하는 데 훨씬 더 유리하고 자부심을 갖게 하였음을 말한다.

한편 연구자들에 따라서 전근대사회에서 관리가 지배층이라는 점에 주목하여, 음서와 과거 중에서 어느 쪽을 관리 선발의 주된 방식으로 보느냐에 따라 고려시대를 귀족제사회로 보거나 관료제사회로 이해하기도 한다. 전자는 고려의 지배층은 귀족이며 음서가 그들의 주요 입사로였다고 이해한 견해이다. 즉, 고려의 지배층인 귀족은 음서를 통해 관직을 세습하면서 그 신분을 재생산하고 귀족으로서의 특권을 누렸다고 본다.

후자는 과거는 실력 및 능력에 따라 관리를 선발하는 제도로서, 고려시대에는 음서보다는 과거가 관리 선발의 주된 방식이며, 과거로 입사한 과거 관리들이 정치 및 사회 운영의 중심이었다고 본다.　ㅣ이정훈ㅣ

참고문헌

金龍善, 『高麗蔭敍制度硏究』, 일조각, 1991.
金毅圭 편, 『高麗社會의 貴族制說과 官僚制論』, 지식산업사, 1985.
朴龍雲, 『高麗時代 蔭敍制와 科擧制 硏究』, 일지사, 1990.
朴贊洙, 『高麗時代 敎育制度史 硏究』, 경인문화사, 2001.
申千湜, 『高麗敎育史硏究』, 경인문화사, 1995.
許興植, 『高麗科擧制度史硏究』, 일조각, 1981.

金光洙, 「羅末麗初의 地方學校 問題」『韓國史硏究』 7, 1972.
박수찬, 「고려전기 복시(覆試)의 시행과 기능」『역사와 현실』 106, 2017.
송춘영, 「지방의 교육기관」『한국사 17』, 국사편찬위원회, 1994.
柳浩錫, 「高麗時代의 國子監試에 대한 再檢討」『歷史學報』 103, 1984.
이강한, 「고려 충숙왕대 科擧制 정비의 내용과 의미」『大東文化硏究』 71, 2010.
이남희, 「고려시대의 인재 선발과 공공성-과거제를 중심으로-」『고려시대 공공
　　　성』 1, 한국학중앙연구원, 2016.
李重孝, 「고려 예종~의종대 國學의 七齋生」『歷史學報』 194, 2007.
이중효, 「고려시대 國子監의 기능 강화와 私學의 침체」『歷史學硏究』 36, 2009.
曹佐鎬, 「麗代 科擧制度」『歷史學報』 10, 1958.

2. 신분과 계층

1) 신분구조와 계층

신분은 사회적·법률적인 지위나 사회관계를 구성하는 서열을 의미하며 원칙적으로 세습되었다. 근대 이전은 신분제사회라는 점에서는 동질성을 띠고 있지만 신분의 구조와 구성은 시대에 따라 차이가 있다. 고려사회 역시 신분의 세습이 원칙이었지만, 골품제로 상징되는 신라의 신분구조에서 탈피한 '중세적' 신분제 사회였다. 아울러 고려의 신분제를 법제적 관점에 의거하여 보느냐 아니면 현실적인 지위를 중시하는 입장에서 보느냐에 따라 신분의 구조와 계층구성이 달라질 수 있다.

대체로 법제적 지위를 중시하는 입장에서는 신분간의 우열관계를 형식적 불평등의 징표로 삼기 때문에 사회성원 간의 특권과 차대로 드러나는 법제적 차등에 중점을 둔다. 고려시대의 각종 법령에서 뚜렷이 드러나는 양천良賤은 법제적 신분이며, 부거권赴擧權·사환권仕宦權의 여부로도 차별적인 지위를 드러낼 수 있다. 권리상의 특권과 차대로 표현되는 법제적 차등은 기준이 명확한 대신에, 법령에 명시되지 않은 관습·관례 등에 의거한 불평등한 현실적 지위를 드러낼 수 없다. 이러한 측면에서 사회적 지위 역시 고려사회의 다양한 계층을 구분하기 위해 필요한 기준이다.

법제적인 면에서 고려의 신분제는 양천제에 입각하고 있었다. '본조本朝의 양천제는 그 유래가 오래되었다'는 성종대 최승로崔承老의 상소에서도 나타난다. 양천은 호적을 작성할 때 신분을 분간하는 기준이 되었으며, 동일한 신분끼리 혼인해야 하는 동색혼同色婚의 근거였다. 이처럼 고려에서는 양인과 천인을 확실하게 구분하고 신분간의 변동을 엄격하게 제한하는 방향으로 신분질서를 유지하고자 하였다.

하지만 천인의 대부분이 노비였기 때문에 양천은 노비와 비非노비를 구분하는 근거로서는 타당하지만, 혈통이나 직역 등에 따라 다양한 계층으로 구성된 양인의 실제적 지위를 규정하기 어렵다. 게다가 양천의 구분은 전근대사회 어느 시기에도 적용될 수 있으므로, 사회계층론적인 입장에서도 의미가 제한적일 수밖에 없다.

이러한 한계성으로 인해 지배층과 피지배층의 여부나 직역 등에 중점을 두어 양인계층을 양반·귀족, 중간계층, 양인, 천인의 네 신분으로 구분하는 4신분론이 1970년대까지 거의 통설로 받아들여졌다. 비록 1980년대 이후 양천제가 정설로서의 위치를 굳히기는 하였으나, 여전히 양신분良身分을 세부적인 계층으로 구분할 수밖에 없는 상황에 놓여 있다.

사·서士·庶는 법제적으로는 양인의 범주에 속하나 여러 특권을 향유한 관인官人·사족士族 계층을 구별하기에 매우 유효한 척도이다. 하지만 양인에는 사족·서인뿐만 아니라 양자 어디에도 포함되지 않는 향리·서리층 등이 있었다. 아울러 대다수가 군현민인 백정농민층과 또 이들과는 구분되는 공장·상인계층, 향·소·부곡·장·처·역·진의 거주민도 있었다.

한편 특정 씨족이 전담하는 역役의 세습성에 중점을 두면서 편성단위로서의 문·무 양반 및 남반, 군반 등의 반班에 기초해 고려사회 신분구조를 반체제班體制로 파악하기도 한다. 이는 신분과 직역이 불가분의 관계에 놓여 있다는 점을 잘 보여준다는 점에서는 의미가 있으나, 지배계층 중심의 신분구조여서 전체적인 신분구도를 파악하기에는 부족하다. 이외에도 양인 신분을 관료·군인·향리 등 지배질서에 참여한 정호층, 일반 농민인 백정층, 부곡지역에 거주한 잡척층의 3계층으로 분화하여 파악하는 견해도 제기되었다.

결국 고려의 신분구조는 일차적으로는 양천을 변별하는 양천제에 입각하고 있지만, 사서로 구분되는 귀천貴賤의 질서 역시 중요한 기준으로 작용하였다. 따라서 모든 대상을 양인과 천인으로 양분하는 '양천제

설'이나 귀족·중간계층·양인·천인 각각을 신분으로 파악하는 4신분론
역시 고려의 신분제를 이해하기에 충분하지 않다. 다만 여기에서는 신분
에 따라 개인의 권리와 의무가 규정된다는 전제 위에, 법제적 지위와
직역 등에 따라 계층을 나누어 파악해 보기로 하겠다.

2) 양인과 천인

관인官人·사족士族 계층

고려사회는 양인의 구성이 다양하다는 특성을 띠고 있었다. 우리가
통상 백성·평민 등으로 부르는 백정농민이 양인계층의 대부분을 차지하
였으나, 백정농민계층의 상위上位에는 양반·향리·군인 등이 자리하였다.
그리고 사농공상士農工商의 사민四民 중에서 공장工匠과 상인商人은 백정농민
층보다 하위下位에 위치한 계층이었다.

양인의 최상층은 관인·사족이었다. 관인은 관직을 매개로 전시과와
녹봉을 수급하였으며, 대부분은 가문 대대로 상속받은 토지와 노비인
조업전민祖業田民의 물적 토대를 소유한 지주계층이었다. 전시와 녹봉
이외에도 문·무 양반과 그 자손은 여러 가지 특권을 향유하였다. 그
중 음서제가 대표적인데, 5품 이상의 관인은 정기적·항례적으로 자손에게
음직蔭職을 줄 수 있는 특혜를 누렸다. 한 사람의 관인이 평생 한 자손에게
만 음서를 줄 수 있는 '일인일자一人一子'가 아닌 탁음자托蔭者나 시기를
달리하면 '일인다자一人多子'가 가능한데다가 음서를 통해 벼슬길에 올라도
한품限品의 제한이 없었으므로 매우 큰 특권이었다. 이 밖에도 관인은
자신을 시종하는 구사丘史를 지급받았고, 범법 행위를 하여도 다른 사람에
비해 상대적으로 가벼운 처벌을 받았으며, 속동贖銅을 통해 죄를 감면받을
수도 있었다.

하지만 관인은 반班이나 품계에 따라 차별적인 대우를 받았다. 문반은

1품까지 승진이 가능한 반면 무반은 3품직까지만 오를 수 있었다. 무반이 재상직인 2품이상으로 승진하려면 문반직을 겸대하여야 하였다. 그리고 관인 자손에게 입학자격이 주어지는 국자학·태학·사문학도 각각 품계에 따라 차등적으로 적용되었다. 또한 궁중직을 세습하는 남반은 문·무반에 비해 낮은 계층이었다. 이들은 중앙관직에 복무하였음에도 불구하고 문종대 이후에는 7품에 한품되었다.

사족은 서인과 대비되는 존재로서 사회적·관습적으로 우월하게 인식 되었지만, 법적으로 지위가 명시되거나 보장된 것은 아니었다. 사족의 대다수는 관직에 재임하거나 혹은 관인을 지향하는 사람들이었다. 특히 고려후기 이후의 사회변동과 신분제의 동요로 인해 천계賤系 관인들이 다수 등장하면서, 사족은 이들과 출신적으로 구분되는 차별적인 존재로 부각되었다. 관인·사족은 그 어느 계층보다 의무에 비해 권리가 가장 많이 보장되었으며, 반역·범죄 등에 연루될 경우에는 그 자격이 정지되거나 박탈되는 귀향형에 처해지기도 하였다.

중간계층

넓게는 양인의 범주에 포함되면서 지배층의 말단에 위치한 계층을 '중간계층' 혹은 '중류'로 설정하여 왔다. 하지만 양인 내에서 중간적 위상을 지녔다고 해서 다양한 스펙트럼을 가지고 있는 향리·군인·서리 등을 '중간계층' 내지 '중류'로 일괄적으로 규정하기에 곤란한 점이 많다. 우선 이들을 동일한 신분계층으로 묶을 수 있는 공통 조건을 설정하기가 어렵다. 또한 각각의 직역을 세습하는 경향을 띠고는 있지만, 법제적으로 보장된 독자적인 권리나 지위가 명확하지 않기 때문이다.

향리는 원칙적으로 향리의 역을 세습하였으나, 향역에서 벗어날 수도 있었다. 부호장 이상의 손과 부호정 이상의 자는 제술과와 명경과에 응시할 수 있었으니, 과거를 매개로 관인이 될 수 있었다. 때로는 기인이라는 선상입역選上立役을 통해 서리직으로 나가기도 하였다. 백정이 명경과·잡과에만 응시가능한 데 비해 향리 자손은 제술과의 응시자격이 담보되었다. 이러한 측면에서 향리는 백정농민에 비해 우월적 권리를 가진 계층이었으며, 실제 향리에서 출자出自한 관인도 적지 않았다. 비록 향역의 세습은 관인·사족에 비해서는 일정한 제약이 되었지만, 지방행정의 일부를 담당하였고 사환할 기회가 보장된다는 점에서 나름대로의 특권을 가진 계층이었다.

'중간계층'으로서의 군인은 세습적으로 군역을 담당하는 군호를 말한다. 종래 경군에 대해서는 부병제설府兵制說과 군반씨족설軍班氏族說이 대립하였다. 부병제설은 농민이 곧 군호가 되어 군역을 지는 당의 부병제와 유사한 제도로 파악한 것이며, 군반씨족설은 군반씨족인 군호가 경군을 구성하면서 군역을 세습한다는 견해이다. 현재는 군인전을 지급받은 군호와 농민 번상병으로 구성되었다는 '이원적구성론二元的構成論'이 주류를 이루고 있다.

군인의 전정은 자손에게 전정연립·전정체립의 방식으로 상속되었으며, 그 연립순서는 적자嫡子 → 적손嫡孫 → 동모제同母弟 → 서손庶孫 → 여손女孫으로 규정되어 있었다. 만일 자손이 없을 경우에는 선군選軍을 통해 충원하였으며, 선군의 주 대상자는 한인과 백정층이었다. 군인은 군역을 매개로 군인전을 수급하고 자손에게 전정을 연립한다는 점에서 향리와의 신분적 유사성이 있으므로 '중간계층'으로 묶일 수 있으나, 과거를 통해 품관으로 진출이 가능하였던 향리보다는 지위가 낮았다.

향리·군인·서리 등은 관인·사족의 상위지배계층보다는 하위에 있었지만, 특정한 직역을 세습하는 계층으로서 백정농민에 비해서는 우월한 지위를 누리고 있었다. 향리·서리처럼 사·서 어디에도 귀속되지 않으면서도 상하 이동이 가능한 중간계층의 존재는 사회적 지위의 개방성과 폐쇄성을 동시에 보여준다. 하지만 사족·관인과는 다르면서도 백정농민층과

는 확실히 구분되는 중간계층이 별도의 신분범주가 되려면 그들이 하나의
신분범주로 묶일 수 있는 명확한 기준이 있어야 한다. 여기에서는 이들
대부분이 하급지배층으로서 직역을 매개로 하였다는 점에서 일단 '중간계
층'으로 설정하여 둔다.

다양한 일반양인 계층

고려시대 양인의 상층부에는 지배계층인 관인·사족과 향리·서리·군인
등이 자리하고 있었다. 피지배계층으로는 농민·공장·상인 및 향·소·부곡
·역 등 부곡인이 있었다. 양인 중에서 수적으로 가장 우세한 계층은
대체로 일반 주현에 거주하는 백정농민白丁農民이었다. 고려시대의 백정은
직역이 없는 신분층으로서 대체로 양인농민층을 지칭하였으며, 농민층
대부분이 백정이었으므로 백정농민이라고 불렀다. 이들은 관인이나 향리
·서리·군인 등과 같은 특별한 직역을 담당하지 않은 일반 양인으로서
'양민良民의 역役'을 담당하였다.

백정농민층이 부담하는 의무로서의 세역은 크게 전세田稅·공물貢物·요
역徭役으로 나뉜다. 전세는 토지를 경작하는 농민이 국가 혹은 국가가
지정한 개인에게 바치는 전조田租이다. 공물은 여러 종류의 광산물·직물
류·동식물을 비롯한 현물로 거두었는데, 지방주현으로부터 중앙에 납부
하는 방식이 일반적이었다. 요역은 도시의 건설, 궁원宮院·관아官衙의 영조
營造, 성보城堡·도로의 건설 등 주로 토목공사에 동원되는 노동력의 징발이
었다.

백정농민층이 부담한 전세·공물·요역은 국가재정의 근간이 되었으므
로, 국가에서는 농업을 본업本業으로 중시하고 장려하는 정책을 지속적으
로 추진하였다. 백정에게는 규정상으로나마 명경과와 잡과의 응시자격과
국가교육기관에의 입학자격도 한정적으로 부여되었다.

백정은 직역부담자인 정호와 대비되는 계층이었다. 정호층은 관인·서

리·군인·향리 등으로서 농민보다는 신분적으로 상위계층이었으며, 자신이 부담하는 역에 부합하는 대우를 받았다.

백정은 특별한 조건이나 사유에 따라 정호층으로의 전환이 가능하였다. 백정은 제술과를 제외한 과거에는 응시할 자격이 주어졌으나, 과거급제를 통한 신분 상승은 현실적으로 실현되기 어려웠다. 대개는 군공軍功이나 선군選軍을 통해 정호층에 편입될 수 있었다.

고려에서는 유사시 군인을 보충할 필요가 생기면 주로 한인閑人과 백정에서 충원하였다. 이처럼 한인과 더불어 백정이 유력한 선군 대상이라는 점에서 양인층 내부의 신분 상승이라는 개방성도 나타난다. 아울러 전쟁에서 특별한 공로를 세워 관직이나 군인직에 진출하기도 하였다. 이밖에도 포상이나 처벌로 인해 백정이 정호가 되기도 하고, 반대로 정호가 백정으로 강등되기도 하였다.

하지만 백정에서 정호로의 편입은 매우 제한적이었다. 무엇보다도 전정연립제田丁連立制의 실시로 정호의 직역과, 직역을 매개로 한 토지인 전정田丁이 고정화되는 경향이 강하였기 때문이다. 향리직과 직업 군인직은 직역과 그에 상응하는 토지를 상속시키는 연립제를 통해 대대로 자손에게 세습되었으므로, 새로운 성원의 충원은 연립할 자손이 없는 예외적인 상황에서 이루어졌다. 별다른 변수가 없는 한 정호층으로의 전환이 어려웠던 것이다. 따라서 백정과 정호 사이의 신분적 격차도 뚜렷하다 하겠다.

공장工匠과 상인商人은 백정농민과 마찬가지로 양인 신분이었다. 하지만 공장·상인은 사농공상士農工商의 말단에 위치하는 말업末業 종사자로서 백정농민층에 비해 법제적·사회적 지위가 낮았다. 백정농민과는 달리 공장·상인은 본업인 기술로서 윗사람을 섬겨야 한다는 논리 속에서 몇몇 특정한 사례를 제외하고는 원칙적으로 사환권과 부거권이 박탈되었다. 이들은 천사賤事 담당자로 천시된 계층이었다. 고려사회는 농업생산력이 가장 중요한 경제적 가치를 지녔으므로, 나머지 경제활동을 통한 이윤은 부차적으로 간주되었다. 농업이 본업이라는 사회적 풍토와 사농공상士農工商의 신분 서열과 귀천을 엄격히 구분하던 전통적인 관념 역시 공장·상인 계층이 천시되는 주요한 원인으로 작용하였다.

일반 군현과는 별도의 지방조직단위인 향·소·부곡·역驛에 거주하는 소위 부곡인部曲人은 일반 군현인과 구별되는 존재였다. 향·소·부곡·장·처·역·진 등에 거주하는 부곡인이 집단천인이라는 종전의 견해는 많은 연구를 통해 극복되어 현재는 양인으로 간주하는 주장이 거의 통설이 되었다. 하지만 부곡인은 일반군현인에 비해 열등한 계층이었다. 부곡인에게는 법제적 신분의 징표인 부거권·사환권이 박탈되었으며, 국학에 입학할 자격도 주어지지 않았다. 부곡인은 일반군현인에 비해 가중적인 역이 부가되었으며, 천역賤役 종사자로 간주되어 사회적으로 천시되었다. 군현이 중죄를 지으면 부곡으로 강등되거나 혹은 반대로 부곡인이 전공을 세우거나 출세하게 되면 부곡이 군현으로 승격되기도 하였다.

공장과 상인은 '천사자賤事者'로, 부곡인部曲人과 역인驛人은 '천역자賤役者'로 불렸다. 이들은 노비가 아니었음에도 불구하고 '천賤'자가 수식된 계층으로 양인층의 말단에 자리하고 있었다. 결국 '일반양인' 속에는 군현에 거주하는 대다수의 백정농민 이외에도 말업에 종사하는 상인·공장 계층과 천역 종사자로 간주되는 부곡인 등이 포함되어 있었다. 이들은 모두 '양민의 역'을 부담하였지만, 부담하는 역의 내용이나 사회적 인식에 따라 법제적 권리에서도 차이가 컸다. 공장·상인과 부곡인은 의무에 비해 보장되는 권리가 제한된 천사賤事·천역賤役 양인계층이었다. 이와 같이 법제적·사회적인 지위의 큰 편차를 보이는 양인층의 다양성과 '계층별 차대'는 고려사회 신분구조의 특징이었다.

천인의 존재 양태

고려사회는 양인계층의 다양성에 비해 천인의 구성은 비교적 간단하였다. 천인의 대다수를 차지하는 노비는 매매·증여·상속이 가능한 소유대상이었으며, 소유의 주체에 따라 개인이나 사원에 소속된 사노비와 국가에 소속된 공노비로 구분된다. 사노비에는 주인과 함께 살며 갖가지 사역을 담당하는 솔거노비와 별도로 거주하면서 농경에 종사하는 외거노비가 있었다. 공노비도 국가기관에서 사역하는 공역노비와 주로 국유지를 경작하는 외거노비가 있었다. 사노비는 주인이 반역과 같은 중대한 범죄에 관련되었을 때를 제외하고는 함부로 주인을 고발할 수도 없었다. 종신토록 사역하는 사노비에 비해 60세에 이르면 역에서 벗어나는 공노비는 그나마 나은 처지였다.

노비는 '양민의 역'을 부담하는 양인과는 달리 공역公役 내지 관역官役이 없는 만큼 권리도 주어지지 않았다. 법제적으로 노비는 사환권·부거권이 박탈되었으며, 당사자가 노비가 아니어도 자신의 8세호적八世戶籍에 천류賤類가 없어야 입사入仕가 가능하였다. 노비는 승려도 될 수 없었으며, 비록 방량放良되어 관직에 올라도 양반공음전의 수급대상에서 제외되었다.

노비는 같은 신분 내에 혼인해야 하는 동색혼이 원칙이었다. 양천교가良賤交嫁하면 소생자의 신분은 일천즉천一賤則賤에 따라 모두 천인이 되었으며, 천자수모법賤者隨母法에 따라 어머니의 소유주에게 귀속이 되었다. 호적 작성시에도 양천을 반드시 분간토록 하였으며, 비부婢夫·노처奴妻의 양천 여부도 명확히 기재하도록 하였다. 이는 양천제적 신분질서를 유지하려는 목적에서 나온 것이며, 국가에서는 압량위천壓良爲賤이나 면천위량免賤爲良과 같은 신분변동을 극도로 경계하였다.

한편 화척·재인에 대해 종래에는 천인으로 인식하였으나, 최근에는 양인으로 보는 견해도 나오고 있다. 이들은 여진이나 거란의 유종遺種으로 파악되기도 하는데, 농업에 종사하지 않은 유목민적 습속에 따라 사냥·도살·유기의 제조·창우倡優의 기예 등에 종사하였다. 때로는 왜적을 사칭하면서 노략질을 하여 문제를 일으키기도 하였다. 이들은 농경에 종사하지 않아 항산恒産이 없는 열악한 처지에 있었을 뿐만 아니라 호적에 등록되지 않아서 정확한 실태 파악이 어려워 조세 부담층에서 제외되고 있었다. 고려의 화척·재인의 신분에 대해서는 앞으로 좀 더 논의가 있어야 하겠지만, 이들은 특별한 거처나 관적貫籍이 없이 '양민의 역'을 부담하지 않았다는 점에서 일단은 천인으로 간주해 둔다.

3) 신분구조의 변동과 해체

고려전기 이래의 양천제적 신분질서의 이완은 무신정권기에 들어서면서 본격화되었다. 잘 알려진 바와 같이 천인 출신인 이의민李義旼이 무신집정이 되었으며, 최항崔沆은 자신의 가노家奴들에게 무반직을 제수하기도 하였다. 천인 출신이 고위관직에 진출하는 사례가 속출하면서 하극상의 풍조도 만연하였다.

양천제적 신분질서의 동요는 이른바 '원간섭기'에 이르러 더욱 가속화되었다. 충렬왕대에는 내수內竪·미천자微賤者들이 국왕을 수종隨從한 공로로 사로仕路에 허통되었는데, 무반은 말할 것 없고 문반의 고위직까지 진출하였다. 특히 국왕 측근세력 중에 신분적 하자가 있는 자들이 적지 않게 출세하였으며, 국왕의 중조重祚 속에서 이러한 경향은 더욱 두드러졌다.

하지만 여전히 고려 신분구조의 근간은 양천법이었다. 충렬왕 25년(1299)에 정동행중서성평장사征東行中書省平章事로 부임한 고르기스闊里吉思가 주도하였던 노비법이 실패한 데에서도 잘 드러난다. 고르기스가 시행하려한 노비법은 부모 중에서 한 사람이라도 양인이면 그 자손을 양인신분으로 귀속시키는 일량즉량—良則良이었다. 일천즉천의 원칙을 고수하려는 고려측의 강력한 반발로 고르기스의 시도는 실패하였으며, 충렬왕 28년에 전민변정도감田民辨整都監에 명하여 고르기스가 양인으로 만든 노비를 본주本主에게 돌려주도록 조처하였다.

고려후기 이래 양천제의 근간을 흔드는 압량위천壓良爲賤과 면천위량免賤爲良이 적지 않게 발생하였다. 압량위천은 대부분 세력가들이 권력을 이용해 양인을 멋대로 노비로 삼는 것이었다. 하지만 과중한 역에 시달리던 하층민 중에는 권세가나 농장에 투탁投托하여 스스로 노비로 전락하기도 하였다. 군공을 세우거나 국왕이나 권세가에 발탁되어 면천되는 것은 합법적인 면천위량이었다. 이와는 달리 불법적인 수단에 의지하기도 하였다. 예를 들면 명종 때 가노家奴 평량平亮은 권세가에 뇌물을 주어 양인이 되고 관직도 얻었다. 천인이 경제력을 매개로 신분 상승을 실현한 사례이다. 충숙왕 12년(1325)에는 교서를 내려, 개성부와 외방外方의 주현州縣에서 백성을 양반으로, 천인을 양인으로 삼아 호구를 위조하는 불법행위를 처벌하도록 하였다. 이는 호구 조작을 통해 불법적인 신분 상승 사례가 많았던 상황을 잘 보여준다.

한편 고려후기에 국가재정의 악화로 세수의 확보를 위해 납속책이 시행되면서, 합법적인 방법으로 신분을 상승시킬 수 있었다. 납속보관제納粟補官制는 일정량의 곡식이나 은을 국가에 납부하면 벼슬이 없는 양인도 관직을 받을 수 있는 일종의 육작제鬻爵制였다. 비록 국가가 합법적인 방법에 의한 신분 상승을 용인한 것이지만, 국가 스스로가 신분 내지 직역의 세습이라는 원칙을 저버린 것이다.

앞에서 언급한 바와 같이 고려시대 신분구조의 특징은 양인 내에 다양한 계층이 존재하였다는 사실이다. 양인이라는 동일한 범주에 포함되지만 일반 군현에 거주하는 백정농민에 비해 차대받는 공장·상인이나 부곡인 계층도 있었다. 부곡지역에 거주하는 주민은 백정농민과 마찬가지로 토지를 경작하여 국가에 조세를 납부하는 양인이었다. 그러나 향·부곡의 주민은 국가공유지를 경작하는 역을, 소민은 특정 공물을 생산하는 부가적인 역을 짊어지고 있었다. 진·관·역의 주민 역시 교통과 관련된 고역을 부담하고 있었다. 그러나 12세기 이후 생산력의 발전으로 이러한 사회적 분업체제의 편제가 불필요해졌고, 부가적인 역에서 벗어나려는 부곡인들의 유망과 저항으로 인해 부곡지역은 점차 소멸되어 갔다. 부곡지역의 일반 군현화는 중앙의 지방에 대한 통치방식에서 매우 큰 변화였다. 신분구조라는 측면에서 보면 '부곡인' 계층이 백정농민과 같은 군현민으로 통합되는 것이므로, 양인이면서도 차등적인 법제적 지위가 부여되었던 여러 계층이 단일화되는 방향으로 전환되었다는 데에 더 큰 의미를 찾을 수 있다.

신라시대에도 양천의 구분은 있었지만 골품제라는 세습적 귀족제가 시행되었기 때문에 양천이라는 법제적 지위보다는 골품이 신분의 우선적인 기준이 되었다. 고려초기부터 시행된 양천제는 양인계층 사이의 법제적·사회적 지위의 편차로 인해 노비와 비노비자를 구분하는 규범으로 작용하는 측면이 강하였다. 하지만 점차 양인 내부의 신분적 차별성이 극복되고 동질성이 확보되어 가면서 조선시대의 양천제가 확립될 수 있는 토대가 마련되어갔다. ㅣ 김난옥 ㅣ

참고문헌

김난옥, 『고려시대 천사·천역양인 연구』, 신서원, 2001.
朴宗基, 『高麗時代 部曲制研究』, 서울대출판부, 1990.
洪承基, 『高麗社會史研究』, 일조각, 2001.

권영국, 「고려시대의 신분제」『새로운 한국사 길잡이(上)』, 지식산업사, 2008.
權斗奎, 「高麗時代의 身分制와 階層構造」『安東史學』 2, 1996.
박종기, 「전업적·분업적 형태의 신분·직역구조」『새로 쓴 5백년 고려사』, 푸른역
　　　사, 2008.
오일순, 「사회집단간의 차별의식과 신분관념」『동방학지』 124, 2004.
劉承源, 「良賤制의 沿革」『朝鮮初期 身分制研究』, 일조각, 1987.
지승종, 「身分槪念定立을 위한 試論」『한국 고·중세 사회의 구조와 변동』, 문학과
　　　지성사, 1988.
채웅석, 「고려 '중간계층'의 존재 양태」『高麗·朝鮮前期 中人研究』, 신서원, 2001.
채웅석, 「고려시대의 신분제」『논쟁으로 읽는 한국사1(전근대)』, 역사비평사,
　　　2009.
許興植, 「高麗時代의 身分構造」『高麗社會史研究』, 아세아문화사, 1981.
홍승기, 「신분제도」『한국사 15』, 국사편찬위원회, 1995.

3. 가족과 친족

1) 고려시대 가족·친족 연구의 현재적 의의

가족·친족은 개인이 태어나면서부터 소속되는 사회의 가장 기초적인 조직이다. 가족·친족의 구조와 이에 기반한 삶의 방식은 시대나 사회에 따라 전혀 다른 모습을 보인다. 한 시대나 사회에서 익숙하고 당연한 것이 다른 시대나 사회에서는 어색하고 부당하게 여겨질 수 있다. 해당 시대 해당 사회의 가족·친족 관계에는 보편적인 통념이 내재되어 있다. 이 통념은 구성원의 정서와 의식, 행위를 제어함으로써 사회 전반의 성격에까지 영향을 미친다. 따라서 가족·친족 관계의 변화에 뒤이은 통념의 변화, 혹은 통념의 변화에 뒤이은 관계의 변화는 개인과 사회에 심중한 변화를 초래한다. 이러한 점에서 고려의 가족·친족 관계를 규명하는 작업은 현실적으로도 큰 의미가 있다.

한국의 '전통적' 친족관계는 조선전기 성리학자들의 노력으로 성립하기 시작하여 조선후기에 모든 사회계층을 포괄하는 보편적인 관계가 되었다. 시가거주, 적장자단독상속, 오복친, 동성촌, 문중 등은 한국의 '전통적' 가족·친족 관계를 간명하게 표현하는 요소이다. 그런데 이와 같은 친족관계를 고대 이래의 유구한 '전통'으로 여기는 통념이 1970년대까지 유지되었다.

일제시기에 근대 역사학의 도입과 더불어 가족·친족 관계는 중요한 연구 주제가 되었다. 이는 일본에 의한 식민지화와 서구 학설의 수용이라는 학문풍토를 배경으로 한 것이었다. 서구의 사회진화론을 신봉한 일본인 학자들에게 조선의 가족·친족 관계는 식민지 조선의 후진성을 입증할 수 있는 근거로 여겨졌다. 해방 이후 한국 학계에서는 정체성론을 비판하였지만, 부계원리에 근거한 가족·친족 관계를 한국의 유구한 전통으로 간주하는 통념은 지속되었다.

일본인 학자들이 사회진화론에 기반하여 구축한 토대는 해방 이후 한 세대가 지날 때까지 강하게 유지되었다. 이는 1970년대까지 부계원리에 따른 가족·친족 관계가 보편적이었고, 이에 근거한 윤리가 통념으로 유지되었기 때문이다. 현재 시점에서 보면 지극히 불합리한 '동성동본금혼' 조항이 1989년에 이르러 민법에서 삭제된 것은 '전통적' 친족관계와 윤리의식이 얼마나 강고하였는지 알려준다. '전통적' 가족·친족 관계가 조선시대의 산물임은 1970년대 이후의 연구에서 본격적으로 확인되었다.

고려와 조선전기에는 조선후기 이래의 '전통'과 전혀 다른 가족·친족 관계가 존재하였음이 밝혀졌다. 이들 연구가 학계와 사회의 주목을 받으면서 후속 연구자가 증가하고 연구의 깊이도 더해졌다. 이러한 연구 동향은 지금도 진행되고 있는 사회 변동과 관련이 있다. 1960년대 이래의 급격한 산업화와 도시화 및 신앙의 변화는 전통적인 가족·친족 관계에 대한 문제 제기로 이어졌다. '전통적' 가족·친족 관행을 버거워하는 경향이 강화되면서, 다양한 비판과 개혁 방안이 제기되었다. 이와 같은 변화는 역사학의 가족·친족 관계 연구에도 영향을 끼쳤다. 생활사나 여성사와 같은 새로운 학문 영역을 통하여 조선전기 이전의 삶이 널리 소개되는 것도 이러한 동향과 무관하지 않다.

따라서 고려시대의 가족·친족 관계를 확인하는 연구는 사실의 발견에 그치지 않는다. 현재 가족·친족과 관련된 제반 관행과 의식이 고려시대와 유사하게 변해가고 있고, 이로 인해 고려시대 가족·친족 관계의 현재적 의미가 갈수록 부각되고 있다. 고려시대의 가족·친족과 관련된 구조와 관행, 의식에 대한 이해는 현재의 문제를 이해하고 미래의 변화를 설계하는 데에도 도움을 준다.

2) '양측적 혈연의식'에 근거한 가족·친족

혈연 중심의 가족·친족 조직

고려시대의 혈연의식을 학계에서는 '양측적' 또는 '총계적' 혈연의식으로 규정한다. 이러한 혈연의식의 특징은 남·녀 모두 친족관계가 각자의 혈연을 중심으로 조직되는 것이다. 양측적 혈연의식이 작용하면 혈연관계가 있는 인물에게 우선적으로 애정을 느끼고 권리와 의무를 설정하게 된다. 혼인으로 맺어지는 관계는 혈연보다 부차적인 것으로 인식된다. 남편과 아내 모두 자신의 혈족을 중심으로 사고하며, 아들과 딸의 차이는 가치의 고하가 아니라 성별과 사회적 역할의 차이로 인식된다. 아들의 자녀와 딸의 자녀는 모두 '친조부·외조부'의 직계 혈통이므로 차별하지 않고 동일한 권리와 의무를 부여한다. 이것이 고려의 혈연의식이었다.

이에 고려에서는 친조부와 외조부의 상복 등급이 동일하였으며, 부계 혈연으로 구성된 폐쇄적이고 영속적인 '친족집단'도 존재하지 않았다. 친족은 개인을 기준으로 하는 혈연과 혼인 관계를 뜻하였다. 친족 중에는 '본족'과 '처족妻族·부족夫族'이 있었다. '본족'은 혈연관계로 이루어진 핵심 친족이고, '처·부족'은 혼인으로 맺어진 부차적 친족이었다. 본족은 다시 '내족內族'과 '외족外族'으로 구분되었다. '내족'은 백숙부, 고모 등 아버지 쪽으로 피가 통하는 혈족이고, '외족'은 외삼촌, 이모 등 어머니 쪽으로 피가 통하는 혈족이었다. 백부의 친손자와 고모의 외손녀가 모두 내족이고, 외삼촌의 친손자와 이모의 외손녀가 모두 외족이었다. 부계만을 별도로 범주화하여 부르는 용어는 없었다.

친족의 구조가 혈연계통을 차별하지 않고 개인(나)을 기준으로 방사형으로 뻗어나갔으므로 통념상의 친족 범위는 일정한 범위에서 동심원을 그렸다. 그리고 이 통념상의 친족범위에 기반하여 권리와 의무가 설정되었다. 사회 통념상의, 그리고 법률에서 정한 핵심 친족의 범위는 4촌이었다. 고려시대의 상피제와 조선전기『경국대전』의 무자녀 부·처가 남긴 유산의 상속 규정은 이를 잘 보여준다. 고려에서 상피 대상의 범위를 4촌으로 한정하였고, 조선전기에는 친족의 유산을 상속할 자격을 4촌까지만 인정하였다. 이는 방사형으로 뻗어나가면서 4촌 범위에서 동심원을 그리는 친족의식을 반영한다.

이렇듯 고려에서 친족의식은 개인을 기준으로 그물망처럼 펼쳐졌으며, 친족관계는 혈연의 계통과 관계없이 4촌 범위에서 동심원을 그렸다. 이러한 친족관계는 시조를 기준으로 조직된 부계친족집단이나 부계에 가중치를 두는 오복친조직과 구조가 전혀 다르다. 따라서 친족 관계가 개인의 삶을 규정하는 방식과 강도도 부계 의식이 강했던 조선시대와 크게 달랐다.

사촌의 경우 친·외·이종·고종이 모두 동일한 비중을 지니므로, 실제적인 관계에서는 개인의 취향과 의지가 크게 작용하였다. 친사촌을 멀리하고 이종사촌과 가깝게 지낼 수도 있었다. 친족관계의 이와 같은 특성은 정치세력의 결속에서 잘 확인된다. 고려전기에 이자의와 이자겸은 친사촌 관계였다. 이자의는 계림공[숙종]과 맞서다 패망한 반면 이자겸은 건재하였을 뿐더러 그의 딸이 숙종의 아들 예종과 혼인하여 인종을 낳았다. 이는 정치세력의 결속에서 혈연이 중요하게 작용할지라도 양측적 혈연의식으로 인해 선택의 자율성이 매우 컸음을 알려준다.

자녀균분상속

상속관행도 고려시대의 양측적 혈연의식을 잘 보여준다. 고려의 상속은 철저한 균분 원칙에 의거하여 시행되었다. 분재문서가 남아 있지 않아 구체적인 사례는 확인하기 어렵지만 역사 기록과 15세기의 분재문서를 통해 분재의 원칙을 확인할 수 있다. 『고려사』에는 부모가 자녀에게 불균등하게 나누어 준 사건을 심리하여 균등하게 고쳐 준 재판 사례가 수록되어 있다. 이 사례는 재판을 담당한 관리를 칭찬하려는 의도에서 수록되었다. 여러 딸들 중에서 유일한 아들이라는 이유로 노비를 더 주려하자 굳게 사양하여 균분하게 한 사례도 확인된다. 이 역시 사양한 아들을 칭찬하기 위한 기록이다.

조선초기인 15세기의 분재문서에서는 균분원칙뿐 아니라 균분을 이루기 위한 구체적인 분재 방법까지 확인된다. 부모 생전과 사후를 물론하고 균분이 아닌 경우는 확인되지 않는다. 특히 부모 사후에는 합의나 타협이 아닌 엄격한 균분이 이루어졌다. 형제자매는 모두가 승복하는 균분을 이루기 위해 '집주執籌' 방식을 채택하였다. '집주'는 곧 제비뽑기를 뜻한다. 상속자들은 노비를 노奴·장壯·약弱으로 삼등분하였다. '노'에 해당하는 노비의 이름을 찌나 쪽지에 써서 한 곳에 모아놓고 형제자매가 태어난 순서대로 뽑았다. '장'과 '약'도 동일한 방식으로 뽑았다. 토지 역시 비옥도에 따라 나누어서 쪽지에 기재해 놓고 뽑았다. 이렇게 하면 늙은 노비, 젊은 노비, 어린 노비, 기름진 토지, 거친 토지를 골고루 나눌 수 있었다. 약간의 불평등이 발생할지라도 상속자 본인의 행위로 인한 결과이므로 기꺼이 승복할 수 있었다. 상호 이해가 일치될 경우에는 집주의 결과로 얻은 노비나 토지를 교환하였다. 이렇게 하여 모두가 승복하는 균분을 이룰 수 있었다.

그런데 상속 대상 중에는 직전職田이나, 음서, 직역처럼 분할할 수 없으면서 남성만이 승계 자격을 갖는 공적인 것들이 있었다. 이에 대해 국가에서 법으로 승계의 자격과 순서를 정하였다. 국가가 정한 원칙은 '적장嫡長' 우선이었다. 그러나 이 원칙이 부계에 국한한 승계를 뜻하는 것은 아니었다. 직역 부담자가 사망하였을 경우 친자親子와 친손親孫에게 승계의 우선권이 있지만, 이어 사위와 외손도 승계할 수 있었다. 기준인의 공로에 의해 후손이 관직을 받는 음서를 보면, 아들에서 내외손, 내외 증손으로 확대되어 갔다. 마침내 '협칠녀挾七女', 즉 공을 세운 기준인의 딸과 외손녀

를 포함하여 내리 7대를 여성만 개재된 후손에게까지 음서를 주라는
명령이 내려졌다.

　이러한 사례들은 국가에서 정한 '적장' 우선의 원칙이 비부계를 차별하
는 것이 아니었음을 알려준다. 아버지가 사망하면 장성한 아들이 직을
승계하는 것이 당연하기에, 적장 우선의 원칙이 천명되었을 뿐이다. 아들
이 없으면 딸과 결혼한 사위, 장성한 손자나 외손자가 승계하는 것 역시
당연한 일이었고 이에 이들을 포함한 승계 규정이 제정되었다. 이는
남성 단독 승계에 대한 국가의 규정에서도 양측적 혈연의식에 기반한
상속 원리가 작용했음을 알려준다.

　국가에서는 민간의 재산 상속에도 적장 우선의 원칙을 천명하였다.
그러나 이는 적장자 단독 상속과 전혀 다른 것으로, 자녀의 수로 나누어떨
어지지 않은 재산의 처리 규정이었다. 형제자매가 3인인데 노비가 5구인
경우처럼 여분이 남아 완전한 균분이 불가능한 경우 남는 재산을 태어난
순서대로 차지하게 한 것이다. 조선전기 분재문서에서는 상속내역과
서명 부분을 형제자매의 성별과 무관하게 태어난 순서대로 기재하였다.
이 역시 적장 우선의 원칙과 부합한다.

3) 포괄적 친족용어와 부계의식이 작용하지 않는 성씨

　고려시대에는 혈연을 통합적으로 인식했으므로 부계와 비부계를 구별
해 부르는 지칭이 없었다. 성별과 혈연거리만 같으면 동일한 지칭으로
포괄하였다. 조선후기는 물론 지금도 아버지의 아버지를 '(친)할아버지'
로, 어머니의 아버지를 '외할아버지'로 구분해서 부르지만 고려시대에는
모두 동일한 지칭을 적용하였다. 아버지의 누이와 어머니의 언니, 아버지
의 형제와 어머니의 오라비도 구분하지 않고 하나의 지칭으로 포괄하였
다. 한아비[할아비]로 내외조부 즉, 친할아버지와 외할아버지를 포괄하였

다. 백숙부와 외삼촌은 '아자비(앚+아비)[叔父]'로, 고모와 이모는 '아ᄌ미(앚+ᄋ미)[叔母]'로 포괄하였다. '앚'은 버금의 뜻이므로 '아자비'는 '아버지에 버금가는 분', '아ᄌ미'는 '어머니에 버금가는 분'이라는 의미이다. 이처럼 혈연을 따지지 않고 포괄적 지칭을 사용한 것은 양측적 혈연의식으로 인하여 특정 혈연계통을 구분하여 중시하지 않았고, 그 결과 폐쇄적 혈연집단도 존재하지 않았기 때문이다.

한편, 혈족의 처는 혈족을 기준으로 하는 간접 지칭을 사용하였다. 예를 들어 아자비의 부인은 '아자비겨집'이었고, 아ᄌ미의 남편은 '아ᄌ미남진'이었다. 물론 평상시에는 아자비겨집도 '아ᄌ미'로 아ᄌ미남진도 '아자비'로 호칭하였다. 그러나 외부인에게 소개하거나 법적인 문서에 기재할 때에는 '아자비겨집[叔父妻]'이나 '아ᄌ미남진[叔母夫]'으로 지칭하였다.

양측적 혈연의식으로 인하여 고려시대에는 성씨의 의미도 조선후기와 크게 달랐다. 조선후기 이래 성씨는 부계혈연에 근거한 집단과 소속의식을 나타내는 역할을 하였다. 그러나 고려시대의 성씨에는 이와 같은 기능이 없었다. 성씨를 바꾸는 조치가 이를 잘 보여준다. 고려에서는 피휘법避諱法을 적용하여 임금의 이름과 같은 음을 내는 성씨를 바꾸게 하였다. 이러한 사례는 중기인 신종과 후기인 충목왕 때 발생하였다. 이때의 명령에서는 어머니의 성씨를 따르고, 부모의 성씨가 같은 경우에는 조모나 외조모의 성씨를 따르게 하였다.

'예천권씨'는 이러한 명령의 결과로 성립하여 지금까지 유지되고 있다. '예천권씨'의 선조는 본래 예천에서 호장을 세습하던 '흔昕'씨였다. 그러나 충목왕의 이름을 피하라는 명령에 따라 어머니 안동권씨를 따라 '권權'으로 성씨를 바꿔 현재에 이르고 있다. 이는 고려후기까지 성씨에 부계집단을 표상하는 기능이 없었음을 알려준다. 그러한 기능이 있었다면 단일 성씨의 인물들에게 어머니의 성씨를 따르게 하는 명령은 성립할 수 없었을 것이다. 일괄적으로 다른 글자를 택하여 바꾸게 했을 것이다.

조선후기에 정조가 특정인의 성씨를 '구仇'에서 '구具'로 바꾸게 하자 모든 '구仇'씨들이 '구具'로 바꿀 것을 청원하여 뜻을 이루었다. 조선후기에는 성씨 '구仇'를 매개로 혈연의식을 공유하는 부계집단이 존재한 것이다. 그러나 고려에서는 어머니의 성씨를 따르게 하여 단일 성씨를 사용하던 인물들을 각각 다른 성씨로 흩어지게 하였다. 이는 고려시대의 성씨에 부계의식과 부계집단을 표현하는 기능이 없었음을 알려준다.

따라서 계보기록에 '~씨 족도', '~씨 족보'와 같은 명칭을 붙일지라도 여기에 해당 성씨만 수록된 것이 아니었다. '~씨'는 기록이 시작되는 첫 인물의 성씨에 불과하였다. 이후 수대에 걸쳐 내외손을 모두 기록한 결과 혈연과 혼인으로 관계되는 모든 인물이 수록되었다. 「해주오씨족도」(1401), 「안동권씨족도」(1454~1456), 「안동권씨족보(성화보)」(1476) 등 현전하는 15세기의 계보기록은 모두 이와 같은 방식으로 작성되었다.

4) 부부 관계와 가족 구성

부·처 관계의 평등성과 유동성

고려에서는 양측적 혈연의식으로 인하여 부부 관계가 수평적이었다. 부·처 중 일방이 타방에 종속되지 않았다. 자녀를 두지 못한 부·처의 재산을 남편이나 아내가 소유하지 못하고 사망자의 혈연이 상속한 것은 부·처의 상대방에 대한 독립성을 잘 보여준다. 다만, 고려의 부부 관계가 종교적 신념이나 학문적 윤리의식, 법규정 등에 의해 규율되는 것이 아니었기에 부부 관계는 유동적이었다. 고려의 부·처 형태와 부부 관계는 보편적인 관행 속에서 개인의 선택에 의해 결정되었다.

대부분의 국왕은 우월한 지위로 인하여 복수의 배우자를 맞이하였다. 그러나 소수의 국왕은 평생 단 한 명의 배우자와 살았다. 고려전기에 숙종은 명의태후 류씨 말고는 다른 배우자를 두지 않았다. 무신집권기인 고려중기에는 이러한 현상이 더욱 두드러졌다. 이 시기에 즉위한 6명의 국왕 중에는 동시에 2인 이상의 후비가 생존한 사례가 없다.

다수의 국왕이 복수의 배우자를 맞이하는 한편, 소수는 한 명의 배우자만 맞이한 것은 다처가 가능한 상황 속에서 국왕의 의지가 작용한 결과라고 평가할 수 있다. 국왕은 초월적 지위를 배경으로 희망하는 대로 배우자를 맞을 수 있었지만, 원하지 않거나 권신에게 위축되었을 때에는 단 한 명의 배우자만 맞이할 수도 있었던 것이다. 국왕의 부·처 형태는 다처제가 가능한 속에서 개인의 선택에 달린 것이었다.

국왕을 제외한 지배층에서는 일부일처가 압도적이었다. 이는 양측적 혈연의식의 작용과 더불어 신분과 지위가 동등한 가문끼리 결합하는 신분내혼 때문이었다. 고려 전·중기에 국왕 이외의 남성이 복수의 배우자를 맞은 경우는 국왕을 능가하는 권력을 누린 최충헌에게서 유일하게 확인된다. 그 외에는 한 명의 처만 확인된다. 동등한 신분끼리 혼인하였고, 부·처의 친족관계가 각자의 혈연에 집중되었으므로 남성은 복수의 처를 두기 어려웠다. 이미 처를 두고 다시 결혼하려 하면 처와 처의 친족이 강하게 막았을 것이다. 그러나 권력이나 재력이 특별히 우월하면 국왕이나 최충헌처럼 다처를 취할 수도 있었다. 서긍이『고려도경』에서 "부유한 집에서는 3~4인에 이르는 처를 취하고 조금이라도 안 맞으면 이혼한다"고 한 것도 이를 뒷받침한다. 그러나 고려중기까지 사료상의 사례에서는 지배층의 다처 사례가 확인되지 않는다. 절대다수가 일부일처의 관계를 유지했다고 판단할 수 있다.

고려시대에 부·처는 일방이 타방에 속하지 않았으므로 임의롭게 이혼하고 재혼할 수 있었다.『고려사』에서는 성공한 남성이 처를 버리고 재혼하는 경우가 흔했음이 확인된다. 이러한 이혼은 남성이 부인과 자녀를 두고 처가에서 나오는 방식으로 이루어졌으므로 여성의 주거 여건에 큰 충격을 주지는 않았다. 여성이 남편을 미워하여 이혼한 사례도 확인된다. 남·녀 모두 개인의 의지에 따라 이혼이 가능하였으므로 재혼도 흔하게 이루어졌다. 특히 배우자가 사망한 뒤의 재혼은 당연한 것으로 여겨졌다. 고려에서 지배층 여성의 재혼 문제는 고려가 멸망하기 직전인 공양왕 1년(1389)에 처음으로 거론되었다. 『삼강행실도』에 실린 조선 세종 이전의 '열녀'들도 대부분 남편 사후에 재혼하지 않았다는 이유로 칭찬받았다.

부·처의 이혼이 가능하고 재혼이 당연했으므로 '정조貞操'의 개념도 조선시대에 성리학자들이 설정한 것과 의미가 크게 달랐다. 중국에서 유래하여 조선에 정착한 '정조'란 다분히 생물학적인 것이었고 여성에게만 적용되는 것이었다. 이는 부인이 남편에게 귀속되며, 그 귀속은 성행위로써 확인된다는 인식에 기반하였다. 그러나 남녀 모두 이혼과 재혼의 주체가 되었던 고려에서는 이러한 부부 관계도, 이러한 관계 위에 설정된 정조의식도 존재하지 않았다. 역대 국왕의 후비 중에는 전 남편과 사별하거나 이혼한 여성이 적지 않다. 성관계를 맺는 것을 '순결'을 잃는 것으로 여기고, 남편 사후에 '수절'하는 것을 '정조'를 지키는 것으로 여겼다면 국왕이 이혼녀나 미망인과 혼인하는 것은 불가능하였을 것이다.

고려시대에 '정조'가 지닌 의미는 상호 신의의 원칙에 입각한 것이었다고 보인다. 이규보가 지은 묘지명에서는 "혼인한 이후에 다른 여자와 관계한 일이 없다."는 망자의 말을 기록하고 '이 역시 사람마다 하기 어려운 일'이라는 평을 달았다. 이처럼 고려시대의 정조는 남·녀 모두에게 적용되었고 강제적이거나 의무적인 것이 아니라 개인의 성향이나 선택의 차원에서 발휘되었다. 그 결과 부부간의 노골적인 불화와 갈등이 깊은 애정과 사랑만큼이나 외부로 쉽게 노출되었다. 『고려사』에 기록된, 부인의 행패에 못 이겨 남편이 가출하거나 부인의 폭력으로 남편이 사망한 사례는 부·처 관계의 수평성과 역동성을 잘 보여준다. 양측적 혈연의식과 신분내혼으로 인하여 여성은 일방적으로 불리한 위치에 처하지 않을 수 있었다. 대등한 관계 속에서 부·처의 성격과 처한 조건 등에 따라 지극한 애정이나 심각한 갈등이 외부에 노출되었다.

처가 거주와 여성 중심의 자녀 양육

부·처 관계가 평등하고 역동적이었던 만큼 가족의 구조와 가정의 분위기도 남성 중심이 되기 어려웠다. 고려에서는 대개 남성이 처의 집으로 장가를 들었다. 그 결과 3대 가족은 노부부가 딸·사위, 외손자녀와 동거하는 형태가 되었다. 외부로 드러나는 모습만 보면 모계 사회의 가족구성과 흡사하였다. 그러나 고려의 솔서혼은 보편적 관행이었을 뿐 이를 옹호하는 형이상학적인 신념이나 법률에 의해 규율되는 것이 아니었다. 여자가 남편의 집으로 이동하는 방식의 혼인 역시 가능하고 정당한 것이었다. 성종이 찾아낸 미담 중에는 시어미를 잘 섬기지 않는다고 처를 버린 효자나 재혼하지 않고 시부모를 정성껏 섬긴 과부들의 이야기가 포함되어 있다. 인종 때에는 시어미를 잘 섬기지 않는다는 이유로 부인을 자식도 딸리지 않고 쫓아낸 사례가 확인된다. 이들 사례는 시부모와 동거하는 가족구성에서 발생한 것이다.

그러나 전체적으로 보면 남자가 처의 집으로 장가를 드는 비율이 월등히 높았다. 고려에서 솔서혼이 보편적인 혼속이 된 것은 남성과 여성의 사회적 분업에 기인했다고 보인다. 고려에서는 양측적 혈연의식으로 인하여 남성과 여성의 가족·친족관계가 혼인한 뒤에도 그대로 유지되었다. 그런데 남성과 여성은 성역할이 구분되었다. 남성은 영농이나 관직생활 등 외부 활동에 치중하였고, 여성은 집안에서 양육과 가사를 전담하였다. 이에 여성은 자신의 부모, 자녀, 조카 등 혈족을 위해서는 수고를 아끼지 않았다. 반면에 남편의 부모, 남편의 전처자녀, 남편의 조카를 위해 수고하는 것은 긍정하지 않았다. 딸·사위와 동거하는 것은 아들·며느리와 동거하는 것보다 불화의 소지가 적었다. 이에 남성이 처가로

장가드는 혼속이 성립했다고 보인다.

그러므로 고려의 처가 거주 관행은 모계의식을 반영하는 것이 아니라 양측적 혈연의식이 작용하는 가운데 편의를 따른 결과였다고 평가할 수 있다. 여자가 시가로 이동하는 방식의 혼인도 부당하거나 비정상적인 것이 아니었다. 다만, 처가 거주에 비해 사례가 희소할 뿐이다. 부모의 마음 나아가 사회의 통념은 아들과 딸 그리고 그들이 낳은 자녀를 차별하지 않고 동등하게 사랑하는 것이었다. 딸의 마음은 시부모가 아니라 친부모에게 효도를 다하는 것이었다.

처가 거주가 보편적인 관행이었으므로 고려에서는 가족 구성이 여성을 중심으로 이루어지고, 여성의 권한이 강하였다. 더불어 이혼이 수월하고 재혼이 당연시된 만큼 가족의 구성도 조선시대에 비해 복잡하고 다양하였다. 조선시대와의 차이점은 남편이나 부인 중 일방이 사망하는 경우를 상정하면 잘 이해된다.

고려에서 아버지나 어머니의 사망은 대부분 어머니의 집에서 발생하였다. 따라서 아버지가 사망해도 자녀는 어머니의 집에서 어머니의 보호를 받으면서 살았다. 어머니가 재혼하더라도 그것은 계부가 어머니의 집으로 들어오는 방식으로 이루어졌다. 가정의 주도권은 여전히 어머니와 외조부모가 행사하였으므로 계부에게 학대나 폭력을 당할 가능성은 크지 않았다. 어머니와 계부 사이에서 자녀가 출생하더라도 그것이 갈등의 소지가 되지는 않았다. 성씨는 달랐지만 같은 어머니의 보살핌을 받으며 성장했으므로 형제자매로서의 우애가 형성되었다. 재산다툼으로 인한 불화의 소지도 없었다. 어머니의 재산은 전체가 균분하고, 전부前夫의 재산은 전부의 자녀가, 후부後夫의 재산은 후부의 자녀가 균분하였다. 고려시대의 기록에서는 성씨 다른 형제가 돈독한 우애를 발휘한 사례가 드물지 않게 확인된다.

반면에 어머니의 사망은 가족의 안정을 크게 위협하였다. 처가 사망하

면 남편은 그 집을 떠나 재혼해야 하였다. 그러나 자녀와 함께 이동하기는 어려웠다. 재혼은 남성이 후처의 집으로 이동하는 형식으로 이루어졌을 뿐더러 후처, 즉 계모는 전처의 아이들에게 애정이나 의무감을 느끼지 않았기 때문이다. 이에 아버지가 재혼한 자녀는 대개 아버지와 떨어져 지내야 하였다. 처가 거주 관행으로 인하여 계부는 가족의 구성원이 되었지만 계모는 그렇지 않았던 것이다. 이에 어머니가 사망하고 아버지가 재혼한 아이들은 내·외조모, 이모·고모 등 여성 혈족의 보살핌을 받으며 성장하였다. 이모·고모에 해당하는 고려시대의 지칭이 '버금어미'의 의미를 지닌 '아ᄌᆞ미'인 것도 계모의 전처자녀 양육을 당연시하지 않았던 당시의 정서를 반영한다. '아ᄌᆞ미'가 양육하는 것을 당연시하는 것이 당시의 통념이었다. | 이종서 |

참고문헌

김기덕, 『고려시대 봉작제 연구』, 청년사, 1998.

김두헌, 『조선가족제도연구』, 을유문화사, 1948.

박현수, 『일제의 조선조사에 관한 연구』, 서울대 박사학위논문, 1993.

이종서, 『고려·조선의 친족용어와 혈연의식』, 신구문화사, 2009.

최재석, 『한국가족제도사연구』, 일지사, 1983.

노명호, 「고려의 오복친과 친족관계 법제」 『한국사연구』 33, 1981.

노명호, 「고려시의 승음혈족과 유족층의 음서기회」 『금철준박사화갑기념사학논집』, 1983.

노명호, 「이자겸일파와 한안인일파의 족당세력-고려중기 친속들의 정치세력화 양태」 『한국사론』 17, 1987.

박병호, 「우리나라 솔서혼속에 유래하는 친족과 금혼범위-모족·처족을 중심으로-」 『법학』 4-12, 1962.

이종서, 「조선전기 균분의식과 "집주(執籌)"」 『고문서연구』 25, 2004.

이종서, 「고려시대 가족·친족 연구의 역사와 반성」 『역사와 현실』 66, 2007.

보론 4

율령과 사회정책

1) 율령제도과 형정체제

고려율의 특징과 법전의 편찬

고려의 형법은 "고려 일대의 제도는 대체로 모두 당나라를 본받았는데, 형법에 이르기까지 역시 당률唐律을 채택하고 그때그때의 사정도 참작하여 사용하였다."는『고려사』형법지 서문 그대로, 당나라의 법률을 근간으로 하였다. 하지만『고려사』에 남겨진 고려율 71조에는 송·금·원의 영향을 받았음이 확실한 조문들뿐만 아니라 고려만의 독자적인 율문도 포함되어 있다. 고려가 독자적인 법전을 편찬하였다는 분명한 증거는 없지만, 당대當代의 기록에 "본국입법本國立法"이나 "본조율本朝律"이라는 어휘가 있는 것으로 보아 고려율이 제정되었음은 부정하기 어렵다. 고려는 당률을 기본으로 하되, 자신들의 특수한 환경에 맞게 율문을 조정하였으며 경우에 따라 송률·금률·원률을 수용하고 나아가 고려만의 독자적인 율문도 제정하였다고 하겠다.

이렇게 제정된 고려율은 사회 변화에 맞추어 그때그때 하달된 왕명에 근거하여 부분적으로 수정·보완되었다. 즉, 제制나 교敎 형태로 제정된 왕명이 점차 하나의 판례判例로 되어 유사한 사건에 적용되곤 하였다. 물론 시대의 변화에 조응하여 고려율 전반에 대한 전면적인 재검토가 이루어지기도 하였다. 즉, 문종 원년(1047)과 숙종 8년(1103)에 율관律官들이 형서刑書를 상교詳校하였던 것이 그 사례인데, 그럼에도 불구하고 현실과 법률의 괴리현상은 고려후기에 더욱 두드러지게 되었다. 특히 '원간섭기'에는 원의 법률인 『지정조격至正條格』·『대원통제大元通制』가 고려율과 자주 충돌을 일으키자, 판례에 의거하여 판결하는 일이 더욱 많아졌다. 이후 판례에 의거한 형정운영의 불안정성 문제가 제기되어 고려말에 정몽주鄭夢周가 『지정조격』과 『대명률大明律』에 고려의 독자적인 법률을 참작하여 새로운 형서刑書를 편찬하기에 이르렀다.

한편, 법 형식에 있어서 고려사회는 율·령·격·식이라는 중국의 전통적인 체제를 수용하였다. 당나라는 형법에 해당하는 율律과 행정법에 가까운 영令을 중심으로 법을 운영하되, 율령에 대한 보충법으로서의 격格과 시행세칙인 식式을 아울러 제정하였다. 그러나 사회의 변화·발전에 따라 당의 율령이 사회구조와 충돌하는 일이 잦아지자, 송대에 이르면 율의 보충적 효력을 가진 특별법으로서 칙勅을 제정하여 칙·령·격·식의 체제를 구축하였다. 거기에 판례를 모은 조법사류條法事類를 더하여 형정을 운영하여 나갔다. 이후 원대에는 당나라의 영과 율에 해당하는 조격條格과 단례斷例에 의거하여 형정을 펼쳐 판례를 중시하는 성향을 더욱 강하게 드러냈다. 고려는 중국의 위와 같은 형식상의 변화를 어느 정도 수용하였으나, 기본적으로는 당의 율·령·격·식의 체제를 따랐다고 할 수 있다.

형벌체계

고려율의 복합성은 형벌체계에서 잘 드러난다. 고려전기의 형벌체계는 당률의 오형五刑을 기본으로 송률의 절장법折杖法과 고려의 독자적인 부가형附加刑인 귀향형歸鄕刑과 충상호형充常戶刑을 덧붙인 형태로 구성되었으며, 고려후기에 이르면 원률과 명률의 영향으로 새로운 형벌이 추가되기도 하였다.

오형이란 태·장·도·유·사笞·杖·徒·流·死의 형벌체계로, 태와 장은 신체에 매질을 가하는 신체형이고, 도와 유는 인신의 자유를 구속하는 자유형이며, 사는 목숨을 앗아가는 생명형이다. 태형과 장형은 죄질에 따라 각각 5등급으로 나누어 매질을 하는 형벌이다. 즉, 태형은 10·20·30·40·50대로 나뉘며, 태형보다 무거운 형벌인 장형은 60·70·80·90·100대로 등급이 구분된다. 도형은 죄수의 신체를 구금하고 동시에 강제 노역을 시키는 형벌로, 구속 기간은 1년·1년반·2년·2년반·3년의 5단계로 구성되어 있다. 유형은 죄수를 변방이나 섬으로 보내 거주를 제한하고 노역을 부과하는 추방형으로, 2,000리·2,500리·3,000리의 3종류가 있다. 사형은 죄수의 목숨을 앗아가는 형벌로, 목을 매달아 죽이는 교형과 목을 베는 참형으로 나뉜다.

그런데 고려에서는 범죄의 구성요건을 규정하는 형률刑律이나 죄질에 따라 형벌의 양을 규정하는 양형量刑은 당률과 같은 5형체계이지만, 형벌을 집행하는 행형行刑에서는 송의 절장법이 적용되기도 하였다. 절장법은 형벌을 집행할 때 신체형과 자유형 대신에 장형을 가하는 행형체계이다. 절장이 당률의 오형을 법정형의 기본체계로 그대로 남겨둔 채 죄수에게 양형된 오형을 근거로 환산한 절장수折杖數에 따라 형벌을 집행하는 보조적 체제였던 만큼, 두 형벌체계 사이에는 다음 [표]와 같은 환산비율이 마련되었다.

고려 국초에 이루어진 절장법의 수용은 오형으로 구성된 형벌을 장형과 사형이라는 이원체계로 바꾸어 집행하도록 하였고, 또한 실제 집행되는 장수杖數를 대폭 축소시키는 감형의 효과를 주었다. 예를 들어, 태형 10대로 양형된 죄인이 절장법의 적용을 받을 경우 장형 7대로, 도형 1년이면 장형 13대로, 유형 2,500리이면 장형 18대에 배역配役 1년으로 감형된 형벌이 집행되었던 것이다.

고려의 전통적인 형벌로는 귀향형과 충상호형이 있다. 이는 오형의 법정형에 추가적으로 양형되는 부가형附加刑이다. 귀향형은 관리, 관리의 가족, 승려, 군인 등이 특정 범죄를 지었을 경우 본관지本貫地로 추방함으로써 지배층으로서 누리던 특권을 빼앗아 사실상 서인庶人으로 강등하는

[표] 고려율과 송률의 절장 환산비율

오형\절장	고려율		송률	
	절장	속동(贖銅)	절장	속동
태형 10	절장 7	속동 1근	둔장(臀杖) 7	속동 1근
20	절장 7	속동 2근	둔장 7	속동 2근
30	절장 8	속동 3근	둔장 8	속동 3근
40	절장 9	속동 4근	둔장 8	속동 4근
50	절장 10	속동 5근	둔장 10	속동 5근
장형 60	절장 13	속동 6근	둔장 13	속동 6근
70	절장 15	속동 7근	둔장 15	속동 7근
80	절장 17	속동 8근	둔장 17	속동 8근
90	절장 18	속동 9근	둔장 18	속동 9근
100	절장 20	속동 10근	둔장 20	속동 10근
도형 1년	절장 13	속동 20근	척장(脊杖) 13	속동 20근
1년반	절장 15	속동 30근	척장 15	속동 30근
2년	절장 17	속동 40근	척장 17	속동 40근
2년반	절장 18	속동 50근	척장 18	속동 50근
3년	절장 20	속동 60근	척장 20	속동 60근
유형 2000리	절장 17 배역(配役) 1년	속동 80근	척장 17 배역 1년	속동 80근
2500리	절장 18 배역 1년	속동 90근	척장 18 배역 1년	속동 90근
3000리	절장 20 배역 1년	속동 100근	척장 20 배역 1년	속동 100근

형벌이다. 귀향형보다 한 단계 높은 형벌인 충상호형은 서인으로 강등할 뿐만 아니라 사면될 가능성까지 차단하여 다시는 관직에 임용될 수 없게 하는 형벌이다.

한편, 신분제 사회였던 만큼 고려의 지배신분층들은 형벌의 집행에서 다양한 특혜를 누렸다. 관인의 경우 관직으로 형벌을 대신하는 관당官當이 가능하였으며, 돈으로 형벌을 대신하는 속동贖銅의 특혜도 누릴 수 있었다. 물론 나이가 많거나 병이 있을 경우 일반인들도 속동을 받을 수 있었으나, 그 주 대상은 지배신분층이었다.

형법인식과 형정체제

고려왕조는 "형刑으로써 이미 일어난 일을 징벌하고 법法으로 아직 일어나지 않은 일을 예방한다."고 하여, 범죄의 예방을 법의 존재 이유로 내세웠다. 따라서 행형行刑 과정에서 완형주의적緩刑主義的 모습이 자주 드러났는데, 그러한 사실은 "법망이 엄하지 않았으며 형벌을 완화하고 사면을 자주 하였다."는 『고려사』 형법지 서문의 기록에서뿐만 아니라 "죄가 의심스러우면 가벼운 쪽을 따른다."(『고려사』 권85, 형법2 휼형 덕종 3년 7월)는 당대인의 언사에서도 분명히 알 수 있다. 형정의 기본 방향이 범죄를 예방하고 억울한 죄수가 나오는 것을 최대한 방지하는 데 있었던 것이다.

하지만, 고려말에 이르면 형벌을 혹독하게 집행하고 남형濫刑하는 일이 자주 발생하였다. "형벌은 잘못된 것을 징계하는 것으로 죽이기 위한 것이 아니며, 백성들로 하여금 다시는 죄를 짓지 못하게 하려고 아픔을 극심하게 느끼도록 만드는 것이다. 최근에 서울과 지방의 관리들이 거듭 형벌을 신중하게 적용하지 않아 이미 장형杖刑을 집행하고 또 속전贖錢까지 받으니 민들이 어떻게 이것을 감당하겠는가? 지금부터 장형과 속전을 병행하지 못하도록 하고, 만약 이를 어기는 자가 있으면 어떤 사람이라도 관청에 나가 고소하는 것을 허락할 것이며, 징수한 금액의 배를 돌려줄 것이다."라는 공민왕 20년(1371)의 교서敎書가 그러한 정황을 잘 보여준다.

고려에서는 상서형부尙書刑部가 형정업무를 총괄하였고, 죄인의 치죄治罪·구금·처벌 등의 업무는 전옥서典獄署와 가구소街衢所에서 분장하였다. 지방의 형정은 사옥정司獄正 또는 사옥사司獄史라 불리는 예하의 향리를 거느린 수령이 전담하였다. 한편, "죄 없는 사람을 죽이기보다는 차라리 법을 어기는 실수를 하라."(『고려사』 권85, 형법2 휼형 예종 원년 7월조)는 당시 임금의 명령에서도 알 수 있듯이, 고려는 재판에 신중을 기하였다. 이에 문종은 죄수를 국문할 때는 반드시 관원 3인 이상이 배석하도록 하였고, 숙종은 죄수를 심문할 때 증거가 명확하면 고문을 하지 말도록 하였다. 또한 작은 사건일 경우 20일 내로 처결하게 하고 도죄徒罪 이상의 큰 사건일 경우에도 30일 안에 재판을 끝내도록 하여, 백성들이 가급적

재판에 시달리지 않게 하였다. 또한 사형죄로 판결되었을 경우 소재지 관리가 중앙에 보고하여 중앙에서 다시 심리하도록 하였으며, 그 뒤 국왕에게 아뢰어 재가를 얻은 뒤에야 사형을 집행하도록 하여, 억울하게 목숨을 잃는 일이 없도록 하였다.

2) 진휼정책과 사회시설

진휼정책

농업이 주산업이었던 전근대 사회에서 자연재해나 역병은 나라의 근간을 위협할 만큼 심각한 위기를 초래하는 재앙이었다. 취약한 재생산 기반과 농가의 낮은 자립도로 인해 재이災異가 고려사회에 끼친 악영향은 심대하고 광범위하였다. 예를 들어, 거듭된 수재와 한재로 기근이 잦았던 예종 즉위년(1105)에는 10집 중 9집이 비었다고[十室九空] 할 정도였으니 기상이변의 피해가 얼마나 컸는지 알 수 있다. 이에 고려왕조는 일찍이 여러 진휼정책賑恤政策과 의료정책을 마련하고 관련 기구를 설치·운영함으로써, 농민의 생활안정을 도모하고 덕치德治와 민본民本이라는 유교정치이념을 실천하였다.

고려에서의 구휼은 재해의 정도에 따라 세금을 감면하거나 물자를 직접 나누어주거나 빌려주는 형태로 진행되었다. 세금을 감면해주는 재면제災免制는 수재·한재·역병 등의 재해로 인한 농지農地의 손상 비율이 4할 이상이면 조租를, 6할 이상이면 조·포布를, 7할 이상이면 조·포·역役을 면제해주는 방식이었다. 재해가 발생하면 가까운 도道는 8월까지, 중간의 도는 9월 10일까지, 먼 도는 9월 15일까지 호부에 신고하도록 하였는데, 만약 피해지역의 주민이 이미 조세를 납부하였을 경우 다음 해의 조세를 감면해주기도 하였다. 이러한 세금의 감면뿐 아니라 종자도 분배해줌으로써, 피해 농민들이 최소한의 재생산 기반을 확보할 수 있도록 하였다.

진급賑給은 진휼 대상자에게 쌀·잡곡·소금·장醬·콩·땔나무·의복 등의 다양한 물자를 직접 주는 구휼책이다. 문종 6년(1052)에 개경에 심한 기근이 들자 3만 명의 굶주린 백성을 모아 쌀·조·소금·메주를 내려주었던 사례가 고려왕조가 행한 대표적인 진급이다. 이와 같이 직접적으로 물품을 하사하는 것 이외에 굶주린 백성들에게 죽이나 밥을 먹이는 설식設食도 고려왕조가 자주 행하였던 진급 중 하나이다. 예를 들어, 공민왕 3년(1354) 6월에 흉년이 들자 "유비창有備倉의 쌀 500석을 내어 죽을 쑤어 굶주린 민을 구제"한 것이 대표적이다.

구호품을 무상으로 지급하는 대신 빌려주는 형식의 구휼도 있었는데, 진대賑貸가 바로 그것이다. 다만 이 경우 고려왕조가 원금과 함께 이자를 상환 받았는지 여부는 불분명하다. 지속적인 구휼을 위해서는 원곡元穀의 보존이 필수적이라는 점에서 소량의 이자를 받지 않았을까 추정되기도 하지만, 충숙왕 5년(1318)에 "여러 도道의 곤궁한 백성이 식량이 없다고 호소하면 안찰염장관按察鹽場官은 창고를 열어 진휼하고 추수 때를 기다려 원금을 상환하게 하라."(『고려사』 권80, 식화3 진휼 水旱疫癘賑貸之制)는 하교로 보아 이식利息 행위를 하지 않은 것으로 보인다.

고려의 구휼대상에는 재해를 입은 이재민罹災民·역려자疫癘者뿐만 아니라 사회적으로 어려움에 처해 있다고 판단되는 홀아비·과부·고아·자녀 없는 노인이나 큰 질병이나 장애를 가진 사람들이 폭넓게 포함되었다. 신분적으로는 일반 양인뿐만 아니라 향·소·부곡 등에 거처하는 특수지역 민들도 진휼 대상이었는데, 국가적인 의무를 수행하지 않는 사노비私奴婢 도 포함되었는지 여부는 잘 알기 어렵다.

사회시설

고려왕조는 재해가 발생할 때마다 위와 같은 구제활동을 펴기도 하였지만 상설기구를 마련하여 백성들의 어려움을 보살폈다. 의창義倉과 상평창

常平倉이 상시적으로 진휼정책을 펼친 기관이라면, 동·서대비원東·西大悲院과 혜민국惠民局은 백성의 질병치료를 도왔던 의료 기구였다.

의창은 흉년에 곡식을 빌려주고 가을에 돌려받는 진대뿐 아니라 무상으로 곡식을 나누어주는 진급도 전개하여 명실상부한 대표적인 진휼기관으로서의 역할을 수행하였다. 의창은 태조가 설치한 흑창黑倉에서 시작된 기관이다. 굶주린 백성에게 곡식을 빌려주었다가 추수기에 돌려받는 일을 주로 담당하였던 흑창이 의창으로 이름이 변경된 시기는 성종 5년(986)이다. 성종은 이름을 의창으로 변경하였을 뿐만 아니라 기존의 기금에 1만 석을 더 보태고 조직도 대폭 확장하여 모든 주州와 부府에 설치하도록 하였다. 그러나 이러한 관곡官穀만으로는 재해민을 모두 구제하는 것이 어려웠던지 현종대에 별도의 기금을 확보하기에 이르렀다. 즉, 전국의 모든 토지에서 지목과 등급에 따라 의창미義倉米를 거두는 의창수렴법義倉收斂法을 제정하였던 것이다.

상평창은 본래 곡물의 가격을 조절하는 역할을 담당하던 기관이다. 상평창은 기본 자본금 128,000석의 절반인 64,000석을 운용자금으로 하여 운영되었다. 그 중 5,000석은 개경의 경시서京市署에 주고, 나머지 59,000석은 서경과 주군 15개소에 나누어 주어 곡물 가격을 조절하는 데 사용하게 하였다. 즉, 곡물가격이 떨어지면 시세보다 비싸게 곡물을 사서 창고에 비축하였다가 오르면 싼 값으로 팔아 백성들의 생활안정에 기여하였다.

개경의 동쪽과 서쪽에 설치되어 흔히 동·서대비원으로 불렸던 대비원은 의료기관으로서 병자를 치료하였을 뿐 아니라 의지할 데 없는 빈민들을 돌보아 주는 역할도 담당하였다. 정종 2년(1036)에 동대비원을 수리하였다는 기록으로 보아, 설치시기는 그보다 앞선 것으로 보인다. 한편, 예종 7년(1112)에 설립된 혜민국惠民局은 대비원과 같은 구료기관救療機關인데, 대개 병자들에게 약을 제공하는 일을 주 업무로 하였다. 광종 14년(963)에 구휼기구로 설립된 제위보濟危寶도 점차 백성들의 질병을 치료하는 대민의료기구로 변모·운영되었다. 한편, 지방의 군현에는 약점사藥店史를 두어 지방민을 대상으로 의료활동을 하도록 하였다.

의료행위뿐만 아니라 진휼활동까지 병행하였던 이들 의료기관은, "혜민국·제위보·동서대비원은 본래 사람을 구제하였는데, 지금은 모두 폐허가 되었다"는 충숙왕 12년(1325)의 기록으로 보아, 고려후기에는 거의 허설화되어 제 역할을 다하지 못하였다고 하겠다.　　　　　| 이정란 |

참고문헌

辛虎雄,『高麗法制史研究』, 국학자료원, 1995.

영남대 민족문화연구소 편,『고려시대 율령의 복원과 정리』, 경인문화사, 2010.

이정훈 외,『고려시대의 형법과 형정』, 국사편찬위원회, 2002.

채웅석,『『高麗史』刑法志 譯註』, 신서원, 2009.

박걸순,「高麗前期의 賑恤政策」(Ⅰ)·(Ⅱ)『湖西史學』12, 1984·1985.

박종진,「高麗前期 義倉制度의 構造와 性格」『高麗史의 諸問題』, 삼영사, 1986.

박진훈,「고려시대 감옥(監獄)의 설치와 운영체계」『역사와 현실』47, 2003.

손홍렬,「사회정책과 사회시설」『한국사 15』, 국사편찬위원회, 1995.

오희은,「고려시대 ‘연고지 유배형’의 성격과 전개」『韓國史論』62, 2016.

魏恩淑,「원간섭기 元律令의 受容問題와 権貨令」『民族文化論叢』37, 2007.

이경록,「고려 전기의 대민의료체제」『韓國史研究』139, 2007.

이정란,「고려전기 절장법(折杖法)의 규정과 운용」『역사와 현실』75, 2010.

蔡雄錫,「高麗時代 歸鄕刑과 充常戶刑」『韓國史論』9, 1983.

Ⅱ. 기층민의 삶과 항쟁

1. 자연조건과 의식주 생활

1) 자연조건과 생활

자연조건은 인간생활에 영향을 미치는 자연계의 요소인 토양, 지질, 기후, 동물, 식물 따위가 갖추고 있는 제반 상태를 말한다. 특히 토양, 지질, 기후 등은 작물과 식물이 살아갈 수 있는 토대이므로 민의 의식주 생활과 불가분의 관계를 가진다.

한반도의 토양대는 남부지역에서부터 적색토·황갈색삼림토·갈색삼림토·회갈색삼림토·포드졸지역 등으로 분포하고 있고, 식물대도 남부지역에서 온대림·남부온대림·중부온대림·북부온대림·아한대림 등으로 이루고 있는데, 이들은 서로 비슷한 위도 상에 존재하고 있다. 그러므로 작물과 식물은 토양대와 식물대에 따라 서로 다른 자연조건에서 생존할 수밖에 없다.

한반도의 기후는 오늘날처럼 4계절의 계절적 변화가 뚜렷하였다. 기온이 위도에 따라 차이가 뚜렷하였는데, 북위 39~43°의 북부지역은 연평균 2.5~10℃이고 북위 33~37°의 남부지역은 12.5~15℃이지만, 위도에 따라 최저기온은 이보다 매우 낮았고 최고기온은 이보다 훨씬 높았다. 강수량은 연간 500~1500㎜ 정도로 여름철에 집중되는 경향이 많다. 강수량은 지역적으로 편차가 많은데, 전체적으로 제주도와 남해안, 한강 중상류,

청천강 중상류 등의 지역에서 많았고 한반도의 북부지역으로 올라갈수록 아주 적었다.

이러한 자연조건 속에서 자연재해는 빈번하였다. 한재는 고려 전시기에 발생하였는데, 특히 현종·선종·충렬왕·공민왕·우왕 때에 장기간 발생하여 농업에 큰 피해를 주었다. 수재는 한재처럼 그렇게 빈번하게 발생한 것은 아니지만 자연훼손과 인명·재산에 많은 피해를 주었고, 특히 음력 6월에 많이 발생하였다. 고려시대에는 기후의 한랭현상인 우박·대설·때 아닌 눈·이상저온 등이 나타났는데, 특히 12세기 전반기와 13세기, 14세기 후반기에 가장 한랭하였다. 이러한 자연재해는 농업에 직접적 영향을 주었을 뿐만 아니라 기근·질병·전염병 등의 주요한 요인이었다.

기후의 변화는 계절에 따라 의복의 종류를 다르게 입게 하였고, 작물도 파종과 수확의 시점이 달랐기 때문에 계절에 맞게 음식을 먹을 수밖에 없었다. 아마 가옥도 마찬가지였을 것이다. 이처럼 고려시대 자연조건은 민의 의식주생활에 절대적 영향을 줄 수 있었음을 유추할 수 있다.

2) 의생활

복식

의복은 능률적인 생산 활동을 할 수 있게 할 뿐만 아니라 민의 신분과 생활의 모습을 드러내는 중요한 징표이다. 『고려사』에 "서인들은 화려한 문양과 주름이 잡힌 고운 비단(紗縠)을 입을 수 없게 하고 다만 굵은 명주(紬絹)만 입도록 하십시오."라고 하여 옷은 분명하게 신분을 나타내고 있기 때문이다.

관복은 광종 4년(953)에 중국의 제도를 따르도록 하였고, 광종 11년(960) 4색(자삼·단삼·비삼·녹삼) 공복제를 시행하였다. 그리고 성종 때 최승로가 시무 28조를 건의하면서 조회 때 중국과 신라의 제도에 의거하여 관인들이 공란公襴(예복)과 신 및 홀笏을 갖추도록 하자고 하였다. 초기 관복은 신라의 양식을 토대로 하고 중국의 양식을 가미하여 모두 갖추었을 것이다. 이는 『삼국사기』에 김부식이 송에 사신으로 갔을 때 의관이 송의 사람들과 차이가 없었다고 한 것이나 『고려도경』에 송의 제도를 따랐다고 기록한 것을 통해서도 알 수 있다. 이러한 관복은 의종 때 다시 자삼·비삼·녹삼 등의 3색으로 변화되었으며, 이는 고려후기 일정 기간 동안 지속되었다.

민의 일반 생활복은 어떠하였을까? 『고려도경』에 왕은 평상시 쉴 때 검은 두건[皂巾]과 흰 모시[白紵] 도포를 입었는데, 일반 백성과 다를 게 없다고 하였다. 왕이 평상시 조건과 백저포를 입고 있었던 것처럼 일반 민도 조건과 백저포를 입었을 것이다.

한편 관복은 원의 간섭을 받으면서 변화가 일어났다. 원의 세조는 고려에 여섯 가지의 조칙을 내렸는데, 그 중 하나가 의관은 고려의 풍속에 따라 모두 고치지 말라고 하여 관복을 이전처럼 입도록 하였다. 이러한 원칙은 오래 가지 못하였는데, 인공수印公秀는 원종에게 원의 의복으로 바꿀 것을 압박하였다. 원종은 하루아침에 조상 대대로의 가풍家風을 갑자기 바꿀 수 없으니 자신이 죽은 후에 경들이 마음대로 하라고 하여 원의 관복의 수용을 거부하였다. 이러한 갈등은 곧 해소되었다. 원종 13년(1272) 세자인 충렬왕이 몽골식인 변발과 호복을 하고 귀국하자 탄식을 하고 우는 자가 있었다고 하였고, 이어 충렬왕 4년(1278)에 원의 의관을 착용하고 개체開剃하도록 하였다.

원의 의관에 대해서는 원에서 고려에 강하게 착용하도록 하지 않았다. 충렬왕이 원의 황제를 알현하였을 때 강수형康守衡에게 고려의 복색을 물었는데, "달단의 옷과 모자를 착용하지만, 조서를 맞이하거나 절일을 하례하는 시기에 이르러서는 고려의 복식으로 일을 봅니다."라고 대답하였다. 그에 대하여 황제는 "사람들은 짐이 고려의 복식을 금지시켰다고 생각하는데, 과연 그렇게 하였겠는가. 고려의 예법을 어찌 갑자기 폐지시키겠는가."라고 말하였다. 하지만 고려의 왕과 왕비, 그리고 관인들은 황제로부터 계속 호복을 하사받았고, 관인들은 점차 호복을 착용하였다. 그렇다고 원간섭기 관인의 의복에서 고려의 풍습이 완전히 사라진 것은 아니었다.

원간섭기 일반 민은 관인들처럼 호복을 입었을까? 충렬왕 4년 왕이 원의 의관을 착용할 것을 지시함으로써 관인과 함께 일반 민들도 점차 호복을 입었다고 볼 수 있지만, 일반 민들은 풍습을 그대로 유지하고 있었다. 일반 민의 경우에도 경제적 여유가 있는 층을 중심으로 호복을 입는 경향은 증가하고 있었을 것이다.

그런데 고려후기 관인의 관복은 공민왕이 즉위하면서 다시 변화를 맞이하게 된다. 명의 등장과 함께 공민왕 원년(1352) 감찰대부 이연종李衍宗이 변발과 호복은 선왕의 제도가 아니므로 왕에게 본받지 말라고 하자 기뻐하며 곧 변발을 풀고 이연종에게 옷과 요를 하사하였다. 공민왕은 이때부터 호복을 벗고 고려의 복장을 착용하였고, 이연종에게 선물한 옷도 고려의 관복이었을 것이다. 명은 공민왕 19년(1370) 왕을 책봉하면서 모든 의식儀式과 제도, 의복과 일용품은 본래의 풍속을 따르는 것을 허락하였다. 이를 통해 관복은 이전으로 환원되었다. 그리고 우왕 14년(1388) 북원이 재등장하였을 때 민들에게 다시 호복을 입으라는 명령이 있었지만, 이는 지속되지 못하였다. 왜냐하면 우왕은 몇 달 뒤에 호복을 혁파하고 명의 복제에 따라, 1품에서 9품까지는 모두 사모紗帽에 단령團領을 입고 품대品帶에 차등이 있게 하였기 때문이다. 이처럼 관인의 의복은 14세기 후반 본래의 모습으로 환원되었다.

의복의 재료

민들은 의복을 어떤 재료를 사용하여 만들었을까? 의복의 재료는 신분에 따라 달랐다. 『고려사』에 "서인들은 화려한 문양과 주름이 잡힌 고운 비단[紗縠]을 입을 수 없게 하고, 다만 굵은 명주[紬絹]만 입게 하였다."고 하거나, 『고려도경』에 "고려에서는 모시[紵]와 삼[麻]을 스스로 심어 많은 사람들이 베옷을 입는다. 제일 좋은 것을 시紬라 하는데, 옥과 같이 깨끗하나 마무리[邊幅]는 군색하다. 왕과 고관들은 모두 이것[紬]을 입는다."고 하여 고려 의복의 재료에 대해 서술하고 있다. 일반 민들은 모시와 삼베 그리고 굵은 명주를 사용하여 의복을 만들어 입었고, 이 중에서 엄선된 것이 시紬인데, 고위 관인들은 이것을 입었다.

마포麻布 즉 삼베[大麻]의 품질은 올의 굵기에 따라 결정되었다. 5승을 기준으로 그 이하는 추포麤布라고 하였고, 10승 이상의 세포는 고급품이었다. 일반 민들은 올 수가 적은 5승포로써 옷을 해 입었을 것이다.

저마紵麻·苧麻 즉 모시는 올이 가늘고 삼베보다 부드럽기 때문에 고급이었다. 모시는 백저포白苧布로 부르기도 하였고, 백저포에 물을 들이거나 꽃무늬[花紋]로 수를 놓을 만큼 직조기술이 특히 고려후기에 발달하였다. 저포는 원간섭기에 원의 공주와 관인들에게 예물로 많이 보내졌다. 저포는 일반 민의 경우 경제적 여유가 있는 층이거나 관인들의 옷으로 활용되었을 것이다.

명주明紬 또는 면주綿紬는 견직물이다. 고려시대는 면주라고 많이 불리었는데, 견·백 혹은 능·라 등의 견직물보다 품질이 떨어졌다. 그것은 예종 10년(1115) 쌀을 기준으로 직물 1필을 계산하였을 때, '大綾(4석)−大紋羅(2석 5두)−常平文羅(1석 7두 5승)−大絹(1석 7두)−中絹(1석)−絲綿(7두)−小絹(7두)−綿紬(6두)−小平布(1두 2승 5홉)' 등으로 명확하게 차등을 둔 기록을 통해 알 수 있다.

견絹·백帛은 가공하지 않은 누에고치실을 평직으로 짠 직물과 물들이지 않은 누에고치실로 짠 것으로 말하기도 하지만, 견직물의 총칭으로 사용되기도 하였다. 견은 위에서 나오는 것처럼 대견·중견·소견 등의 직물을 말한다. 고급비단을 말할 때는 채백彩帛이란 용어를 사용하기도 하였다.

능綾과 나羅는 견직물 중에 고급품에 속하였다. 왕실과 고위 관인들이 애용한 고급품이기 때문에 일반 민이 능·라를 입으면 단죄하고 물품을 압수할 만큼 국가적으로 중요하게 인식하였다. 능·라는 주요 관인에게 하사품으로 많이 주어졌고, 외국에 공물로 보내지기도 하였다. 필요한 능·라를 충당하기 위해 공부의 품목으로 지정하였고, 서경에 능라점綾羅店을 두어 특별히 관리하기도 하였다.

금錦은 여러 종류의 색을 사용하여 무늬를 짠 고급 직물로, 관인들의 하사품과 외국에 보내는 예물로 사용될 정도로 귀하였다. 하지만 민들이 고급물품인 금을 즐겨 입자, 사치를 근절시킬 목적으로 현종 3년(1012)에는 여러 도에 설치된 금기방錦綺房의 장인 수를 줄이거나, 인종 9년(1131)에는 금수錦繡 생산을 10년 동안 정지하기도 하였다. 그래도 민들은 금을 계속 입었고, 이에 따라 여러 차례 금지조치가 있었지만, 실효를 거두지 못하였다.

사紗는 얇고 고운 비단으로 널리 사용되었다. 옷으로 입기도 하였지만 더운 계절에 사용하는 사모紗帽·오사모烏紗帽·왕이 일상복으로 쓴 오사고모烏紗高帽·왕을 호위하는 군관들이 쓴 조사모자皂紗帽子 등의 용례를 고려할 때 모자의 제작에 많이 활용되었다. 이외에도 민들은 기綺·초綃·환紈·계罽 등의 직물류를 의복 재료로 사용하였고, 초피·우피·호피·표피·웅피·수달피 등의 가죽[皮]을 의복 재료로 널리 사용하였다.

이상과 같이 의복 재료가 다양한 것은 마·저의 재배와 양잠 등을 권장하면서 다양한 원료를 생산하였고, 이러한 재료를 바탕으로 수공업 발달에 의한 직조기술이 발달하였기 때문이었다.

3) 식생활

주곡

고려시대는 이전 시기보다 농업기술의 발달로 여러 종류의 곡물을 재배하였고, 이를 조리·가공하여 먹기도 하였다. 『고려사』·『고려사절요』에는 구체적으로 어떤 작물인지 명시하지 않았지만 오곡五穀, 구곡九穀 등을 재배한 기록이 있다. 그리고 『고려도경』에는 "고려의 토지는 메조[黃粱], 옻기장[黑黍], 좁쌀[寒粟], 참깨, 보리와 밀 등을 재배하는 데 좋고, 쌀은 멥쌀이 있으나 찹쌀은 없고, 쌀알은 특히 크고 맛이 달다."고 기록하였다. 고종 6년(1219) 영주 부석사에서 간행된 '길흉축월횡간 고려목판'에는 '속粟·대두大豆·소두小豆·대소맥大小麥·서제黍穄·마麻·교맥蕎麥·패稗·임荏·도稻' 등의 작물의 파종에 대하여 기록하였다.

한편 고려 때에 환구단圜丘壇 제사에서 제수로 올리는 곡물로 벼·메조·메기장·찰기장 등을 사용하였고, 우왕 8년(1382) 하늘에서 곡식 비가 내렸는데 옻기장·팥·메밀 등과 비슷하였다는 기록도 있다. 이런 기록들을 보면 멥쌀[稻]·량粱(좁쌀[寒粟 : 찰조])·찰기장[黍]·메기장[稷]·검은기장[黑黍]·콩·팥·메밀·참깨·들깨·보리·밀 등을 생산하였다는 것을 알 수 있다. 문종 때 정비된 녹봉제도에서는 좌창에 쌀·속粟·맥麥 등을 수납하도록 하였다. 이상과 같은 사실들을 고려하면, 고려시대 중요 곡물은 메조, 옻기장, 좁쌀, 참깨, 보리와 밀, 멥쌀 등을 포함하였고, 민들은 쌀·조(찰조·메조)·보리·밀 등을 주로 먹었을 것이다.

채소와 과일

민들은 위에서 언급한 주요 곡류와 함께 채소와 과일 등도 먹었다. 채소류는 곡류와 함께 민의 생활을 지탱하는 중요한 원천이었다. 채소의 종류는 『동국이상국집』에 가포家圃 6영詠에 오이[瓜]·가지[茄]·무[菁]·파[蔥]·

아욱[葵]·박[瓠] 등이 기록되어 있고, 앞의 고려목판에도 '무·마늘[蒜]·파·염교[薤]·토란[芋]·줄[苽]·생강[薑]' 등의 파종법을 기록하고 있다. 또 환구제에 미나리절임·죽순절임·무절임·부추절임 등을 제수로 사용하였고, 문종 18년(1064)에는 임진현의 보통원에 죽과 채소[蔬菜]를 준비하여 여행객에 공급하라고 할 만큼 채소가 보편화되었다. 민들이 채소를 널리 소비하였음을 대변해 준다.

민들이 채소 중에서 대표적으로 즐겨 먹었던 것은 토란을 들 수 있다. 이규보는 이수李需로부터 2수의 시와 함께 토란, 채소 등을 선물로 받자, 다시 시에 답하면서 토란은 '차성車聲·거자鉅子·방거旁巨·청오靑鳥' 등의 4종류가 있다고 밝히고 있고, 뒤에는 이수에게 토란의 재배법을 자세하게 배워 키워 먹으려고 하였다. 이 시기에 토란은 서로 선물로 많이 주고받을 만큼 중요한 채소였다.

생강도 위의 고려목판에 파종법이 기록되었고 또 문집을 비롯한 여러 자료에 기록되어 있을 만큼 중요한 채소였는데, 식용과 약재로 널리 활용되었다. 오이도 널리 재배되었다. 왕건이 궁예를 폐위시킬 논의를 할 때 왕후에게 뜰에 새로 열린 오이를 따서 올 수 있겠는지 물었다는 기록이 있고, 『동국이상국집』에 오이는 물을 주지 않아도 많이 달려 있다고 기록한 사례가 있다. 무는 앞의 고려목판에 가장 먼저 파종법이 기록되어 있고, 『동국이상국집』에 장아찌는 여름철에 먹기 좋고, 소금에 절이면 긴 겨울을 넘길 수 있다고 하고 있다. 이처럼 민들은 다양한 채소를 재배하여 이를 식용으로 삼았고, 특히 채소가 널리 소비되자, 채소를 시장에서 매매할 만큼 생활에 중요한 품목이었다.

과수도 많이 재배하였다. 명종 18년(1188)에 권농勸農으로 뽕나무 묘목과 함께 옻·닥·밤·잣·배·대추·과일나무 등을 각각 제때에 맞춰 심도록 하였는데, 국가적으로 과일의 재배를 적극 장려하고 있었다. 그리고 『고려도경』에는 "고려의 과일 중에 밤[栗]은 복숭아만큼 크며 맛이 달고 좋다.

옛 기록에 여름에도 있다 하여 그 까닭을 물으니 질그릇에 담아서 흙 속에 묻으면 해를 넘겨도 상하지 않는다고 한다. 6월에는 앵두[舍桃]도 있는데 맛이 식초처럼 시고 개암[榛]·비자[榧]가 가장 많다고 한다. 일본에서 온 것으로 능금[來禽], 푸른 오얏[靑李], 참외[瓜], 복숭아, 배, 대추 등도 있는데, 맛이 싱겁고 모양이 작다."고 기록하였다. 이를 통해 민들은 다양한 종류의 과일을 재배하였고, 오랫동안 먹기 위한 저장법도 알고 있었음을 알 수 있다. 밤은 윤여형尹汝衡의 상률가橡栗歌에 "차마 몸을 시궁창에 박고 죽을 수 없어, 마을을 비우고 산에 올라 도토리와 밤을 줍는다."고 하는 기록에서 알 수 있듯이 민의 구황 식품으로도 활용되었다.

포도와 감귤도 재배하였다. 13세기 이후의 여러 문집에 포도가 재배되었음을 암시하는 사례가 많이 나타난다. 안축은 『근재집』에 화주가 포도주를 가지고 와서 나에게 권하였다고 하여 포도를 이용하여 포도주를 만든 사실을 말하고 있고, 이인복은 상국 정휘鄭暉의 포도헌에 차운하기를 '시렁 위에 포도 덩굴이 가득 찼다'고 하여 포도가 매우 잘 자라고 있음을 말하고 있다. 감귤은 언제부터 재배되었는지는 알 수 없다. 그렇지만 문종 6년(1052) 탐라국에서 해마다 100포자包子의 귤을 바치도록 하였고, 무신집권기에 이인로가 어화원御花苑에서 높이가 1장丈이나 되는 귤나무에 열매가 매우 많이 달린 것을 보고 물어보니, "남쪽 지방 사람이 바친 것인데, 날마다 소금물로 뿌리에 물을 주니 그 때문에 무성하게 열매 맺을 수 있었습니다."라고 대답한 것을 고려하면 이미 고려전기에 재배되었음을 알 수 있다.

차는 고려 이전부터 즐겼지만, 고려에서 더욱 성행하였다. 『고려사』에는 초기부터 외국 사신의 접대에 차를 내기도 하였고, 공신의 포상과 관인의 상례喪禮 부의로 지급하기도 하였고, 왕실의 책봉과 공주의 혼례를 행할 때 차를 바친 의식을 행한 것이 다수 기록되어 있다. 이는 차가 그만큼 중요하였기 때문이다. 그런데 지금도 마찬가지지만 차를 재배할 수 있는 지역은 경상도와 전라도의 일부지역에 한정되어 있었으므로, 다소茶所를 두어 차를 생산하거나 혹은 송으로부터 납차·용봉차 등을 수입하여 대체하기도 하였다.

해산물과 육류

민들은 해산물과 고기류를 먹었다. 『고려도경』에 "고려는 살생을 경계하고, 양과 돼지는 왕공王公과 귀인이 아니면 먹지 못하며, 가난한 백성은 해산물을 많이 먹는다. 미꾸라지[鰌], 전복[鰒], 조개[蚌], 진주조개[珠母], 왕새우[蝦王], 무명조개[文蛤], 대게[紫蟹], 굴[蠣房], 거북손[龜脚]이 있고 해조海藻인 다시마[昆布]도 귀천 없이 좋아한다."고 하였다. 그 기록에서는 고려 사람들이 고기를 좋아하지 않았다고 하였지만, 『고려사』에는 여러 차례 도축을 금지한 기록이 있다. 특히 고려후기에 금살도감을 설치하여 소와 말의 도축을 감시한 점을 고려하면 실제 도축이 많이 이루어졌고, 이를 식용으로 하였다는 중요한 증거이다. 민들은 소와 말뿐만 아니라 돼지·양들을 식용하였고, 심지어 여우와 토끼 등도 사냥하여 먹기도 하였다.

민들은 『고려도경』에 기록되어 있는 것처럼 여러 종류의 해산물을 많이 먹었다. 특히 원간섭기 박항朴恒이 원에 들어갔을 때 말한 내용 중에 섬에 사는 사람들은 해산물[魚鼈]로 의식衣食을 삼는다고 하였다. 그리고 최근 태안 마도선에서 발견된 젓갈류는 해산물을 가공하여 먹었음을 알려준다.

끼니와 식사량

당시 끼니로 하루에 몇 번을 먹었을까? 성종 원년(982) 최승로의 상서에 아침·저녁[朝夕]의 음식도 왕께서 내렸다고 하였고, 원종 13년(1272) 원에 보낸 표문에 민은 자기 집 아침·저녁도 마련하기 어렵다고 하거나, 관인의 문집에도 조석이라는 표현을 많이 사용한 점을 고려하면, 조석의 2끼를 널리 행하였다. 조석 대신에 옹손饔飱(아침밥·저녁밥)이란 용례도 기록되어 있는데, 이러한 용례를 통해서도 2끼였다고 파악할 수 있다.

그런데 3끼를 먹었다는 기록도 있다. 고종 42년(1255) 대몽항쟁으로 내장고가 고갈되자 고종은 주선晝膳을 줄였다고 하고 있고, 충숙왕 때의 잡재서승雜材署丞 황수黃守는 하루 세끼 맛있는 음식을 먼저 부모에 바치고, 상을 물려주면 4남 2녀의 형제들과 함께 먹기를 20여 년 하였다고 하거나, 해골을 묻어주는 자들에게 하루 3끼를 주었다는 사례가 있다. 그렇다면 끼니는 조석을 기본으로 하였고, 다만 왕실·관인과 일반 민의 경우도 3끼를 먹기도 하였는데 이때는 힘든 일과 여행 등의 특수한 경우였을 것이다.

식사량은 어느 정도였을까? 통일신라 성덕왕 때 기아 상태에 있는 민들에게 하루 속粟 3승을 지급하였고, 조선 세종 원년(1419)에는 빈민 구제곡으로 15세 이상에게 쌀 7홉·콩 6홉·된장 2홉, 즉 1승 5홉을 지급하였다. 그런데 충렬왕 원년(1275)에 왕과 공주가 쌀 2승을 먹는다고 하거나 원종 13년(1272) 원의 군사에게 월 3~4두의 쌀을 지급한다는 기록 등을 고려한다면 민은 하루 도정한 쌀 2~3승 정도의 양을 먹었다고 할 수 있다.

이상에서 살펴본 것처럼 하루 끼니의 용례는 조석·옹손·주선 등이 사용되었고, 조선초기 자료에 나타나는 점심點心의 용례는 아직 보이지 않는다. 조선초기 점심의 양이 그렇게 많지 않았던 점을 고려하고 고려의 주선은 조·석보다 적은 양을 먹었다고 가정한다면, 고려 때 끼니의 중심은 조·석이었을 것이다.

4) 주거생활

민의 주거 공간인 집은 의복·음식과 함께 민의 생활에서 필수적인 요소이다. 현재 고려시대 건축물은 사찰과 강릉객사의 문 등이 일부 남아있긴 하지만, 현재까지 민의 집으로 밝혀진 것은 없다. 그렇지만 민의 집은 신분과 지역에 따라 다양하였을 것이므로 전체적인 모습을 그려내는 것이 어렵다고 하더라도, 여러 자료를 통해 집의 형태, 크기와 집의 내부 구조 등의 대강을 살필 수 있다.

『고려도경』의 기록을 보면, "도성이 비록 크지만 땅이 평평하거나 넓지 않으므로 백성들이 거처하는 곳의 지형과 높낮이는 벌집이나 개미구멍과 같다. 도성 내의 집은 풀(띠)을 베어 지붕을 엮어 겨우 비바람을 피할 정도이고, 집 크기는 서까래 두 개를 세워놓은 정도에 불과하다. 비교적 부유한 집에서는 기와집을 세운 경우도 조금 있지만 열에 한둘 정도에 지나지 않는다."고 하고 있다. 이 기록을 중시한다면 도성 내에 거주 공간은 매우 협소하고 보잘 것 없었고, 민의 집은 띠집과 기와집 등의 크게 두 종류가 존재하였는데, 기와집은 도성 내에서도 그렇게 많은 비중을 차지하고 있지 않았다. 이러한 내용은 『송사』에도 기록되어 있기 때문에 어느 정도 신빙성이 있다. 기와집은 관인의 집일 가능성이 많다.

관인의 기와집은 크고 화려하였다. 정부는 집의 크기를 일정하게 제한하려 하였다. 그래서 성종 때 최승로가 지방 세력가들이 큰집을 건축하므로 규제를 하자고 하였고, 의종 18년(1164)에는 환관들까지 가옥을 지으면서 화려하고 사치스럽게 하므로 금지하였다. 하지만 관인들은 서로 권력을 내세워 큰 규모의 집을 경쟁적으로 지었다. 무신집권기에 김준은 왕을 자기 집에 초대하기 위해 이웃의 집을 철거하여 자신의 집을 넓혔는데, 지붕의 높이가 여러 장이 되고 뜰의 넓이가 100보에 달하였는데도 불구하고 김준의 부인이 오히려 집의 규모에 불만을 가졌다고 하였다. 그리고 의종 때 환관 정함鄭諴의 집은 대궐 동남쪽 30보쯤에 있었는데, 곁채가 무릇 200여 간이나 되었으며 누각은 우뚝 솟아 있었고 금빛과 푸른빛이 엇갈리면서 비칠 만큼 규모도 크고 화려하였다.

관인들의 집은 외부적으로 규모가 크고 화려하기도 하였지만, 집안에 정원을 잘 가꾸었다.『동국이상국집』에 의하면 "통인通人 양생 응재楊生應才라는 자가 성 북쪽에 살면서 화목을 잘 접양接養하는데, 그 원림園林의 승경이 개성에서 소문이 났다. 주인의 안내로 그 동산에 이르렀는데, 동산의 넓이는 사방이 40보步 정도로, 진귀한 나무며 유명한 과목들이 늘어서 있되, 가까이 있는 것은 서로 닿지 않고 떨어져 있는 것은 너무 멀리 떨어져 있지 않았으니, 이것은 모두 양생이 소밀疏密을 고르게 하여 질서가 있게 심은 것이었다. 따로 화단을 만들어 여러 가지 꽃을 심었는데, 꽃이 각각 수십 종으로서 세상에서 흔히 볼 수 없는 것들이었다. 막 피는 것도 있고 이미 떨어진 것도 있어, 숲에 비치고 땅에 수 놓여 서로 뒤섞였다."고 기록하고 있다. 양응재의 정원은 규모가 그렇게 크지는 않지만 화단을 만들어 다양한 나무와 꽃으로 가꾸었음을 알 수 있다. 다른 정원들도 이와 비슷하게 꾸며져 있었을 것이다.

관인층과 일반 민은 집의 형태와 규모 면에서 상당한 차이가 있었다. 일반 민이 거주하는 띠집은 서까래 두 개 정도였고, 겨우 비바람을 막을 정도였다고 하므로 집의 규모가 아주 작았다. 일부 세력가들이 큰 집을 지어 거주하는 것과 달리 일반 민은 경제적 여건이나 제도적인 측면을 고려할 때 큰 규모의 집을 지을 수가 없었다.

일반 민들의 집은 앞에서 서술한 것처럼 띠집이었다. 띠집은 고려후기에도 일반 민들의 집으로 보편적인 모습이었다. 그것은『목은시고』에 고려말 상원선사가 승려의 신분이지만 부모님의 은혜를 잊을 수 없어서 사찰 가까이 띠집(모옥)을 지어 모셨다고 하고 있기 때문이다.

당시 주거공간은 남자와 여자가 함께 생활하였기 때문에 안채와 사랑채란 관념이 없었고, 몸채와 부속채로 구성되었다. 부부가 함께 생활하는 공간을 중시하였고, 다른 건물들은 부부가 함께 거주하는 건물의 부속채 기능을 하였다. 가묘는 고려에서 존재하지 않았다. 고려말에 정몽주 등 관인들이 조상의 위패를 모시기 위한 사당, 즉 가묘家廟 설립을 주장하였으며, 조선초기 이후 확산되었다.

　주거공간에서 중요한 난방기능을 하는 것이 온돌이다. 이러한 온돌은 13세기 전기 개경의 관인층을 중심으로 사용하여 각 지역으로 확산된 것으로 파악하기도 하지만, 창녕군 말흘리의 건물지를 고려하면 이미 12세기 경에 남부지역에 보편적으로 사용되었다. 최근에 조사된 울산광역시 연자도에서 온돌이 사용된 점을 고려하면 그러한 가능성은 충분하다. 민들이 온돌을 적극적으로 활용하게 되면서 생활 방식에도 큰 변화를 가져왔을 것이다. 　　　　　　　　　　　　　　　　　　　　ㅣ이종봉ㅣ

참고문헌

박용운 외, 『고려시대 사람들 이야기 2』, 신서원, 2002.
박용운, 『고려시대 사람들의 의복식 생활』, 경인문화사, 2016.
이정호, 『고려시대의 농업생산과 권농정책』, 경인문화사, 2009.
李宗峯, 『韓國中世度量衡制研究』, 혜안, 2001.
한국역사연구회, 『고려시대 사람들은 어떻게 살았을까』, 청년사, 1997.
한국역사연구회, 『개경의 생활사』, 휴머니스트, 2007.
허흥식, 『고려의 차와 남전불교』, 혜안, 2017.

국사편찬위원회, 「의식주생활」 『한국사 21』, 탐구당, 1996.
위은숙, 「深源寺 소장 13세기 '吉凶逐月橫看 高麗木板'의 農曆」 『民族文化論叢』 52,
　　　　2014.
정연식, 「조선시대 끼니」 『韓國史研究』 112, 2001.

2. 농업생산력과 농업경영

1) 농업생산력의 의미와 그간의 연구사

고려시대를 포함하여 전근대 한국사회는 농업이 경제적 기초를 이루는 사회였다. 따라서 전근대 사회를 이해하기 위해서는 농업을 둘러싸고 전개되는 다양한 문제들을 연구하는 것이 전제되어야 한다. 농업생산력의 수준에 대한 구명은 그와 결부된 토지소유문제, 농민의 존재형태, 생산관계, 사회성격 등을 밝히는 데 있어 필수적이다.

해방 이후 고려시대 사회경제사 연구는 다른 역사학 분야의 연구와 마찬가지로 식민사관의 극복과 그에 대한 대안을 마련하는 것이 우선적 과제였다. 그 일환으로 1960년대 한국사회 정체성론의 이론 중 하나였던 토지국유제설에 대한 비판으로 고려시대에 이미 토지의 사적소유가 실현 되었다는 연구가 이루어졌다. 그러나 연구자에 따라서는 고려시대에 농민의 사적 토지소유가 실현되었다는 사실을 부정하는 학자도 있었고, 특히 일본인 학자들은 고려시대까지도 농민층은 미분화되어 공동체적 소유가 일반적인 고대사회로 파악하려는 경향이 강하였다. 이것은 고려 시대를 중세사회로 파악하는 입장과 고대사회로 파악하는 입장으로 대립 하여 고려시대의 사회성격을 둘러싸고 상당한 이견을 보여왔다.

그러나 토지제도 특히 소유론 중심의 연구는 국유인가 사유인가 등으로 단선적으로 전개되었기 때문에 1970년대 중반 이후에는 이에 대한 보완으로 농업생산력 문제에 대해 학계의 관심이 높아졌다.

그간 고려시대 농업생산력 문제에 대한 논쟁은 크게 휴한休閑단계설과 연작連作단계설로 나뉘어진다. 즉 지력地力을 보존할 수 있는 여러 가지 농업기술의 미비로 농경지를 해마다 연작하지 못하고 휴한할 수밖에 없는 휴한단계로 볼 것인가, 아니면 이미 연작상경화가 이루어진 단계로 볼 것인가이다.

한편 고려전기를 고대, 무신집권기 이후를 중세 이행기로 보는 입장에서는 고려전기는 휴한단계 혹은 진전화하기 쉬운 불안정한 연작단계, 고려후기를 연작단계로 보기도 한다.

어느 입장을 취하느냐에 따라 구체적인 작부방식이나 농기구, 시비술 등에 대해 양자는 확연한 입장차를 보이고 있다. 또한 약간의 차이는 있지만 대체로 휴한단계설을 주장하는 입장은 고려시대는 토지소유권의 성장에 한계가 있었다고 보고 있으며, 연작단계설을 주장하는 입장은 고려시대에 이미 토지의 사적 소유권이 확립되었다는 입장이다.

이렇게 견해차가 큰 것은 고려시대의 농업생산력 수준을 보여주는 농서가 존재하지 않을뿐더러 관련 사료 역시 빈약하기 때문이다. 따라서 그동안의 연구는 중국 농서나 조선시대의 농서를 참고하여 농업기술을 유추하는 방식이 주였기 때문에 고려시대를 바라보는 인식의 차이에 따라 연구자들이 편의대로 해석한 측면이 크다. 그러나 최근 농업고고학의 연구 성과가 조금씩 축적되어 가고 있는 것은 이 분야의 연구에 고무적인 소식이라 할 수 있다.

2) 농업기술과 생산력

앞에서도 언급하였듯이 고려시대의 농업생산력 수준에 대해 견해가 분분하였던 것은, 농서의 부재뿐 아니라, 남아있는 얼마 안 되는 사료조차 당시의 생산력 수준을 반영하는 전품田品에 대해 서로 다른 두 계통의 것이 존재하기 때문이다.

성종 11년(992)의 공전조율公田租率 규정은 논과 밭을 각각 상·중·하 3등급으로 나누고, 밭은 논의 절반을 각각 수조하고 있다. 그에 반해,

문종 8년(1054)의 산전규정은 전품의 상·중·하 등급을 불역不易, 일역一易, 재역再易으로 나누고, 불역하는 산전 1결, 일역하는 산전 2결, 재역하는 산전 3결을 각각 평전 1결에 준한다는 것이다. 즉 성종 11년 전품규정은 논, 밭을 막론하고 토지비옥도를 기준으로 상·중·하로 등급을 나누나, 문종 8년 규정은 휴한의 빈도에 따라 전품 등급을 나누고 있다.

휴한단계설

휴한단계설은 대체로 문종 8년의 휴한의 빈도에 따른 전품규정을 중시한다. 고려는 농서를 편찬한 적이 없는 것으로 보아, 주로 중국의 농서를 참조하였을 것이라 한다. 고려말까지 중국 원대의 농서인『농상집요農桑輯要』의 농업기술 수준에 머물렀을 것으로 가정하고 있다. 특히 수도작의 경우『농상집요』는『제민요술齊民要術』의 세역법歲易法을 그대로 인용하고 있는데, 이 세역법이 휴한법이라는 주장이다. 연작상경화는 15세기 조선의『농사직설農事直說』단계에서야 비로소 달성된다고 하였다. 그 이유는 한국과 같은 기후조건에서는 잡초의 지나친 성장이 작물의 생육을 방해하는데 고려시대까지도 잡초 제거 문제가 해결되지 않아 지력 회복을 위한 시비가 불가능하였고, 따라서 지력 소모로 인해 특히 수전에서는 휴한할 수밖에 없었다는 것이다. 연작단계로의 이행은 공민왕대 이후 연해안 저습지가 개간되고, 수리의 안정화를 위해 수차水車 도입이 거론되며, 중국 강남농법에 버금가는 시비기술이 도입되는 등의 과정을 거쳐 이루어졌다고 한다.

또한 신라통일기를 휴경농법단계, 고려시대를 정기적 휴한단계, 조선 초『농사직설』단계에서 비로소 연작농법이 달성되는 시기로 구분하기도 한다.

이 주장을 뒷받침하는 농기구에 대한 연구로 조선의 쟁기는『농사직설』단계에도 농경지 전체를 갈아엎고 깊이갈이를 할 수 있는 볏이 달린

유볏리가 널리 보급되지 못하고 무볏리가 일반적이었다 한다. 고려의 호미도 자루가 긴 호미가 널리 사용되어 조선시대의 자루가 짧은 호미와는 달리 집약적인 제초가 불가능하였다고 하여 고려시대 휴한단계설을 지지하고 있다.

전기 휴한, 후기 연작단계설

고려전기를 휴한, 고려후기 특히 13세기 후반~14세기 초에 연작단계로 이행하였다고 보는 입장은 고려전기는 여전히 진전陳田이 많이 발생하고 있는 휴한단계로 규정한다. 물론 고려 이전의 휴경농법과 고려 이후의 휴한농법을 구분하여, 휴한법은 농경을 하지 않을 때 땅을 버려두는 것이 아니라 휴한기간 중에도 땅을 갈고 풀을 뽑는[中耕除草] 작업을 계속하여 지력회복을 위한 작업이 이루어지고 있다 한다. 고려후기에 연작단계로 이행한 것은 결부제 변동 즉 고려전기의 1결結=방方33보步라는 절대면적단위[同積異稅制]에서, 고려후기 어느 시점에 1결=20석 생산량을 기준으로 상, 중, 하등전이 각각 면적을 달리하는 제도[異積同稅制]로의 변화에서 그 근거를 찾고 있다.

연작단계설

연작단계설은 한국사에서 중세기로 이행하는 것은 신라통일기부터인데, 이때부터 평전은 논, 밭 할 것 없이 연작상경단계에 들어갔고, 고려시대의 광범위한 영세 토지소유자와 몰락농민들이 산전 개발을 담당하였는데, 세역법은 이러한 산전 개발과 관련된 농법이었으며, 대몽항쟁을 거치면서 산전의 세역전도 상경화가 이루어졌다 한다. 따라서 문종 연간의 전품규정은 산전에 대한 규정으로 한정하고 있다. 산전전품이 불역전, 일역전, 재역전으로 구분되는 것은 약탈식 화전에서 벗어나 정주식 경작지로 이행되고 있었다는 증거로 보기도 한다.

또한 연작단계설을 주장하는 입장에서 농업기술상으로『제민요술』이나『농상집요』의 수전水田[논] 세역법을 휴한법으로 단정할 수 없다고 한다. 연구자에 따라서는 세역법을 작물교대법으로 보기도 하는데, 실제 16세기 조선의『농서집요農書輯要』에는 세역법을 벼와 밭작물을 교대로 심는 윤답輪畓농법으로 설명하고 있다. 윤답법이 시행된 사례는 삼국시대 후기의 농업유적인 창원 반계동 유적에 이미 보인다. 한전의 경우『제민요술』단계에 이미 연작법이 일반적이었으며, 2년3모작까지 출현하고 있다. 따라서『제민요술』의 수전농법으로 수록된 세역법 만으로 그것을『농상집요』단계까지 연결시켜 휴한법단계였다고 하는 주장은 무리가 있다는 것이다.

실제 13세기의『농상집요』농법단계에서 가장 볼 만한 점은 이 단계에 완성된 중국 화북지방 파종기의 극심한 한발에 대응하기 위한 극도로 정교한 갈이법(犁1회-擺6회)과 가을걷이 이후에 행하는 추경秋耕에 있었다.『농상집요』를 수용한 고려말 조선초기의 농업의 지향점은 단순히 휴한법의 극복이 아니라 다경다운多耕多耘 즉 여러 번 땅을 갈고 다듬고 여러 번 김을 매는 집약도를 높이는 것에 있었다. 사실 중국농업사에서 일반적인 견해는 당대에는 이미 연작상경법이 이루어지고 있었다는 것이다. 그러므로『제민요술』이나『농상집요』의 논에서의 세역농법의 기록만을 가지고 고려시대를 휴한단계로 추정하는 것은 문제가 있다는 주장이다.

시비술의 경우 고대로부터 이용되어 오던 초분草糞, 화분火糞, 인수분人獸糞, 종자에만 거름을 주는 분종법糞種法, 지종법漬種法과 콩과식물을 심어 농경지 전면에 갈아엎는 녹비법綠肥法, 소 등 가축의 분비물을 짚이나 풀 등과 섞어서 썩힌 구비법廐肥法(踏糞法) 등 농경지 전면에 시비하는 분전법糞田法 등을 시행하였던 것으로 보여, 시비를 할 수 없어 휴한하였다는 주장을 비판하고 있다. 특히 농기구의 경우 고려시대에도 이미 볏이 달린 쟁기가 이용되고 있었는데, 실제 신라통일기는 물론 고려시대에도 볏이 출토되고 있어 무볏리 사용으로 깊이갈이가 불가능하였다는 주장은 근거가 없게 되었다. 호미는 7세기 이후 현재와 유사한 형태의 것이 출토되고 있는데, 고려시대의 호미는 현재에 비해 날이 좁은 낫형이며 조선시대에 비해 긴 자루의 호미이나, 자루가 짧아지는 조선에 비해 제초의 집약도가 상대적으로 떨어졌을 뿐 그것으로 조선 이전의 농법을 조방적으로 단정지을 수는 없다고 하겠다. 더 나아가 12세기 이후에는 소규모 제언이 지역적으로 확대되는 등 수리시설의 확충과 연해안저습지의 개발이 이루어졌다. 이에 부수하여 다양한 종자가 도입되어 수리조건이나 토양 등에 따라 다양한 도작법을 행할 수 있었다. 척박한 땅이나 저습지 등의 한계지로 농경지가 확대되었음은 물론, 올벼·늦벼의 직파법, 이앙법, 물이 부족할 때는 밭작물처럼 재배하다가 비가 오면 일반 벼와 같이 재배하는 건답법乾畓法 등 다양한 형태의 수도작법이 가능하게 되어 생산력의 발전은 물론 농업경영의 안정에도 기여하였을 것이라 한다. 이와 아울러 고려후기에는 농경지 전면에 시비하는 녹비법과 구비법이 더욱 확대되어 간 것 같은데 이러한 시비법의 발전은 단위면적당 생산력을 높이는 데 큰 역할을 하였다. 이러한 농업기술의 발전에 힘입어 고려후기에는 고려전기에 휴한법이 시행되었던 산전에까지 점차 연작법이 확대되어갔다고 주장한다.

그런데 그간 전품규정에 대한 지금까지의 논의들에서 간과한 부분은 전품별 수세제의 제도적 연원에 대해서 고려하지 않았다는 점이다. 한국 토지제도사에서 토지의 비옥도에 따라 등급을 나누고 전품별로 수취를 시작한 것은 고려시대부터 자료에 나타난다.

고려의 토지제도가 당, 송의 제도를 참고하였다는 것은 이미 알려져 있다. 중국의 경우 토지비옥도에 따라 전품등급을 나누고 그에 따라 수취하기 시작한 것은 균전제가 붕괴되고 당 덕종 원년(780) 양세법이 등장한 이후이다. 원래 균전제하의 조용조세법은 인두세인데, 개간을 장려한다는 균전제의 이상과 맞물려 수확의 산술적 평균보다는 노동생산성을 중시하고, 그에 따라 과세표준을 인정人丁에 둔 것이었다. 그러나 토지세인 양세법은 실제의 경작면적에 기초하면서 동시에 평균적 수확이 예측 가능해야 하므로 안정된 농업생산력 즉 연작화가 전제조건이어야 하였다. 양세법이 처음 시행되던 당 중기에는 상전上田, 하전下田, 황전荒田으로 나누어 징수하였으며, 송대에는 지역별로 토질과 수리조건을 기준으로 더 세분화된 전품등급을 마련하고 있다. 양세법의 실시가 가능하였던 것은 당, 송대의 농업기술의 발전이 뒷받침되었던 것이 분명하다. 그러나 중세적 농업의 한계로 여전히 광범위하게 하등전이나 등급에 미치지 못한 불급등전, 휴한할 수밖에 없는 일역전, 재역전 등도 존재하였다. 동시대의 중국과 고려의 상황을 완전히 등치시킬 수는 없지만 고려시대 전품등급별 수세제도를 이해하는 데 크게 참고된다.

3) 생산관계와 농업경영

고려시대 농업생산력 수준을 어떻게 파악하느냐에 따라 생산관계나 농업경영에 대한 입장에도 차이가 있다.

지주전호제地主佃戶制와 전주전객제田主佃客制

신라통일기 이후를 중세로 규정하고 이 시기부터 연작법이 시행되었다는 입장에서는 중세 이후 토지의 사적소유권이 확립되었으며, 사유지에서의 봉건적 지주전호제와 봉건적 자영농민의 토지소유가 일반화되었다고 한다. 따라서 집권적 봉건국가는 그 지배층과의 사이에서 신분직역관계를 중심으로 자영농민의 민전에 대한 수조권을 분급함으로써 전주전객관계가 성립되었으며, 지배층의 사유지에서는 농노적인 전호농민들을 동원한 경영이 행해졌다고 한다. 중세의 생산관계를 국가분급지인 수조지에서의 전주전객제와 사유지에서의 지주전호제, 즉 수조권과 소유권의 길항관계로 규정하였다.

한편 고려를 휴한단계 혹은 불안정한 연작단계로 보는 견해 중에는 고려전기 일반농민의 토지소유권 성장에 한계가 있었기 때문에 연작단계의 조선시대와 같이 민전의 수조권을 과전 수급자에게 분급하는 과전법과는 달리, 과전수급자의 소유지에 면조권이 부여되고, 과전경영은 소작제가 일반적이었다고도 한다.

노예제적 생산관계

고려전기를 휴한법단계에 고대사회로 보는 입장에서는 고려전기의 주 생산관계를 국가-농민관계로 보고 국가의 수취체제를 시대구분의 중요한 기준으로 설정하였다. 고려전기의 농민은 국가에 조세, 공부, 역역을 부담하였는데, 조세는 토지생산량의 1/4이나 되었으며, 공부와 역역은 더욱 막중하였다. 이에 국가적 수취는 토지소유면적이 아닌 노동력을 중시하여 인정다과人丁多寡에 따른 호등제로 수취하는 단계였기 때문에, 토지소유권이 발전하지 못하고 미분화된 공동체적 토지소유에 머물러 있었으며, 따라서 농민의 존재형태는 노예적이라 규정하였다. 이러한 상황에서 민전의 수조권을 관료에게 분급하는 것은 불가능한 단계였으며, 전시과의 관료전 경영은 국가가 농민노동력을 동원하여 경작하고 전조田租 즉 생산물의 절반을 지급하는 것이었다고 한다.

무신집권기 이후 전시과체제가 붕괴되고 농장이 발달하였는데, 이것은 사적 토지소유권이 성장해 간다는 것을 의미하며, 이 농장에서 비로소 지주전호제 경영이 확대되며 중세로 이행하기 시작하였다고 파악하였다.

지주전호제 비판론

전근대 한국사회의 생산관계를 국가-농민관계로 파악하는 또 다른 입장은 전호를 지주의 토지를 빌려 경작하는 소작농민으로 간주하는 견해를 비판하고, 고려시대의 전호는 국전제國田制의 이념 하에서 나라의 땅을 빌려 경작하는 농민호라고 주장하기도 한다. 이러한 국전제 아래 국가의 공민을 전호로 규정한 것은 호족연합정권으로 출발한 고려왕조가 정치적, 군사적으로 완전히 중앙집권적 관료제국가로 이행한 12세기 초의 예종 연간이라고 본다. 기존에 지주소작제로 알려진 병작제 경영은 조선후기에 가서야 비로소 일반화된다고 한다.

고려전기를 고대로 보지는 않지만 전시과의 국가분급지의 경영을 민전의 수조권을 분급한 것이 아니라 국가가 전호佃戶를 동원하여 경작하고 그 지대를 수취하여 관료 등에게 지급하는 경영형태였다는 주장도 있다. 여기서 전호는 국가에 의해 동원되어 관료전 등을 경작하던 농민이다. 이러한 경영형태는 당의 관인영업전, 직전, 공해전, 역전 등의 공, 사전에서 널리 행해졌던 전인제佃人制와 유사한 형태였을 것이라 한다.

작개제作介制 경영

고려시대 사유지에서의 지주전호제 경영을 부정하고 작개제 경영이 이루어졌다는 주장도 있다. 고려후기 전시과체제의 붕괴로 발달하기 시작한 농장을 크게 수조지집적형 농장과 사유지형 농장으로 구분하고, 수조지집적형 농장은 주로 권력자들의 토지탈점에 의해 이루어졌으며 그 경영은 경작자의 조세뿐 아니라 국가에 바쳐야 할 용庸, 조調조차도 포탈하는 형태였다고 보았다. 반면 사유지형 농장은 고려후기 농업기술의 발전을 이용하여 황무지나 묵은 땅의 개간을 통하여, 또는 정치사회적 혼란에 따른 몰락농민층으로부터 토지를 매입하거나 고리대 등을 통해 토지를 집적하여 이루어진 농장으로서 주로 작개제 경영이 이루어졌다

한다. 작개제 경영은 농장주가 자기 소유의 노비에게 작개지와 사경지私耕
地를 나누어주고, 노비는 이것을 가족노동력에 의해 경영하여 작개지의
생산물을 주인에게 바치고, 사경지의 수확물은 전량 자기가 갖는 경영형
태라고 한다. 이러한 사유지에서의 작개제 경영은 시대에 따라 조금씩
차이가 있었지만, 신라통일기에까지 소급할 수 있으며, 16세기까지 행해
지다가 이후 점차 퇴조하고, 지주가 농민에게 토지를 대여하고 지대를
수취하는 병작제로 이행하였다 한다.

사유지 농장경영에서 일반농민에게 토지를 빌려주고 지대를 수취하는
병작제가 일반화되지 못하고 노비에 의한 경영이 일반적이었던 것은
수취제도와 밀접한 상관성을 가진다고 한다. 고려의 수취체제는 실제
운용에서는 차이가 있었지만 외형적으로는 당대 균전제 하의 조, 용,
조 세법을 수용하였다. 그에 따라 일반농민은 국가의 공민으로서 전세,
공물, 역역을 부담해야 하였다. 작개제론에 따르면, 고려시대 민전이
등장하는 등 사적 소유권이 성장하였던 것은 분명하지만 송대와 같은
지주전호제가 발달할 수 없었던 까닭은, 토지세인 양세법 하에서는 토지
를 소유하지 못한 농민은 세 부담이 없었으나, 고려는 토지를 소유하지
않아도 용, 조를 부담해야 하였다고 보았다. 이러한 상황에서 과도한
세 부담을 하면서 지대를 바쳐야 하는 병작제가 일반화되기는 어려웠고,
노비에 의한 경영이 이루어질 수밖에 없었다는 것이다. 고려후기 몰락농
민들이 세금을 피하기 위해 자의반 타의반 노비로 전락하여 노비인구가
증가하는 것도 이러한 배경 때문이었다고 한다.

소농민경영

고려시대 소농민경영의 실태를 살펴보면, 당시 부부와 자녀를 중심으
로 하는 5인소가족을 기준으로 1년간 필요로 하는 식량과 조세, 종자곡
등을 고려할 때 토지소유 규모는 고려전기의 경우 중등전 기준으로 3~4결,

하등전은 6~7결을 필요로 하였으며, 토지생산성이 높아지고 결부제와 도량형제의 변동이 있었던 고려후기의 경우 최소 20석을 생산할 수 있는 1결의 토지가 자립재생산을 할 수 있는 최저선이었다 한다. 그리고 이를 위한 농업경영에는 전 경작과정에서 최소 2마리의 소와 3인의 노동력을 필요로 하였다.

현재까지 출토된 고려시대 쟁기의 보습은 크게 두 가지 형태인데, 전체적으로 삼각형이며 두께가 두꺼운 것과 끝이 뾰족하면서 작고 두께도 얇은 것이 있다. 전자가 주로 출토되고 있는데 그것은 산지가 많은 우리나라 지형에 맞는 두 마리의 소가 끄는 겨리라고 하며, 후자는 평야가 많은 지역에서 한 마리의 소가 끄는 쟁기이다. 현재까지 쟁기가 출토되는 곳은 사원이나 건물지 등 관청과 지방의 유력자 이상의 무덤이다. 이것은 소와 쟁기를 갖추고 안정적인 농업경영이 가능하였던 것은 정호층 이상이었을 가능성이 큼을 의미한다. 아마도 소를 소유하지 못한 일반 영세소농민들은 인력人力에 의존하는 따비를 이용한 경작을 하거나 소를 빌려 경작할 수밖에 없어, 소농민경영의 불안정성이 상존하고 있었다고 할 수 있다. 그런 소농민들은 농업생산력이 좀 더 발전한 고려후기에도 전시과체제의 붕괴와 정치사회적 혼란으로 가장 먼저 몰락할 수밖에 없던 존재였다. 이들이 바로 고려후기 농장노동력으로 전락하여 노비화하였다고 파악하였다.

지금까지 살펴본 바와 같이 고려의 생산관계와 농업경영형태에 대해서는 의견이 분분하다. 이렇게 견해가 다른 것은 토지제도와 경영형태를 구명할 수 있는 자료가 부족하기 때문이다.

그와 관련하여 전시과제도가 당의 토지제도를 수용하여 만든 제도라는 점을 고려하여 중국사와 비교연구를 할 필요가 있다. 물론 제도를 수용하였다고 해도 역사적 상황이 다른 만큼 그 운용이 반드시 일치하지 않는 것은 당연하다. 그렇지만 중국의 경우 단 한 번도 관료에 대한 수조권분급제가 시행된 적이 없다는 사실이 주목된다. 당대에는 중국역사에서 처음으로 위로는 귀족, 관료, 국가기관으로부터 아래로는 피지배층에 이르기까지 전 계층을 망라한 토지분급체제 즉 균전제가 시행되었다. 그에 비해 고려는 지배기구와 관료와 직역담당층에 한정하여 토지가 분급되었으며, 일반농민을 포함한 피지배층에 토지가 분급되었다는 자료적 증거가 없다.

특히 관료전을 비교하자면 당에서는 관료에게 관인영업전과 봉록을 보완하기 위한 직전을 이중으로 지급하였다. 관인영업전과 직전은 성격이 전혀 다른 토지였으며, 그 운영은 국가가 전인佃人이라는 노동력을 동원하여 경작시키는 형태였다. 송대에는 관료에 대한 경제적 지급은 봉록이 중심이었으며, 직전은 지방관의 경제적 안정을 위해서만 일부 지급되었다. 따라서 송대에는 관료에 대한 국가적 토지지급은 전체 토지제도사에서 거의 미미한 비중이었다. 중국과 비교한다면 우리나라는 국가적 토지분급제의 역사가 훨씬 길었음을 알 수 있다.

조선의 과전법과 같이 민전의 수조권을 관료에게 분급하는 것은 분명 중국과 다른 토지운영방식이었다. 과전법과 같은 수조권분급제를 전시과에도 적용할 수 있을 것인지 아닌지, 전시과체제의 모법인 당제나 송제와는 얼마나 다른 토지운영체계를 가진 것인지를 구명할 수 있다면 고려사회의 토지를 둘러싼 생산관계와 농업경영형태를 좀 더 명확히 밝힐 수 있을 것이다. |위은숙|

참고문헌

姜晋哲, 『韓國中世 土地所有硏究』, 일조각, 1989.
金容燮, 『韓國中世農業史硏究-土地制度와 農業開發政策-』, 지식산업사, 2000.
魏恩淑, 『高麗後期 農業經濟硏究』, 혜안, 1998.
李景植, 『高麗時期土地制度硏究-土地稅役體系와 農業生産-』, 지식산업사, 2012.
이정호, 『고려시대의 농업생산과 권농정책』, 경인문화사, 2009.
李泰鎭, 『韓國社會史硏究-農業技術 발달과 社會變動-』, 지식산업사, 1986.
李鎬澈, 『朝鮮前期農業經濟史』, 한길사, 1986.

곽종철, 「우리나라의 선사~고대 논 밭 유구」『한국 농경문화의 형성』, 한국고고학
　　　회, 2001.
金琪燮, 「高麗前期 農民의 土地所有와 田柴科의 性格」『韓國史論』17, 1987.
김재홍, 「中·近世 農具의 종합적 분석」『중앙고고연구』10, 2012.
魏恩淑, 「고려시대 토지개념에 대한 재검토-私田을 중심으로-」『한국사연구』
　　　124, 2004.
위은숙, 「고려시대 민전의 성립과 그 생산력적 배경」『민족문화논총』63, 2016.
윤호필, 「경작유구를 통해 본 중·근세농업의 경지이용방식 연구」『중앙고고연
　　　구』10, 2012.
이영훈, 「高麗佃戶考」『歷史學報』161, 1999.

3. 수공업과 상업

1) 유통경제의 이해 방향

고려시대의 주요 산업이 농업인만큼 토지 분급제도나 농업경영 등에 관한 이해는 고려사회를 알기 위한 필수 요소이다. 또한 농민이 민民의 대다수를 차지하였기에 고려가 농경국가였다고 말할 수 있다. 이러한 점을 충분히 인정하더라도 농업과 농민층에 관한 이해만으로 고려사회와 고려인들의 다양한 생활모습을 밝혀낼 수는 없다.

또한 농산물이 생산품의 주종이지만 다양한 수공업품은 고려인의 일상 생활용품이었고, 여러 수공업장에서 생산된 고급의 잉여 생산물은 상인을 통해 또 다른 수요처로 유통되는 상업 활동의 거래 품목이었다. 이러한 수공업과 상업에 관한 이해를 병행할 때에 농업이 고려사회에서 어떤 역할과 위상을 지녔는지도 명확히 밝혀낼 수 있을 것이다.

고려시대의 수공업과 상업에 관한 기본적인 이해 방향은 크게 두 가지 이다. 하나는 상공업이 본업이 아닌 말업末業이라는 인식이 존재하였지만, 고려왕조는 상공업을 국가경제를 구성하는 중요한 영역으로 인식하여 유통경제에 적극적으로 개입하였다는 것이다. 이러한 인식은 성리학과 달리 당시의 지배이념이자 종교였던 불교가 상업 활동에 호의적인 것과도 연관이 있다. 다른 하나는 수공업이 개경의 관청수공업과 농촌의 가내수 공업으로 구성되듯이, 이에 연동하여 상업도 지배층 중심의 상업과 직접 생산자 중심의 상업으로 이원적인 구성을 보인다는 점이다. 고려시대 유통경제는 개경의 지배층이 중심이 되어 발달하였으며, 시간이 흐를수록 지방 농민층 중심의 유통경제는 전자로 예속화의 경향이 심화된 것으로 이해된다.

2) 수공업의 구성과 전개

고려시대 수공업은 전업적인 수공업과 함께 농민의 가내수공업으로 이루어졌다. 농민들은 가내수공업을 통해 삼베·모시·비단과 같은 직물류의 수공품을 생산하여 가족의 의복으로 사용하는 한편, 부세 납부와 교환수단으로 활용하였다. 하지만 농민들은 공물 납부의 부담 등으로 인해 잉여생산물을 확보하기가 쉽지 않아 가내수공업이 유통경제에서 차지하는 비중은 크지 않았다.

따라서 고려전기에 발달하였던 관청수공업과 소所수공업, 그리고 후기에 활발하였던 민간수공업은 전업적인 수공업이었다. 이러한 전업적인 수공업에 종사한 사람들도 관청에 소속된 수공업자 즉, 관속공장官屬工匠과 그렇지 않은 비관속공장으로 구분된다.

고려전기 관청수공업과 소所수공업

관청수공업은 중앙 관아와 지방관청이 공장工匠 등을 조직하여 수공업품을 만드는 운영체제였다. 중앙정부조직 내에 군기감·상의국·장야서 등 10곳 이상의 수공업 관부가 존재하였던 만큼, 이들 관청은 업종별·생산공정별 분업체계를 갖추고 관원조직을 통해 운영되었다. 국가는 수공업 기술자를 공장안工匠案에 등록시켜 관리하였는데, 이것은 그들의 공역을 활용하기 위한 목적과 함께 이들의 관료로의 진출을 제한하는 성격도 지녔다.

중앙관부에 속한 상층의 공장은 1년에 300일 이상 복무하는 직역층 공장으로 최고 쌀 20석에서 최하 벼 7석의 녹봉을 받았으며, 일부는 무산계와 전시과의 최하 지급액인 17결의 토지를 분급 받았다. 공장이 소속된 관청수공업장에서 생산된 수공업 제품의 대부분은 관청에 납부되었고, 그 중 일부는 개경과 서경의 관영상점에서 판매되기도 하였다.

관속공장은 소속 관청에서 복역하고 남는 시간에는 자유로운 생산 활동이 가능하였다.

고려시대 수공업의 가장 큰 특징은 관청수공업과 함께 중요한 부분을 차지한 소所수공업이었다. 소는 금·은·구리·철과 같은 광물, 소금·미역·물고기 등의 해산물, 차·생강 등의 특수농산물, 실·각종 옷감·종이·먹·숯·기와·도자기 등의 수공업제품을 생산하여 공물로 납부하는 특수행정구역이다. 이들 물품의 생산·수취와 같은 소의 업무는 군현지배체제를 통해 관리되었다. 소민은 물품 생산의 전문기술자인 공장과 그를 도와 생산과정에 필요한 노동력을 제공하는 민으로 구성되었다. 소의 공장도 관청 소속의 공장과 마찬가지로 공물을 납부하고 그 나머지는 자유로운 생산 활동이 가능하였다. 하지만, 소민은 향·부곡민과 함께 잡척雜尺으로 분류되어 교육·관직 진출·거주·결혼 등에서 신분적 차별대우를 받는 처지에 놓여 있었다.

한편, 소所에 비견될 정도로 높은 기술을 보유하고 우수한 수공업제품을 생산하는 민간 수공업장의 하나는 사원이었다. 우수한 기술을 보유한 승려들의 감독 아래 노비를 비롯한 예속노동력을 동원하여 직포업·양조업·제와업·제염업 분야의 물품을 생산하였다. 수공업 생산량이 차츰 증대하면서 민간의 수요에 충당됨에 따라 사원은 지방사회의 중요한 수공업품의 생산지이자 교역처가 되었다.

고려전기 수공업은 당시의 유통경제와 맞물려 발달하였다. 관청이나 소에 소속된 전업적인 수공업장에서 생산된 양질의 물품은 관청이나 지배층의 수요품으로 충당되었다. 당시 지배층이 향유한 금속공예품·고려청자와 『고려도경』에서 극찬한 직조기술은 관영수공업의 발달 양상을 잘 보여준다. 이에 반해 농촌의 가내수공업은 공물 납부의 부담 등으로 인해 기술향상이 쉽지 않아 발전이 미약하였다.

고려후기 민간수공업의 발달

고려후기에는 관청수공업이 쇠퇴하고 소수공업이 붕괴하였으며, 이에 따라 민간수공업이 발달하는 수공업체제 상의 큰 변화가 일어났다. 관청수공업장에서의 관리·감독이 느슨해지자, 일부 관속공장은 공역工役체계로부터 이탈하여 지방에 거주하는 등 독립적인 수공업자로 탈바꿈하였다. 중앙정부는 이에 대응하여 공장세工匠稅를 거두기도 하고, 충렬왕 22년(1296)에는 지방에 나가 있는 경공장京工匠들을 개경으로 돌아오도록 권유하였다. 지방 관속 공장의 이탈도 관청수공업의 쇠퇴에 일조하였다.

소수공업의 붕괴는 특수행정구역인 소의 해체가 원인이었다. 12세기 이래 국가의 과중한 수탈과 권세가의 탈점은 소민所民의 유망을 초래하여 소제도의 붕괴는 일반적인 추세가 되었다. 이를 막기 위해 소민의 잡역이나 기타 부역을 면제해 주는 조치를 취하기도 하였지만 근본적인 대책은 되지 못하였다. 따라서 소所에 의존하여 공물을 충당하던 수공업체제는 소민이 담당하던 역을 일반 군현민에게 부가하거나 정역호定役戶를 따로 두어 특정 물품을 조달하는 방식으로 전환되었다. 이러한 수공업품의 새로운 생산방식은 소금과 은·철 같은 광산물 분야에서 확인된다.

이전까지 소금 생산의 다수를 담당하던 염소鹽所가 해체되면서 염호鹽戶에 의한 생산으로 일원화되었다. 고려후기 권세가의 농장에 투탁해 있던 농민이나 유민에서 차출된, 부역을 세습하는 정역호定役戶로 구성된 염호는 소금생산의 기본단위가 되었다. 염호는 생산한 소금의 전부를 관청에 납부하고 그 대가를 받아 생활하였다. 마찬가지로 철소鐵所가 사라지면서 철 생산지에 철장鐵場을 설치하고 소속 군현의 지방관이 관리하면서 주민에게 역을 면제해 주고 철을 생산·납부하도록 하는 철호제 또는 철장제가 시행되었다. 이렇게 특정 물품의 생산을 담당한 정역호의 구성원들은 염간鹽干·철간鐵干 등으로 불리면서 여전히 차별 대우를 받았다.

관청과 소의 작업장으로부터 벗어나 독립한 수공업자들은 고려후기 민간수공업의 성장을 이끌면서 유통경제의 발전을 촉진시켰다. 달리 말하면, 관청수공업의 쇠퇴와 소수공업의 해체로 인해 그것에서 물품을 공급받던 수요자들은 민간에서 수취하거나 구입해야 하였으므로, 민간수공업이 발전할 수밖에 없었다. 또한 민간수요의 증대와 공물대납제와 같은 수취방식의 변화 등에 힘입어 민간수공업은 더욱 발달하게 되었다.

고려후기 민간 수요의 증대는 대표적인 생활용품인 그릇에서 확인할 수 있다. 충렬왕 때에 많은 관청 소속의 유동장鍮銅匠이 지방으로 옮겨 거주한 것은 당시 지방의 유기 수요가 증대하여 그것만으로도 생계를 유지할 수 있었기 때문이었다. 또한 자기瓷器에 대한 민간 수요의 증대는 대량생산과 유통의 결과로, 자기생산의 촉진제가 되었다. 이와 같이 민간수공업이 발달함에 따라 전업수공업자가 늘어나고, 지역별로 특산지가 출현하게 되었다. 경상도 양산은 죽제품을 만들어 팔아 생계를 유지하였고, 직조수공품으로 청주의 설면雪綿, 안동의 명주실, 해양海陽(광주광역시)의 황저포, 전주의 명표지名表紙 그리고 중원(충주시)의 철제품 등이 유명하였다.

이처럼 고려후기에 전업화한 민간수공업은 생산과 수요가 증대하면서 기술 발전이 가능해졌다. 직조업분야는 다양한 직조법과 염색법의 개발, 염업은 염전에서 소금을 만드는 염전식 제염법의 개발, 자기·기와의 요업·와업은 원료배합과 가마쌓기·소성燒成기술 그리고 청동주조법과 화약제조기술 등이 발달함에 따라 생산량의 증대를 가져와 수공업제품이 상품으로 광범위하게 유통되기에 이르렀다.

3) 상업의 구성과 발달

고려전기 개경 상업과 지방 상업

고려왕조는 태조대부터 해상무역의 이익을 강조하며 상업을 장려하였고, 태조 2년(919)에는 시전市廛을 처음 설치하여 개경 시전상업의 기초를 마련하였다. 또한 중앙정부는 관영상점을 개설하여 상업 활동에 직접 종사하면서 대외무역을 장려하였다. 이러한 상업정책은 해상호족인 왕건 가문의 출신과 일정한 관련이 있다.

고려시대의 상업은 상공업과 마찬가지로 개경의 시전상업과 지방상업의 이중구조를 띤다. 상업이 가장 번성한 곳은 시전과 관영상점이 밀집한 개경이었다. 개경은 사람뿐 아니라 현물로 납부된 조세와 상품 등의 재화가 모이는 장소로, 최대 소비처인 관청과 지배층이 몰려있는 상업의 중심지이면서 대외무역과도 직결되는 곳이었다.

태조 초기에 설치한 개경의 시전은 황성의 동문인 광화문에서 십자가十 字街에 이르는 남쪽의 큰 도로변 양측에 장랑長廊 구조를 이루는 상설 점포였다. 각 상점의 문루에는 영통永通·광덕廣德·흥선興善·통상通商 등의 이름을 쓴 간판이 붙어 있었다. 중앙정부가 개설한 시전은 상인에게 대여하였으며, 주로 지배층이나 사원과 연결된 상인들이 활동하는 공간이었다. 고려 정부는 시전 운영에 적극 간여하여 각 시전의 판매 물종을 지정하였으며 시전상인들을 시전 장부에 등록시켜 관리하였다. 시전 상인은 임대료와 인두세 형식의 상세商稅를 부담하였으며, 주로 관청에서 필요한 물품을 조달하면서 중앙지배층·사원 등의 고급 수요품을 취급하기도 하였다. 고려말엽 개경에는 최소 1,200여 칸 이상의 시전 행랑에서 2,400~3,600명 이상의 시전상인이 영업한 것으로 추정된다.

개경에는 이들 시전상인 이외에 장작감將作監과 같은 정부 관청에 출입하면서 물품을 조달하는 어용상인도 있었다. 그리고 서경에도 개경의 시전과 비슷한 상가가 존재하였다. 숙종 7년(1102)에 서경의 습속이 상업에 힘쓰지 않아 그 이득을 얻지 못하고 있기 때문에 파견 관리를 통해 시사市肆를 감독하여 상업을 장려하도록 하였다.

개경에는 시전 이외에도 도성 내에 장시 형태의 시장과 관영상점이 위치하였다. 주로 개경 거주민의 일용품이 거래된 비상설시장은 영세 소상공인들의 교역처였고, 관영상점은 중앙 정부가 개설하여 상업에 직접 참여하던 공간이었다. 서적점·복두점幞頭店·대약국 등의 관영상점은 점포를 설치하고 관영수공업장에서 생산한 물품을 판매하였다. 중앙정부는 화폐의 유통을 촉진시키기 위해 관영상점을 개설하기도 하였다. 성종 대 주점酒店과 목종대 주식점酒食店 설치 그리고 숙종 때에 점포를 열도록 권장하고 주현州縣에도 주식점을 개설한 것이 그러한 예이다.

한편 지방상업은 점포가 없는 비상설시장인 장시場市에서 이루어졌다. 장시가 한낮에 열린 것은 이용자들이 장이 서는 곳에서 하루 왕복이 가능한 거리에 거주하였기 때문이었다. 이곳에서는 쌀·베·은병, 특히 추포麤布를 교환의 매개물로 사용하였다. 이러한 장시는 농민과 수공업자가 교역하기에 편리한 교통의 요지가 아니라 행정 중심지에 개설되는 군현시郡縣市의 성격을 띠었다. 그리고 장시와 인근의 여러 장시를 돌아다니며 교역활동을 한 상려商旅라고 불린 지방의 전업상인이 존재하였다. 부상負商·해상海商·강상江商으로 구분되던 이들은 본관本貫을 벗어나 상업 활동을 하는 것이 허용된 집단이었다. 이러한 교역의 활동 공간인 12세기의 지방 장시는 송나라 때 강남지역에서 발달한 허墟라고 불리는 정기시에 비교되기도 하였다. 지방 장시와 함께 또 다른 지방상업의 중심지 역할을 한 곳은 사원이었다. 넓은 토지에서 생산한 곡물을 이용한 고리대활동과 수공업품의 판매는 사원상업의 근간이 되었다.

고려시대 상업은 수공업과 마찬가지로 이원적인 구조였다. 즉 개경상업과 지방상업, 국내 상업과 대외교역 그리고 지배층 중심의 상업과 직접생산자 중심의 상업 상호간의 연결성은 미약하였다. 단적으로 개경과 지배층 중심의 상업은 발전하였지만, 농민층의 유통경제는 발전하지 못하였다. 심지어 전자의 번성은 후자 발전의 장애 요인으로 작용하였다. 이처럼 농민층 중심의 유통경제가 발달하지 못한 이유는 농민이 잉여생산물을 확보하지 못하였기 때문이다. 자족적인 농촌사회, 높지 않은 농업생산력, 물품 중심의 조세제도 그리고 전주田主-전객제佃客制에 입각한 토지지배관계 등으로 인해 농민층이 유통경제에 참여할 수 있는 기회는 많지 않았다. 이러한 농촌경제구조 속에서 농민의 생산물은 시장구조가 아닌 지대地代와 억매·억매抑賣·抑買의 형태로 수탈의 대상이 되었다. 달리 말해, 중앙정부에 수취되거나 지배층에 귀속된 농민층의 생산품은 개경으로 유입되어 도시상업이 발전할 수 있는 기반이 되었다. 이렇게 고려전기에 농민층의 희생 속에서 발달한 개경 중심·지배층 중심의 상업구조는 오히려 농민층 중심의 유통경제를 저해하는 원인이 되었다.

고려후기 국내 상업의 발달

고려후기는 전기의 상업과 마찬가지로 개경·지배층 중심의 상업 활동이 활발하면서 지방상인의 활약이 돋보이는 시기였다. 이와 함께 부세대납賦稅代納의 일반화, 억매·억매의 강화, 전매제의 실시와 같은 상황 변화가 국내 유통경제의 발달을 촉진시켰다.

개경 상업의 주요 공간인 시전은 희종 4년(1208)에 1,008개 기둥이 있는 장랑의 형태로, 충렬왕 33년(1307)에 200칸을 증축하였고, 우왕 3년(1377)에는 동쪽 행랑을 새로이 조성하는 등 규모가 확대되었다. 그 안에는 금강산 장안사長安寺의 시전 30칸과 같이 민간이 소유한 상설 점포도 다수 자리하였다. 또한 업종이 전문화되는 추세 속에서 단일 상품을 파는 업종별 시전이 생겨났다. 이러한 현상은 개경의 상품수요의 증가와 관아의 대납代納에 의한 공물 수취방식의 변화와 일정한 관련이 있다. 충렬왕 22년(1296)에 "관사의 필요한 물건은 모두 시市에서 취한다."고 할 만큼 관아는 수요품을 주로 구매에 의해 조달하였다. 시전과 함께 개경의 시장도 규모가 확대되어 도성都城을 벗어나 예성강변의 벽란도와 같은 항구를 끼고 교역활동에 참여하였다. 이러한 개경에서의 상업 활동은 주로 왕실·권세가·사원 등 지배층의 몫이었다. 이들은 시전에 점포를 차리고 확보해 두었던 물품을 팔아 이득을 획득하였다. 이처럼 유통경제에서 경시京市의 위상이 높아지면서 도량형의 문란 등 불법적인 상행위가 발생함에 따라 이와 관련된 사무를 관장하던 경시서京市署의 역할이 강화되었다.

고려후기 지방상업은 품관층의 이주와 부호층의 성장에 힘입어 한 단계 성장하였는데, 특히 행상行商의 활동이 활발하였다. 연근해를 무대로 활동한 선상船商은 서·남해와 원흥元興(함흥만 인근) 등의 동해안 그리고 탐라 등지뿐 아니라, 내륙 하천과 연결되는 조운로를 따라 왕성하게 교역하였다. 이들은 도자기·어염·미곡 등을 판매하는 대규모의 전업상인으로서 전국의 상권을 연결하였다. 이와 관련하여 최근에 발굴한 침몰선을 비롯한 해양 유물을 적극적으로 활용하는 연구경향이 확인된다. 또한 육로를 이용하며 교역활동을 펼친 육상陸商은 새로이 조성되어 확충된 원院시설을 적극 활용하며 성장하였다.

고려후기 유통경제에서의 큰 변화는 부세대납賦稅代納 상인이라는 새로운 상인층이 출현한 것이다. 부세대납은 의종 원년(1147)에 군자軍資의 운반과정에서 처음 나타났는데, 14세기부터는 지방 군현에 부과된 부세 전반으로 확대되었다. 중앙 관아는 수취할 부세가 미납되면 해당 군현의 경주인京主人에게서 대신 징수하였고, 그러면 경주인은 지방민에게 그 배로 거두어들였다. 이들은 자신의 자본으로 대납품을 확보하였으나, 자본이 부족할 경우에는 고리대를 사용하였다. 부세대납은 처음에 재정 곤란을 막기 위한 조치였지만, 이러한 납부방식을 적극 이용하여 관아와 결탁한 '화식지도貨殖之徒'로 불린 어용상인 등의 부세대납업자들은 막대한 이익을 남겼다. 이에 반해 농민층에게는 또 다른 경제적 부담으로 작용하였다.

당시의 농민층은 지배층이 교역을 명분으로 생산물을 독점적으로 착취해 가는 억매·억매抑賣抑買의 강제적 교역구조 속에 놓여 있었다. 이러한 강제적인 교역은 관청과 봉건지배층, 특히 권세 있는 농장주와 사원, 지방관원에 의해 행해졌다. 이들이 획득한 금·인삼·고급 직물류 등의 물품은 대외무역의 주요한 수출품이 되었다. 조준趙浚의 상소문에 따르면, 권세가가 전호에게서 억매하는 것이 조租의 10배나 되었다고 한다.

고려말엽에는 대납代納에 의존하지 않고는 제때에 부세를 수취할 수 없는 지경에 이르렀다. 대납제는 국가의 부세수취과정에서 발생한 편법이었지만, 그러한 경제활동이 가능하였던 것은 경주인이 자본을 축적하여 대납물품을 미리 수집하여 비축할 수 있을 정도로 상품의 생산과 유통구조가 마련되었기 때문이었다. 이러한 관점에서 보면, 부세대납제는 개경중심의 유통경제를 더욱 촉진시키는 계기가 되었다.

이러한 부세대납제는 민간 수공업과 상업의 발전을 전제로 하였지만, 고려후기에도 국가의 재정운영이 여전히 유통경제에 미치는 영향이 적지 않았음을 알려준다. 중앙의 집권세력은 유통경제에 적극 개입하여 국가재정을 보충하고자 하였다. 불법을 자행하는 시전상인의 불법 행위를 강력히 통제하는가 하면, 상세商稅의 부과도 시도하였다. 또한 관청과 권세가로부터 물품을 강탈당하는 상인들을 보호하기도 하였다. 이와 함께 국가는 직접 생산과 유통과정을 장악하는 전매제도 실시하였다. 충선왕 원년(1309)에 재정난을 극복할 목적으로 소금전매제를 실시하였지만, 소금 유통과정에 관여하고 있던 권세가와 상인들의 방해로 인해 전국적인 시행에는 이르지 못하였다.

그럼에도 고려후기에는 상업이 활발할 수 있는 사회경제적 요건이 형성되었다. 우선 민간수공업이 발달하여 수공업품이 일정 정도로 비축되어 상품화가 가능하였고, 잉여의 농업생산물이 농장주에 집중되어 사치품을 중심으로 하는 유통경제가 발달하게 되었다. 그리고 앞서 언급한 부세대납제의 시행에 따른 새로운 상인계층의 출현과 국가재정을 염두에 둔 상업정책의 실시 그리고 단일경제권을 형성한 원나라와의 활발한 교역활동도 국내 상업 발달에 크게 기여하였다.

　이상의 내용과 같이, 개경 중심·지배층 중심의 상업은 상당히 발달한 반면 토지제도 및 수취체제의 수탈적인 구조 아래에서 억매·억매와 같은 강제교역과 농장을 매개로 하는 유통활동 등으로 인해 농민층 중심의 유통경제는 여전히 제자리에 머물러 있었다. 이러한 한계 속에서도 고려 후기 상공업의 발달은 부상富商의 출현과 농장의 발달 그리고 납속보관제 納粟補官制의 시행 등으로 인한 광범위한 신분제 변동의 주요한 계기를 마련하였다.

4) 화폐의 유통

　고려시대는 금속화폐와 함께 쌀·베와 같은 물품화폐가 생산자층을 중심으로 광범위하게 사용되었다. 수공업과 상업에 적극 개입하였던 고려 정부는 금속화폐를 주조하여 유통시키려 노력하였다. 성종~목종대 철전과 동전의 유통, 숙종대 동전과 은병의 유통 그리고 공양왕대 저화楮貨 유통정책의 시행이 그것이다.

　성종 15년(996)에 우리나라 최초의 금속화폐인 건원중보乾元重寶를 주조하였는데, 송나라의 건원중보와 구분하기 위해 뒷면에 '동국東國'이라는 글자를 새겨 넣었다. 철전과 함께 동국중보·동국통보와 같은 동전의 주조도 병행하였다. 성종은 금속화폐가 시장에 유통되도록 여러 차례에 걸쳐 주조하고 축하연을 베풀었다. 이것은 백성들에게 금속화폐에 대한 신뢰도를 심어주려는 상징적인 행사였다. 중앙정부는 거란족과의 군사적 분쟁에 따른 군비 강화로 인한 국가재정 확보를 위해 금속화폐를 유통시키고자 하였다. 왜냐하면, 발행한 금속화폐로 재정을 지출함에 따라 귀금속이나 쌀·베와 같이 실질 가치를 지닌 재화를 비축할 수 있었기 때문이었다. 물론 중앙집권화를 추진하던 성종대의 화폐 유통책은 지방세력을 집권체제 속으로 편제하여 경제적 집권력을 높이려는 정치적 의도도 내재해 있었다.

목종대에는 전왕인 성종의 화폐유통책을 계승할 뿐 아니라 추포麤布의 사용을 금지하는 적극적인 정책을 실시함에 따라 백성들의 원망을 부추겼다. 이에 목종 5년(1002)에 다점茶店·주점 등의 관영상점에서는 금속화폐를 사용하게 하였지만, 그 외의 상품 교환에는 물품화폐를 그대로 사용하도록 허용하였다.

목종대 이후 중단되었던 금속화폐의 유통정책은 숙종 2년(1097)에 의천과 윤관 등의 건의로 다시금 시행되었다. 당시 주조된 동전은 해동원보·해동통보·해동중보·삼한통보·삼한중보 등이고, 이와 함께 활구濶口라는 은병銀瓶도 유통시켰다. 왕권강화책의 일환으로 추진된 숙종대의 화폐유통정책은 유통경제에서 권귀가 이익을 독점하는 현상을 중지시키고 수취과정을 철저히 장악함으로써 국가재정을 확보하려는 목적에서 시작하였다. 화폐의 유통은 남경 건설, 대대적인 인사조치, 여진 정벌을 위한 별무반의 창설 등으로 증대한 재정수요를 확보하는 데에도 효과적이었다. 하지만 숙종의 정책을 계승한 예종대에 여진 정벌의 실패와 국왕권이 약화되는 정치정세의 변동에 따라 동전이 광범위하게 유통되지 못하고 다시 쌀과 베가 통용되었다.

이처럼 화폐유통이 지속되지 못한 이유는 여러 가지이다. 고려 정부는 화폐 유통을 통해 차익을 얻어 재정을 확보할 목적으로 실질 가치보다 못한 명목 가치의 철전과 동전을 발행하였다. 그리고 앞에서 언급한 유통경제의 이원적 구조로 인해 직접 생산자층이 여전히 쌀·베의 물품화폐를 사용하였기에 금속화폐의 유통이 광범위하게 이루어지지 않았다. 이러한 이중성은 화폐의 사용 양상에서도 확인된다. 동전과 달리 실물 가치를 지닌 은화銀貨는 지배층 중심의 유통경제 속에서 은병을 비롯하여 소은병小銀瓶·쇄은碎銀·은전銀錢 등의 형태로 고려말기까지 고액거래의 결재수단으로 꾸준히 이용되었다.

근래의 연구에서는 화폐유통정책의 실패 원인을 유통구조의 이원화와 연결시켜 이해하는 경향에 대해 의문을 제기하기도 한다. 왜냐하면 이원적인 경제구조가 고려만이 아니라 동아시아의 여러 나라에서 나타나기 때문이다. 그래서 이전의 논의에서 벗어나 조세의 금납화를 추진하지 못한 것을 실패의 원인으로 보거나 은병이 지방과 일반민들 사이의 무역에서 화폐로 사용된 것으로 보는 견해도 있다.

고려후기는 은화를 본위화폐로 삼기에 근본적으로 은의 보유량이 충분하지 못하였고, 부당한 이득을 노린 저질의 은화 주조도 성행하였다. 원간섭기에는 은의 해외로의 유출로 인해 발생한 은화의 부족분을 원나라의 지폐인 보초寶鈔를 들여와 메우고자 하였다. 하지만 보초의 유통은 고려 물자의 유출로 이어져 고려의 경제적 손실을 야기하였다. 원의 간섭에서 벗어난 고려말엽에 화폐유통질서를 새로이 구축하려 하였지만, 부족한 은 보유량을 고려하여 공양왕 4년(1392)에는 최초의 지폐인 저화楮貨의 유통을 시도하였다. 조선 개창 이후 태종 2년(1402)에 다시금 저화를 발행하였음에도, 결국 실패로 끝난 것은 지폐의 교환 가능성을 믿지 못하여 일반 농민층이 여전히 물품화폐를 이용하였기 때문이었다.

| 한정훈 |

참고문헌

김도연, 『고려시대 화폐유통 연구』, 고려대 박사학위논문, 2018.
서성호, 『高麗前期 手工業 研究』, 서울대 박사학위논문, 1997.
이병희, 『高麗後期 寺院經濟의 研究』, 서울대 박사학위논문, 1992.
이병희, 『뿌리깊은 한국사 샘이 깊은 이야기 3-고려』, 가람기획, 2014.
이정신, 『고려시대의 특수행정구역 所 연구』, 혜안, 2013.
정용범, 『고려 전·중기 유통경제 연구』, 부산대 박사학위논문, 2014.

金東哲, 「고려말의 流通構造와 상인」 『부대사학』 9, 1985.
朴平植, 「高麗後期의 開京商業」 『國史館論叢』 98, 2002.
안병우, 「고려시대 수공업과 상업」 『한국사 6』, 한길사, 1994.
蔡雄錫, 「高麗前期 貨幣流通의 기반」 『韓國文化』 9, 1988.
채웅석, 「상업과 수공업」 『고려시대사강의』, 늘함께, 1997.
한정훈, 「12·13세기 전라도지역 私船의 해운활동」 『한국중세사연구』 21, 2011.
홍희유, 「10~14세기(고려시기)의 수공업」 『조선중세수공업사연구』, 지양사,
            1989.
홍희유, 「고려시기의 상업과 화폐유통의 형성」 『조선상업사』, 과학백과사전종합
            출판사, 1989.
北村秀人, 「高麗時代の所制度について」 『朝鮮學報』 50, 1969.

4. 사회모순에 대한 항쟁

1) 12세기 민 항쟁의 연구 시각

12세기 민의 항쟁에 대한 연구는 1930년대부터 시작되었지만 본격적인 연구의 시작은 1970·1980년대였다. 1930년대 연구자들은 민의 저항 배경을 경제적 관계의 변동에 따른 농민의 궁핍화 또는 무신집권기 사회의 특징적 변화에서 찾으려고 하였다. 하타다 다카시旗田巍는 궁핍화의 배경과 각 항쟁의 질적 편차를 구체적으로 지적하지 못하였지만, 저항의 전개 과정을 체계적으로 정리하였다. 백남운은 사적유물론을 바탕으로 고려사회를 집권적 봉건제도의 성립기로 규정하고, 12세기 농민의 저항이 봉건적 생산체제의 내부 모순의 격화와 수취체제의 가중에 기인한 농민의 대중적 반항운동이었음을 지적하였다. 그러나 저항의 특징을 배제한 채 이를 단순히 '농민일규農民一揆'로 취급하였다. 이러한 연구에 영향을 받은 김석형은 고려사회를 사적유물론에 근거하여 불투명한 봉건사회로 규정하고, 이것에 대한 극복과 발전의 원동력이 농민들의 계급투쟁이었음을 제기하였다. 변태섭은 12세기 농민·천민의 저항을 기성체제에 대한 반항과 구질서에서의 탈피를 지향한 것으로 파악하였다. 즉 저항의 원인을 하부계층의 빈궁화로 보았고, 그 배경은 무신정변 이후 귀족적 신분질서의 와해로 인한 하부계층의 사회의식의 성장과 중앙 통제력의 약화에서 비롯되었다고 하였다.

이와 같은 연구 성과들은 12세기 민의 저항을 계급투쟁이라는 획일적인 시각으로만 해석하였거나, 저항의 질적인 편차와 변화를 다양하게 제시하는 데에는 미흡한 점이 있었다. 그러나 이러한 견해들은 이후의 연구자들로 하여금 좀 더 폭넓은 연구를 가능하게 하였다. 1990년대 이후 박종기와 채웅석은 고려전기 이래의 사회경제적 조건의 변화, 즉 12·13세기 농업조건의 변화로 인한 지방 지배체제의 모순과 '국가-재지세력-민' 사이의 대립관계에 주목하여, 그러한 대립을 야기한 군현체제와 수취체제의 모순에서 지방사회 동요의 배경을 찾고자 하였다. 또한 무신집권기 농민·천민의 저항을 지역적으로 구분하여 이를 유형화함으로써 지역적 특수성을 부각시키거나, 특정 지역 및 사건을 대상으로 하여 저항의 배경과 전개를 적극적으로 연구한 성과도 있었다. 이러한 연구 성과들 이외에 각 시기별 저항의 사례를 통한 연구도 다양하게 이루어졌다.

2) 12세기 전반기 민의 유망

12세기의 고려사회는 지배층 내의 토지탈점이 확대되어 농장이 전국적으로 분포하게 되었고, 민의 삶은 상대적으로 어려워질 수밖에 없었다. 이에 따라 민의 저항이 거세게 일어나 사회체제가 전반적으로 동요하게 되었다. 민의 저항은 우선 유망流亡의 형태로 나타났다. 유망은 11세기 후반부터 심각한 사회문제로 비화되었고, 특히 국가의 직접적인 보호를 받지 못하였던 부곡제 지역에서 더욱 심하였다. 이를 숙종 10년(1105)의 예종 즉위 교서에서는 "유망이 계속되어 열 집 가운데 아홉 집이 비었다." (流亡相繼 十室九空)라고 할 정도였다. 유망은 비록 민의 소극적인 저항이었지만, 결과적으로 지방사회의 질서를 무너뜨리고 진전陳田을 확대시켜 지배체제에 많은 타격을 주었다.

유망민은 대개 농장에 흡수되어 부의 집중을 유발하거나, 일부는 도적이 되어 지배층을 위협하기도 하였다. 예컨대 의종 16년(1162)에 이천·안협·동주·평강·영풍·의주·곡주 지역에서 도적이 동시에 일어나 큰 사회문제가 되었다. 국가에서는 지방관이 파견되지 않았던 지역에 감무를 파견하는 등 지방관을 증치하여 지방사회를 통제하려고 하였다. 그 과정에서 일부 지방관들이 저습지를 개발하거나 수로를 만드는 등 권농책을 적극적으로 추진하기도 하였다. 또한 본관제에 의한 거주지 긴박이 이완될 수밖에 없게 되자 현거주지를 중심으로 파악하여 수취하는 공호제貢戶制가 부분적으로 실시되었다. 그러나 이러한 정책은 12세기 사회의 모순을 근본적으로 개혁한 것은 아니었다. 그것은 단지 기존의 지배체제를 유지하기 위한 보완적인 선에서 그쳤기 때문에 지배층의 수탈을 오히려 심화시켰다. 그 결과 12세기 후반에 접어들면서 지배층 내부의 정쟁으로 인해 무신정변이라는 정치적 격변을 겪게 되었고, 지방사회의 유망은 대대적인 항쟁으로 한층 진전되었다.

3) 무신정권의 대민정책

의종 24년(1170) 무신정변의 결과 문신 중심의 문벌사회가 약화되고 무신이 정치세력의 중심으로 등장하였다. 그러나 무신정변 세력들은 12세기 사회의 사회경제적 모순에 대한 개혁세력으로서의 면모를 보여주지는 못하였다. 그들은 기존의 지배체제를 유지하면서도 자신들의 권력기반을 강화하기 위하여 사적 지배기반의 확대가 필요하였다. 이로 인하여 무신집권기의 고려사회는 잦은 정변과 지방사회의 저항이 일어나서 새로운 혼란에 빠지게 되었다.

무신정권 성립기(1170~1197)의 집권세력들은 공적 지배체제를 유지하면서도 사적 지배기반을 확대하였다. 이러한 모순의 대표적인 것이 토지탈점이었다. 이것은 기존의 토지제도 자체를 문란시켰을 뿐만 아니라 지방사회의 피폐를 가속화시켰다. 그러한 폐단에 직접 관여하였던 자들이 집권세력에 의해 파견된 지방관이었다. 지방관은 집권세력들의 토지탈점과 농장운영 등 사적 지배기반의 확대에 결탁하거나, 자신들의 영달을 위한 가렴주구로 인하여 지방사회의 실상을 더욱 곤궁하게 만들었다. 따라서 지방관은 지방사회의 안정을 위한 국가 지배력의 강화라는 차원과 집권세력의 사적 지배기반의 확대라는 상호 모순된 상황에 놓이게 되었다.

한편 집권세력들은 중앙의 정치권력을 안정시키고 불만세력들을 무마하기 위해 대민정책을 펴기도 하였다. 이고·이의방 집권기는 집권세력 내부의 알력으로 인하여 정치세력간의 대립이 첨예하였다. 이 시기는 구지배체제에 대체할 새로운 권력구조가 요구되었다. 그리고 중앙 지배 체제의 혼란은 지방사회의 동향에 커다란 영향을 끼쳤다. 이에 집권세력 은 지방사회의 동요를 무마하기 위해 외관제를 강화하였다. 즉 감무 파견 및 안찰사와 같은 감시 기능의 강화, 지방관에 문신과 무신을 동시에 임명하여 지방통제를 강화하는 정책 등이 그것이다.

정중부세력은 중앙의 권력쟁탈과 지방사회의 동요에 따른 위기국면을 탈피하기 위하여 자신들을 중심으로 한 세력의 결집을 이루어야 하였다. 이들은 정국 정황의 돌파구를 여는 획기적인 정책으로 찰방사察訪使를 파견하여 지방관에 대한 대대적인 숙청을 감행하였다. 찰방사의 파견은 지방사회 통제뿐만 아니라, 사적 지배기반의 토대를 구축하기 위한 지방 사회의 장악력을 강화할 필요에서 비롯되었다. 집권세력의 경제운영의 핵심은 농장이었고 고리대와 상업도 그 일환이었다. 따라서 지방관과 재지세력을 통한 지방사회의 통제 강화는 집권세력에게 무엇보다도 중요 한 현안이었다고 할 수 있다.

경대승은 무신들에 대해서는 견제와 탄압을 가하고 도방과 같은 사적 무력수단을 강화하여 정권을 유지하였으며, 정치 운영에 부담이 되었던 사회적 불만요소에 대해서는 비교적 온건한 입장을 취하였다. 즉 그는 정중부세력의 찰방사를 통한 대대적인 지방관 숙청을 불문에 붙였다. 그 결과 지방정책의 혼란을 가져왔고, 지금까지 누적되었던 지방관과 재지세력의 탐학을 부채질하여 지방사회 내의 새로운 갈등과 저항의 요인이 되었다.

경대승의 사망 이후의 정치 운영은 특정 집권세력보다는 국왕·국왕의 측근세력·무신세력·문신계열 등 여러 세력들의 제휴에 의해 이루어졌다. 이것은 무신정권의 안정과 지방사회의 동요에 대한 대책으로서 명종 18년(1188)의 일련의 '개혁교서'들이 반포되는 계기가 되었다. 그러나 지방 사회의 폐단은 여전히 잠재되어 있었고, 이후 이의민 등의 새로운 집권 무신세력의 등장으로 인해 이전 시기와 마찬가지로 공적 질서의 혼란은 계속되었다.

최씨집권기(1196~1258)는 기존의 관료체계를 무력화시켜 자신들 중심의 권력체계를 구축하였고, 이로 인한 많은 인적·물적 토대가 필요하였다. 최씨집정자들은 최고 권력자로서 국가로부터 부여받은 공식적인 재산이 상당하였지만, 그 이외 사적 경제기반도 널리 형성되어 있었다. 그러한 기반의 모체는 식읍食邑을 제외하고는 토지탈점을 통해 형성된 농장이었 다. 그리고 그 주변의 권력자들도 토지탈점을 통한 폐단을 자행하고 있었다.

최씨집권기는 이전 시기의 잦은 정변과 지방사회의 동요를 수습하기 위한 대책이 시급한 시기였다. 그들은 이질적인 정치세력들의 제거와 지방사회의 동요를 무마하여 정치적 안정을 도모하고자 하였다. 그 일환 으로 제시된 것이 최충헌의 '봉사십조封事十條'였다. 그 열 가지 조목은 잦은 정변으로 인한 정치 운영의 불안을 해소하고 정치현안에 대한 모순 구조를 척결함으로써 정치적 안정을 이루려는 것이었다. 그러나 최씨정 권은 정권유지를 확고하게 하기 위해 사적 지배기구를 강화하였는데, 교정도감·서방·정방·도방·가병 등이 그것이다. 이러한 기구들은 국가권 력의 유지보다는 최씨정권의 영달이 우선적인 목적이었다.

4) 항쟁의 전개

서적西賊

무신정변 이후 본격적인 민의 저항은 서북면 지역으로부터 전개되었다. 명종 2년(1172) 6월 서북면 지역의 창주·성주·철주에서 벌어진 저항은 서북면 병마사 송유인·우학유 등 당시의 유력한 권력자도 능히 제압하지 못할 정도로 치열하였다.

명종 3년(1173)에는 동계에서 김보당 등을 중심으로 한 문신들이 저항을 일으켜 거제도에 부처되었던 의종을 경주로 피신시켰다. 이 저항의 목적은 무신정변이후 문무 대립의 극단적인 양상으로 의종 복위를 통한 구지배체제의 복구였지만, 문신들에 대한 대대적인 살육과 의종 시해로 끝을 맺었다. 그런데 김보당이 비록 동계를 지역적 기반으로 하였지만, 이 지역의 재지세력과 일반 민은 저항에 가담하지 않았던 것으로 보인다.

명종 4년(1174) 조위총의 저항은 무신정변을 전후한 지방사회의 폐단과 김보당의 저항 이후 무신정권에 대한 위기의식이 증폭되면서 촉발되었다. 조위총의 일차적인 목적은 정중부·이의방 등과 같은 집권 무신세력의 우두머리에 대한 처단이었다. 이를 위해 동북 양계의 재지세력들을 끌어들임으로써 전면적인 저항으로 확대되었다. 이들은 서북면을 거점으로 무신집권기에 들어 가장 대대적이고 지속적인 저항을 확대시킬 수 있었다. 이것은 12세기를 전후한 사회경제적인 모순에 대한 불만도 크게 작용하였겠지만, 앞서 김보당 제거 이후 무신정권의 지방 통제 강화에 대한 위기의식에서 비롯된 것으로 보인다. 그러나 지방사회 내의 갈등과 대립으로 인하여 저항세력은 점차 위축되었다. 그 결과 조위총세력은 무신정권의 강경한 진압책에 의해 조위총이 사로잡혀 죽음으로써 점차 무너지게 되었다. 하지만 이후에는 일반 민이 중심이 되어 저항하였다.

남적南賊

　서북면지역에서 조위총을 중심으로 한 저항이 대대적으로 진행되는
시기에 중·남부지역에서도 '남적'이라 불리는 저항이 일어났다. 명종
6년(1176) 공주 명학소의 망이·망소이가 저항을 펼쳤는데, 그 주동세력이
소민所民이라는 점이 주목된다. 소는 국가가 필요로 하는 각종의 물품을
전문적으로 생산하는 곳이며 일반 군현의 주민들보다 무거운 역을 담당한
지역이었다. 이들 지역은 사적 이익을 도모하는 지배층들의 수탈에 쉽게
노출될 수 있었다. 중앙 정부에서는 명학소의 저항에 대해 강온의 정책으
로 대응하였는데, 처음에는 선유사를 파견하여 무마하려다가 실패하였
다. 이에 장사 3,000명과 승병을 동원하여 진압에 나서게 되었다. 진압군
에 정규군이 동원되지 못하고 장사와 승병을 동원하였던 것은 서북면
지역의 진압책으로 관군을 동원하기가 어려웠기 때문이다. 그리고 계속
적인 서북면 지역의 진압책은 여기에 동원된 군인들에게도 불만을 불러일
으킬 수 있었다. 이런 상황에 따라 중앙 정부는 망이의 고향을 소所에서
현縣으로 승격시키는 조치로써 저항을 무마하려 하였다. 그 결과 소민들에
게는 무거운 역으로부터 벗어날 수 있는 기회가 되었다. 이런 중앙 정부의
조치를 명학소의 저항세력도 고무적으로 받아들인 것으로 보인다.

　그러나 중앙 정부는 명학소를 충순현으로 승격시켰음에도 불구하고
이후 이들 저항세력에 대한 토벌을 강행하였다. 이에 망이·망소이는
재차 저항하였지만 계속적인 저항으로 인한 힘의 소진과 관군의 진압으로
항복하게 되었고, 마침내 충순현이 삭제됨과 동시에 저항세력도 와해되고
말았다. 결국 망이·망소이의 저항은 무신정변을 전후해서 비등해졌던
사회경제적 폐단에 따른 가중된 수탈정책에 맞선 것이었다. 이러한 점은
명종 6년의 손청, 명종 7년(1177)의 미륵산적·서해도 도적 등과 같은 저항
세력들의 발발 원인이었다. 또한 명학소의 저항세력이 기만적이긴 하였
으나 소를 현으로 승격시키는 중앙의 양보를 얻어냈다는 점은 이후의

저항세력들에게 영향을 끼칠 수 있는 것이었다.

정중부 정권에서는 지방사회의 저항을 무마하기 위해 명종 8년(1178) 전국에 찰방사를 파견하여 대대적인 지방관의 숙청을 단행하였다. 그러나 이 정책은 경대승의 정변으로 실패하고 말았는데, 그는 명종 11년(1181) 왕의 교서를 통해 원래대로 환원시켰다. 이는 지방사회의 폐단을 회피하는 잘못을 범한 것이었으며, 한동안 잠잠하던 지방사회의 저항을 재차 촉발시킨 원인이었다.

명종 12년(1182) 관성현과 부성현의 저항은 지방관의 침탈로 인한 이민吏民들의 저항이었다. 지방관의 폐단은 앞서 안찰사와 찰방사의 파견을 통한 감시 기능을 철저하게 하지 못한 결과였다. 부성현령과 현위의 불화는 지방관 파견에 있어서 문무 교차임용의 문제로부터 비롯되었다. 무신들의 지방관 임명의 결과는 문신들의 중앙 진출의 기회마저도 억제하였다. 때문에 이들의 대립은 지방사회 내의 세력 다툼으로도 비화될 소지가 있었고, 종국에는 일반 민의 생활에도 큰 영향을 미쳤을 것이다.

같은 해 전주에서 기두 죽동 등의 저항이 있었다. 그 원인은 사록 진대유와 상호장 이택민의 가혹한 역의 시행이었다. 죽동 등은 저항을 전개시키면서 사록 진대유를 쫓아내고 주리州吏의 집을 불살랐으며 판관을 위협해서 주리들을 교체시켰다. 이들이 특히 주리들의 집을 불사르고 교체시켰다는 것은 재지세력에 대한 반감이 상당히 깊었음을 보여주는 동시에, 지방 지배에 대한 지방관과 재지세력의 결합관계를 잘 보여준다. 또한 중앙 정부에서는 안찰사를 파견하여 이들을 설득하였지만 실패하였는데, 이는 앞서 망이·망소이의 저항에서 보여주었던 고식적인 중앙의 대처와 별반 차이가 없었던 것에서 비롯되었다고 하겠다. 그것은 중앙 정부의 저항세력에 대한 대처가 타협보다는 강경 진압으로 일관하고 있었기 때문이기도 하였다. 진압 과정에는 1품군 대정과 승도들이 참여하였다. 1품군 대정은 재지세력이 담당하던 직책이었고, 승도 역시 지방사회 내의 지배자적 위치에 있었다. 이러한 대정과 승도의 대응은 지방 지배세력 간의 역학관계를 보여주는 것이다. 따라서 이들의 활약과 관군의 진압으로 인하여 이 저항은 약 3개월 만에 무너지고 말았다.

명종 13년(1183) 경대승의 갑작스런 사망은 권력의 공백을 초래하여 파행적인 정치 운영을 부채질하였다. 이는 곧 지방사회의 폐단을 증폭시켰는데, 명종 16년(1186) 진주와 안동의 상황을 통해서 살펴볼 수 있다. 즉 진주수령 김광윤과 안동수령 이광실이 민을 침탈하여 주민들이 반역을 꾀하니 귀양을 보내라는 것이었다. 이러한 지방관들의 침탈은 경대승의 사망 이후 뚜렷한 최고집정자의 부재에 따라 권력이 남용될 수 있는 상황에서 벌어진 것이었다.

명종 20년(1190)에는 동경, 명종 23년(1193)에는 운문·초전에서 김사미·효심의 저항이 있었다. 이 시기는 이의민 집권기였다. 이의민은 명종 18년 '개혁정책'의 반포 과정에 참여하였을 것으로 알려져 있다. 그러나 그 역시 공적 지배질서와 사적 지배기반을 동시에 유지해야 하는 상호 모순적 성향을 극복하지 못하였다. 그런 점에서 김사미·효심의 저항은 명종대 지방사회의 총체적 모순에서 촉발되었다고 하겠다. 이들 저항세력의 구성원에는 상당한 정도의 인적 기반을 이루고 있었다. 지역적으로는 그들이 근거지로 삼았던 운문·초전과 밀성 저전촌 등을 확인할 수 있는데, 아마도 경상도 전역에서 저항이 전개되었을 것으로 보인다. 이 지역에서의 저항은 최고집정자인 이의민의 지역적 기반이 경주였다는 점에서, 경주를 중심으로 한 이의민의 재지기반의 확대가 경상도 일대의 재지세력과 일반 민의 반감을 불러일으킨 데서 비롯되었을 것으로 보인다.

그런데 당시 최고집정자였던 이의민이 김사미·효심의 난과 연결되었다는 혐의를 받았다. 그가 저항세력과 내통한 것은 신라부흥의 야망에서 비롯되었다는 것이다. 그는 경주인이었고, 명종 3년 김보당의 저항이 발발하였을 때 경주에서 의종을 시해하였으며, 경대승 집권기에서는 신변의 위협을 받아 경주로 피신하기도 하였다. 이런 점은 이의민이 경주에서 상당한 기반을 이루고 있었음을 알 수 있게 해준다. 이의민은 명종의 신임으로 최고 직책을 제수 받았고, 그의 세력들도 널리 형성되어 있었다. 이런 가운데 김사미·효심 등의 저항은 그의 정권 유지에 중요한 변수로 작용하였을 것이다. 특히 저항세력의 근거지가 이의민의 출신 지역이었음을 고려하면 무력진압 과정에서 자신의 재지기반이 타격을 입을 수 있었다. 따라서 이의민이 저항세력에 대한 적극적인 진압보다는 타협적 자세를 취하였던 것이 저항세력과 연관되었다는 의심을 받게 된 것으로 보인다. 그 저항세력은 명종 24년(1194) 효심이 체포됨으로써 약화되었다. 그러나 이 저항은 이후 최충헌에 의한 이의민 제거의 계기로도 작용하였고, 이 지역의 잔존 저항세력들은 최충헌 집권기에도 계속해서 발호하였다.

저항의 확산과 삼국부흥운동

최충헌 정권 초기의 저항은 명종대의 중앙 지배층과 지방관 및 이속층의 횡포 등이 여전히 시정되지 않고 한층 가중된 것이 원인이었다. 이 시기의 저항 중에서 천민들의 신분해방운동이 활발하게 전개되었다는 점이 주목된다. 신종 원년(1198) 개경에서 일어난 만적 등의 저항을 비롯하여 신종 3년(1200)의 진주 공사노예와 밀성 관노 등의 저항이 대표적이다. 고려시대 노비의 저항은 대략 10여 건의 사례를 확인할 수 있다. 주로 무신정변 이후에 발생하였고, 발생 지역은 전국적으로 분포하였다. 특히 노비의 저항이 수도 개경에서 빈번하게 발생하였는데, 그것은 사회의식 면에서 다른 지방의 노비들보다 상대적으로 높았기 때문이다. 이는 신분제 자체를 부정하려 하였던 노비 만적 등의 저항 사례에서 잘 나타난다. 그들은 자신들의 주인을 처단하여 가혹한 역과 사회진출 기회의 박탈이라는 굴레로부터 단숨에 벗어나고자 하였다.

그리고 관노들의 저항 동기는 지방관과 이속층의 탐학과 밀접한 관계가 있었다. 관노에는 관청에서 잡역을 담당한 공역노비와 농경에 종사하는 외거노비가 있었다. 공역노비는 여러 면에서 외거노비보다는 역의 수취가 가중될 수 있었다. 따라서 지방사회에서의 노비 저항은 공역노비들을 중심으로 해서 발생하였을 것이다. 앞서 명종 12년 기두 죽동의 저항에 참여하였던 관노들도 가혹한 역으로부터 벗어나고자 하였다. 신종 3년 진주 공사노예와 밀성 관노의 경우도 같은 것이었다. 그들이 이속들의 집을 불태웠다는 것은 이들의 역을 직접 담당하였던 자들에 대한 불만이었을 것이다.

한편 최씨정권 초기 민의 저항은 신종 2년(1199) 명주와 동경으로부터 시작되었다. 이들 저항세력은 서로 연합의 형태를 이루고 있었다. 명종대의 저항세력들은 대부분 각각 분산되어 있었기 때문에 저항을 확대시키지 못하였다. 그러나 앞서 명종 23년 운문·초전의 저항으로부터 연대의 양상을 띠기 시작하였다. 이들 저항의 배경으로는 최충헌에 의한 이의민 세력의 제거과정에서 살펴볼 수 있다. 최충헌은 이의민을 제거하고 지후 한광연을 경주에 보내 이의민 족당들을 도륙하였고, 여러 주에 사자를 보내 그 노예와 추종자들을 제거하였다. 경주는 이의민과 밀접한 관계에 있었는데, 최충헌은 잔존 이의민세력의 기반을 분쇄시킴으로써 반발세력을 제거하고자 하였다. 하지만 이들이 제거됨으로써 상대적으로 불이익을 받게 된 자와 이후 새롭게 등장한 재지세력간의 갈등이 수반될 수밖에 없었다. 따라서 명주와 경주의 저항은 이러한 연유에서 비롯되었다고 할 수 있고, 또한 신종 3년 이의민 족인과 주리의 충돌에서도 살펴볼 수 있다.

이렇게 명주와 동경 저항세력의 연합, 이의민 족인과 주리의 충돌, 운문적의 상존 등과 같은 경상도 지역의 상황은 최씨정권에게는 부담스러운 것이었다. 최충헌은 비록 이의민을 제거하고 최고집정자의 지위를 확보하였지만 아직까지 안정적인 권력기반을 장악하지 못한 상황이었다. 이에 국가 사직의 보호자로 자임하였던 최씨정권은 지배층 내의 불안감을 불식시키고 정권의 안정을 도모하기 위한 적극적인 대책이 필요하였다. 하지만 그것은 상대적으로 경주 지역의 위기감을 고조시켰고, 급기야 고려국가와 무신정권을 부정하면서 '신라부흥운동'을 벌이는 단계로까지 저항이 확대되었다. 저항세력은 전장군 석성주를 새로운 왕으로 추대하려고 하였다. 그의 직책이 단지 장군에 불과하였음에도 불구하고 그를 추대하였던 이유는 확실하지 않지만, 그 배경에는 군사적인 목적이 있었을 것이다. 그러나 이 계획은 오히려 석성주의 배신으로 실패하고 말았다.

　최씨정권은 지방사회의 동요에 맞서 사회경제적 모순에 대한 개량적인 정책을 펴면서도 한편으로는 강경한 진압책도 병행하였다. 그 결과 신종 5년(1202) 이후 지방사회의 저항도 점차 수그러들면서 희종대 이후 표면적으로 전국의 안정을 이룰 수 있었다. 이에 따라 최충헌의 권세가 왕권을 능가할 정도로 강력한 권력을 장악할 수 있었다. 그러나 고종 3년(1216) 거란유종契丹遺種의 침입은 최씨정권에 대한 불신감과 전쟁을 통한 가혹한 착취현상들이 드러나면서 지금까지 침체되었던 지방사회의 동요가 새롭게 촉발되는 계기가 되었다.

　저항의 발발 시기는 거란유종의 침입기인 고종 3~6년(1216~1219)에 집중되었다. 저항에 참여한 계층은 천민으로부터 지방의 유력자와 관직자에 이르기까지 다양하였다. 고종 3년 거란의 침입을 인도하였던 양수척의 사례는 현실적인 처지에 대한 불만을 표출하는 것이었다. 고종 4년의 거란유종 진압에 참여한 종군 승려, 전주군마, 진위현인 영동정 이장대·직장동정 이당필· 별장동정 김례, 서경의 최광수 등의 저항 사례들은 수취체제의 폐단과 지방관의 가혹한 수탈에 맞선 것이었다. 이런 점은 12세기 이후 지방사회의 동요가 그대로 이어지고 있었음을 보여주는 것이었다.

특히 고종 4년(1217)에 서경의 최광수 등은 일시적인 저항에 그친 것이 아니라, '고구려부흥운동'이라는 고려국가와 무신정권을 정면으로 부정하는 단계로까지 저항을 진전시켰다. 이런 점은 다분히 '신라부흥운동'의 영향을 받았을 것이며, 최광수의 재지세력으로서의 역량과 이민족의 침략으로 인한 사회적 혼란이 그 계기로 작용하였을 것이다. 그러나 이들 또한 여타 재지세력의 호응을 받지 못한 한계가 있었으며, 저항세력 내의 반목으로 인하여 실패하고 말았다.　　　　　| 신안식 |

참고문헌

김갑동 외, 『고려무인정권과 명학소민의 봉기』, 도서출판 다운샘, 2004.

김석형, 『봉건지배계급에 반대한 농민들의 투쟁-고려편』, 과학원출판사, 1960.

노명호, 『고려국가와 집단의식-자위공동체·삼국유민·삼한일통·해동천자의 천하-』, 서울대 출판문화원, 2009.

申安湜, 『高麗 武人政權과 地方社會』, 경인출판사, 2002.

李貞信, 『高麗 武臣政權期 農民·賤民抗爭 硏究』, 고려대 민족문화연구소, 1991.

김병인, 「고려시대 '過去'에 대한 인식과 활용」 『歷史學硏究』 52, 2013.

金晧東, 「高麗 武臣政權時代 在地勢力과 農民抗爭」 『한국중세사연구』 1, 1994.

朴宗基, 「12, 13세기 農民抗爭의 原因에 대한 考察」 『東方學志』 69, 1990.

白南雲, 「農民一揆」 『朝鮮封建社會經濟史(上)』, 1937.

邊太燮, 「農民·賤民의 亂」 『한국사 7』, 국사편찬위원회, 1973.

신안식, 「고려중기 삼국부흥운동의 '地域性'과 '抵抗性'」 『한국중세사연구』 47, 2016.

元昌愛, 「高麗 中·後期 監務增置와 地方制度의 變遷」 『淸溪史學』 1, 1984.

이인재, 「고려 중후기 지방제 개혁과 감무」 『外大史學』 3, 1990.

채웅석, 「12, 13세기 향촌사회의 변동과 '민'의 대응」 『역사와 현실』 3, 1990.

旗田巍, 「高麗の明宗神宗時代に於ける農民一揆」(1·2) 『歷史學硏究』 2~4, 1934.

4장

국제 교류와 전쟁

1. 고려전기의 국제관계와 교류
2. 몽골과의 전쟁과 교류
3. 고려말 원·명 교체와 홍건적, 왜구
보론 5 국제관계의 성격과 변화

1. 고려전기의 국제관계와 교류

1) 고려초(태조~성종) 국제관계

건국 이후 후삼국 통일까지의 국제관계

고려가 건국된 918년은 당 제국이 멸망하고 후량 등 중원에 다섯 왕조가 잇달아 들어서 거란―'요'라는 국호도 사용하였으나 서술의 편의상 거란으로 통일함―과 병립하고, 다른 지역에는 10개의 왕조가 순차적으로 분립하는 오대십국 시기초였다. 왕건은 해상무역으로 성장한 호족의 후예답게 외교의 중요성을 인식하고 후량 등 중국의 여러 나라에 사신을 보냈다. 그러나 중국과 통하는 해상 요지인 서남해를 차지하고 있던 후백제가 이미 후량 등과의 외교관계를 선점하고 있었으므로 고려는 책봉을 받지 못하였다.

이러한 상황에서 926년 고려의 북쪽에서 거란과 고려 사이에 완충 역할을 하던 발해가 거란의 공격을 받아 멸망함으로 인해 거란과의 경계가 가까워져 양국간 분쟁 가능성이 한층 높아졌다. 반면에 수만 명의 발해 유민이 고려에 투화하여 짧은 기간 동안에 국력의 증강이 이루어지는 효과도 있어서, 결과적으로 후삼국 통일에 적지 않은 도움을 주었다.

한편, 후백제와의 외교전에서 승리하기 위해 고려는 오대의 두 번째 왕조인 후당에 여러 차례 화려하고 귀중한 조공품을 보내는 정성을 보여주었고, 마침내 933년에 태조가 후당의 책봉을 받는 결실을 거두었다. 후당의 책봉으로 한반도 내에서 태조의 권위는 높아졌고, 이 역시 고려가 후삼국 통일을 하는 데 유리하게 작용하였다.

후삼국 통일 이후 국제관계의 변화

고려는 935년에 신라의 항복을 받고, 936년에 후백제를 정벌하여 후삼국 통일을 완수하였다. 고려·후백제·신라는 물론 왕봉규 등 개별 호족까지도 독자적으로 거란·오대왕조 및 십국의 여러 나라와 중첩해서 해상교역을 하던 복잡하고 다원적인 국제관계가 통일 이후 한반도내에서는 외교주체가 고려로 일원화되었다.

후삼국 통일 이후에도 고려는 십국 가운데 오월·남당 등과 교류를 지속하였지만, 역시 외교의 중심은 중원의 오대왕조에 있었다. 고려는 후당에 이어 후진이 건국되자 사신을 보냈고, 거란의 정치적 간섭을 받던 후진은 거란을 견제하기 위해 책봉 사절과 많은 회사품을 보내주어 고려를 우대하였다.

후삼국 시기에 고려는 남쪽의 후백제와 치열한 전투를 벌이고 있었으므로 배후에 있던 거란과 원만한 관계를 유지하고자 하였다. 통일 이후인 942년에 거란의 황제가 우호의 뜻으로 사신과 더불어 낙타를 보냈는데, 태조는 사신을 유배하고 낙타를 굶어죽이도록 명령하였다. 이 '만부교 사건'은 당시 보편적으로 행해지던 '원교근공책遠交近攻策'에 따라 거란을 멀리하고 후진을 가까이하여 후진에게서 더 많은 후대를 받아내려는 외교적 목적이 있었다. 그 밖에, 거란을 피해 고려에 투화해 살던 발해 유민을 위무하고, 거란에 대한 강경조치로 군사적 긴장을 고조시켜 호족들의 왕권에 대한 도전을 약화시키며 고려국왕을 중심으로 결속하려는 등의 복합적인 의도가 있었다. 이처럼 태조는 군사적 강자인 거란을 상대로 보편적인 외교적 관례를 벗어난 매우 위험한 일을 벌였으나 다행히 아무 일 없이 지나가서 기대한 효과를 누렸을 것이다.

태조의 사후 혜종·정종·광종 등은 중원 왕조 중시의 외교정책을 계승하였다. 특히 광종은 후주와의 밀접한 외교를 지속하면서 쌍기 등 후주 출신 투화인들을 중용하며 왕권 강화를 위해 노력하였다. 후주에 이어

송이 건국되었다는 소식이 전해진 뒤 광종은 송에 사신을 보냈고, 그 다음해 송의 책봉 사절이 고려에 왔다. 이와 같이 양국의 외교관계가 신속하게 정상화된 것은 여전히 호족 세력의 위협을 받던 광종에게 송 황제의 책봉은 정치적 권위를 높이는 데 필수적이었기 때문이다. 송도 936년 거란의 원조를 받기 위해 넘겨준 장성長城 이남의 연운燕雲 16주 지역을 회복하기 위해서는 고려가 거란의 배후에서 군사적 역할을 해주기 를 바라고 있었던 것이다.

성종대에 송은 고려와 연합하여 거란을 협공한다는 전략에 따라 여러 차례 사신을 보내 고려국왕의 책봉 호칭을 더해주었다. 보통 책봉은 새로운 왕이 즉위한 이후에 한번 행해지는 것인데, 송이 성종에게 특별한 호의와 혜택을 자주 베푼 것은 그만큼 고려의 도움이 절실하였음을 알려 준다. 고려는 그러한 점을 잘 이용하여 송과의 외교를 통해 많은 회사품을 받았을 뿐 아니라 유교화에 필요한 귀중한 서적과 자료들을 받아냈다. 하지만, 정작 985년 거란에 대한 북벌을 단행하면서 고려도 함께 군사를 일으켜달라고 송이 요청해왔을 때, 고려는 선뜻 응해주지 않았다.

2) 고려의 대거란 전쟁과 거란·송에 대한 이중외교

거란과의 전쟁과 외교

성종은 거란이 군사력으로 송을 압도하며 동북아시아 패자의 위치에 있다는 점을 분명히 알고 있었지만 태조의 유훈에 따라 거란을 멀리하고 송과의 외교에 전념하였다. 이를 통해 선진문화를 받아들이고 경제적 실리를 얻고자 한 것이었지만, 현명한 선택이 아니었다. 거란은 고려와 송이 연합하여 자국을 위협하는 것을 방지하고자 980년대부터 남진을 개시하여 발해 유민이 세운 정안국을 멸망시키고, 압록강을 통해 송과 외교 및 무역을 하던 여진 등을 몰아내고 압록강까지 경계를 확장하였다.

드디어 993년 거란군이 고려를 침입하자, 미처 그것을 예상하지 못한 고려의 국왕과 신료들은 매우 당황하여 무조건 항복이나 북쪽 땅을 떼어 주자는 할지론割地論적인 의견이 많았다. 그런데, 대군을 일으켜 고려를 침략한 거란의 목표는 시간이 얼마나 들더라도 고려를 완전히 정복하려고 한 것이 아니라, 단지 고려와 송의 외교를 단절시키는 것이었다. 그러므로 거란군의 장수 소항덕蕭恒德－손녕遜寧은 그의 자字－은 고려의 국경을 넘은 이후 더 이상 남쪽으로 진격하지 않은 채 고려에 대해 항복과 협상을 요구하였다.

이미 송에 사행을 한 적 있어 국제정세에 밝았던 서희徐熙는 거란의 속셈과 한계를 파악하고 협상에 나섰다. 그는 고려와 거란 사이에 있는 여진이 방해하여 고려가 거란에 조공하지 못한다고 변명하며, 즉석에서 고려가 송에 대한 사대관계를 중단하고 거란으로 대체하겠다는 뜻을 비쳤다.

그 결과 거란에 대한 고려의 사대를 전제로 한 강화가 이루어졌으며, 여진이 차지하고 있던 압록강과 청천강 사이의 전략적 요충지인 강동 6주를 얻는 망외의 성과를 거두었다. 전쟁이 종료된 후 협상의 후속조치에 따라 5차례 송의 책봉을 받았던 성종은 거란의 책봉을 받게 되었고, 만부교 사건 이후 중단되었던 양국의 외교관계가 재개되었다.

성종에 이어 즉위한 목종은 여전히 경제·문화적 이익을 얻을 수 있는 송에 사신을 파견하는 이중 외교를 하면서 거란과의 사대 외교에 충실하지 않았다. 이에 거란은 자신이 책봉한 목종을 마음대로 폐위한 강조를 토벌한다는 명분으로 1010년에 두 번째로 고려를 침공하였고, 현종은 나주로 피난하며 사신을 거란에 보내 화해를 청하였다. 거란은 배후에 있는 송의 침공을 의식하여 빨리 전쟁을 끝내고자 고려 북방의 주요 성들을 건너뛰고 개경까지 점령하였지만, 고려군의 반격을 받아 큰 피해를 입고 퇴각할 수밖에 없었다.

전쟁 후 고려는 거란과의 외교관계를 정상화하기 위해 노력하였는데, 거란이 고려국왕의 친조와 강동 6주의 반환을 요구하며 소규모 군사적 침략을 계속하고 압록강에 있는 성의 하나인 보주保州를 점령하였다. 그러자 고려는 거란에 대한 평화적 협상이 어렵다고 판단하고 송에 사신을 보내었고, 송은 오랜만에 찾아온 고려 사신에게 예전에 없는 환대를 해주었다.

이에 거란은 고려를 완전히 제압하기 위해 1018년에 3차 침입을 감행하였다. 그러나 두 번의 전쟁을 경험한 고려는 거란의 침입을 예상하고 사전에 철저히 대비하였기 때문에 전쟁 초기부터 강감찬의 지휘 하에 귀주 등지에서 커다란 승리를 거두었으며, 거란은 막대한 병력과 군마의 손실을 입었다. 이 전쟁은 거란 건국 이후 치른 외국과의 전투에서 당한 가장 큰 참패였다고 할 만큼 거란에 충격을 주었으나, 그만큼 동아시아에서 차지하는 고려의 위상은 높아졌다.

하지만 더 이상 거란과의 적대적 관계를 지속하는 것이 국익에 도움이 되지 않겠다고 판단한 고려는 거란과의 사대관계를 회복하기로 결정하였다. 비록 고려국왕이 거란의 책봉을 받고 사대외교를 시작하였지만, 거란의 사신이 정기적으로 고려국왕의 생신사를 파견하는 등 특별한 대우를 받았을 뿐 아니라 거란이 고려의 사신이 너무 많이 오지 않도록 요청할 만큼 고려에 비교적 유리한 조건의 외교관계가 이루어졌다.

문종대 이후 거란·송에 대한 이중외교

1046년에 즉위한 문종은 그동안 중단되었던 송과의 외교를 재개하려고 하였다. 이를 알아챈 거란은 고려와 송이 통교하는 것을 막기 위해 송이 성종에 대해 베풀었던 것보다 더 큰 은전을 베풀며 필사적인 외교적 노력을 하였다. 그런데도 문종은 1058년에 큰 배를 만들어 송과 통교하려 하였으나 내사문하성의 반대를 이유로 포기하였다. 문종은 거란의 외교적 회유와 국경 분쟁 등의 압박을 견뎌내며 송과의 외교를 재개시키기는 것이 아직 시기상조였다고 판단한 것 같다.

그러다가 1060년대 들어서 거란이 내분으로 국력이 급격히 약화되었고, 1068년에 송은 신종이 즉위한 뒤 거란과의 전쟁에서 승리한 적이 있는 고려와 연합하여 거란을 제압하려는 전략을 세우고 해상海商을 통해 고려에 사신 교환을 제의하였다. 고려는 그 제안을 수용하여, 문종 25년(1071)에 고려의 사신이 송에 가면서 중단되었던 외교관계가 재개되었다.

사실 문종의 대송 통교는 거란과의 전쟁까지 초래할 수 있는 매우 위험한 결정이었다. 문종은 현종이 거란과 전쟁을 치르면서도 송에 사신을 보내 고려가 원한 많은 것을 얻었던 실리 외교를 재현하려 하였다. 그리고 국제정세에 대한 정확한 정보를 바탕으로 예상되는 위험에 적절히 대비하여 성공을 거두었다.

고려가 대송통교를 시작한 이후 거란과 고려 사이에 약간의 국경분쟁이 일어나기는 하였으나, 거란은 문종 말년까지 생신 사절을 그대로 보내는 등 양국의 통교를 사실상 묵인하는 태도를 보였다. 고려가 송과의 외교를 진행하면서 송에게 책봉을 요청하지 않고 표문에서 송의 연호 없이 간지만을 사용하는 등 거란과의 관계를 송보다 존중하는 입장을 견지하였기 때문에, 거란의 책봉국인 고려가 감히 적대국인 송과 외교를 열었는데도, 양국 사이에 큰 문제가 발생하지 않았던 것이다. 또한 고려가 국방체제 정비를 통해 전쟁에 대비하고 있었고, 거란은 내부의 정치적 사정이 있어서 함부로 군사를 일으킬 수도 없었다.

문종의 사후에 고려국왕들은 거란과 송에 대한 이중 외교를 지속하려고 하였다. 그것을 막기 위해 거란은 새로운 국왕에 대한 책봉을 늦추거나 각장의 설치와 같은 국경분쟁을 일으켰다. 그러나 고려국왕들은 거란과의 문제를 적절하게 해결해나가면서 송에 사신을 보내는 일을 중단하지 않았다. 그만큼 송에 사신을 보내는 일은 고려에 경제·문화적으로 큰 이익을 남겨주었던 것이다.

3) 고려의 여진 정벌과 거란·금 교체기 외교적 대응

여진 정벌과 거란·금 교체기 국제관계

고려의 북쪽이며, 거란의 동쪽 지역에 걸쳐 거주하던 여진족은 때로는 해적이 되어 고려의 동계와 경상도 해안 지방을 공격하여 피해를 주기도 하였다. 그러나 대부분의 여진은 고려를 찾아와 국왕에게 특산물을 헌상하고 그 대가로 무산계·향직·장군호 등과 더불어 하사품을 받아가는 평화적인 방식의 교류를 하였다. 이러한 관계는 고려가 여진에 대한 후대를 통해 침략을 방지하고 여진은 고려에게 정치적 권위와 경제적 이익을 얻는 호혜적인 것이었다.

한편 태조대부터 적지 않은 여진인들이 투화하여 고려의 내지에 살며 백성이 되었다. 문종대 투화인의 수가 많아져 고려가 감당할 수 없게 되자 고려 경계 밖에 여진이 살던 곳을 기미주羈縻州로 삼아 그들에 대한 간접 통치를 시도하였다. 그런데 흑룡강 지역의 완안부 여진 세력이 점점 커져, 두만강 너머 사실상 고려의 지배를 받던 여진에까지 영향을 미치게 되었다. 이에 숙종 9년(1104)에 임간이 군사를 이끌고 이 지역을 평정하려 하였지만, 여진의 반격을 받아 패하였다.

고려는 여진에 패배한 뒤 별무반을 편성하고, 예종 2년(1107) 윤관의 지휘하에 다시 군사를 일으켜 여진 지역을 점령하여 9성을 쌓고 남쪽의 백성을 옮겨 살도록 하였다. 그러나 본거지를 잃은 여진이 무력항쟁을 벌이면서 그것을 되돌려줄 것을 요구하였고, 고려는 개경에서 먼 곳에 있는 9성 지역을 계속 지키기 어렵다고 판단하여 예종 4년(1109)에 여진과 화의를 맺고 철수하였다. 고려는 여진과의 전쟁을 하면서 그들의 강력한 군사력을 알게 되었으며, 이 경험은 나중에 금과 외교관계를 만들어나가는 데 중요한 참고가 되었다.

이후 완안부 세력은 급속히 확장되어 예종 10년(1115)에 추장 아골타阿骨打가 황제가 되고 국호를 금이라고 하였다. 그 다음해 4월에 거란이 금의 공격을 받아 위태로운 형세가 되자, 고려는 거란의 연호 사용을 중지하고 갑자만으로 연도를 표기하도록 하였는데, 일종의 중립선언과 같은 의미였다. 예종 12년(1117) 3월에 거란과의 국경분쟁으로 고려의 근심거리였던 내원성來遠城과 포주抱州(보주)를 금의 도움과 묵인 아래 고려가 차지하는 성과를 거두었다. 이러한 분위기 속에서 금이 고려를 아우로 칭하며 형제관계를 요구하였고, 고려는 받아들였다.

이 무렵 송은 거란의 국력이 크게 약해진 것을 알고서 고려와 함께 거란을 협공할 계획의 실현을 위해 고려 사신을 더욱 후대하고 대성악 등 최신·최고의 문화적 산물을 보내면서 예종의 환심을 사고자 노력하였다. 고려가 거란과의 책봉관계를 중단한 뒤, 송은 인종 원년(1123)에 예종을 제사하고 인종을 위로하는 사절을 보내고 자국의 책봉국이 될 것을 설득하였으나 고려는 중국의 정세를 관망하며 그 제의를 완곡하게 거절하였다. 반면 인종 4년(1126)에 금이 고려에 대해 사대관계를 요구하자 조정에서 이 문제를 논의하였는데, 권신 이자겸·척준경 등이 주도하여 그것을 받아들이기로 결정하였다. 고려의 입장에서 무엇보다도 강력한 군사력을 지닌 금과의 전쟁을 회피하는 것이 가장 중요한 이유였지만, 금·송의 관계가 안정되면 예전에 고려가 거란에 사대하면서 송에 사신을 보내서 고려의 국익을 극대화하였던 것처럼, 금·송 관계에서도 그와 유사한 방식을 다시 적용할 수 있을 것이라고 여겼기 때문이다.

금·송의 전쟁과 고려의 외교적 대응

송은 고려를 대신하여 금을 끌어들이고 거란을 멸망시키는 숙원을 달성하였으나 그 과정에서 여러 차례 금과의 약속을 이행하지 않았으므로 금은 맹약을 파기하고 송에 대한 '남벌南伐'을 시작하였다. 인종 4년(1126)에 송은 수도 개봉이 함락될 지경에 이르게 되자 고려에 사신을 보내 그동안 송 황제가 고려에 베푼 은의에 보답하기 위해서라도 송에 호응하여 고려가 군사행동을 해야 한다고 설득하였다. 고려는 송에 대한 고마움을 알고 있다고 전제한 뒤, 권신 이자겸의 반란이 진압된 지 오래지 않아 국내정세가 안정되지 않았다는 이유를 들며 금·송 전쟁에 간여하지 않겠다는 뜻을 전달하였다.

이어 인종 5년(1127) 3월에 금나라 군사가 휘종·흠종 등을 사로잡아가는 이른바 '정강靖康의 변'이 일어나서 송이 멸망하고, 송의 잔존 세력들은 강왕康王 조구趙構(고종)를 남경에서 옹립하고 송—남송—을 재건하였으며, 인종 6년(1128) 6월에 다시 양응성楊應誠을 보내 잡혀간 두 황제를 구하러 갈 길을 빌려달라고[假道] 요구하였다. 고려는 이미 금에 대한 사대를 결정하였을 뿐 아니라 고려가 가도의 요구를 들어줄 경우 금도 비슷한 요구를 하여, 금이 바다를 통해 송을 공격할 수 있기 때문에 송에게 불리해질 것이며, 고려가 금에 의해 멸망되면 송도 위험해질 것이라고 답변하였다.

고려는 그동안 송으로부터 외교적으로 많은 후대를 받았음에도 불가피한 사유를 제시하며 냉정하게 송의 부탁을 거절하였다. 그래도 송이 고려의 태도에 실망하여 외교를 중단하는 것을 막기 위해 송의 사신이 귀환한 후에 즉시 송에 사신을 보내 고려의 어려운 사정을 들며 송의 이해를 구하고, 양국 간 사신의 교환이 지속되기를 희망하였다. 이러한 고려의 외교적 자세는 그 이전에 고려가 송과의 외교를 통해 경제·문화적으로 많은 이익을 얻고 있었음을 알려주고 있다.

인종 19년(1141) 11월에 송이 금과 화의를 맺어 회수淮水 중류를 경계로 정하고, 은 25만·견 25만 필을 세공으로 바치는 맹약이 체결되었다.

이로써 금이 송의 개봉을 공격하면서 시작된 양국 간의 전쟁이 일단락되고, 오랜만에 중국에 평화가 찾아왔다. 서하는 물론 송 황제까지 책봉하여 명실상부 동아시아의 패자가 된 금은 인종 20년(1142) 5월에 인종을 고려국왕으로 책봉하였고, 고려는 같은 해 7월에 금 황통 연호를 쓰기 시작하면서 예종 말부터 25년간 지속된 고려의 무책봉 상태는 종료되었다. 그와 더불어 고려가 송에 사신을 보내는 이중 외교도 중지되었으며, 송의 입장에서도 금과 화해를 하고 북벌을 포기하면서 고려의 전략적 가치가 크게 줄어들었으므로 고려와의 외교에 소극적이었던 것이다. 따라서 이후 고려와 금 사이에서만 공식적인 외교가 이루어졌고, 고려와 송은 양국의 표류민 또는 포로의 송환과 같은 민사적인 일에 대해 사안이 있을 때마다 송상을 통해 고려의 예빈성과 송의 명주 관리가 공문서를 주고받는 비공식적 관계로 변화하였다.

4) 고려전기 국제관계와 문물 교류

송상의 왕래와 주변국과의 문물 교류

동아시아 전근대 사회에서 국제관계는 외교와 경제의 양 측면이 있었다. 고려가 중국 왕조와 외교관계를 맺은 목적은 책봉을 통해 정치적 권위를 얻는 것뿐 아니라 조공과 회사를 통해 선진문물을 얻기 위한 것이었다. 특히 고려가 중국 오대의 여러 국가나 송과의 외교관계를 유지하며 사신을 보내는 것은 고려의 형편에 따라 자유롭게 가는 것이어서 반드시 언제 어떤 목적으로 가야한다는 '정기성'이 없었고 의무도 아니었다. 또한 이들 왕조가 북쪽에 있는 거란의 군사적 위협을 받고 있는 상황으로 인해 거란의 배후에 있는 고려와의 외교관계를 중시하였으므로 고려는 매우 유리한 조건에서 실리 외교를 펼칠 수 있었다. 성종 말에 고려가 거란과 사대관계를 맺은 뒤에도 현종·문종 등 고려의 여러 국왕들이 송과 통교를 시도하고 유지하려고 하였던 것도 그러한 사정에서 비롯되었다.

실제로 외교와 무역은 밀접하게 연계되어 있어서 상인들은 무역하러 상대국에 가서 사신과 같은 행세를 하기 마련이었고, 반대로 적대국의 배는 함부로 출입할 수 없었다. 고려 태조가 군사적 강국인 거란보다 후당·후진 등 오대 국가와 외교를 우선시한 이유의 하나는 당시에 산동반도의 등주登州를 다니던 고려 상인들의 안전한 무역을 보장하기 위한 목적도 있었다.

그런데 고려는 성종대부터 중국과의 무역을 통해 부를 이루고 더 나아가 정치세력으로 성장하는 것을 방지하고자 상인들이 국가의 사절과 함께 중국에 가는 것만 허용하고 사적으로 그곳에 무역하러 가는 것을 금지하는 대신, 송상이 고려에 오는 것을 금하지 않았다. 이러한 송상의 왕래는 고려의 외교적 유연성을 높여주었다. 서희가 소항덕과의 협상에서 거란과의 사대를 위해 송과의 외교 단절을 결정할 수 있었던 것은 여전히 송과의 민간 교류의 통로가 열려있었기 때문이다. 심지어 현종대 이후에 더 많은 송상의 배가 고려를 왕래하며, 외교적 단절로 인한 선진 문물 유입의 감소를 대체해나갔다. 문종이 큰 배를 만들어 송에 사신을 보내고자 하였을 때 내사문하성은 송상이 중국의 진보珍寶를 가져오고 있으므로 거란과의 분쟁을 감수하면서까지 송과의 통교를 할 필요가 없다고 하였는데 상황이 다를 뿐 선진문물의 전달자로서 송상의 역할에 대한 인식은 비슷하였다. 문종의 대송 통교 재개는 송상이 가져올 수 없는 더 귀한 문화적 산물과 더 큰 경제적 실리를 얻기 위한 것이었다.

송상의 왕래는 주변 민족 및 국가와의 교류를 촉진하였다. 해마다 송상의 배가 순차적으로 오가며 예성항과 당상관唐商館이라고도 불리던 개경의 객관에서 활동하게 되자, 거란에 막혀 송에 가서 무역하기 어려웠던 동·서여진, 흑수말갈 등은 조공을 명분으로 고려를 찾게 되었다. 고려와 공식적인 외교를 한 적이 없는 일본은 항해 여건상 송에 갈 수 없어서 일본을 찾아오는 송상에 의존하여 무역하였는데, 비교적 항해가 쉬운 고려에 와서 무역을 하였다. 이들은 고려국왕에게 헌상하는 의식을 하고 회사품을 얻었을 뿐 아니라 자신들이 머물던 곳과 멀지 않은 송상의 객관에서 교역할 수 있었다. 그들은 고려와의 외교를 통해 정치적 권위와 경제적 이익을 얻었고, 추가적으로 송상과 무역할 기회를 가졌다. 고려가 송상을 통해 동아시아 무역의 중심인 송과 연결되었고, 다시 고려가 중심이 되고 흑수말갈·동서여진·일본이 연결되는 동북아 지역 교역망이 형성되었다. 팔관회는 이러한 상황에서 만들어진 고려 중심의 해동천하 관이 의례로 구현되는 국제적인 축제이자 교역 행사였다.

12세기에 들어 금이 건국되면서 여진은 고려에 오지 않게 되었고, 일본도 고려를 찾지 않아서 송상의 교역 대상은 고려로 한정되었지만, 송상왕래는 계속되었다. 특히 고려와 송의 외교가 단절된 이후는 물론이고 고려가 강화로 천도하여 몽골과 오랫동안 전쟁을 치르고 있을 때에도 송상들은 남송의 선진문물을 가져와 고려에 전하였기 때문에 국난의 시기에 고려가 대장경·금속활자와 같은 세계에 자랑할 만한 문화유산을 남길 수 있었던 것이다.

한편, 11세기 초에는 멀리 대식국大食國(아랍)의 상인들도 고려를 찾아왔으나 일시적이었다. 그들은 송에 교역하러 왔다가 고려를 왕래하던 송상의 도움을 받아 함께 왔으며, 고려에서 얻는 무역의 이익이 많지 않아서 기록상 3번 왔던 것 이외에는 더 이상 고려를 찾지 않았다. 대식국 상인의 고려 방문은 이례적인 것으로 그 의미를 너무 강조해서는 안 될 것이다.

고려전기 국제관계와 교류의 성격

고려의 국제관계와 교류를 간단하게 살펴보았다. 고려초부터 후삼국 통일기에는 고려·후백제·신라가 서로 경쟁하며 중국의 여러 나라와 국제관계를 맺었다. 고려는 후삼국 가운데 중국과의 외교에 가장 적극적이었고, 결국 후당의 책봉을 받게 됨으로써 후삼국 사이에서 외교적 주도권을 쥐게 되었으며, 그것은 통일을 이룰 수 있었던 원동력의 하나가 되었다. 후삼국 통일 이후 고려는 중원 오대 왕조와의 외교관계에 집중하였다. 왜냐하면 거란의 군사적 위협을 받고 있던 이들 왕조가 거란의 배후에서 외교·군사적 후원을 기대하며 고려를 더욱 후대하였기 때문이다.

그러한 외교적 전통은 송의 건국 이후에도 계승되었다. 고려는 중국의 분열을 효과적으로 활용하여 경제·문화적 실리를 얻은 것이 분명하다. 그러나 성종은 거란이 송과 고려의 외교관계를 단절시키기 위한 계획을 차근차근 실천해나가고 있었는데도 그것을 무시하고, 송으로부터의 외교적 이익을 얻는 데 전념하다가 마침내 거란의 침입을 받아 나라가 망할 지경에 이르기도 하였다. 위기의 상황에서 거란과의 협상에 나선 서희는 송과의 외교를 포기하고 거란과의 사대를 약속하는 대가로 강동 6주를 얻는 성과를 거두었다.

이 사건 이후로 고려는 국제관계에서 경제·문화적으로 뛰어난 송이 아니라 국경을 접하고 있는 군사적 강국인 거란이나 금을 우선시 하게 되었다. 고려에게 조공을 바치던 여진족이 정치적으로 성장하여 금을 건국하고 고려에게 형제관계와 사대관계를 요구하였을 때 명분을 따지지 않고 요구를 들어준 것이나 금의 공격을 받은 송이 사신을 보내 집요하게 고려의 군사적 협조를 요구하였을 때 단호하게 거절한 것도 동일한 외교적 맥락으로 이해된다.

그런데 고려는 금과의 외교관계가 악화될 경우 국가의 존망이 걸린 금과의 전쟁을 치러야 하였다. 고려는 송과 단교하면 선진문물의 도입에 영향이 있을 뿐이며 그나마 송상들과의 무역을 통해 피해를 최소화할 수 있었기 때문에 국익을 헤아려 금과의 사대를 결정하였다. 게다가 책봉국인 거란과의 외교에 충실하면서 송에 사절을 보내 고려가 원하던 중국의 중요한 문화적 산품을 얻어냈던 거란·송과의 이중 외교가 참고되었다. 고려는 송·금의 정세가 급격하게 변화하지 않는 한 고려의 전통적인 방식을 재현할 수 있다고 생각하였는데, 금·송의 세력 균형추가 무너지면서 고려에게 그러한 기회는 오지 않았다.

고려전기의 국제관계를 재조명해 보건대, 단지 송과 거란·금의 대립관계라는 고려에 유리한 국제 환경으로 인해 고려의 위상이 높아지고 경제·문화적으로 이익을 얻었던 것은 아니다. 그러한 결과는 고려가 처한 외교적 상황을 적절히 인식하고 명분 또는 의리보다는 현실을 중시하면서 평화를 지키고 국익을 실현하고자 하였던 현종·문종·인종 등 역대 국왕과 지배층의 외교적 자세와 노력이 있었기 때문이었다. 아울러 고려가 송에 집착하지 않고 책봉의 상대를 바꾸어 거란 및 금과 외교를 맺는 등 중국과의 국제관계를 유연하게 대처해 나갔던 점도 다른 시기와 구별되는 특징이었다. |이진한|

참고문헌

金庠基, 『東方文化交流史論攷』, 乙酉文化社, 1948.

金庠基, 『東方史論叢』, 서울대출판부, 1974.

金庠基, 『新編 高麗時代史』, 東國文化社, 1961 ; 서울대출판부, 1985(재간행).

金渭顯, 『高麗時代 對外關係史 硏究』, 경인문화사, 2004.

金在滿, 『契丹·高麗關係史硏究』, 국학자료원, 1999.

羅鐘宇, 『韓國中世對日交涉史硏究』, 원광대출판국, 1996.

노명호, 『고려국가와 집단의식 ─ 자위공동체, 삼국유민, 삼한일통, 해동천자의
천하─』, 서울대 출판문화원, 2009.

盧啓鉉, 『高麗外交史』, 갑인출판사, 1994.

박용운, 『고려시대사』, 일지사, 2007.

李丙燾, 『韓國史』 中世編, 震檀學會, 乙酉文化社, 1961.

이정신, 『고려시대의 정치변동과 대외정책』, 경인문화사, 2004.

李鎭漢, 『高麗時代 宋商往來 硏究』, 경인문화사, 2011.

이진한, 『고려시대 무역과 바다』, 경인문화사, 2014.

장동익, 『高麗時代 對外關係史 綜合年表』, 동북아역사재단, 2009.

日野開三郎, 『日野開三郎 東洋史學論集(9) ─ 北東アジア國際交流史の硏究(上)』, 三一
書房, 1984.

楊渭生, 『宋麗關係史硏究』, 杭州大學出版社, 1997.

魏志江, 『中韓關係史硏究』, 中山大學出版社, 2006.

2. 몽골과의 전쟁과 교류

1) 고려후기는 과연 어떤 시기였는가?

13~14세기는 고려인들에게 그야말로 격동의 시기였다. 몽골족의 침공으로 왕조의 명운이 극한의 위기에 빠진데다, 미증유의 간섭과 수탈이 뒤로도 이어졌기 때문이다. 그 점을 생각하면 이 시기에 대한 한국인들의 인상과 기억도 나쁠 수밖에 없는 노릇이다. 고려인들이 입은 피해를 감안하면 자연스러운 일이었다 할 것이다.

그러나 이 시기에는 사실 또 다른 측면들도 존재하였다. 고통스러운 항전의 역사가 반세기 만에 종식된 후, 이후의 100여 년 동안에는 원제국과 공존하며 상황을 개선하려는 고려인들의 노력이 시작되었다. 정치, 경제, 문화 등 모든 분야에서 그런 노력이 14세기 중반까지 계속되었다. 고려후기 사람들의 삶을 재구성하는 데 실로 빠뜨릴 수 없는 대목이다.

2) 몽골과의 전쟁

1231년 몽골의 첫 침공 이래, 1259년 강화가 논의될 때까지 고려는 30여 년간 몽골군에 맞서 싸웠다. 침공의 횟수는 여섯 또는 일곱 차례로 거론되지만, 한반도에 들어온 개별 부대의 동선까지 고려하면 몽골군의 침략은 십여 차례 이상의 개별 침공으로 늘어난다. 게다가 삼별초의 행적까지 감안하면 고려인들의 대몽항전기간은 더욱 길어진다. 다만 삼별초 항전의 맥락에 대해서는 학계의 논의가 엇갈리는 바 있으므로, 여기서는 1260년 이전의 침공과 항전을 주로 다루도록 한다.

몽골의 위협은 이미 1210년대 한반도에 닥쳐오기 시작했다. 1210년대 후반 몽골인들이 '거란유종'을 정벌하고자 고려에 합동작전을 요청하면서 몽골과 고려는 서로 처음으로 대면하였다. 고려는 처음 보는 이종족과의 연대를 마뜩찮아 하면서도, 요청을 거부할 경우의 상황을 우려해 몽골의 요청을 전격 수락하였다. 조충과 김취려 등이 출동하여 거란유종을 정벌했고, 작전의 성공으로 양국의 장수들은 서로 형제의 맹약을 맺기도 하였다.

그러나 평화는 어디까지나 일시적인 것이었다. 귀환하는 몽골 장수들이 고려의 말들을 빼앗는가 하면, 동진사람 40여 명을 의주에 남겨 두고 고려말을 배워 둘 것을 지시하기도 하였다. 이런 노골적인 도발 암시에도 불구하고 무신정권의 반응은 적어도 초기에는 대단히 소극적이었다. 최충헌은 북계 여러 성의 군 장비를 점검케 하는 등 최소한의 조치를 취했을 뿐, 그 외에는 사병을 동원해 스스로를 보호하거나 몽골의 과도한 세공요구에만 무력하게 분개할 따름이었다.

그에 비해 최우는 나름 적극적인 항몽책을 펼친 경우였다. 현실적 화의론을 주장하는 중신들과는 달리 남방의 병력을 동원해 동계 여러 지역에 성을 쌓았고, 측근을 분도장군으로 삼아 북계에 파견하는가 하면 자신의 가병을 동원해 개경 나성의 참호를 수리하였다. 그런 와중에 일찍이 다섯 차례나 공물 징발 차 한반도를 찾았던 저고여著古與가 고종 11년(1224) 귀환 길에 피살되었고, 고려와 몽골의 관계도 자연히 악화됐으며, 고종 16년(1229) 즉위한 오고타이窩闊台(太宗) 황제가 고종 17년(1230) 금 정벌을 재개하면서 그 한 일환으로 고종 18년(1231) 8월 드디어 한반도를 침공하였다.

몽골군은 평양과 서해도를 경유해 개경, 남경, 충주에까지 이르렀고, 고종 19년(1232) 1월 회군하였다. 북계지역의 여러 성이 몽골군에게 넘어갔고, 2월부터 5월까지 몽골의 다루가치들이 이 성들에 순차적으로 배치되었다. 고려 정부가 한반도 북부에 대한 통제권을 사실상 상실하자,

최우는 개경 고수론자들의 반대를 무릅쓰고 반년에 걸쳐 천도를 주장한 끝에 7월 마침내 강화에 새 도읍을 설치하였다. 천도 2년 만인 고종 21년(1234) 2월 고려궁궐이 완성되었고 이후 총 39년에 걸쳐 강화도가 고려의 수도 노릇을 하게 되는데, 성곽은 내성, 외성, 중성의 3중 구조를 보였으며 이규보의 언급에 따르면 1만여 이상의 가호가 거주하였던 것으로 추정된다.

고려가 수도를 옮기면서까지 저항의지를 드러내자, 몽골군은 8월을 기점으로 다시금 4개월간 고려를 침략하였다. 12월 고려측의 처인성 항전으로 살리타이撒禮塔가 사망하면서 몽골군도 돌아갔지만, 팔공산 부인사에 옮겨져 있던 초조대장경이 불타버렸고 고종 20년(1233)에는 홍복원洪福源이 서경에서 반란을 일으키는 등 피해와 후유증도 막심하였다.

몽골의 고려 침략은 금의 멸망(1234) 다음 해인 고종 22년(1235) 윤7월 다시 시작되었다. 몽골군은 두 달 만인 9월 안동, 상주, 경주 등 경상도 각처에 도달하였으며, 고종 23년(1236) 6월의 침공군은 반대로 전주와 부안 등 호남에 진입하였다. 고려민들이 별초군別抄軍을 조직하여 저항에 나섰지만 고종 24년과 25년 침공에서는 황룡사 9층탑이 불타는 등 문화적 파괴가 계속되었다. 이에 고려 정부는 불력佛力에 기대고자 재조대장경의 제작을 시작하였고, 고려가 공물 진상을 약속하자 고종 26년(1239) 4월 몽골군이 철수한 데 이어 대규모 사신단도 오가기 시작하였다.

7년여 후인 고종 33년(1246) 몽골에서는 구육貴由(定宗) 황제가 즉위하였고, 다음 해인 고종 34년 고려침공도 재개되었다. 별초군들이 내륙에서 항전하는 한편으로, 정부는 이전부터 해왔듯 해안가 백성들을 섬으로 들여보내는 해도입보책海島立保策을 유지하였다. 그 과정에서 입도入島를 거부하는 백성들을 처벌하거나 그들의 전곡을 불태우는 무리수를 범하는 통에 민심이 더욱 이반하기도 하였다. 우여곡절 끝에 섬에 들어간 이들 또한 식량과 물 부족, 토지문제로 인한 원주민들과의 갈등 등 극심한 고통을 겪었다.

재조대장경 완성(1251년) 2년 후인 고종 40년(1253) 시작된 침공에서는 몽골군이 동북 해안선을 따라 내려와 강원도 각지를 공략하였다. 고종 41년(1254) 시작된 침공에서는 영·호남이 골고루 피해를 입었다. 고종 42년(1255) 12월에는 몽골병이 배를 만들어 고려의 섬들을 공격하기 시작하였다. 전라도 서해안 일대 여러 섬들에 대한 몽골의 공세는 특히 강화도의 고려 정부를 크게 놀라게 하였다.

고종 44년(1257)을 전후하여 고려 정부 안에서는 몽골과 '강화講和'를 하자는 주장이 본격적으로 대두하였다. 고종 45년(1258) 6월 시작된 몽골군의 침략을 중단시키기 위해 태자 신분이던 원종이 중국으로 가다가 원 황제 뭉케의 사망 이후 그 계승자가 되고자 황위쟁탈전에 뛰어든 쿠빌라이를 만나는 사건이 벌어지기도 하였다. 이어진 협상에서는 고려 정부가 일단 출륙환도를 약속하였고, 결국 원종의 즉위 직전 몽골군의 철수와 강화가 실현되었다. 30년에 이르는 몽골의 군사침공이 실로 종식되는 순간이었다.

그러나 그간 고려인들이 당한 고통은 실로 상상을 초월하는 것이었다. 이규보의 증언에 따르면 호랑이가 고기를 고르듯 사방을 유린하던 완악한 무리(몽골군)들에게 살육 당해 길에 낭자하게 버려진 이들이 한둘이 아니었다. 산성에 들어가 몽골군과 싸우던 이들은 싸움의 장기화로 성안의 물이 고갈되면서 소와 말의 피를 마실 정도로 비참한 지경에 놓였고, 성이 함락되면 역시 모두 도륙되거나 포로로 잡혀갔다. 적지 않은 고려관료와 백성들이 몽골군에 투항하거나 심지어 그들의 침략을 이끄는 향도가 되기도 하였다.

그러나 그런 와중에 몽골군에 맞서 질곡을 떨치고 분연히 일어선 고려인들이 더욱 많았다. '해골로 불을 때어 밥을 지어먹고, 낮에는 싸우고 밤에 지키니 용과 범이 지칠 정도'였다는 철주성에서는 성을 지키던 장수가 힘이 다할 때까지 항전하다가 더 이상 버티지 못할 것임을 절감하며 처자식을 죽인 후 화약고를 폭발시켜 자살하였다. 최씨정권을 찾아와 병사 5천의 조달을 약속하며 몽골에 맞서 싸울 것을 다짐한 초적들도 있었고, 문·무반 지도층 인사들이 달아나는 와중에 관청의 공노비들과 하급관리인 잡류들만 남아 항전을 도맡기도 하였다. 지방의 별초군은 각지에서 육탄전에 나섬은 물론, 백성들의 섬으로의 피신을 돕거나 왕조의 보물들을 강화도로 옮겨오는 특수 임무를 수행하기도 하였다.

몽골측에서 각종 공성攻城 기구를 동원해 공격하였던 구주성 전투에서는 박서가 빛나는 승리를 거둬 몽골군을 탄식하며 돌아가게 만들었으며, 자주성 역시 1차 침공 당시 끝까지 항복을 거부하였다. 고종 23년(1236) 온양에서는 일개 향리가 정규군 없이 지역민만 갖고 지역을 적극 방어하였으며, 이후 군의 호장으로 승격되기도 하였다. 상주 백화산에서는 승려가 야음을 틈타 몽골군을 계곡으로 유인하고는 얼어붙은 폭포 아래로 밀어내 추락시키기도 하였으며, 고종 40년(1253) 다인철소의 주민들은 열악한 상황에서도 적극 항전해 철 자산이 몽골 수중에 떨어지지 않게 한 공으로 익안현으로의 승격이라는 포상을 받기도 하였다.

전쟁이 막바지에 접어들면서 몽골 침략군의 만행 또한 극심해졌다. 고종 41년(1254) 한 해 몽골군에게 사로잡힌 남녀가 20여만 명을 넘어섰고, 살육된 자도 부지기수였으며 몽골군이 지나는 주군마다 잿더미가 된 것으로 전한다. 여기에 고려 관리들의 탐학 및 강제징발, 교정도감 수확원들의 무리한 징세가 더해지면서 민생이 더욱 피폐해지는 등 백성들의 이중고가 여러 해 이어졌다. 그러나 지칠 줄 모르는 항전에 정부의 협상이 맞물려, 결국 몽골의 침공도 고종 46년(1259) 멈추게 된다.

물론 고려의 위기가 끝난 것은 아니었다. 원종 10년(1269)의 개경환도 이전까지 쿠빌라이의 환도 독촉은 계속되었고, 개경환도가 실행에 옮겨지자 이번에는 삼별초三別抄가 봉기하여 1273년까지 고려 정부와 몽골군을 상대로 전투행위를 계속하였다. 몽골에 투항한 지역들이 쌍성총관부(1258년대)와 동녕부(1270)로 설정되면서 고려의 영토 일부가 원제국에 잠식되었고, 원제국의 일본 정벌(1274년, 1280년) 준비에 고려민과 장인들, 목재와 선박이 대거 동원되었다. 무엇보다도 고려인들의 자유의지와 삶을 옥죄는 정치적 간섭과 경제적 수탈이 시작되었다.

3) 몽골과의 교류

명암의 공존 : '정치 간섭'과 '제도 활용'

원제국의 고려내정 간섭은 실로 다양하게 이뤄졌다. 국왕에게 '입조入朝'를 요구하거나, 군량미나 호구 제출 등 이른바 '6사六事'의 이행을 집요하게 강요하였다. 고려의 왕위계승 후보자들로 하여금 원제국 정부에서 숙위宿衛를 하게 하였고, 이미 왕이 된 이들을 임의적으로 교체함으로써 고려왕의 위상을 크게 훼손하였다. 이런 일들이 반복되면서 고려의 관료들 또한 고려왕의 명령보다는 원 황제의 '성훈聖訓'을 더 준수하려 하게 되었고, 심지어 자신들이 원하는 후보자(예컨대 심왕瀋王)를 현재의 왕 대신 옹립하려 들기도 하였다. 추락한 고려왕실의 권위는 이후 기씨奇氏 일가의 준동을 부르는 빌미가 되기도 하였다.

일본 정벌 준비를 위해 한반도에 설치된 정동행성征東行省 또한 고려 정부에는 악재였다. 1299년 고르기스闊里吉思가 평장정사로 부임하면서 고려의 형정刑政, 지방제도, 의전, 심지어 신분제까지 손보려다 고려 측의 강한 반발을 사기도 하였다. 정동행성의 위세가 약화된 이후에는 그 상황 자체가 고려 정부에 더 큰 위협이 되는 역설까지 발생한다. 1310년대 이래 1340년대까지, 요양행성遼陽行省이나 심왕옹립론자(유청신, 오잠)들이, 또는 고려인이나 한인漢人 세력들이 정동행성의 폐지, 인근 행성(요양행성)으로의 편입, 더 강력한 새 행성의 설치(영종대 삼한성三韓省) 등을 주장하기도 하였다('입성론').

이렇듯 원제국의 고려내정 개입은 복합적이었고 포괄적이었다. 일찍이 송과의 관계에서는 직면한 바 없었던 이런 상황을 헤쳐 나가기 위해서라도 고려인들은 새로운 외교전략을 강구해야 하였다. 국왕과 세자의 '입조入朝'가 대표적인 사례인데, 원제국 정부 또는 황제와의 직접 교섭에 효과적인 방식으로서 고려왕들이 원제국과 통혼하며 원 황실의 일원이 된 상황에서는 더욱 그러하였다. 충렬왕 4년(1278)의 입조 협상에서도 보이듯이 충렬왕忠烈王(재위 1275~1308)은 부마로서의 자신의 위상을 활용하여 몽골군의 철수, 다루가치의 귀국 등을 관철하였다.

14세기에 접어들어서는 또 다른 전략도 모습을 드러냈다. 이 시기는 충렬왕과 제국대장공주齊國大長公主의 아들이었던 충선왕忠宣王(재위 1298, 1308~1313)을 비롯해, '몽골혈통'을 지녔던 고려왕들이 재위하던 시기이다. 고려와 몽골 양쪽 혈통을 모두 갖고 태어난 결과, 어느 한쪽에 편중되기보다는 태생적으로 양쪽 문물 모두에 가까울 수밖에 없는 이들이었다. 그들이 펼친 정사에도 고려의 전통이나 관습과 함께 원제국 정부의 정책 지향, 몽골문화의 특징적 요소 등이 반영되었다.

충선왕의 경우가 대표적인 사례이다. 그는 무신정권 시절 이래 인사권을 농단하던 정방政房을 척결하고, 재상 수의 증가 등으로 비대해진 행정을 효율화하며, 정부의 기강도 숙정肅整해야 할 상황에 직면해 있었다. 아울러 몽골의 침공으로 무너진 고려의 세제稅制를 정비함과 동시에, 무엇보다도 재정 세입歲入을 늘려야 하는 절박한 상황에 처해 있었다. 무엇 하나 특단의 권위, 새로운 방법 없이는 성사되기 무망한 개혁이었다. 이에 충선왕은 1290년대 초 원제국 정부 안에서 활발히 논의되던 정치개혁 노선(측근과 황제의 결탁 금지, 불필요한 인원 감축)을 수용하여 1298년과 1300년대 말 사림원詞林院과 예문춘추관藝文春秋館으로 하여금 정방의 기능을 대신하게 하였고, 재상의 수를 고려전기(12명)보다 줄이는(7인) 동시에 여러 관부들을 통·폐합하는 등 '원 황제의 권위를 등에 업은' 정치개혁을 단행하였으며, 동시기 재위해 있던 원 황제 무종武宗과 비슷한 맥락의 단기 세입증대책(소금 전매제도)을 도입하는 동시에, 토지와 호구의 변동을 모두 고려한 새로운 세안[甲寅柱案]도 마련하였다.

원제국의 정책노선을 고려의 상황에 적용한 그의 시도는 여기서 그치지 않았다. 그는 원제국의 지방제도 및 군호軍戶제도도 참고하여, 복위년 개혁 당시 고려의 지방행정망과 군역軍役제도를 동시에 바꾸었다. '신규 목'을 15개 증설하고 기존의 안찰사按察使를 제찰사提察使로 개편하며, 이전과 달리 천인을 군역에 투입한 것 모두, 원제국내 지방제도 정비방식(인구 밀집지역 승격, 제형안찰사의 숙정염방사로의 개편) 및 군역제 운영방식(정군호와 첩군호[軍驅] 결합 운영)을 참조한 결과였다. 그 결과 비록 고려의 지방행정과 군역제에 여전히 어려움은 남았으되, 전자는 더 체계화되었고 후자는 붕괴직전의 위기에서 한숨을 돌리게 된다. 유사한 예로 충선왕의 고려 태묘 개혁도 주목되는데, 화재로 불타버린 태묘太廟를 복구하는 과정에서 고려초기로부터의 전통적 면모들과 원제국에서 논의되던 '신新 태묘'의 요소들을 결합시켜 서로 이질적인 두 문화가 공존하는 구조를 설계하였음이 주목된다.

이처럼 충선왕 재위기간에 진행된 많은 개혁들이 원제국의 문물요소들을 상당 정도로 활용한 것이었다. 13~14세기 원제국의 고려내정 간섭이 계속되는 한편으로, 고려인들이 내부 개혁에 원제국의 제도문화나 권위를 적절히 활용하는 양상 또한 공존하였음을 보여준다. 이후에는 고려인들이 원제국의 언명을 원제국과의 대치국면에서 활용하기도 하였다. 원 황제의 명령으로 설치한 정치도감整治都監을 활용해 일부 기씨 세력을 숙청하거나(충목왕대), 세조 쿠빌라이의 '옛 약속'[世祖舊制]을 근거로 정동행성 내 고려왕의 입지를 확대하고 여러 만호부萬戶府들의 철수도 관철해 낸 것(1356)이 대표적인 사례다.

경제적 수탈에서 쌍방향 교역으로

몽골인들의 고려물자 약탈은 몽골 침공 당시에도 극심하였지만, 강화講和 성립 이후에도 원제국 정부는 고려에 엄청난 공물을 요구하였다. 고려는 광물(금·은·동·철), 수출품으로서의 모시, 인삼, 종이, 값비싼 공예품 및 초원 출신자들이 선호하던 매, 말, 각종 모피 등을 여러 차례 제국에 진상하였다. 고려 정부는 몽골에 보낼 공물 마련을 위해 백성 대부분이 떠난 지역에 예전 같은 세금을 부과해 그나마 남은 백성들까지 쫓아버렸고, 일부 진상품은 대가를 지불하지 않은 채 중앙 시전市廛(大市)에서 징발하였다. 농민과 상인들이 도산하면서 이미 몽골의 침공으로 철저하게 파괴된 고려경제는 더욱 어려워질 수밖에 없었다.

그러나 제국내의 상황이 변하면서 고려에도 다소간의 여유가 찾아오게 된다. 충렬왕 2년(1276) 원제국이 남송南宋을 정벌하면서 광활한 강남지역 및 그 지역의 풍성한 물산이 제국의 재정구조 내로 편입되었다. 고려물자에 대한 원의 요구, 제국에 진상하는 고려측 공물의 양 모두 1280년대 후반 자연스레 감소하였다. 이에 고려인들의 경제활동도 서서히 재개될 수 있었다.

가장 두드러진 것은 고려인들의 대외교역이었다. 원 치하 중국으로의 사행使行 무역에 나선 고려 관료들의 교역은 이미 1260년대 관찰되었고, 위구르, 무슬림 등 서역西域의 회회回回 상인들이 1270년대를 전후하여 한반도에 출현하기 시작했다. 육·해상 실크로드를 따라 활약하던 이 '오르탁Ortaq' 교역상들은 오늘날의 아랍지역 및 인도印度반도를 오가며 중국의 재화와 서역의 물산을 거래하는 동시에 한반도에도 종종 들렀다. 진주 등의 유력 물자를 추가 조달할 시장을 찾아 한반도에 오거나, 몽골 투자자에게 진 채무債務를 이행하지 못한 채 제국 정부의 추심推尋을 피해 고려에 숨어들거나, 고리대금의 피해로 노예가 된 몽골인들을 인도와 이란 등지로 수송하던 도중 고려에 기항寄港하기도 하였던 것이다. 당시

동-서 세계간 교역의 규모, 지속기간 및 주기성을 고려하면 이런 회회인들의 한반도 방문은 결코 적지 않았을 것이다. 「쌍화점」과 같은 고려가요高麗歌謠를 통해서도 그들의 고려내 체류가 일상적이었을 가능성이 확인된다.

회회인들의 한반도 왕래는 고려의 왕들에게 큰 자극이 되었고, 이전과 달리 이들이 정부 차원의 대외교역 정책을 적극 벌여 나가게 하는 데 크게 기여하였다. 충렬왕의 경우 고려에 설치돼 은과 모시 등을 징발하던 응방鷹坊들에 '황제와 거래하는 대형 회회상인'을 관리자로 불러들여 그런 물자들을 자신의 관장 아래 1280년대 초 외국에 수출하려 시도하였다. 그것이 실패한 후인 1290년대 중엽에는 중국 경원慶元(닝보)항에 관영무역선을 보내 관세關稅 '인하' 협상을 벌임으로써 향후 고려의 상선商船들이 직면할 중국시장 진입장벽을 대폭 낮추는 데 성공하였다. 그의 손자 충숙왕忠肅王은 제국의 수도 대도大都에 억류돼 있던 5년 동안 많은 한인·서역 상인들과 교류하였고, 그들을 고려로 데려와 각종 관직과 작호를 수여하며 자신만의 어용御用 상인으로 육성하기도 하였다.

한편 충선왕과 그의 손자 충혜왕忠惠王은 외국 사절단의 방문을 직접 받았던 경우이다. 이들은 각기 1298년과 1331년 인도 마아바르Mabaar 측 인사, 그리고 이란지역에 구축된 일칸국Il Khanate의 술탄 아부 사이드Abu Sa'id(不賽因)로부터 방문을 받고 모종의 '교역 전략'을 세우게 된다. 두 지역 모두 원제국 정부의 교역정책 노선 전환으로 인해 중국과의 민간무역에 어려움을 겪던 상황에서 한반도에 사절단을 보낸 공통점을 보인다. 인도측 토포土布 등을 제공받은 충선왕은 인도산 마직물麻織物과 고려산 저·마포苧·麻布의 유사성과 대체 가능성에 주목, 고려의 특산물인 모시毛施(毛絁)에 원제국에서 유행 중이던 직금織金 기술을 적용해 문양을 표현한 이른바 '직문저포織紋苧布'를 개발하였다. 충혜왕 역시 삼현신궁三峴新宮에 공장을 두고 고려의 직문저포를 대량생산한 후 중국과 서역 쪽으로 동시 수출하였다.

고려측의 이러한 교역정책은 민간인들의 영업에도 나쁠 것이 없었다. 궁극적으로는 민간인들이 중국진출 과정에서 겪을 어려움을 줄여주거나, 중국에 갖고 갈 물자들의 생산 및 조달에 직·간접적으로 도움이 되었기 때문이다. 그와 관련해 육로로 중국에 들어가는 고려측 민간상인들을 언어적으로 대비시키기 위해 고려 정부가 발간한 『노걸대老乞大』가 참조된 다. 언어가 통해야 사기詐欺를 당하지 않고, 원활하고도 효율적인 거래를 통해 방중訪中 목적을 달성할 수 있을 것이라는 판단에서 발간된 이 책에는 고려 민간상인들의 동선動線은 물론, 그들이 갖고 간 고려산 물품들이 중국에서는 어느 정도 가격에 팔렸고 그들이 고려로 수입하기 위해 중국 에서 어떤 물자를 어떤 가격에 구득하였는지도 표시돼 있어, 14세기 고려-원제국 민간교역의 전체상을 재구성하는 데 큰 도움이 된다.

한편 해상으로는 여러 종류의 '고려청자靑瓷'들이 원제국에 수출되었다. 중국내 원제국시기 유적에서 발견된 많은 고려청자들이 그를 잘 보여준 다. 그런데 원제국의 영향으로 이 시기 고려인들이 새로이 만든 고족배高足 盃나 대반大盤보다는, 고려의 전통기형 및 문양으로 만들어진 청자들이 이런 유적들에서 더 많이 확인된다. 고려의 자기생산 및 수출업자들이 제국의 자기 시장을 '익숙함(모방품)'이 아닌 '이채로움(고려산)'으로 공략하 려 하고 있었을 가능성이 감지된다.

문화 융합 : 자의식과 자기표현방식의 다변화

한편 이 시기 많은 몽골 풍속들이 한반도에 들어와 고려의 문물과 관습을 크게 바꾸어 났다. '수라'라는 단어나 '소주燒酒' 등의 주류가 고려의 식생활에 새로이 도입되었다. 1270년대 중반 충렬왕의 '의복 개변령改變令' 을 계기로 고려인들은 몽골의 '호복胡服과 변발辮髮'도 수용하였다. 게다가 원제국에도 '고려양高麗樣'이라는 것이 유행했다고 하니 양국 문화가 활발 하게 조우하였음은 분명해 보인다. 종교와 사상 분야에서의 교류도 왕성하였으니, 고려 불교계는 중국의 임제종臨濟宗을 적극 수입하였고 원제국 수도에는 다수의 고려 사찰들이 건립됐으며, 원제국이 성리학性理學을 관학官學으로 육성하자 고려인들은 관련 서적들을 탐닉하며 그를 학습, 체화하는 데 많은 공을 들였다.

문화교류가 잦아지면서 고려인들의 자의식自意識도 서서히 바뀌었고, 그를 표현하는 방식 또한 다양해졌다. 이 시기 많은 고려인들이 고려의 과거科擧가 아닌 원제국의 과거[制科]에 응시하기 위해 고향을 떠났으며, 제과에 합격한 이들은 원제국의 관료로 생활하며 이전과는 다른 세계관을 갖추어 갔다. 아울러 이런 변화는 심지어 원제국과 무관하게 고려관료로 살아가던 이들에게서도 나타나기 시작했다. 원제국이 고려관료들에게 여러 가지 직함[官階]을 하사하면서 고려관료들에게는 또 하나의 정체성이 부여되었는데, 그런 정체성이 비록 실질적인 승진으로까지 이어지지는 않았다 하더라도 고려인들에게는 바깥 세상에 대한 관심을 유발하거나, 그에 진출할 가능성을 탐색하는 자극제가 되었다. 그 결과 어릴 때부터 몽골 이름을 쓰는 것도 모자라, 자신의 고위 관직이나 문산계文散階를 별명으로 삼는 대신[贊成公(朝請公)] 원제국 황제로부터 받은 낮은 등급의 무산계武散階를 별명으로 삼는 모습[元昭信]도 등장한다, 그런데 한편으로, 부친의 무덤에 넣은 묘지명에 부친이 역임하였던 관직명들을 당시 관직이 아닌 고려전기 문종文宗 때의 관직명으로 바꿔 표현하는 정반대의 사례[趙仁規]도 이 시기 확인된다. 극단적으로 달랐던 자기정체성 표출의 방식들이 이 시기의 복합성을 보여주는 바가 있다. |이강한|

참고문헌

강재광,『몽고침입에 대한 최씨정권의 외교적 대응』, 경인문화사, 2011.

高柄翊,『東亞交涉史의 研究』, 서울대출판부(1980년 재간행), 1969.

권영국 외,『譯註 高麗史 食貨志』, 한국정신문화연구원, 1996.

김형수,『고려후기 정책과 정치』, 지성인, 2013.

김호동,『몽골제국과 고려-쿠빌라이 정권의 탄생과 고려의 정치적 위상-』, 서울대출판부, 2007.

박종기,『지배와 자율의 공간, 고려의 지방사회』, 푸른역사, 2002.

박종진,『고려시기 재정운영과 조세제도』, 서울대출판부, 2000.

위은숙,『高麗後期 農業經濟研究』, 혜안, 1998.

윤용혁,『高麗對蒙抗爭史研究』, 일지사, 1991.

윤용혁,『여몽전쟁과 강화도성 연구』, 혜안, 2011.

이강한,『고려와 원제국의 교역의 역사-13~14세기 감춰진 교류상의 재구성-』, 창비, 2013.

이강한,『고려의 자기, 원제국과 만나다』, 한국학중앙연구원출판부, 2016.

이개석,『고려-대원 관계 연구』, 지식산업사, 2013.

이명미,『13~14세기 고려·몽골관계 연구-정동행성승상 부마 고려국왕, 그 복합적 위상에 대한 탐구-』, 혜안, 2016.

이익주,『高麗·元關係의 構造와 高麗後期 政治體制』, 서울대 박사학위논문, 1996.

李鎭漢,『高麗時代 宋商往來 研究』, 경인문화사, 2011.

장동익,『高麗後期外交史研究』, 일조각, 1994.

장동익,『元代麗史資料集錄』, 서울대출판부, 1997.

정광 역주·해제,『譯註 元本 老乞大』, 김영사, 2004.

蔡雄錫,『高麗時代의 國家와 地方社會-本貫制의 施行과 地方支配秩序-』, 서울대출판부, 2000.

한국역사연구회 14세기 고려사회 성격 연구반,『14세기 고려의 정치와 사회』, 민음사, 1994.

洪榮義,『高麗末 政治史 研究』, 혜안, 2005.

3. 고려말 원·명 교체와 홍건적, 왜구

1) 14세기 후반 동아시아 정세 변화와 원, 명의 교체

14세기에 동아시아의 정세는 급변하였다. 대륙에서는 13세기에 전성기를 보냈던 원이 14세기에 들어와 쇠퇴하다가 1388년 결국 명明에게 멸망당하였다. 한반도에서는 500년 가량 이어져왔던 고려왕조가 1392년 몰락하고 조선이 건국되었다. 일본에서는 가마쿠라 막부를 대신하여 무로마치 막부가 정권을 잡았다.

원은 14세기에 들어와 제위 계승을 둘러싼 투쟁과 지배세력 사이의 갈등이 심화됨에 따라 중앙 통치력이 약화되었다. 거기에 더해 지속적인 민족차별 정책으로 피지배층의 불만이 누적되어 쇠락의 징조를 보이기 시작하였다. 그에 따라 한인漢人 군웅이 사방에서 일어났다. 그 중 규모가 큰 세력으로는 충목왕 4년(1348) 절강성에서 일어난 방국진方國珍, 충정왕 3년(1351) 5월 하북성에서 백련교 조직을 중심으로 일어난 한산동韓山童·유복통劉福通 등의 세력, 같은 해 호북에서 일어난 서수휘徐壽輝 세력, 여기에서 독립한 명옥진明玉珍, 진우량陳友諒 세력, 공민왕 2년(1353) 안휘성에서 일어난 곽자흥郭子興과 그의 부하 주원장朱元璋, 공민왕 3년 강소성 고우高郵 지역에서 세력을 떨친 장사성張士誠 등이다.

한인 군웅 세력이 각지에서 일어나자 원은 그 진압에 힘써 초기에는 상당한 성과를 거두었다. 그러나 상황은 점점 통제 불능의 상태로 전개되었다. 변화의 계기는 공민왕 3년 9월에 승상 탈탈脫脫이 주도한 고우의 장사성 세력 토벌이었다. 토벌군의 규모는 매우 큰 것이었는데, 여기에는 원의 요청으로 고려에서도 유탁·인당·정세운·최영 등 장수 포함 2천 명을 파견하였다. 토벌군은 초기에는 승리를 거듭하였지만, 탈탈이 참소를 입어 쫓겨난 이후에는 지휘 체계가 무너지고 사기도 떨어져 결국 진압은 실패로 끝났다. 고려군도 헛되이 철수하였다. 그러나 그들이 현지에서 보고 들은 원의 현실은 공민왕에게 그대로 보고되었다. 즉위하기 앞서 원 대도大都(북경)에서 숙위할 때에도 이미 한인 군웅에 대한 소식을 어느 정도 알고 있었던 공민왕은 파견되었던 장수들이 전한 생생한 정보들을 종합하여 원과의 관계를 새롭게 할 정책을 수립하였다. 그 결과물이 공민왕 5년(1356)의 반원개혁 정책 단행이었다.

한인 군웅 세력은 원과 전쟁을 벌이는 한편 그들 사이에서도 전쟁을 계속하였다. 그 과정에서 최후의 승리자는 주원장이었다. 공민왕 4년 곽자흥이 죽자 독립한 주원장은 공민왕 13년에 응천應天(남경)에서 오왕吳王이라 칭하였고, 공민왕 16년까지 진우량, 장사성, 방국진 등을 차례로 평정하였다. 공민왕 17년(1368) 정월에는 응천에서 황제에 즉위하고 국호를 명明, 연호를 홍무洪武라 일컬었다. 그리고 그해 8월에는 명의 군대가 원의 수도인 대도를 함락하였다. 원 순제는 상도上都로 도망갔고 이때부터를 북원北元이라고 부른다. 이로써 약 백 년에 걸친 몽골의 중국 지배는 막을 내리고, 이후 우왕 14년(1388) 북원이 멸망할 때까지 20여 년 동안은 명과 북원이 대립하였다.

2) 공민왕의 반원개혁 정책과 우왕대의 정치

공민왕의 반원개혁 정책과 명과의 국교 수립

공민왕 5년(1356) 공민왕은 반원개혁 정책을 단행하였다. 부원附元세력인 기철 일당 숙청, 정동행성 이문소 혁파, 원의 연호 사용 정지, 문종 때의 제도로 관제 복구, 쌍성총관부 수복, 압록강 서쪽 8참 공격 등이 중요한 성과였다. 이는 원의 정세 변화를 정확하게 파악하고 있었기에 가능한 일이었다. 이에 대해 원은 크게 반발하며 위협을 가해 왔지만 군사력을 동원한 것이 아니고 사신을 보내 질책한 수준이었다. 이에 공민왕은 다시 원의 연호를 사용하고, 국경을 넘어 공격하였던 인당印璫을 죽여 사과하는 조처를 취하였지만, 쌍성총관부 수복 인정 등 몇 가지 사항을 요구하여 그것을 관철하였다. 이후 고려와 원의 관계는 공민왕 5년 이전의 관계와는 전혀 다른, 곧 사대의 형식은 갖추되 원이 내정 간섭은 하지 못하는 새로운 관계가 되었다.

그런데, 고려는 공민왕 8년과 10년 두 차례에 걸친 홍건적의 침입, 김용金鏞이 일으킨 홍왕사興王寺의 난, 덕흥군德興君의 침입 등을 겪으면서 다시 원과의 관계를 회복하고자 하는 모습을 보이기도 하였다. 그러나 이는 고려의 필요에 의한 것이었지 공민왕 5년 이전과 같은 사대를 한 것은 아니었다. 한편, 공민왕은 장사성이 먼저 사신을 보낸 것을 계기로 해서 한인 군웅인 방국진, 주원장, 진우량, 명옥진 등과도 외교관계를 가졌다. 이는 격변기에 생존하기 위한 서로간의 필요에 의한 것으로 통상 무역을 위한 경우도 있었고, 군사적인 목적도 있었다. 원·명 교체 시기에 공민왕은 원에게 형식적인 사대를 하면서 한인 군웅과도 두루 외교관계를 가지면서 실리를 택하는 외교 정책을 추진하였다.

공민왕의 이런 정책은 공민왕 17년(1368) 8월 주원장의 명이 원의 수도인 대도를 함락시켰다는 소식이 전해지면서 바뀌었다. 공민왕은 백관을 모아 명과 통교 여부를 논의하였다. 그런 상황에서 명에서 먼저 이듬해 4월에 사신 설사偰斯를 보내와서 명의 건국과 홍무제洪武帝의 즉위를 알렸다. 이에 공민왕은 바로 다음 달에 원의 연호 사용을 중지하고, 예부상서 홍상재洪尙載 등을 명에 보내어 홍무제의 등극을 축하하고 봉작을 청하였다. 그러자 명은 다시 설사를 파견하여 공민왕 19년(1370) 5월 공민왕을 책봉하였다. 공민왕이 7월에 홍무 연호를 사용하면서 고려와 명은 정식으로 국교를 수립하게 되었다.

명과 국교 수립 이후 공민왕은 명과 사대를 취하면서도 동녕부 정벌을 단행하여 영토를 확보하려고 노력하는 등 실리 외교를 전개해 나갔다. 명도 수교 초기에는 고려에 호의적이면서 내정에 대하여도 별다른 간섭을 하지 않았다. 그러나 명은 공민왕 20년(1371) 2월 요동 지역에서 큰 세력을 가지고 있던 원의 평장 유익劉益이 항복하여 온 뒤로 고려에 대한 외교 정책에 변화를 주기 시작하였다. 그러다가 다음 해 11월 나하추納哈出에 의하여 요동 진출을 위한 명의 군사 보급기지이던 우가장牛家莊이 약탈당한 뒤부터는 고려에 매우 고압적인 외교를 펼쳤다. 공민왕은 그런 명에 대해 적극적인 항의 태도를 취하지 않고, 친명 일변도의 사대 외교를 계속 견지해나가다가, 재위 23년 9월 시해당하였다. 그리고 11월에는 명의 사신 임밀林密 등이 귀국길에 살해당하면서 고려의 정국은 물론 고려와 명의 외교관계도 한 치 앞을 내다볼 수 없는 상황이 되었다.

공민왕 5년 이후의 외교 정책에 대해서 반원친명이라고 본 연구, 화이華夷의 세계관에 따라 친명 정책을 추진한 것으로 파악한 연구, 양면 외교를 통해 실리적 외교 정책을 추진한 것으로 이해한 연구 등이 있었다. 이러한 연구들은 정도의 차이는 있지만, 대체로 공민왕이 추진한 정책들을 반원 성격을 가진 것으로 보는 데에는 이견이 없었다. 그런데 최근의 연구에서는 공민왕의 정책을 반원개혁으로 볼 수 없다는 견해들이 제기되었다. 공민왕은 기존 폐단을 척결하고 강력한 왕권을 수립하려고 하였지만 원을 부정하지는 않았다는 점, 고려는 공민왕 5년(1356) 이후에도 이전과 같은 원 중심의 조공 체제에서 이탈하지 않았다는 점, 추진 세력 중 친원 세력이 있었다는 점들을 강조하였다. 이에 대해 다시 "공민왕의 반원 정치를 평가하는 기준으로서 '반원'은 당시 현실에서 실현 가능한 범위 안에서 정의되어야 한다."며, 공민왕의 정치는 반원 성격이 분명하다는 재반론도 있다.

한편, '원·명 교체' 시점에 대해서 종래 공민왕 17년(1368) 명이 원의 대도를 점령한 때로 보는 것이 일반적이었다. 최근에는 '원·명 교체'는 우왕 14년(1388)에 북원이 멸망함으로써 비로소 완전하게 이루어졌다고 보고 있다. 고려가 명과 책봉-조공 관계를 수립한 뒤에도 요동 지역에서 나하추를 중심으로 하는 세력 등이 명과 대립하고 있었기 때문에 동아시아의 국제질서는 여전히 유동적이었다는 것이며, 그런 측면에서 공민왕이 친명 일변도의 외교 정책을 견지한 것은 시기적으로 매우 이른 것이었고 외교적 실리를 찾지 못한 정책이었다는 것이다.

우왕대의 양단 외교 정책

우왕은 아버지 공민왕이 불의의 시해를 당함에 따라 10세에 갑자기 왕이 되었다. 그런 까닭에 우왕대 정치는 이인임과 최영 등에 의해 주도되었다. 그들은 공민왕 죽음과 명 사신 살해로 인해 나타난 명과의 외교 문제를 해결하는 방법으로 북원과 다시 외교를 재개하는 길을 택하였다. 우왕 즉위년(1374) 12월 공민왕의 죽음을 알리는 사신을 북원에 파견하였고, 이에 북원은 다음해 5월 답하는 사신을 보내왔다. 이때 정몽주, 정도전 등 신진사류[신진사대부, 신흥유신]는 사신을 맞아들이는 것을 극력 반대하여 결국 원의 사신은 그냥 돌아갔다. 그러나 이 사건을 계기로 이인임·최영 등 집권 세력은 북원과의 외교관계를 반대한 신진사류[신진사대부, 신흥유신]를 대거 조정에서 쫓아냈다. 그리고 우왕 3년(1377) 북원으로부터 공민왕의 시호와 우왕의 책봉을 받았고, 선광宣光 연호를 사용하기 시작하였다.

그러나 이인임·최영 등 집권 세력은 명에 대한 사대 외교를 중단하려고 한 것은 아니었다. 우왕 4년 9월 중단하였던 홍무 연호를 다시 사용하였고, 계속되는 명의 무리한 공물 요구에도 결국은 응하여 그들이 원하는 세공을 모두 보냈다. 그 덕분인지 명에서는 우왕 11년 우왕을 책봉하고 공민왕의 시호를 내려주었다. 그러나 이후에도 명은 부당한 요구들을 지속하였고, 사신의 왕래도 금지하였다. 설상가상 우왕 14년(1388) 2월 명이 철령 이북에 철령위를 설치하겠다는 소식이 알려지자 고려 조정에서는 반명

분위기가 확대되었다. 드디어 4월 최영과 우왕을 중심으로 요동 정벌을 단행하는 한편, 홍무 연호 사용도 중지하였다. 그러나 이성계가 주도한 위화도 회군의 성공으로 최영은 숙청되고, 고려는 다시 홍무 연호를 사용하면서 명에 대한 사대 외교 정책은 더욱 확고해졌다.

이러한 우왕대 추진된 이인임·최영 등 집권 세력의 외교 정책에 대해서는 일방적인 친명 외교로 파악한 연구, 실리를 추구하기 위한 양단兩端 외교 정책으로 본 연구, 친명親明 사대에 충실한 양면 외교로 본 연구, 주원종명主元從明의 양면 외교로 본 연구 등이 있다. 한편, 고려가 명과 책봉-조공 관계를 수립한 공민왕 19년(1370)부터 북원이 멸망한 우왕 14년까지 약 20년 동안 고려의 대원·대명 정책이 현실과 동떨어진 면이 있었다고 본 연구도 있다. 실제로는 북원과 명이 대립하고 있었지만, 고려의 외교 정책은 원·명 교체를 기정사실로 받아들인 가운데 친명 외교 일변도로 전개되었고, 그 때문에 명에 대한 과도한 공물 부담을 자초하였다는 것이다.

3) 14세기 동아시아 정세 변화에 따른 외적의 침입

홍건적紅巾賊의 침입과 영향

홍건적은 14세기 후반 원의 통치력이 약해졌을 때 중국 하남지방에서 백련교를 배경으로 한산동·유복통 등이 중심이 되어 일어난 한족 반란군을 말한다. 이들을 '홍두적紅頭賊', '홍적紅賊'으로 부르기도 한다. 공민왕 4년(1355) 한산동의 아들 한림아가 황제를 칭하고 국호를 송宋이라 일컬었고 10만이 넘는 세력을 형성하여 원 각지를 공격하고 돌아다녔다. 그들 중 한 무리가 요양까지 진출하였다가 원 군대의 반격을 받아 고려 영토로 밀려들어온 것을 홍건적의 침입이라고 한다.

홍건적은 두 차례 침입하였는데, 1차 침입은 공민왕 8년 12월에 시작되었다. 위평장僞平章 모거경毛居敬이 자칭 4만 명의 병력을 거느리고 쳐들어와 한때 서경까지 함락되었다. 그러나 이방실李芳實, 안우安祐, 김득배金得培 등의 활약으로 전투에서 연이어 이기면서 압록강을 넘어 살아 돌아간 적은 수백 명에 불과할 정도의 큰 승리를 거두었다.

2차 침입은 공민왕 10년 10월 위평장 반성潘城·사유沙劉·관선생關先生 등이 10만의 대군을 거느리고 쳐들어오면서 시작되었다. 2차 침입 때는 서경은 물론 11월 하순에는 개경까지 함락되어 공민왕은 복주福州(안동)까지 피신하는 등 큰 곤경에 빠졌다. 전열을 가다듬은 고려 군대는 이방실·안우·김득배·최영·이성계 등 무장들이 총동원되어 개경에 있던 홍건적을 공격하여 사유·관선생을 죽이고 적 대부분도 전사시키는 승리를 거두었다.

홍건적의 침입에 대한 연구에서는 대체로 세 가지 점에 주목하였다. 첫째, 고려가 입은 인명 피해와 경제적 피해에 대한 측면, 둘째, 홍건적을 물리치는 과정에서 최영·이성계 등 무장세력이 크게 성장하여 고려말 정국에 큰 영향을 끼쳤다는 측면, 셋째, 홍건적의 침입과 관련하여 도움은 물론 아무런 영향을 끼치지 못한 원에 대해 고려가 택한 정책 설명에 대한 측면 등이다. 최근 홍건적 침입이 고려에 미친 영향과 관련하여, 그것이 작은 것은 아니지만, 홍건적 침입은 두 번뿐이었는데 지나치게 부각되었고, 지속적으로 침략해 와서 커다란 피해를 준 왜구보다 더 강조된 것은 문제가 있다는 연구도 있다.

왜구의 침입과 고려의 대응

14세기 후반 고려의 연안과 섬을 노략질한 왜구倭寇는 본래 "왜인들이 침략하다"라는 뜻이다. 왜구의 정의에 대해 초기 연구에서는 고려후기에서 조선초기에 걸쳐 '우리나라와 중국 연안에서 구적寇賊 행위를 하던 일본인의 해적단에 대한 총칭'이라고 하였다. 최근 연구에서는 '고려시대부터 조선전기에 걸쳐서 행하여진, 영토에 대한 욕심이 없고 또한 정치·외교적 의도에서가 아니라 단순히 경제적 재원의 약탈이나 사람의 납치를 목적으로 한, 일본인으로 구성된 무장집단의 행위 내지는 그 무장집단'이라고도 하였다.

왜구가 처음으로 침략한 것은 고종 10년(1223)이다. 그러나 그 이후 100여 년 동안은 침입이 10여 차례에 불과하였고, 왜구가 본격적으로 침입을 해오기 시작한 것은 충정왕 2년(1350)부터였다. 이 해부터 공양왕 4년(1392)까지 왜구 침략은 수백 회에 달하여 침략을 받지 않은 해가 거의 없었고, 특히 우왕 재위 기간(1374~1388)에는 수많은 침략을 받았다.

왜구 발생 원인과 왜구의 실체에 대해, 발생 원인은 '일본 남북조 동란'과 '3도島 지방의 열악한 입지 조건과 상품 화폐 경제의 압박 등'을 들고 있다. 실체에 대해서는 일본 서쪽 지방에 살던 '무역적 상인', '산적과 해적', 그리고 '중소 영주층과 영세 농어민'이라고 보았다.

그러나 최근에는 왜구 발생 원인을 당시의 일본 내부 사정 곧 남북조 내란기의 혼란에서 찾고 있다. 또한, 14세기 후반의 고려말 왜구에 대해서는 당시 중국 대륙에서의 원·명 교체라는 대변동과도 시기적으로 중첩되어 발생하였다는 점을 주목하고 있다. 그리고 왜구의 실체도 '해적' 등이 아닌 대마도와 북 규슈[九州] 일대를 수 세기 동안에 걸쳐서 지배해온 쇼니씨[少貳氏]의 휘하 세력과 규슈의 남조 세력 같은 남북조 내란의 주역들이라고 하였다.

왜구 침략 상황 측면에서는 초기에는 전체 침입 횟수와 침입 지역별 침입 횟수 중심으로 연구가 이루어졌다. 그러나 최근에는 왜구가 대규모 선단을 이루어 일시에 침구한 뒤 그 일부가 각 지역을 분산 침투한 형태가 많아서 침구 횟수를 정확하게 수치화하기는 어렵다는 점을 인식하고, 왜구를 침구 유형별로 분류, 검토한 연구, 피해 지역 수를 통계화한 연구 등이 있다. 또한, 왜구로 인해 야기된 고려사회의 변화를 검토한 연구,

지역사와 연계하여 왜구의 침구 문제를 고찰한 연구 등도 나와서 왜구 문제에 대한 연구가 다양하게 이루어지고 있다.

고려는 원간섭기와 원·명 교체 시기라는 국외적인 상황과 고려사회의 내부적 모순을 동시에 해결해야 하는 상황 속에서도 왜구 문제를 해결하기 위해 노력하였다. 군사체제를 강화하여 쳐들어온 왜구를 격퇴하고 근거지라고 생각한 대마도 정벌을 하는 등 강경책과 왜구를 금지해 달라는 사신을 파견하는 회유책 등을 번갈아 시도하였다. 왜구를 물리친 대표적인 전투로는 최영의 홍산 대첩(우왕 2년, 1376), 나세와 최무선의 진포 대첩(우왕 6년), 이성계의 황산 대첩(우왕 6년), 정지의 관음포 대첩(우왕 9년) 등이 있다.

한편, 최근 왜구의 발생 원인과 왜구 실체에 대한 논지를 그대로 받아들일 경우, 왜구를 '남조의 군사'로 볼 수밖에 없다는 점에서 '왜구'라는 개념과 표현이 과연 적절한 것인가에 대한 검토가 필요하다는 견해도 있다.

| 이형우 |

참고문헌

李亨雨, 『高麗 禑王代의 政治的 推移와 政治勢力 硏究』, 고려대 박사학위논문, 1999.
첵메드 체랭도르지, 『14세기 후반 동아시아의 국제정세와 북원과 고려의 관계』,
　　한국학중앙연구원 박사학위논문, 2010.

高惠玲, 「李仁任 政權에 대한 一考察」 『歷史學報』 91, 1981.
김경록, 「공민왕대 국제정세와 대외관계의 전개양상」 『역사와 현실』 64, 2007.
김순자, 「고려말 대중국관계의 변화와 신흥유신의 사대론」 『역사와 현실』 15,
　　1995.
羅鐘宇, 「高麗 末期의 麗·日 關係－倭寇를 中心으로－」 『全北史學』 4, 1980.
閔賢九, 「辛旽의 執權과 그 政治的 性格(上)」 『歷史學報』 38, 1968.
閔賢九, 「高麗 恭愍王의 反元的 改革政治에 대한 一考察－背景과 發端－」 『震檀學報』
　　68, 1989.
閔賢九, 「高麗 恭愍王代 反元的 改革政治의 展開過程」 『許善道先生停年紀念韓國史學
　　論叢』, 一潮閣, 1992.
박원호, 「고려말 조선초 대명외교의 우여곡절」 『한국사 시민강좌』 36, 2005.
尹銀淑, 「北元과 明의 대립－遼東 문제를 중심으로」 『東洋史學硏究』 105, 2008.
李康漢, 「공민왕 5년(1356) '反元改革'의 재검토」 『大東文化硏究』 65, 2009.
이　영, 「전환기의 동아시아 사회와 왜구－'경인년 이후의 왜구'를 중심으로－」
　　『韓國史硏究』 123, 2003.
이익주, 「1356년 공민왕 反元政治 再論」 『歷史學報』 225, 2015.
崔鍾奭, 「1356(공민왕 5)~1369(공민왕 18) 고려-몽골(원) 관계의 성격－'원간섭기'
　　와의 연속성을 중심으로－」 『歷史敎育』 116, 2010.

보론 5

국제관계의 성격과 변화

1) 전근대 동아시아 국제관계의 성격

근대의 국제관계는 모든 국가가 서로 평등하다는 이념에 기초를 두고 성립·운용되고 있다. 근대의 국제관계에서 독립국(자주국)이라 함은 주권 국가를 의미한다. 국력과 상관없이 각 국가의 주권은 평등하고, 그러한 주권이 있기에 해당 국가는 독립적 위상을 향유할 수 있는 것이다. 만약 주권이 부재하거나 이에 제약이 있다고 한다면, 정상적인 독립국이라고 간주되기는 어려울 것이다.

이와 달리 근대 이전의 동아시아 세계에서는 전근대의 여타 문명권에서 처럼 국가주권 평등의 이념·가치가 부재하였다. 그러다 보니 국력의 차이는 가치적·이념적으로 지양되기보다는 오히려 전제·인정된 채 관계 가 성립·존속되었다. 또한 그러한 인식적 환경에서 '소(국)가 대(국)를 섬기는 것은 선왕先王의 도道이다'(以小事大 先王之道)라는 식의 대국과 소국 간의 상하 차등적 관계를 '자연스럽게' 여기는 인식이 통용될 수 있었으며, 국제관계에서 열위劣位에 처한다고 할지라도 그것은 '불평등'하다는 식의 감각─국가 간에는 마땅히 평등이 구현되어야만 하는데 그렇지 못한 데 따른 불만─을 불러일으키지 않았다.

이러한 관념 때문에 중국 왕조에 비해 상대적으로 소국인 고려는 대상 국가가 바뀌기는 해도 동아시아의 강대국과 거의 단절 없이 상하 차등적 인 관계라 할 수 있는 책봉-조공 관계를 맺었다. 오대 왕조 → 송 → 요 → 금 → 원 → 명과의 관계가 그러하였다. 책봉-조공 관계는 책봉국과 조공국의 군주 사이의 관계를 군신_{君臣}관계로 성립시켰다. 책봉국의 군주, 곧 황제로부터 책봉을 받은 조공국의 군주인 왕은 그 황제의 신하(제후)가 되며 정기적인 조공을 통해 황제와의 군신관계를 구현·갱신하였다. 중국 왕조와의 책봉-조공 관계는 군신관계라는 계서적인 성격의 것이기는 하나 호혜적인 관계였다. 고려는 이러한 관계를 통해서 왕조(국가)를 보전하고 대국인 중국 왕조와의 평화와 공존을 이루어 낼 수 있었다.

한편 고려는 군신관계와 같은 상하 차등적 관계 외에도 수평적 관계를 맺기도 하였다. 주변 황제국으로부터 칭제_{稱帝}를 인정받는 식은 아니었고, 그 관계란 조선왕조의 교린관계와 비슷한 면이 있었다. 다만 그러한 수평적 관계는 매우 제한된 시기로 한정되었을 뿐만 아니라 한시적이었다. 무엇보다 그러한 관계를 맺을 만한 상대가 없었기 때문이다. 여기에 해당하는 사례로는 국가체를 형성하여 대국으로 성장해가는 도중의 금 왕조 정도였다. 고려는 예종대 금과 형제관계인 수평적 관계를 맺었다. 하지만 얼마 지나지 않아 금이 동아시아의 강대국으로 성장하여 고려에게 칭신_{稱臣}을 요구하고 고려는 이를 수용하면서, 금과의 수평적 관계는 종언을 고하게 되었다.

2) 다원적 국제관계

10~12세기 동아시아에서는 일원적인 패권국이 등장하지 못하는 다원적 국제질서가 전개되었다. 송과 거란, 이후 남송과 금은 서로를 황제국으로 인정하였다. 몽골(원)이 차례로 금과 남송을 제압하여 동아시아의 유일 대국으로 자리한 이후로 고려는 그러한 다원적 국제질서를 경험하지 못하였다. 명과 북원이 공존한 시기에서조차 그러하였다. 송과 거란, 이후 남송과 금이 수평적 관계를 성립한 것은 양국이 이를 지향해서가 아니라 국력의 우열이 한 방향으로 뚜렷하게 기울어지지 않아서였다.

복수의 강대국들 사이의 세력 균형은 이들 국가 간의 힘의 균형만으로 결정되지 않았고, 고려를 비롯한 주변 국가들도 세력 균형에 주요한 변수로 작용하였다. 고려, 송, 거란, 서하 등은 국익을 위하여 주변국과 제휴하거나 대립하기를 반복하였다. 그리하여 동아시아 각국 사이에 세력관계는 서로 연동되었다.

이러한 국제 환경 하에서 황제국을 대외적으로 인정받는 거란, 금, 송(남송) 이외의 주변국들조차 자기 나라 군주에게 천자(황제)의 지위를 부여하였으며, 세력권을 형성하여 각기 천하의 중심이라고 의식하였다. 고려도 예외는 아니어서, 독자적인 역사·문화공동체로서 해동 내지 삼한을 의식하고 군주가 천명을 받아 삼한을 '일통一統'한 해동천자海東天子로 자임하였다. 해동천하海東天下에는 철리국, 탐라국, 우산국 등과 동·서번으로 불린 여진이 속하였다.

독자적 천하의 중심이라고 주장하는 나라들 사이에도 위계는 존재할 수 있었다. 즉 황제국을 대외적으로 인정받는 거란, 금, 송(남송)과 그 주변에서 국내적으로나마 천자국을 자처하는 국가들 간에 상하 차등적 관계가 성립·유지되곤 하였다. 예컨대, 국내에서이긴 하나 황제국 체제를 운용한 베트남은 송(남송)으로부터 책봉을 받았고, 송(남송)에 조공을 바쳤다. 앞서 언급한 바와 같이 고려는 송과 책봉-조공 관계를 맺다가 거란으로부터, 그리고 이후에는 금으로부터 책봉을 받았다.

천하 간에도 위계가 있어, 고려는 시기에 따라 송, 거란, 금의 천하에 속하기도 하였지만, 다원적 국제질서 속에서 고려는 책봉국을 패권국으로 인식·인정하지 않았다. 예컨대, 성종대 고려는 송과의 책봉-조공 관계를 중단하고 거란으로부터 책봉을 받고 거란에 조공을 한다든가, 문종대 거란 외에 송과 군신관계를 맺기도 하였다.

다원적 국제질서 속에서 고려의 행보로 주목되는 몇 가지 사실이 있다. 첫째, 양쪽에서 동시에 책봉을 받은 적은 없었다. 거란의 책봉을 받는 상황에서 숙종~인종 때에 송이 세 차례에 걸쳐 고려에 책봉을 받도록 제의하였지만, 고려는 이 제의에 응하지 않았다. 둘째, 위 양상과 관련되는 것으로 고려가 복수의 강대국을 상대로 하여 동시다발적으로 관계를 맺은 경우, 양국 모두와 상하 군신관계를 맺으면서도 책봉은 한 국가로부터만 받았다. 셋째, 복수의 강대국을 상대로 하여 동시 다발적으로 관계를 맺은 시기는 고려전기 내내 지속된 것이 아니라 일부 시기에 그쳤다. 넷째, 책봉은 황제국으로 인정받는 국가들 가운데 상대적으로 강대국으로부터 받는 경향이 있었다. 가령 송을 제쳐두고 거란과, 남송을 제쳐두고 금과 책봉-조공 관계를 맺었다. 고려가 거란 내지 금으로부터 책봉을 받은 때에, 이들 국가는 송(남송)에 비해 상대적으로 우위에 있었다. 한족 왕조인 송(남송)에 대한 상대적 선호가 있기는 하였지만, 이는 대외관계를 운영하는 데 있어 별다른 작용을 하지 못하였다.

3) 천자와 제후국의 이중 체제의 양상

고려전기에는 고려가 자신의 천하(해동천하)를 지니고 있으면서 동시에 중국 왕조의 천하에도 속하였기에, 국왕은 대외적으로는 황제(천자)의 신하이면서 동시에 자신의 영토와 신민을 보유한 군주(신하+군주)이었지만 대내적으로는 군주의 위상만을 지니고 있었다. 이러한 여건에서 국내에서는 제후국 체제가 운용되지 않았다. 제후국 체제가 운용되지 않은 사실은 관제와 예제 등의 각종 제도에서 손쉽게 확인 가능하다. 황제제도를 운용한 수많은 기록들이 발견되기 때문이다.

황제(천자)의 제후(국)라는 대외 위상에 상응하는 제후국 체제가 국내적으로는 성립·운용된 적이 없다는 데서 알 수 있듯이, 원간섭 이전 시기에는 대외적-대내적으로 상이한 이중 체제가 운영되었다. 이러한 이중 체제는 원간섭기에 들어서 소멸되었다. 기존의 황제국적 제도들이 몽골의 압력으로 인해 제후국의 위상에 걸맞은 방향으로 격하되었기 때문이다. 원간섭기에 성립된 제후국 체제는 이후로도 지속되었고, 조선시대 들어서는 보다 철저한 방식으로 개편·운영되었다. 고려전기와 같은 이중 체제는 원간섭기 이후로는 종적을 감춰 버린 것이다.

고려전기에 이중 체제가 운영되었음은 이견의 여지가 없지만, 이 이중 체제가 대외적으로는 왕국에 머물면서 내부적으로는 황제 체제를 유지하는 '외왕내제外王內帝' 체제라고 볼 수 있을지는 분명치 않다. 국내에서 운용된 국제國制가 황제국 체제인지가 명확하지 않기 때문이다.

수많은 황제제도들이 운영되었으면서도 정작 고려 군주의 공식 위호位號는 '왕'이었고, 황제제도와 제후제도의 혼용이 심심찮게 있었으며, 황태자도 왕세자도 아닌 '왕태자'라는 식으로 왕과 황제의 위격이 모순적으로 공존하는 용어도 드물지 않게 사용되었다. 게다가 일부 황제제도들은 일관되게 운영되지 못해 제후국 용례가 섞여들기도 하였다. 예컨대, 황제제도인 '선지宣旨'가 일관되게 사용되다가 원간섭기에 제후제도인 '왕지王旨'로 바뀌는 게 아니라, 원간섭기 이전에 이미 '왕지'가 사용되곤 하였다. 또한 제후의 명령문서인 '교서敎書'에서 황제가 자신을 일컫는 말인 '짐朕'이 사용되었고, '선지'에서 제후가 자신을 일컫는 말인 '과인寡人'이 사용되었으며, 한 문서 내에서 '짐'과 '과인'이 혼용되는 등, 다른 시기였다면 매우 '어색하였을' 법한 조합이 심심찮게 확인된다.

이러한 국제 운용의 양상은 국내에서 황제국 체제를 철저히 운용한 베트남과 같은 국가와 비교하면 자칫 '불철저하다'고도 비춰질 수 있다. 이 현상은 조선초기에 『고려사』와 『고려사절요』를 편찬하는 과정에서 부분적으로 개서改書가 이루어진 데서 기인했을 수 있다. 하지만 금석문 등의 당대 자료 또한 '불철저한' 면모를 보여주고 있어, 설령 개서가 있었다고 할지라도 그것은 황제국제와 제후국제가 혼용된 고려전기의 '특유의' 양상을 설명하기에 충분치 않다. 황제국 체제 여부에 관한 현재까지의 논의는 국제 전반에 대한 검토를 통해서가 아니라 몇몇 인상적인 부면을 토대로 이루어진 경향이 강하다. 향후 국제 전반에 대한 검토가 있어야 하고, 이를 토대로 하여 국제의 실상과 성격에 대한 심도깊은 파악이 이루어져야 할 것이다.

이중 체제의 구체적 양상에 대한 파악 못지않게 중요한 사안은 이중 체제가 어떠한 맥락에서 운영되었는지 하는 점이다. 고려는 중국 왕조와 대등하다는 의식에서 국내적으로는 황제국 체제를 운영하면서도 대외적으로는 실리 차원에서 제후국을 표방하였다고 이해되어 왔다. 그런데 '외왕내제' 체제를 운영한 베트남과 마찬가지로 고려 또한 중국 왕조와의 대등 의식에서 이중 체제를 운용하였는지는 다소 의문이다.

베트남은 중국 왕조를 상대로 강렬한 대등의식을 표출하면서 황제국 체제를 철저히 운영하였고, 이와 맞물려 '칭신稱臣'을 하면서도 국내에서 황제로 칭해지는 군주의 권위 손상을 우려하여 '칭신'의 의미를 '국내'라는 공간에서 퇴색시키는 여러 방법들을 강구·시행하였다. 이와 달리 고려에서는 황제국 체제가 운용되었다고 보기도 어려우며, '칭신'에 따른 군주 권위의 손상이 국가의 고심꺼리로 부상하지 않았고 그러하였기에 '칭신'을 퇴색시키고자 하는 시도도 이루어지지 않았다. 향후 다양한 가능성을 열어두고 고려 특유의 이중 체제가 이루어진 맥락을 살펴볼 필요가 있다고 하겠다.

4) 국가(국왕) 위상의 시기별 양상

고려전기

국가 위상과 직결되는 국왕 위상의 경우, 고려전기에 국왕은 대외적으로는 황제(천자)의 신하이면서 동시에 자신의 영토와 신민을 보유한 군주(신하+군주)인 데 비해, 대내적으로는 군주의 위상만을 지녔다. 고려국왕이 대외적으로는 황제의 신하이면서 동시에 자신의 영토와 신민을 보유한 군주(외신제후)이었음은, 고려가 독자적으로 통치되는 국가인 채 대외 방면에서는 중국 왕조와 줄곧 군신관계를 맺었다는 사실에서 단적으로 뒷받침된다.

대외 위상과 달리 원에 복속되기 전까지 황제(천자)의 신하라는 위상은 국내에는 관철되지 않았다. 이 점은 국내에서 국왕의 위상을 상징적으로 보여주는 '조하朝賀 의례'를 통해 알 수 있다. 조하 의례란 새해 첫날인 정조正朝, 동지, 군주의 생신 등 명절날에 신하가 조정에 나아가 군주에게 하례를 올리는—군주의 입장에서는 신하의 경하를 받는—예식으로, 고려 성종이 당나라의 예식을 수용한 이후 줄곧 시행된 것이었다. 원 간섭 이전 시기까지 고려국왕은 중국의 황제(천자)와 마찬가지로 정조, 동지, 자신의 생일에 거행되는 조하 의례에서 신하들로부터 경하를 받는 예식인 수조하受朝賀 예식만을 향유하였다. 당시 조하 의례에서는 군주의 위상만 이 구현되었는데, 이는 조하 의례에 고려국왕의 황제 신하로서의 위상이 구현되기도 한 원간섭기 이후와는 확연히 구별된다고 할 수 있다.

원에 복속되기 전에는 황제(천자)의 신하라는 위상이 국내에는 관철되지 않았는데, 비교사적 지평에서 보자면 당시에 이는 특별하다기보다는 오히려 일반적인 현상이었다. 동아시아 문명권에서 국내적으로도 신하의 위상이 관철된 현상은 원 복속 하의 고려에 이르러서야 등장했기 때문이다. 원제국에 복속되기 이전에 고려는 중국 왕조와 별개로 독자적으로 통치되고 있었고 이와 차원을 달리한 채 중국 왕조와 물리적 마찰없이 공존하기 위해 외교 현장에 한해 군신관계를 수용하였다고 할 수 있다.

고려후기

원간섭기에 고려국왕은 이전 시기와 달리 대내적, 대외적 구분 없이 황제(천자)의 신하이면서 자신의 영토와 신민을 보유한 군주가 되었다.

고려전기와 달리 황제(천자)의 신하라는 위상이 국내에서도 관철된 것이다.

조하 의례는 그 사실을 잘 보여준다. 국왕을 기준으로 하자면, 정조의 조하 의례에서는 멀리 떨어진 황제의 궁궐을 바라보면서 경하를 올리는 예식인 요하遙賀 의례와 자신의 신하들로부터 경하를 받는 예식인 수조하 예식을 병행하였고, 황제(천자)의 탄일인 성절날에는 요하 의례만을, 동지와 자신의 탄일에는 수조하 의례만을 거행하였다. 이전과 달리 조하 의례에서 고려국왕은 경하를 받는 위치에만 있지 않고 스스로 경하를 올려야 하는 위치에도 서게 된 것이다. 정조, 동지, 탄일에는 전처럼 신하들로부터 경하를 받았지만, 황제(천자)가 신하들로부터 하례를 받는 정조, 성절에는 신하의 위치에서 황제(천자)를 향해 요하 의례를 거행해야 했다. 특히 정조의 조하 의례에서는 황제(천자)의 신하이면서 군주인 면모가 잘 드러났다. 동지와 탄일의 조하 의례에서는 군주의 위상만이, 성절에는 신하의 위상만이 드러난 것과 달리, 정조의 조하 의례에서는 신하의 위상에서 요하 의례를 행한 후, 군주의 위상에서 신하들의 경하를 받았다. 정조 시에 자포紫袍를 입고 요하 의례를 행한 뒤 황포黃袍로 옷을 갈아입고 경하를 받은 사실은 신하에서 군주로의 위상 전환을 시각적·상징적으로 보여준다고 하겠다.

원간섭기 국왕의 위상 전환은 대내외 공히 황제(천자)의 신하이면서 자신의 영토와 신민을 보유한 군주라는 것에 한정되지 않았다. 정동행성의 승상이자 황실의 부마라는 새롭고도 이질적인 위상이 더해졌다. 충렬왕 이래로 고려국왕은 정동행성 승상을 당연직으로 겸하였다. 정동행성은 몽골(원) 황제 직할령 내의 행성들과 확연히 다르기는 하지만 몽골(원)의 관부로서의 성격은 지녔다. 그러므로 고려국왕이 정동행성의 최고 장관을 겸직하였다는 사실은 그가 몽골(원)제국의 관료라는 위상을 지닌 것을 의미한다. 또한 충렬왕은 태자 시절 세조 쿠빌라이의 친딸인 쿠투루칼리미쉬(제국대장공주)와 혼인하여 황제의 부마가 되고, 원종 사후 권좌에 오르면서 국왕이면서 동시에 황제의 부마가 되었다. 몽골제국에서 통혼은 정치세력 간의 불안정한 제휴관계를 보다 끈끈한 가족관계로 전환시킴으로써 둘 이상의 집단을 장기적으로 일체화시키는 기능을 하였다. 특히 정치 집단의 수장 간 통혼에서 그런 의미는 더욱 강해진다. 따라서 태자 왕심王諶(=충렬왕)과 황녀 쿠투루칼리미쉬의 혼인은 일회성으로 끝나는 것이 아니라 고려 왕실과 몽골(원) 황실이라는 양 정치 집단 간에 강한 결속관계가 성립됨을 의미하였다. 충렬왕 이래로 고려국왕은 몽골(원) 황실의 부마라는 위상을 지니게 된 것이다.

원간섭기 들어 전환된 국왕 위상은 공민왕 5년(1356)의 반원개혁 이후로도 존속하였다. 국내적으로도 황제의 신하이면서 자신의 영토와 신민을 보유한 군주, 정동행성 승상, 황실의 부마라고 하는 위상이 지속된 것이다. 그렇기는 하나 국왕의 위상을 뒷받침해 주었던 세력적인 측면에서 원간섭기의 양상, 즉 국내에서조차 최고통치권자로서 황제(천자)의 위상이 구현되었을 정도로—비록 제도적·일관적이지는 않더라도—몽골(원)의 지배권이 고려 내에 행사되기도 하면서 국왕의 통치권을 제약하기도 한 면모는 공민왕 5년 이후 약화·소멸되어 갔다.

그러다 원·명 혁명과 이와 맞물린 명에 대한 사대는 정동행성의 승상과 몽골(원) 황실의 부마라는 위상을 의미 없게 만들었다. 이로 인해 명과의 관계에서 고려국왕은 대내외적으로 황제(천자)의 신하이면서 자신의 영토와 신민을 보유한 군주의 위상만을 지니게 되었다. 당시 국내에 관철된 신하의 위상은 예(의례)를 통해서 구현되었다. 고려국왕은 국내에서조차 황제의 신하라는 위상을 지니고 있었는데, 예(의례) 차원에서 황제 신하라는 위상의 구현은 독자적 군주로서의 통치권 발휘와 기본적으로 상충하지 않고 차원을 달리한 채 공존하였다.

| 최종석 |

참고문헌

김순자, 『韓國 中世 韓中關係史』, 혜안, 2007.
김호동, 『몽골 제국과 고려-쿠빌라이 정권의 탄생과 고려의 정치적 위상-』, 서울대출판부, 2007.
이명미, 『13~14세기 고려 몽골 관계 연구-정동행성승상 부마 고려국왕, 그 복합적 위상에 대한 탐구-』, 혜안, 2016.
이익주, 『高麗·元關係의 構造와 高麗後期 政治體制』, 서울대 박사학위논문, 1996.
張東翼, 『高麗後期外交史硏究』, 일조각, 1994.
檀上寬, 『天下と天朝の中國史』, 岩波新書, 2016.

金基德, 「高麗의 諸王制와 皇帝國體制」 『國史館論叢』 78, 1997.
盧明鎬, 「東明王篇과 李奎報의 多元的 天下觀」 『震檀學報』 93, 1997.
盧明鎬, 「高麗時代의 多元的 天下觀과 海東天子」 『韓國史硏究』 105, 1999.
박재우, 「고려 君主의 국제적 위상」 『韓國史學報』 20, 2005.
박종기, 「고려 다원사회의 형성과 기원」 『한국중세사연구』 36, 2013.
李成珪, 「中華帝國의 팽창과 축소-이념과 실제-」 『歷史學報』 186, 2005.
채웅석, 「고려전기의 다원적 국제관계와 문화인식」 『한국중세사연구』 50, 2017.
최종석, 「고려시대 朝賀儀 의례 구조의 변동과 국가 위상」 『韓國文化』 51, 2010.
崔鍾奭, 「베트남 外王內帝 체제와의 비교를 통해 본 고려 전기 이중 체제의 양상」 『震檀學報』 125, 2015.

5장

사상과 신앙

1. 불교와 불교의례
2. 유학과 유교의례
3. 도교와 전통신앙
보론 6 대장경의 조성

1. 불교와 불교의례

1) 불교와 고려사회

고려사회 성격의 한 측면을 이해하기 위해서는 당시 사상의 주류인 불교를 통해서 살필 필요가 있다. 불교는 적어도 6세기 신라시기부터 14세기 고려말까지 한국사상사의 주류이다. 더구나 신앙성이 지배층만 아닌 전체 구성원의 세계관, 가치관 형성에 영향을 미쳐 생활문화 전반에 신성성과 상징성이 반영된다. 이러한 양상을 종합적 측면에서 개관하면 고려시대사의 이해를 심화할 수 있다.

학계에서는 고려사회의 불교적 성격론을 제기한다. 교속사회론, 불교와 융합된 사회구조론, 유교 관료체제와 불교 교단체제의 병립론, 교권적 지배가 함께하는 사회론 등으로 고려사회 성격을 표명한다. 고려사회의 성격이 불교의 영향을 지대하게 받았음을 인정한다.

고려시대 불교를 통한 사회성격의 이해에 큰 장벽은 사서史書에 체계적 정리가 없다는 것이다. 기본적인 사실도 모두 단편적 금석문과 고문서, 문집 자료에 근거할 수밖에 없다. 그렇지만 역사성을 드러내는 데는 오히려 좋은 점도 있다. 고승의 생애와 사상을 통해 고려사회의 불교적 기반을 이해할 수 있다. 고려시대 『해동고승전』은 신라초기 승 부분만 전한다. 『조당집』 역시 신라말 고려초 일부 선승만 소개한다. 고려시대 고승들의 생애와 활동에 대해서는 국사·왕사를 역임하거나 추봉된 당대에 세워진 고승비 60여 기가 일차 자료가 된다.

신라시기가 학파불교론인 데 비해 고려는 건국하면서 신라불교와의 차별점을 드러내는 종파불교론이 제기된다. 종파는 불교의 교학, 경제적 기반, 세속과의 관계 등 다양한 측면과 성격의 흐름을 설명할 수 있는 단위로서 불교사회사를 이해하는 데 중요하다. 학파불교는 교단의 개방성이 전제되고 나아가 자율성도 있다. 많은 불교경전이 유입되면서 다양한 주석과 정리가 성행한다. 종파불교는 교의적 특성과 함께 인맥, 소속사원 등이 폐쇄성과 행정적 규제의 정점인 국왕권에 종속된다. 곧 승정僧政이 적용되는 것이 종파불교이다. 종파불교의 기점을 통일신라기로 올려보려는 견해와 고려시대에야 비롯한다는 견해가 나와 있다. 승정의 기반으로서 계단도승戒壇度僧, 승과, 승록사, 국사·왕사제도 등이 모두 고려시대에 와서 성립된 점을 강조하는 종파불교론과 그보다 교의와 신앙을 바탕으로 자연스럽게 인맥과 사원소속이 형성되는 점을 들어 통일신라기로 소급되어야 한다는 논의가 있다. 하지만 고려시대 종파불교론은 다수가 인정한다.

신라시기와 또 다른 점은 국가불교의례의 성립이다. 의례는 정기성을 바탕으로 국왕을 정점에 두고 국가사회의 집단을 유지·결속하는 종교의 기능을 가장 잘 반영한다. 국가불교의례는 국가유교의례와 대비된다. 조선초 오례五禮 중심의 인식을 가진 유학자들은 『고려사』 예지에 연등회와 팔관회만 가례嘉禮 잡의雜儀에 소개하여 국가불교의례에 대한 이해와 정리를 하지 못하였다. 그러나 『고려사』에 반영된 오례의 기록을 정확한 것으로 보는 관점에서는 연등회, 팔관회 등은 길례吉禮 대사大祀의 보조의례이며 국왕의 정신적 위안 및 왕실의 기복 수단으로서 기능한 것으로 해석한다. 하지만 『고려사』 기록의 비판적 검토와 더불어 세가편에 법제화를 의미하는 '항식恒式', '상례常例', '국제國制' 등의 표현으로 볼 때 국왕이 친행하는 여러 불교의례의 정기화·법제화가 확인된다.

종단의 지배세력과의 밀착에 따른 체제화에 대해 세속 지식인과의 연대를 바탕으로 하는 거사불교론과 자체 정화운동인 결사운동론이 제기된다. 거사불교의 경우 세속 지식인이 출가승 못지않은 수행자임을 자임하는 의미에서 시작하여 결사운동의 배경이 되기도 한다. 고려중기를 기점으로 각 종단에서 '모모사某某社'로 표현되는 결사체가 나타나고 결사문이 전해지기도 한다. 결사운동은 불교본연의 정신으로 돌아가자는 것으로 개경보다는 지방사회에 명산을 근거로 하는 동지적 모임에서 출발하였으나 무신정권기부터 정치권의 대거 참여와 지원으로 변질되기 시작하여 원간섭기에는 혁신성이 약화되었다. 배불론이 전개되자 사상적으로 유불일치론 혹은 삼교일치론 등으로 맞서는 한편 교단자정론이 제기되었다.

여기서는 종파불교론에 따라 승려 인사 곧 승정의 근거로서 여러 불교의 제도적 기반을 정리한다. 사원의 유형과 기능 및 경제기반, 승려의 형성, 승직과 주지직의 인사, 국사·왕사제도 등을 살펴 교권적 지배체계의 형성을 이해한다. 이와 같은 교단 성립을 토대로 국가불교의례와 개별 집단 혹은 개인적 의례를 살펴 고려불교의 사회적 기능을 파악한다. 마지막으로 거대 종단을 중심으로 문벌기, 무신정권기, 원간섭기, 고려말 변혁의 시기 등에 주도 종단의 성격과 사회적 역할, 혁신운동 등을 정리하여 불교 사상의 흐름을 알아본다.

2) 불교의 제도적 기반

사원의 유형과 분포

사원은 불교 교단의 거점으로서 왕실의 조상숭배와 국가불교의례의 장소, 그리고 승려들의 수행과 신자들의 발원을 대행하는 기본적인 역할 외에도 은행, 제사, 진휼, 시장 등의 다양한 사회 기간 시설로도 기능하였다. 고려에서는 기본적으로 국가 기관으로서 성격을 지녀 사원전이 분급되고, 사원과 신자의 발원을 매개로 한 불사에 개인 시주 등으로 유동 경제 기반의 역할도 컸다.

개경에서 사원은 수도의 면모를 보이고 국가적 불교의식을 시행하며,

그리고 각 종파의 고승을 초청하여 머물게 하고 설법과 불교의식을 행하는 장소가 된다. 개경 사원은 궁궐내의 내원당과 산릉과 관련된 진전사원인 왕실원당王室願堂이 역대 왕에 의해 만들어짐으로써 증가하고, 중앙지배층의 원당도 개경 주변에 건립되었다. 지방사원은 고려초부터 조사에 착수하여 삼국시대 이래의 사원을 거의 추인한 것으로 추정된다. 각 읍기의 중심부에도 자복사가 성립하였다.

고려시대 전체 사원의 수적 추산은 조선초의 기사로 역산해 볼 수 있다. 태종대 242개 사원이 공인사원이었다. 세종 원년(1419)의 기사에는 사원과 사원전 수가 각각 1/10 수준으로 남았다. 태종 때 정리된 242개 사원을 역산하면 2,420개 정도이고, 사원전은 10만 결 규모로 추산된다. 고려시대 재정규모 중에서 사원이 차지한 국가 재정은 1/6을 점하였다. 국가에서 분급한 사원전은 개경 대사찰의 경우 1,000결 정도이고, 지방 중요 사원의 경우 500결 남짓이 대개 지급되었다. 이 이하의 소규모 사원에도 다소의 사원전을 분급하였다.

사원공인寺院公認의 사상적 배경은 비보사탑설裨補寺塔說에 둔다. 비보사사裨補寺社는 고려왕조 초기에 전국의 지방세력에 토성土姓의 분정과 재지 경제적 기반을 왕실이 추인하면서 점차 과거나 전시과 등으로 중앙의 통제권 속에 흡수해가던 과정과 짝하여 이루어졌다. 사원을 파악하는 문적인 비보지적裨補之籍이 갖추어지고 이것이 사원전 분급의 근거가 되었다.

개경 각 종단의 중심사원과 국가불교의례를 담당하는 사원이 성립된 것과 동시에 고려초 읍기의 정비와 함께 치소 가까이 사원이 정돈된다. 태종 6년 3월 선교각종합류사사禪敎各宗合流寺社를 정할 때 '新舊都各寺, 各道界首官, 各官邑內資福, 邑外各寺'라 하여 각관 즉 각 행정단위의 읍안 치소 가까이에 읍의 복을 빔과 관련된 자복사가 위치하였다.

자복사는 조선초에 지정된 것이고 고려시대에는 존재하지 않은 것으로 보는 견해도 있다. 하지만 위의 사료가 그 존재를 고려시대로 소급해서 해석할 수 있고, 각종 유적과 유물 자료에서 입증되는 면도 있어 자복사가 보통명사로서 읍치를 구성하는 사원을 총칭하는 것으로 이해된다.

승정僧政과 국사·왕사

종파불교의 운용은 승단의 형성과 통제이다. 승단 형성은 출가와 승과를 통해서이며, 그 통제는 승계와 승록사, 주지 등 승직의 인사인 승정을 통해서이다.

왕자의 출가 동기는 대체로 국가 복전福田이라는 공덕사상과 왕실 불교 기반의 확보 및 국왕과 천비 사이의 소생을 출가시켜 왕위계승의 혼란을 방지하는 것이다. 관인층은 대체로 한 명의 자식을 출가시키는 것이 관행이었다. 승과僧科 급제를 목표로 하거나 여의치 않으면 환속하기도 하고, 그 반대로 과거급제가 불분명할 경우 승과로 전환하기도 하였다. 성속 두 방면에서의 기반 확보와 관련된다.

국역층의 경우는 관인층 이상과는 달리 출가규제가 많다. 충숙왕 때는 등단 수계제인 승단의 자율 규제에다가 도첩度牒을 받아 출가하게 하였다. 공민왕대 이후는 승려가 인구의 반에 이를 정도로 국역 이탈자가 증가함에 따라 출가 규제가 급격히 강화되었다.

사원은 승록사僧錄司와 주지의 파견을 통해 통제되었다. 승록사 요원의 선발과 주지로의 파견에 따른 고급 승려의 선발 방식은 광종대에 시행한 승과이다. 승과에는 예비고시와 최종고시가 있다. 대개 교종과 선종으로 대별되어 교종선의 실시는 왕륜사에서, 선종선은 광명사에서 하였다. 응시자의 신분은 대부분 품관자제이며 대략 과거의 제술업 응시신분과 같았다. 합격자에게는 법계法階를 주는데 고위의 승관이나 사원의 주지로 취임할 수 있는 자격이다. 선종(조계종, 천태종)의 승계는 대덕大德─대사大師 ─중대사重大師─삼중대사三重大師─선사禪師─대선사大禪師의 순서였고, 교종(화엄종, 법상종)의 승계는 대덕-대사-중대사-삼중대사-수좌首座-승통僧統의 순서였다.

승려들에 대한 인사 곧 승정은 법계의 부여와 승진 그리고 승록사 직원과 주지 임명을 말한다. 법계의 부여는 승비僧批라고 하는데 거기에는 추천과 심의, 국왕의 비준 그리고 문서를 작성하기까지 절차화 된 제도가 있었다. 삼중대사 이상은 관고官誥를 주어 국왕의 제가에 의한 배수이고 그 이하는 제수라 하여 상서성에서 직접 처리하였다. 삼중대사 이상은 일반 관계의 대부大夫, 중대사 이하는 낭郎에 해당된다. 이 승진을 고과한 관청은 승록사인 것으로 생각된다. 자격이 있다고 하여 모두 승진되는 것은 아니고 해당 종파의 공론에 의한 동의를 받아야 하였다. 추천을 받은 고승은 서경署經을 거쳐야 하였다. 승계(법계)의 승진은 일반관료의 승진과 크게 다른 바가 없었다.

주지의 임명과 전보를 보면 고려초 대략 성종대부터 왕명에 의한 것으로 정착하였다. 모든 사원은 기본적으로 국왕의 명에 의해 파견되는 주지가 부임하여 관리하였다. 예외적으로 종단 특정 고승의 제자들이 주지하는 부동사원不動寺院, 법손사원法孫寺院이 인정되기도 하고 관인의 원당에 사내의 승려가 돌아가며 주지하는 것을 승인하는 경우도 있었다. 전기에 국왕이 행사한 주지임명권은 후기에는 충선왕대 정오丁午, 충숙왕대 미수彌授, 공민왕대 보우普愚, 신돈辛旽이 전관한 예를 찾아볼 수 있으며 그로 인해 불교 종단간의 갈등이 심화되었다.

불교계가 세속적인 관료체계에 의해 통제됨에 따라 불교의 초세속적인 권위를 인정하는 제도가 따로 마련되는데 국사·왕사제도였다. 국사제도는 신라 때부터 있었으나 고려도 계승하였다. 신라통일기에 보이던 국통國統은 고승을 주지로 임명할 것을 소청하거나 탑비를 세우는 데 조력하는 등 승관의 최고위일 뿐 국사와는 다르다. 고려에 들어와서 국통의 존재는 사라지고 국사와 더불어 왕사제도가 확립되었다.

왕사는 고려 태조대부터 있었지만 그 전형을 보인 것은 광종 이후다. 왕사는 왕의 스승이고 국사는 나라의 스승이라 하고, 불교계의 덕이 높은 자를 왕사로 삼고 더더욱 덕이 위대한 자는 국사로 삼는다고 한 것으로 보아 왕사 위에 국사가 존재하였다. 대개 국사·왕사는 종신직이었으나 고려후기에는 다음 왕이 즉위할 때마다 새로이 임명되었다. 그만큼 예우적 의미를 넘어 정치권력과 밀착되었다. 고려시대에는 국사·왕사가 임명되지 않은 시기가 없을 정도로 제도적으로 엄밀하게 시행하였다. 국사와 왕사가 같은 종파에서 동시에 배출된 예가 없음을 보아 종단 간 안배의 성격이 강하였다. 또한 전후기 포함해서 4대 종단 이외에서 배출된 예도 찾아지지 않는다.

국사·왕사의 선정기준은 왕실의 권한에 크게 영향 받고 군신群臣의 의견을 받아들이고 종문宗門의 생각도 물었다. 선정이 되면 낭사의 서경을 거쳐 중신을 보내 책봉의 수락을 청하고 개경의 대찰 주로 봉은사에서 책봉례를 하였다. 이때 국왕이 국사·왕사에 구배九拜를 하여 제자의 예를 하였다. 세속의 국왕이 불교계를 대표하는 국사·왕사에 제자의 예를 올려 왕권이 그 권위 아래에 있음을 내외에 현시함으로써 국사·왕사제도가 교권과 왕권의 갈등을 해소하는 상징적 기능을 하였다. 그러나 고려전기의 상징적 기능에서 나아가, 고려후기에는 때로는 국사·왕사가 승정에 적극 개입하고 세속적 우대가 더해지는 등 실질적 역할이 강화되면서 종단간의 갈등을 심화시키는 역기능을 나타내기도 하였다.

3) 불교의례와 그 기능

국가불교의례

국가불교의례는 국왕권의 위엄을 정기적이고 반복적으로 상징을 통해 강조하는 이념적 지배 기제이다. 연간 세시풍속절과도 연결하여 시행되었다. 고려는 팔관회, 연등회, 왕실 기일재忌日齋, 국왕 축수도량祝壽道場, 무차대회無遮大會, 장경도량藏經道場, 경행經行, 백좌회百座會, 봉연헌란강법鳳輦軒欄講法 등은 정기 행사로 법제화하였다.

연등회 의례와 달리 팔관회의 의례에서 강조한 것은 지방관의 봉표조하奉表朝賀와 외국인조하 의식이다. 지방관의 봉표조하는 정종대부터 상례화되는데 지방에서 중앙으로 충성심을 수렴하는 의식이다. 외국인조하 역시 이때부터다. 금이 요를 멸망시키는 인종 3년(1125)까지 유지되었다. 고려의 국제적 위상을 과시하고 외국과의 다양한 관계를 강조하려는 다원적 천하관에 따른 의식이다. 국가의 대내외적 중심의식을 강조한 의례이다.

연등회는 국도國都와 향읍鄕邑에서 정월 보름날 행하나 성종대에 폐지하였다. 현종대 다시 시행하고 2월에 열었다. 의종 즉위시 2월이 인종의 기월忌月이므로 다시 정월 망일望日로 되돌아갔다. 관리급가가 3일간 있었다. 정종은 4년 2월 연등시 봉은사奉恩寺 태조진전太祖眞殿에 행향行香하는 것을 상례로 하였다. 태조에 대한 제사를 국가 중심의례로서 강조하였다. 태조진전 행향시 자포로 개복하고 행향 후 황포로 환복하는 점을 볼 때 국왕권이 태조로부터 갱신更新되었다는 의미로 해석하는 견해가 있다.

고려는 신라이래 국가불교적 성격의 의례 중에서 팔관회, 연등회, 인왕회를 계승하고 무차대회, 경행, 윤경회, 국왕탄일 축수도량 등을 추가하였다. 신라와는 달리 매년 정기의례로 법제화하였다. 개경 경행의 지방판이라 할 수 있는 윤경회와 인왕회의 지방에서의 개최라 할 수 있는 주州·부府의 반승飯僧도 있었다. 국왕탄일을 절일로 하고 축수도량을 열어 계수관의 봉표조하를 받았다. 연등회는 정종대부터 봉은사 태조진전에 행향하는 불교의례를 통하여 종묘제사 기능으로도 확대되었다. 팔관회 역시 지방 계수관의 봉표조하는 물론 외국인조하 의례를 포함하고, 다원적 천하관에 입각한 자존적 의례화로 확대되었다.

진전사원眞殿寺院은 부왕과 모후의 불교식 왕가 조상숭배를 위한 고려의 왕실 원당이다. 현종대부터 인종대까지는 새로이 창건하여 지정하였다. 현종대의 현화사玄化寺, 문종의 흥왕사興王寺, 숙종대의 국청사國淸寺, 천수사天壽寺, 예종대의 안화사安和寺 등이 창건되었다.

불교의례의 법제화 배경은 정종대에서 문종대는 거란과의 전쟁 이후 그 관계가 화평하여 이를 유지시켜 백성을 쉬게 하자는 '계호식민론繼好息民論'의 대두였다. 점차 내치 위주의 문치주의를 열게 되었다.

조선초 유교적 국가의례가 강조되면서 고려시대의 불교의례는 국가의례로서의 위상을 잃었다. 고려시대 불교적 국가의례는 조선시대에는 국왕의 사적 기복祈福 행사로 규정되어 모두 폐지하였다.

생애의례와 불교, 신앙조직

불교가 국가, 사회적 제도 기반을 가지고 성행함에 따라 인생관에 깊은 영향을 미쳤다. 그러한 인생관은 생의 마디마다 나타나는 생애의례에 잘 반영된다. 출생, 결혼, 장송, 제례 등에 인생관이 극명하게 투영된다.

고려시대 묘지명 자료에는 자녀에 관한 기록 중 '무자無子'인 경우도 나오며, 자식이 모두 출가한 예도 더러 있다. 혈연적으로 자식을 꼭 보아야 한다는 의식이 강하지 않았다. 불교 윤회환생설輪廻還生說의 영향이다. 고려후기 권준權準 묘지명에 따르면, 그는 자신이 고려전기 문종에 세 딸을 들여 '해동갑족海東甲族'으로 불린 경원이씨 이자연의 후신일지도 모른다고 하였다. 중서령 창화 이공 묘지가 임진에 있고, 그 곁에 자효사가 있는데, 권준이 이를 수리하며 '내 전신前身이 창화공이 아닌 줄을 어찌 알겠소'라 하였다. 자식은 부모를 인연으로 하여 태어난 존재이며 반드시 부모의 후신後身이라는 의식은 없었다.

죽음에 대한 인식은 장법에 반영된다. 고려시대에는 화장火葬을 대부분 채택하였다. 주로 사원에서 종명하고, 거기에 빈소가 설치되며, 사원 주변에서 화장하여 2차로 묘소를 두었다. 이러한 관행은 관인층이 남긴 석관과 묘지명에서 대체적인 경향을 알 수 있다. 주로 화장을 함으로써 죽음과 함께 시신의 보존은 중시되지 않았다. 죽으면 시신과 영혼이 즉각 분리된다고 생각하였다. 이 관념은 불교의 윤회환생사상에서 말미 암는다.

사원에 기일보忌日寶를 설치하여 조상숭배를 하였다. 기일보는 사원에 서의 제례 형태인 기일재忌日齋를 위한 기금이다. 기일보의 대부분은 선망 先亡 부모를 위한 것이다. 기일보의 기금조달은 친족 공동출자였다. 제사 가 장자 위주로 상속되지 않고 가산은 자녀 균분상속이었다. 친족의 범위가 부계, 모계, 처계 등에서 비교적 균등하다.

불교 신도들은 수행을 통해 해탈과 열반을 목표로 자발적 헌신적 참여 조직을 만드는데 향도香徒로 나타났다. 향도의 존재에 대해서는 대체로 두 방향의 연구가 있다. 하나는 신앙공동체로 이해하는 것이고, 다른 하나는 지역공동체의 조직으로 해석한다.

전자는 향도가 나름대로 뚜렷한 목적을 지향하며 구성원들의 자발적인 참여에 의해 조직된 단체라는 논점이다. 향도의 궁극적인 목적은 어느 경우에나 불도의 수련을 통해 해탈 열반에 이르는 것이지만, 각 향도는 불상, 탑, 종 등 불교 상징조형물의 조성이라는 나름대로의 직접적인 목표도 가졌다. 이 경우에는 사업 추진을 위한 재원의 공동마련이 핵심 내용이다. 사찰에서 주관하는 각종 사업 행사에의 헌신적인 참여와 지원, 그리고 장기적인 염불 계획의 수행 등으로 나타나기도 하였다. 후자는 신라 하대부터 각 지역별로 호부층을 중심으로 향도조직이 지역 사회 내부의 공동체적 유대를 강화시켜 고려시대에도 군현 또는 지역촌을 단위로 결성되어 그 기능을 수행하였다는 것이다.

4) 종단과 불교사상의 전개

고려전기 종단과 사상의 경향

불교사상의 전개는 종파宗派 혹은 종단宗團의 발전과 밀접한 관계가 있다. 고려시대 주된 종단은 초기 선종·화엄종·법상종의 3대 종단이 성립된 이후 중기 천태종이 추가되어 4대 종단이 되었다.

선종은 참선參禪을 통해 마음속에 내재된 불성을 깨닫는 것을 종지로 한다. 선승들은 처음 신라 중앙정부의 지원으로 정착하기 시작하나 신라 말 결별하고 지방세력과 결합하면서 여러 선문禪門을 형성하였다. 고려 태조는 지방세력과 결합된 유력한 고승들과 관계를 맺어 개경 주위의 산문으로 초청하거나 사후 탑비를 세워 그 문도까지 회유하였다. 이로써 통일에 대한 주도권과 정당성을 얻으려 하였다.

그러나 광종대에는 왕권 강화와 함께 화엄종이 크게 부각되었다. 재위 14년(963) 귀법사를 창건, 균여均如를 주지로 삼았다. 균여는 후삼국기에 분립된 해인사 화엄종의 남악파와 북악파를 통합, 화엄사상 안에 법상종을 융화한 성상융회性相融會 사상을 표방하였다. 군소 토호를 융합하는 이념으로 전제왕권 강화에 유리한 사상이라 해석되기도 하나, 화엄학이 정치사상과는 무관하다는 견해도 있다.

한편 광종은 선종도 배려하여 법안종法眼宗을 후원하였다. 재위 22년 (971)에 고달원·희양원·도봉원 등을 부동사원으로 지정하고, 지곡사·구산사·거돈사 등도 법안종의 중요사원이 되었다. 법안종은 교선일치敎禪一致를 주장한다. 이 시기 대립의 극복과 융회를 지향한다는 점에서 광종대의 정치이념과 상응한다.

현종대에는 법상종단이 크게 부상하였다. 현종대 현화사의 창건과 왕실의 후원으로 문종대 전반까지 다른 종파보다 앞섰다. 법상종단이 현종의 즉위를 도왔기 때문이다. 현화사에는 1,000명이 넘는 법상종 승려가 모였다. 개경에서 확실한 법상종 교단 기반이 마련되었다. 법상종 승려로 국사에 올랐던 인물은 법경法鏡·정현鼎賢·해린海麟이 있는데 모두 향리층 출신이었다.

문종대에는 화엄종단이 왕실의 지원을 받아 부상하였다. 문종대 창건된 흥왕사興王寺는 현종대 현화사와 비슷한 규모의 대찰이었다. 또한 문종의 넷째 아들 의천義天이 출가하고, 이후 숙종의 아들 징엄澄儼, 인종의 아들 충희冲曦 등이 계속하여 화엄종단에 출가하는 등 왕실의 지원이 컸다. 영통사를 중심으로 전개되는 화엄종은 대찰 흥왕사를 본거로 하여 현화사를 중심한 법상종단과 양립하였다.

법상종과 화엄종의 양립은 법상종 소현韶顯의 활약과 화엄종 의천의 활동으로 그 절정을 이루었다. 소현은 이자연의 다섯째 아들로서 해린의 문하에 출가하였다. 현화사에서 활동하다가 금산사에 주지할 때 광교원廣敎院을 짓고 1083년부터 입적할 때까지 규기의 유식학 관련 저술 32부 353권을 교정하고 조판·간행하여 유통시켰다. 뒤에 의천의 부탁을 받아 『아미타경』과 관련되는 서적 13부 20권도 출판하였다. 1089년 선종은 그의 건의를 받아들여 법상종 모든 사찰의 총괄기관인 선리관繕理官을 현화사에 두는 것을 허락하여 숙종 원년(1096)에 낙성하였다. 또한 석가여래와 현장玄奘, 규기窺基와 해동육조海東六祖의 상을 그려 현화사에 안치하였다.

화엄종의 의천은 1084년 흥왕사 주지가 되었다. 1085년 2월에서 1086년 5월까지 송의 고승을 방문하고 제종의 장소를 모아 교장의 간행을 위한 기초 작업을 하였다. 1091년 흥왕사에 교장사敎藏司를 두고 교장 출판을 하였다. 또한 소현이 현화사에 해동육조상을 봉안한 데 대하여 흥원사에 구조당九祖堂을 설치하였다.

의천은 균여계통의 화엄학을 배척하고 송대 화엄을 수용하였다. 그는 경전을 체계적으로 이론화한 여러 경론들은 각각 필수불가결한 존재이므로 단계적인 겸학兼學이 필요하다고 보았다. 법상종의 유식학을 우상祐詳에게서 배웠다. 1097년 국청사國淸寺가 완공되자 초대 주지로 주석하면서 천태학을 강조하였다. 천태학의 회삼귀일會三歸一 사상은 불교계를 통합하는 중요한 사상적 근거가 되었다.

1101년 천태종 승과가 실시되고 중심사원이 마련되어 천태종이 성립되었다. 의천의 제자 익종翼宗 계열과 고려초 법안종 계열의 오문五門 사찰이 천태종의 중심을 이루었다. 이로써 법상종은 약화되었다. 또한 천태종이 성립되면서 선종 계통의 와해를 가져와 선종의 6, 7할이 천태종에 흡수되었다는 표현은 당시의 상황을 전한다. 화엄종 내부에서조차 균여 이래의 화엄종과 다른 계통의 화엄종의 분파가 있었다.

법상종 내에서는 이자겸의 아들 의장義莊과 덕겸德謙의 대립, 화엄종단 내에서는 이자의李資義의 난 때 흥왕사의 지소智炤와 의천의 갈등 그리고 이자겸의 난 때도 징엄이 흥왕사를 떠나 있던 것 등 정치세력에 교단이 휩쓸리면서 양 종단에도 분파가 나타났다. 선종도 천태종으로 소속되어 간 분파와 학일學一·탄연坦然에 의해 존속된 분파로 갈라졌다. 불교교단과 문벌가문의 연계 및 불교계의 정치현실에 대한 간여, 그에 따른 승려의 세속적 가치 추구를 반영한다. 따라서 이에 대한 반발로서 선종이 새롭게 일어나는 계기를 가져와, 거사居士 불교의 유행, 그리고 결사운동結社運動이 생겨났다.

한편 선종은 담진曇眞·학일·탄연·지인之印에 의해 다시 부각되었다. 담진은 예종대에 활약하고, 이자현李資玄과도 교유하였다. 탄연은 인종대 왕사에 올랐다. 학일은 천태종 합류를 거부하고 선종의 부흥에 힘쓰고 예종 말년에 왕사에 임명되었다.

문벌 관인들은 거사임을 표방하며 선에 탐닉하였다. 이자현·이오李顥·이의李顗·윤언이尹彦頤 등이 그러한 경향을 보였다. 거사들의 선에 대한 관심은 수선사 계통의 선종이 부각될 수 있는 토대를 제공하였다.

결사운동의 하나로 법상종 진억津億의 수정사水精社를 들 수 있다. 진억은 인종대에 지리산 오대사 옛터에 여러 사람의 도움으로 86간의 건물을 완성, 수정사라 하였다. 입사자는 고승과 일반신도에 이르기까지 3,000명이나 되었다. 그는 법상종의 수행방법에 대한 불만과 당시 정치계와 교단내의 사정에 대한 반성으로 이 운동을 일으켰다. 이후 수선사, 백련사 결사운동을 촉발시켰다.

고려후기 종단과 사상의 전개

무신정권하에서는 선종이 흥기하고 신앙결사활동이 활발하였다. 특히 기존 불교계에 대한 자각·반성운동으로 전개된 신앙결사가 다양하게 전개되었다. 대표적인 것은 지눌知訥(1158~1210)이 개창하여 뒤에 수선사修禪社로 사액된 정혜사定慧社와 요세了世(1163~1245)의 백련사白蓮社이다.

조계종(선종)을 대표하는 수선사는 명종 12년(1182) 개경 보제사에서 개최한 담선법회에 지눌이 참석, 당시 불교계의 타락상을 목도하고 불교 본연의 수행을 목표로 동지 10여 명과 산림에 은거하여 결사를 맺으면서 시작되었다. 명종 20년(1190) 팔공산 거조사에서 『정혜결사문』을 발표, 정혜결사를 표방하였다. 신종 3년(1200)에 송광산 길상사로 그 근거지를 옮겼다. 신종 7년(1204)에는 최씨정권의 관심을 받아 수선사로 사액되었다. 고종 6년(1219) 최우정권 때에 불교교단의 중심으로 부상하였다. 수선 사는 초기에는 지방사회의 향리층과 일반민들의 지원을 받다가 점차 독서인층의 지지를 얻었다. 최우정권은 권력의 안정을 위해 수선사를 활용, 광범한 지지기반을 확보하고자 이를 적극 지원하였다. 수선사는 점차 사원의 규모가 확대되어 불교교단을 주도하였다. 1240년대부터 1350년대까지 100여 년간 입적한 선종출신의 국사·왕사는 일연一然과 혼구混丘를 제외하고는 모두 수선사 인맥을 계승하였다. 이른바 조계산 16국사이다.

지눌의 불교사상은 정혜쌍수定慧雙修와 돈오점수頓悟漸修로 일관된 선법이며 이를 이루기 위해서는 성적등지문惺寂等持門, 원돈신해문圓頓信解門, 경절문徑截門에 차례로 입각해야 하는데 경절문이 궁극적이다. 이는 조사의 화두를 참구할 것을 중요시 여기는 이른바 간화선看話禪을 강조한다. 지눌은 중국에 유학하지 않고 수입된 각종 불전을 통해 선에 대해 깊이 이해함으로써 그는 면수面授의 화두 공부라기보다 문자선文字禪으로 보아야 한다는 논의도 있다. 지눌을 계승한 혜심慧諶은 공덕과 정토신앙에도 상당한 관심을 가졌다.

천태종 백련사는 요세에 의해 개창된 신앙결사였다. 요세 역시 개경 불교계의 분위기에 크게 실망, 신종 1년(1198) 동지들과 유력하다가 영동산 장연사에서 백련결사를 열었다. 고종 3년(1216) 전남 강진 토호세력의 지원에 따라 그곳 만덕산으로 주거를 옮겨 본격적으로 백련결사를 결성하였다. 1220년대에는 주로 인근 지역 지방관의 배려에 의해 유지되었다. 1230~1240년대에는 최우를 중심으로 중앙관직자 문신관료층이 지원과 관심을 가졌다. 요세 이후 천인, 원완, 천책 등 8국사가 백련사를 계승하였다.

요세는 천태교관을 이루기 위해 실천행을 강조하였다. 그 방향을 수참修懺과 미타정토로 인식하고, 그 근거를 『법화경』에 바탕한 천태 지자智者의 『천태지관』·『법화삼매참의』와 지례知禮의 『관무량수경초』에서 찾았다. 참회와 미타정토를 강조한 요세의 사상은 지눌의 선사상과는 달리 피지배층에 더 호소력이 있었다.

무신정권 초기 화엄종과 법상종의 반발을 무력으로 제압하던 단계에서 최우정권은 수선사를 중심으로, 의천계가 퇴조하고 균여 직계손 계통들이 장악한 화엄종과 지념업持念業, 해동종, 소승종 등의 소수 종파를 지원하였다. 이들을 불교계의 주축으로 하고 대몽항전기에는 백련사를 적극 지원하였다.

이러한 양상은 무신정권이 무너지고 원간섭기로 접어들면서 새롭게 변화하였다. 일연에 의해 부각된 가지산문, 백련사를 계승한 묘련사妙蓮社 계통의 천태종, 혜영惠永·미수·해원海圓이 거의 비슷한 시기에 살면서 활동한 법상종이 주된 종단으로 세를 높였다. 화엄종은 체원體元에서만 그 존재를 확인할 수 있을 정도로 침체하였다.

일연(1206~1289)은 원종 2년(1261) 원종에 의해 강화도 선월사에 초청되어 수선사 계승자로 자처하였다. 당시 정치세력의 도움을 받아 경상도 지역의 사원에 주석하면서 가지산문의 재건에 힘썼다. 충렬왕 9년(1283) 국존이 된 이후 인각사麟角寺를 하산소下山所로 하여 구산문도회를 개최하였다. 그는 선종뿐만 아니라 전체 불교계의 교권을 장악하였다. 가지산문에서 보우, 혜근 등이 출현할 정도로 고려말까지 중심세력의 하나로 존속하였다.

몽산덕이蒙山德異는 중국승으로 삼교일치론三敎一致論을 강조하여 고려에 영향을 끼쳐 저술이 주로 고려에 남아 있다. 지공指空은 인도에서 출생하였다. 원을 거쳐 고려에 유력, 인도 불교의 전통을 이은 무생계無生戒를 강조하며 고려승에 영향을 미쳤다.

보우는 국내 간화선 전통을 이었다. 남중국 임제종의 간화선을 계승 발전시켰다. 교단의 정화를 위해 선원청규禪苑淸規의 도입을 주장하였다. 혜근은 지공과 평산처럼으로 대표되는 임제종의 영향을 다 받았지만, 지공의 계승자로서 행적이 더 뚜렷하다. 무심선과 무생계를 바탕으로 하는 지공 인도 불교의 직접적 계승자가 되었다. 그러나 당시 불교계의 모순을 극복하는 데는 이르지 못하였다.

충렬왕은 천태법화사상에 관심을 가졌다. 왕실 원당으로 묘련사를 창건, 백련사의 주법 원혜圓慧를 주지로 삼았다. 이어 정오가 주지하면서 천태종의 세력은 크게 확장되어 보수적 성격을 띠었다. 따라서 일반대중을 기반으로 둔 백련사의 신앙운동과 그 사원은 위축되었다. 1336년

부원세력 조인규의 넷째 아들인 의선義旋이 원에서 귀국하여 만의사, 영원사 등으로 그 세력을 확장하자 천태종은 부원세력화하였다. 그러나 백련사 초기의 대중불교적 특성을 계승하면서 정토신앙을 강조한 무기無 畸와 같은 인물도 있었다.

법상종은 혜영·미수가 비슷한 시기에 활약하여 국존에 올랐다. 이들보다 한 세대 뒤의 해원은 원에서 주로 활약하였다. 법상종단이 부각되는데는 사경승의 활동이 중요한 역할을 하였다. 혜영의 비문에 그는 팔조八祖의 적사로 명기되어 있다. 고려전기의 해동육조의 뒤를 이어 고려후기에까지 전기 법상종의 계승의식이 유지되었다.

화엄종은 균여계에 속하는 체원이 14세기 전반 해인사·동천사 등을 중심으로 경주지방의 토호들과 유대를 가지면서 『공덕경소』 등을 간행하였다. 보현행원의 입장에서 관음신앙을 통한 현실구원과 실천을 강조하였다.

불교계 보수적 경향의 세력에 대항하여 반성을 촉구한 무기, 체원 등의 운동이 사회적 지지세력을 얻지 못한 것은 실천신앙적인 기능만을 강조한 결과이다. 그리고 불교교단의 사회경제적 부패를 지적하면서 시작된 배불론에 유불일치론과 같은 소극적 대응으로 일관하였다. 고려후기의 불교계는 무신집권, 몽골침략으로 피해가 커서 이를 복구하는 과정에서 파행적인 정치의존성이 확대되었다. 사원의 소속분쟁이 심각해지고, 승정에 국사·왕사가 개입하였다. 종단 간에 교리 논쟁보다는 재산을 두고 분쟁하는 양상이 전개되어 불교계의 경제적 집중화·타락화를 촉진하였다. 불교계가 지탄의 대상이 되었다. | 한기문 |

참고문헌

강호선, 『高麗末 懶翁慧勤 硏究』, 서울대 박사학위논문, 2011.

金杜珍, 『均如華嚴思想硏究-性相融會思想-』, 일조각, 1983.

김종명, 『한국 중세의 불교의례-사상적 배경과 역사적 의미-』, 문학과 지성사, 2001.

박용진, 『義天 그의 생애와 사상』, 혜안, 2011.

박윤진, 『高麗時代 王師·國師 硏究』, 경인문화사, 2006.

안지원, 『고려의 불교의례와 문화-연등·팔관회와 제석도량을 중심으로-』, 서울대출판부, 2005.

李炳熙, 『고려후기 사원경제 연구』, 경인문화사, 2008.

조명제, 『선문염송집 연구-12~13세기 고려의 공안선과 송의 禪籍-』, 경진출판, 2015.

蔡尙植, 『高麗後期佛敎史硏究』, 일조각, 1991.

최병헌 외, 『한국불교사 연구 입문(상)』, 지식산업사, 2013.

최연식, 『均如 華嚴思想硏究-敎判論을 중심으로-』, 서울대 박사학위논문, 1999.

韓基汶, 『高麗寺院의 構造와 機能』, 민족사, 1998.

許興植, 『高麗佛敎史硏究』, 일조각, 1986.

許興植, 『韓國中世佛敎史硏究』, 일조각, 1994.

남동신, 「고려 전기 금석문과 法相宗」 『佛敎硏究』 30, 2009.

崔炳憲, 「高麗時代 華嚴學의 變遷-均如派와 義天派의 對立을 중심으로-」 『韓國史硏究』 30, 1980.

채웅석, 「고려시대 향도의 사회적 성격과 변화」 『국사관논총』 2, 1989.

韓基汶, 「고려시대 州縣 資福寺와 香徒의 역할」 『東國史學』 59, 2015.

2. 유학과 유교의례

1) 고려전기 정치이념과 유교 이해의 확대

유교적 정치이념과 예제의 활용

고려는 유교의 정치사상을 활용하여 국가를 운영하고자 하였다. 유학이라는 용어는 학술 또는 교육의 의미에 초점을 맞추어 사용되고, 유교는 종교 또는 이념에 강조점을 두고 사용되는 것이지만, 고려시대에는 두 개념이 혼용되어 사용되었으므로 본고에서도 이를 구분하지 않고 쓰기로 한다는 점을 우선 밝혀둔다. 유교는 인륜을 바탕으로 하고 이를 현실의 인간관계, 사회관계 속에서 실현하고자 하는 이념의 체계로, 불교·도교·민간신앙 등에 비해 당시의 현실정치를 이끌어 가는 정치사상으로서 그 효용성이 높았다.

고려에서 유교사상을 적극 활용하였다는 사실은 유교 정치이론의 핵심인 천명론·민본론 그리고 군신 협력정치론이 활용된 것을 통해서 확인할 수 있다. 태조 왕건은 유교의 천명론에 입각하여 고려의 성립을 정당화하였다. 궁예의 폭정은 천지가 분노하고 신인神人이 공노할 만한 것이었으므로, 중국의 탕湯이나 무武처럼 고려를 세운 것으로 설명하였다. 이는 고려왕조는 천명을 받은 왕건이 천명에 부합하지 않는 궁예를 대신하여 세운 왕조로서, 그 정당성을 가진다는 것이다.

고려는 한나라 유학자인 동중서의 천인상관설(천인합일설)에 기반한 천견설天譴論을 받아들여 활용하였다. 군주는 정치와 도덕의 근원이고, 그의 일거일동은 천의天意와 감응하며, 정치는 자연현상 및 천재지변과 인과적 관계가 있다는 것이다. 이에 따라 자연재해는 천의가 반영된 것이므로 정치담당자들은 이를 파악하여 좋은 정치를 해야 할 의무를 지게 된다. 자연재해를 당한 고려의 왕과 지배층이 하늘의 뜻을 수용하여 좋은 정치를 하기 위해 노력하는 한편, 스스로의 잘못을 인정하고 근신수덕하면서 구언교·죄수 사면·조세 감면 등의 구체적인 조치를 속속 취한 것도 바로 그 때문이다.

고려는 천명론과 결합된 민본론에 따라 백성을 위한 정치를 추구하였다. 군주는 천을 대신해서 다스리도록 하늘로부터 명령을 받은 존재이고 하늘의 뜻은 백성의 마음을 통해 드러나므로, 백성을 위하는 정치를 하는 것이 군주가 부여받은 천명에 부응하는 것이 된다. 이에 따라 고려는 백성은 나라의 근본이고 백성은 먹는 것을 하늘로 삼으므로, 조세와 부역을 감면하고 권농 등의 조치를 취하여 농민이 생산력을 향상할 수 있도록 도모하는 정책들을 시행하였다. 이러한 민본정책이 내용적으로 한계가 있는 것이기는 하였지만 이전 시기와는 확연히 달라진 대민정책이라는 평가에 대해서는 이론의 여지가 없다.

고려는 왕조국가의 합리적인 운영을 위해 군주와 신하가 협력하는 정치를 지향하였다. 유학은 군주의 절대성을 인정하면서도 정치의 또다른 주체인 현명한 신하를 등용하고 그들의 식견을 존중해 공치共治해 나갈 것을 주장한다. 훈요에서 군주는 신하의 의견을 존중하고 충성스런 간언을 받아들이라 하였고, 최승로는 항상 공손하고 자기를 책망하는 마음을 견지하는 바람직한 군주상을 제시하였던 것이다.

고려는 유학의 예제를 활용하여 국가 사회를 운영하고자 하였다. 예는 하늘에 대한 제사를 통해 지상의 안녕을 기원하는 종교적 의식에서 기원한 것이기는 하지만, 점차 가족과 국가의 질서를 유지하는 준거로 그 의미가 확장되었고, 국가 질서라는 층위에 한정하면 『주례』에 이르러 길·흉·빈·군·가의 오례五禮로 구체화된다. 이후 오례는 동아시아 역대 왕조에서 국가질서를 유지하는 공통의 기준이 되었고, 고려의 경우도 예외가 아니었다. 그 점에서 예제는 고려의 지배질서뿐만 아니라 동아시아의 국제질서를 유지하는 기반으로서의 역할을 담당하고 있었다.

고려의 예제에 관한 자료인『고금상정례』와『고려사』예지는 오례를 활용하여 왕실례·국가례, 외교의례를 성문화함으로써 국제질서 속에서 고려 왕실의 권위를 세우고 국가의 위상을 확고히 하고자 마련된 것이다. 이러한 예제의 정비는 12세기 고려 체제의 안정과 이에 수반한 유학의 발전 때문이라고 할 수 있다.

고려는 왕실례와 국가례를 정비하고 시행하여 왕실의 권위와 명분을 세우고 국가의 운영을 유학적 체제에 맞추고자 시도하였다. 성종 2년(983) 송에서 종묘의 전범을 도입하여 태묘를 완공하고 성종 7년 오묘제를 정비하였다. 태묘는 역대 국왕을 모시는 사당으로, 천자는 7묘, 제후는 5묘를 모시도록 규정되어 있다. 현종대에 건립된 경령전은 고려 태조와 현 국왕의 직계 4대조까지의 진영을 봉안한 별묘로, 역대 국왕의 위패를 모신 태묘보다 중시되었다. 현왕現王이 선왕先王들을 생존하였을 때와 마찬가지로 섬기고자 하는 유교의 효치 이념을 구현하는 동시에 태조 숭배를 통해 왕통의 정당성을 확보하려 한 원묘原廟였는데, 국왕과 태자의 즉위나 기타 국가의 중대사, 예컨대 장수를 전선으로 파견하거나 왕비의 책봉, 태자의 탄생, 왕태자의 책봉 등을 고유告諭하기도 하였다.

국왕의 즉위의례는 전왕이 죽은 당일에 빈전이 아닌 중광전(강안전), 대관전에서 거행되었고 태묘보다는 경령전에 고하는 것이 일반적이었다. 국왕의 즉위는 전왕의 죽음에 수반되어 국상의례와 연결된다. 국상의례 는 전왕前王이 사망한 3일째 사왕嗣王이 상복을 입고 3년간 거상을 하는 것이 원칙이지만, 전왕이 유조를 내려 3년상 대신 27일 만에 상을 끝내도록 하는 것이 관례였다. 이는 조선시대 국왕이 죽으면 왕세자와 그 이하 신하가 당일 소복으로 갈아입고, 5일째 되는 날 빈전을 설치하며 6일째 되는 날 상복을 입으며, 그 다음에 즉위식을 거행한 것과는 차이가 있다. 국장의 장례기간과 관련하여 고려는 태조가 26일 뒤, 덕종은 27일 뒤,

문종은 죽은 지 23일 뒤 등으로 차이가 있었던 반면, 조선은 『예기』에 규정된 제후국의 예에 따라 5개월 뒤에 매장을 하였다고 한다.

고려의 국가례 가운데는 국왕이 외국 사신을 맞이하는 외교의례가 특히 주목된다. 『고려사』의 빈례賓禮 규정에 따르면, 거란의 사신을 맞이할 경우 고려국왕은 서면西面을 하고 거란의 사신은 남면南面을 하도록 되어 있다. 이 경우 고려국왕이 동쪽에 서서 서면한 이유가 무엇인지가 최근 논란이 되고 있다. 원래 황제의 방위는 북쪽에서 남쪽을 바라보는 것이 정례이기 때문이다. 북쪽에서 남쪽을 보고 통치를 한다는 의미에서 황위나 왕위를 남면이라고 칭하기도 한다. 고려국왕이 서면西面을 한 이유에 대해, 국왕이 신례臣禮의 면위인 북면을 피하기 위해 불가피하게 취한 것이라는 해석과 거란에서는 군주동면君主東面이 일상적이었기 때문에 고려국왕이 서면을 한 것은 거란 황제에 대해 신례로서 자처한 것이라는 주장이 대립하고 있다. 이렇게 설명하더라도 거란 사신이 남면을 한 것은 해명이 되지 않는다. 이른바 내제외왕內帝外王이라는 고려의 대외관에서 볼 때, 중국의 다양한 예제와 이에 대한 고려의 대응 양상과 그 의미를 구명하는 것은 매우 중요한 주제라고 판단된다.

효치와 왕실의 예치

고려는 유교 예제와 함께 예제의 구성 원리와 연관된 예론에 기초하여 국가 사회를 운영하고자 하였다. 고려는 혈연적 유대감에 기초한 가족윤리를 사회를 지탱하는 이념적 기반으로 삼았다. 유교에서 제시하는 가족윤리는 사람이 보편적으로 갖는 천성天性인 혈연적 유대감에 기초하여 마련된 것으로, 자식은 부모에 의해 출생한 존재라는 발생론적 입장에서 출발하여 동일한 조상에서 파생된 혈연적 집단 내부를 조율하는 규범이다. 효 관념은 부모와 자식이라는 사적인 관계에 기초해 발생한 윤리적 규범이었지만, 일종의 자연법적인 함의를 포섭하면서 통치원리로까지 확대되었다.

고려는 효를 기초로 한 효치주의를 내세웠고 효의 연장선상에서 충을 설명하였다. 이는 공적 국가질서를 지탱하는 충은 확대된 효로 해석되었고 효는 궁극적으로 정치사회적 관계를 조율하는 규범으로 기능하였음을 의미하는 것이다. 성종 9년의 교서에서 효는 만사의 기강이고 모든 선의 근본이라고 하였듯이, 효는 가족윤리의 핵심으로서 인간이 인간일 수 있는 기본적 덕목일 뿐 아니라, 국가 질서에 순응하는 공순한 인간을 창출하는, 이른바 충의 전제가 되는 덕목이기도 하였다. 개별 家에 대한 의무를 충실히 이행토록 권면하는 것은 개별 가의 상위 존재인 국가에 대한 충을 유도하는 효과적인 방법이 된다는 인식인 것이다.

고려는 효를 기반으로 군주를 정점으로 하는 국가의 공적질서를 확립하고자 하였다. 이에 따라 가족의 차원에서 효의 실행과 관련된 규정들이 예제나 법률로 성문화되었다. 관리급가官吏給暇와 백관기가百官忌暇, 그리고 부조父祖 생존시 정성定省, 간병 등을 위한 급가제가 정비되었고, 사후에 필요한 조상遭喪·기제忌祭·소분掃墳·개장改葬 등을 위한 휴가제도가 마련되었다. 또한 관리가 부모의 상사를 당하면 국가의 일을 중단하고 상애喪哀를 할 수 있도록 오복제도五服制度가 정비되었고, 부모를 위하여 살인하거나爲父殺시, 아버지를 구하기 위하여 살인하는 경우救父殺시는 가벼운 판결을 내리도록 하는 예외 조항을 마련하였다. 이처럼 국왕을 정점으로 하는 공적 지배질서의 토대에는 혈연적 유대감이라는 예제 구성의 원리가 자리하고 있었던 것이다.

가족질서와 국가질서가 조화를 이룰 경우는 문제가 없지만 이 둘이 갈등을 일으킬 경우, 국가의 입장에서는 개별 家를 초월하는 상위의 존재인 국가의 이해를 우선해야 하였고, 이는 군주 혹은 국가에 대한 공적인 의무를 강조하는 충 개념의 확립을 통해 관철되었다. 국가는 외적의 침입이나 대규모의 토목공사와 같은 공공의 목적을 위하여, 혹은 군주를 정점으로 하는 국가질서를 확립하기 위하여, 개별 가의 층위에 매몰되는 혈연적 유대감이라는 사적인 정감을 약화시킬 필요가 있다. 이것이 군주를 정점으로 하는 상하 존비의 질서를 확립하려는 것, 곧 혈연에 기초한 가족질서보다 그 상위존재인 국가라는 공적 질서를 공고히 하려는 것임은 두말할 필요가 없다. 이자겸이 반역을 꾀하자 인종이 몰래 편지를 써 척준경에게 주었고, 척준경이 김향(이자겸의 사돈)에게 인종의 편지를 보여주자 김향이 자리에서 내려가 울며 말하기를 "임금의 명령이 이와 같으니 비록 내가 죽고 멸족된다 하더라도 어찌 나아가지 않을 수 있겠는가?"라고 한 것이 바로 그것이다.

유교의 예론에 기초해 국가의 지배질서를 확립하고자 하는 시도는 혈연적 유대감에 의해 조절, 완화되기도 하였다. 인종이 외조부인 이자겸을 어떻게 예우할 것인가를 신하들에게 질문하자, 정극영과 최유는 '천자가 신하로 하지 않는 사람이 셋이 있는데 그 가운데 황후의 부모가 그 하나'라고 하면서 이자겸을 그에 준해서 예우해야 한다고 대답하였다. 즉 이자겸이 글을 올릴 때 신臣이라고 칭하지 않도록 하고, 군신간의 큰 잔치에서 일반 관료들과 더불어 하례賀禮하지 않고 바로 막차幕次에 올라가서 배례하도록 하며, 임금이 답례하고 전상殿上에 앉게 해야 한다는 것이었다. 김부식은 이자겸에 대한 예우에 반대하였다. 후한과 동진의 예법에 따라 공적인 영역인 정전에서는 군신간의 예를 행하되 사적인 영역인 내전內殿에서는 집안의 예로 접견할 것을 대안으로 제시하였다. 이는 표면적으로는 왕정[公禮]과 가정[私禮]의 영역을 구분하고 두 영역을 조율하는 원칙인 공의公義와 사은私恩을 모두 보존하자는 것이지만, 실제로는 국왕을 정점으로 하는 공적 질서를 우위에 두는 입장에서 혈연적 유대감에 기초한 사은을 펼치도록 허용한 것이라 할 수 있다.

인종은 교서에서 이자겸의 난에 연루된 자의 가족을 연좌하여 처벌하지 말도록 하였다. 대의멸친大義滅親은 옛날부터 있었지만 친친親親의 은혜는 천성天性이라는 이유 때문이었다. 한 걸음 더 나아가 인종은 조칙을 내려 '이자겸이 죽었지만 친친親親의 뜻을 잊을 수 없다'고 하면서 이자겸과 그의 처에게 관작을 추증하고 그의 아들들에게 곡식 600석을 하사하였다. 당시 왕실과 문벌들의 혼인관계에서 보면, 이자겸의 양측적 친속들은 대부분 누대에 걸쳐 고관을 지낸 가문출신들이었으며 그들은 당대의 고관들과 본족·외족·인족 등 다양한 관계로 연결되어 있었다. "그 지당들이 연줄로서 겨우 처벌을 모면한 뒤에도 재보宰輔에 이른 자가 많았다"고 한 것은 당시의 상황을 잘 보여주는 언급으로서, 문벌이 주도하던 정치체제 내지는 사회구조와 관련된 현상들이라 하겠다. 고려의 국가체제가 유교의 이념에 입각해 국왕을 중심으로 하는 공적 관계로 운영되었지만, 다른 한편에서는 혈연적 유대감에 기초한 친속관계 또한 그 운영의 한 중심을 차지하고 있었다.

고려 왕실의 외척들은 혈연적 정감에 기초한 친친의 논리에 의거해 우대를 받았다. 태후는 선왕과 일체인 존재로서 종사의 안위와 관계되고, 어미는 아들로 인하여 귀하게 된다는 언술에 따라 존중되었다. 한 걸음 더 나아가 이러한 인식과 언술은 태후가 섭정할 수 있는 명분이 되었고, 섭정 기간에는 외척세력의 정치활동이 점증하였다. 이성의 외척은 근본적으로 왕위 계승 자격이 없었기 때문에 보정輔政의 역할을 맡기는 데 상대적으로 부담이 적었다. 그 때문에 적장자 계승 원칙을 충실하게 지키려는 유학자들도 외척이 보정 역할을 수행하는 것에 대한 경계심이 적었으며, 다만 국정 운영이 유교 이념에 따라 정상적으로 이루어져서 권력이 자의적·사적으로 행사되지 말아야 한다고 충고하는 정도였다.

문종대에 종실에 대한 봉작제도가 정착된 것과 외척과의 근친혼이 이루어졌다는 사실은 외척들에 대한 우대가 제도적으로 뒷받침되었음을 보여주는 사례였다. 종실에 대한 봉작제도는 국가의 공훈자에 대한 은사恩賜의 한 형태로 시행되었는데, 왕조의 입장에서는 그들을 대우하고 보위세력으로 삼는 한편, 은사의 시행자로서 왕의 위상을 강화하는 기능을 하였다.

고려의 국왕은 태후에게 칭신稱臣하는 존재로 규정되어 있다. 황제는 모든 사람들로부터 칭신의 대우를 받는 존재이지만, 천지나 종묘의 제사에서는 자신을 신모臣某라고 칭하였다. 이는 황제의 권력은 하늘로부터 부여된 것이라는 천명론에서 비롯된 것이다. 그런데 살아있는 인간으로서 황제에게 칭신을 하도록 강제한 존재가 바로 태후太后였다. 황제에 대한 태후의 자칭은 오吾였는데 이는 태후가 황제에게 칭신하지 않았음을 의미하는 것이다. 고려국왕에 대해 만백성은 칭신을 하였지만 태후는 칭신을 하지 않았을 뿐 아니라 국왕은 태후에게 칭신하였다고 한다. 태후는 왕후나 공주로부터 첩칭妾稱을 받았는데, 첩칭 또한 칭신의 일종이었다. 국왕, 왕후, 태후가 가인지례家人之禮의 적용 대상이라는 측면에서 볼 때 이들에 대한 칭신은 공의公義가 아닌 사은私恩에서 비롯된 것이라고 할 수 있다. 국왕은 공적으로는 나라의 절대자이자 지존이었지만 사적으로는 모자관계 상의 비속卑屬이자 하위자였고, 태후는 공의의 측면에서는 국왕의 신민臣民으로 포섭될 수 있지만 사은의 측면에서는 국왕의 상위자로서 모림母臨하는 지위에 있었다. 이처럼 국왕이 태후에게 칭신하였던 것은 태후가 선제先帝의 적처嫡妻라는 부부일체의 관념에 의거해 황제와 함께 천하를 다스리던 존재로 인식된 결과였다. 이는 부모와 자식이라는 혈연관계를 군신관계로 전환한 것이라 해석할 수 있다.

고려는 국가라는 공적 집단을 운영하면서 혈연적 유대감에 기초한 친친·목친의 논리를 활용하면서도 운영 자체는 공적인 방법을 채택하였다. 여기에 고려의 정치사회 운영 원리의 양면성이 존재한다. 집권 국가였던 고려왕조에서 군주를 정점으로 하는 공적 질서를 운영하였던 원칙과 혈연적 유대감에 기초하여 이성의 외척을 활용하던 내적 원리를 통합적으로 설명하는 연구가 기대된다.

유교 이해의 확대와 적용

고려는 유교의 정치이념을 확대하는 과정에서 유교의 경전을 적극 활용하였다. 태조 왕건의 훈요 10조나 최승로 상소에서 볼 수 있듯, 고려초기부터 『서경』이나 『주역』 등의 유교 경전이 활용되었다. 국자감이나 향교와 같은 교육제도가 정비되고 과거제도가 발달하면서 유교 경전에 대한 이해 또한 이에 준해서 심화되었다. 국자감에서는 『효경』과 『논어』를 필수과목으로 하고 이와 함께 『주례』 등의 경전을 익혔다. 고려의 과거시험에서 명경업은 유교 경전을 시험하여 경전에 밝은 관료를 선발하기 위한 것이었다. 예종과 인종대가 되면 칠재七齋와 같은 관학이 진흥되고 경연이 열렸으며, 특히 북송과의 왕래를 통하여 유학에 대한 이해가 진전되었다. 유학의 발전은 유교 경전을 당시 상황에 맞게 주석하고 현실에 적합한 사상으로 재해석하는 작업으로 이어졌는데, 『역해』·『논어신의』·『삼국사기』 등의 간행은 이러한 지적 발전의 결과물이었다.

다만 고려초기에는 유교 경전에 대한 이해에 과도기적 양상을 보여준다. 성종 9년(990) 송 사신은 고려에 당도한 지 한 달이 넘도록 황제의 조서를 올리지 못하고 있었다. 당시 고려는 음양과 귀신을 믿는 풍속에 따라 송 황제의 조서를 받들 때는 반드시 길일을 택해서 거행하는 관례가 있었기 때문이었다. 이에 대해 송 사신이 『서경』과 『예기』를 근거로 그 잘못을 지적하였고, 이러한 과정을 거치면서 비유교적 관습이 폐기되었다. 유교 이념을 지향하면서도 아직 유교의 사회화가 진전되지 않았기에 나타난 현상이었다.

고려중기에는 국학 설치와 관련하여 논란이 있었다. 숙종 7년(1102) 재상 소태보는 "국학에서 선비를 양성하는 데 경비가 실로 적지 않게 드니, 인민에게 폐가 되고 또 중국의 법을 우리나라에 실행하기 어려우니 이를 폐지"하자고 건의하였다. 그런데 예종 2년(1107) 국왕은 "학교를 설치하여 현명한 인재를 양성하는 것이야말로 삼대 이래로 다스림을 이룰 수 있는 근본인데, 담당 관원들의 의논이 아직 정해지지 않았으니 빨리 실행"할 것을 요청하였다. 인종 8년(1130)에는 어사대에서 국학에서 양성하는 선비가 많아 그에 드는 비용이 막대하다는 것을 이유로 학생을 줄이자고 건의하자 학생들이 이에 극력 반대하였다. 이처럼 정부의 핵심 관료들은 재정난을 이유로 학교의 진흥에 미온적이었던 데 반하여, 신진 관료들은 학교의 설치와 이를 통한 인재의 양성이야말로 풍속을 교정하고 유교 사회를 이룰 수 있는 지름길임을 역설하는 차이를 보였다.

이 시기에는 북송대 왕안석과 사마광의 정치사상을 수용하는 것을 둘러싸고 논란이 있었다. 인종이 사마광의 글을 들어 그를 간당姦黨이라고 평가한 이유를 물었을 때, 김부식은 당시 집권하던 왕안석과 사이가 좋지 못한 때문이지 실상은 죄가 없다고 대답하였다. 숙종대 윤관이나 의천 등은 왕안석이 추진한 주전론鑄錢論과 같은 신법을 추진하였고, 윤관의 손자인 윤언이는 왕안석이 올렸다는 만언서萬言書를 올리면서 정치의 잘잘못을 진술하였다. 왕안석의 신법정치를 수용하려는 이러한 움직임에 대한 반대 또한 적지 않았다. 고령신은 재상들이 신법을 다투어 올리는 것에 반대하여, 조종의 법이 갖추어져 있으므로 반드시 고칠 필요가 없다고 주장하면서 이전의 법을 잘 지키면 된다고 주장하였다. 왕안석의 신법을 이해하고 있었지만 개혁의 모델로서는 쉽게 받아들여지지 않았던 것이다.

고려중기에 북송 유학이 수용되었지만 그것에 함축된 사회정치적 의미는 받아들여지지 않았다. 북송 유학이 견지하는 이理와 관련한 이론이나 능력 중심의 정치사상은 고려사회에 큰 영향을 주지 못하였다. 김부식의 경우에서 확인되듯, 유교 사상은 문벌의 입장을 반영하여 체제를 보수하는 논리로 이용되었고, 왕안석의 신법과 같은 개혁정책은 실행되지 못하였다. 그럼에도 불구하고 이 시기 북송 유학의 등장은 성리학 수용의 선구로서 유학 발전의 밑거름이 되었다고 평가할 수 있다.

2) 고려후기 성리학의 수용과 문치

성리학의 수용과 왕권의 정상화

고려후기 성리학의 도입은 사상계에 큰 변화를 초래하였을 뿐 아니라, 고려사회를 유교사회로 전환하는 데도 중요한 역할을 하였다. 성리학은 이기·인성론을 근간으로 하여 우주와 인간을 통일적·완결적으로 설명하는 철학사상이라는 점에서 단순히 사회·정치론, 수양론의 수준에 머물렀던 종래의 유교와는 차원을 달리하는 것이었다. 성리학은 우주·자연과 인간·사회를 이理를 통해 해명하는 선진적인 사상으로서, 변화하는 고려의 현실에 적절하게 대응할 수 있는 체계를 가지고 있었기 때문에 이전의 유학이나 불교를 대신할 수 있는 지배이념으로 등장하였다.

고려는 원나라로부터 성리학을 수용하였고 유교사회를 지향하였다. 안향은 원에 가서 성리학을 공부하고 백이정·권부·우탁에게 성리학을 전하였다. 백이정은 충선왕을 따라 10년 동안 북경에서 머물면서 정주의 성리서를 구하여 돌아왔고 이제현과 박충좌에게 성리학을 전하였다. 권부는『사서집주』를 간행하였고, 최성지는 정주학을 좋아하여 선배들이 모두 그와 교유하였고, 최문도는 원에서 숙위하면서 주렴계·정호·정이·주자의 성리학서를 읽었다.

원나라는 유목 정복 국가로 출발하였지만 남송을 정벌하면서 정복에서 지배로 통치 방식을 전환하였다. 이를 위해 중국법으로 중국을 다스린다는 원칙을 세우고 중국에 대한 유교적 통치를 강화해 나갔다. 허형·요추 등의 학자를 초빙하고 한림국사원·집현원·국자감·규장각 등 교육 학문 기관을 설립하여 학문적 분위기를 조성해 나갔다. 특히 충선왕 5년(1313)에 과거제를 실시하면서 성리학이 크게 성행하게 되었다.

고려는 원과 사대관계를 맺고 부마국이 되어 긴밀한 관계를 유지하였는데, 이는 성리학을 수용할 수 있는 국제적 배경이 되었다. 충선왕은 원 문화 수용에 적극적이었고 만권당을 설치하여 원 유학자들과 고려 유학자의 교류를 주선하였다. 이와 함께 원 과거시험에 응시할 수 있도록 고려에 응거시應擧試를 만들어 고려인의 제과 응시를 독려하였다.

고려가 성리학을 수용하였음을 보여주는 핵심적인 증거는 사서四書의 수용이다. 충목왕 즉위년에는 육경사서를 과거시험 과목으로 정하였고 공민왕 16년에는 성균관에 오경사서재五經四書齋를 설치하였다. 이때 주자의 주석이 달린 『사서집주』가 교재로 활용되었다. 당시 원과 고려의 긴밀한 관계를 매개로 고려는 국가 주도로 성리학을 수용하였다고 할 수 있다. 과거제는 관료 진출의 통로였기 때문에 유교 경전에 대한 주자의 해석의 권위가 강화되었다. 이와 관련하여 송학 가운데 하나인 도학 곧 성리학을 국가 주도로 받아들인 정치 사회적 배경이 무엇인지를 궁구할 필요가 있다. 왕안석의 사공학事功學이나 상산학象山學 등 성리학 이외의 학파들이 배제된 이유를 조선시대 성리학 독존이라는 현상과 연관시켜 살펴보는 것은 매우 의미 있는 주제이기 때문이다.

성리학의 보급에는 성리학 관련 책들의 수입이 필수적으로 동반된다. 충숙왕은 중국 강남에서 1만권의 서적을 구입하도록 하거나 송 비각秘閣 소장의 서적을 얻기도 하였다. 『사서집주』·『근사록』을 비롯한 성리학서 뿐만 아니라 『통지』·『문헌통고』·『산당고색』 등 중국 역대 왕조의 문물제도를 망라한 백과사전식의 유서類書를 수입하였다. 이는 성리학을 새로운 지식으로 학습하는 차원을 넘어 현실에 응용하고 사회발전에 기여할 수 있도록 하는 객관적 조건을 마련하고 있었음을 보여주는 것이다.

위화도 회군 이후 개혁파 유학자들이 정치 운영의 주도권을 잡으면서 사서四書를 중심으로 한 성리학의 보급은 더욱 활성화된다. 이렇게 보급된 성리학은 세계와 정치 사회에 대한 인식의 변화를 가져오는 데 기여하였다. 우선 성리학을 통하여 중국 중심의 세계관이 보다 확고해진다. 유교에는 수레바퀴의 폭이 같듯이 한자라는 문자를 같이 쓰고 삼강오륜이라는 윤리도덕의 기준과 예의범절이 통일되어 있다는 한자문화권, 유교문명의식이 전제되어 있다. 세계제국 원나라는 개방적 성격을 가진 왕조였던 탓으로 당시 세계문물이 모아지는 중심지였다. 최해는 "지금 황원이 위에 있어 지극한 인과 풍성한 덕을 베풀어 천하를 기르고 있으며, 고려는 첫 번째로 귀부하였기 때문에 대대로 혼인하였고 엄격한 법도를 잘 지켜 상하가 서로 즐거워하며 변경에 조그만 경계도 없고 풍년이 들고 있으니, 실로 천년에 오는 태평성대"라고 하였다. 세계제국 원의 성립과 천하통일을 일시동인一視同仁, 천하동문天下同文이라는 성리학의 개념을 통해 정당화하고 있다고 하겠다.

성리학은 오륜을 천리로 규정함으로써 윤리적 실천을 강조하고 효와 충으로 대표되는 유교적 규범의 우위를 확보케 함은 물론 국가와 군주, 역사공동체에 대한 책임의식을 강화시켰다. 물론 고려 국호를 없애고 원나라의 하나의 성으로 편입하자는 입성론立省論을 주장하거나 원에 대해 배신陪臣의 관계임을 강조하는 예외적인 부류가 있기도 하였지만, 당시 유학자들은 국가를 수호하고 역사와 문화를 존중해야 한다고 주장하였다. 원 관료인 이곡은 입성론에 반대하여 "고려는 옛날 삼한의 땅으로 풍기와 언어가 중국과 같지 아니하며 의관과 전례가 스스로 하나의 법이 되어 진한 이래로 신하로 삼지 못하였다."고 하였다. 원나라는 충혜왕의 황음무도함을 문제 삼아 충혜왕을 압송하고 게양현(광동성)으로 유배시켰는데, 권한공은 "왕이 무도하여 황제에게 죄를 얻은 것인데 어찌 구원할 수 있는가" 하였지만, 김영돈은 "왕이 욕을 당하였을 때 그 신하가 죽음으로 그를 구원하는 것이 마땅하다."고 하였고, 이제현은 "나는 내가 왕의 자식이라는 것을 알 뿐이다."라고 하였다. 이는 충혜왕에 대한 신하로서의 충성을 강조한 것으로, 원 천자의 배신이라는 의리보다 고려국왕의 신하라는 의리를 우선한 것이라고 할 수 있다.

한편, 이제현은 원의 간섭에 의한 고려국왕의 교체, 곧 중조重祚에 대해 비판의식을 가지고 있었다. 그는 공민왕의 명에 따라 종묘의 소목昭穆제도를 정비하면서 왕위계승에 관한 원칙을 재확인하고자 하였다. 종묘는 국왕의 위패를 모신 사당으로, 국왕이 백성들에게 효 실천의 모범을 보여주는 기능뿐 아니라 왕위계승의 정통성을 확인해주는 기능을 수행하기도 한다. 천자는 7묘, 제후는 5묘를 모시는 고례의 규정에 따라 고려는 동당이실제同堂異室制를 바탕으로 5묘 9실로 운영되었다. 소목의 배열은 왕위계승 순서인 위차位次를 중심으로 할 것인가 아니면 혈연적 계보관계인 세차世次를 중심으로 할 것인가에 따라 차이가 있는데, 형제 동반은 세차를 중심으로 하는 소목제의 형태이다. 이제현은 동당이실을 전제로 형제동반의 의리에 입각해서 고려의 소목제를 재확인하였다. 왕위계승의 안정성을 확보함으로써 국왕을 정점으로 하는 종법적 질서를 확립하려는 것이 그 의도였다.

이제현은 성리학적 이상군주상 혹은 군주공부론을 전제하면서 충목왕에게 『효경』·『논어』·『맹자』·『대학』·『중용』을 학습해 격물·치지·성의·정심의 도를 익히고 윤리도덕을 밝히라고 하였고, 이곡은 마음은 한 몸의 주인이고 만화의 근본이므로, 군주의 마음은 정치를 하는 근원이고 천하를 다스리는 기틀이 되며, 오직 대인大人이라야 능히 임금의 마음속의 잘못을 바로잡을 수 있고 한 번 임금을 바로잡으면 국가가 안정된다고 하였다. 군주는 성학聖學을 익혀 마음을 갈고 닦으며 행동거지를 바르게 하여 성인군주가 되어야 한다는 것이다. 왕조국가라는 체제에서는 군주가 어떤 군주이냐에 따라 정치의 성패가 결정되고 특히 군주의 마음씀씀이는 국가의 치란을 결정하는 핵심적인 요소일 수밖에 없기 때문이었다.

당시 원나라는 고려의 국왕 교체에 개입하면서 왕정의 불안정과 국왕의 자질을 문제 삼았다. 충선왕은 독단적으로 정사를 처결하고 의심이 많다는 이유로, 충혜왕은 군주로서 백성을 수탈하였다는 명분으로 교체되었다. 이제현과 이곡은 국왕의 폐위 이유가 도덕성과 자질에도 있으므로 군주의 자질 함양이 중요하다고 보았다. 국왕의 자질 부족은 고려 정치의 불안정을 불러오고 결과적으로 몽골[원]의 정치적 간섭을 불러온다고 진단하였기 때문이다. 물론 중조重祚에서 보듯이 고려의 권력 변동내지 국왕 교체의 원천은 원나라에 있었다. 원 공주를 둘러싼 원 조정의 간섭, 국왕에 불만을 품은 자들이 원 황실에 이를 고소하는 등의 사건이 반복되었다. 고려의 왕권이 불안정하였던 것도 사실이지만, 원제국 하에서 사대관계에 기초한 부마국, 제후국으로서의 고려의 위상은 여전히 유지되고 있었다. 이처럼 고려는 왕조국가로서 유교의 종법론과 군주공부론을 통해 왕위계승의 정당성과 객관성을 확보하고 왕권의 안정을 도모하고자 하였던 것이다.

성리학의 활용과 문치

고려후기 성리학은 실천적, 윤리적 특성을 보여준다고 평가된다. 궁리窮理 또는 심성心性과 관련된 이론적이고 철학적인 측면에 대한 탐색보다는 주어진 직분과 분수에 충실하도록 하는 거경居敬이 중심이 되었다는 것이다. 이는 유교가 삼강오륜의 실천을 통하여 도덕 사회를 실현하려는 것을 목표로 하는 학문이라고 할 때 당연한 귀결이라고 할 수 있다. 다만 이 시기는 불교가 지배적이었던 만큼 유교의 윤리를 확산시킴으로써 유교 본연의 문제의식인 오륜을 기초로 한 인간관계, 사회관계를 확립하고 이를 바탕으로 유교사회를 지향하는 원칙을 확인하였다는 점에서 그 의미를 찾을 수 있다. 조선시대의 경우처럼 이기·성정에 관한 전문적이고도 철학적 논의가 이 시기에 발견되지 않더라도, 유교를 정통으로, 불교와 도교 등 유교 이외의 사상을 이단으로 파악하면서 유교의 정치사회화를 도모하고자 하였음은 분명하게 나타나고 이를 성리학 수용의 초기적 현상으로 규정할 수 있기 때문이다.

고려후기는 성리학 수용의 초창기이므로 성리학적 세계관에 기초하여 자연과 인간에 대해 논의하고 그러한 사상의 적용 가능성을 타진하던 시기였다. 공민왕 16년에 성균관을 다시 지은 뒤 이색을 중심으로 정몽주·이숭인 등이 매일 명륜당에 앉아 경전을 나누어 수업하며 강의를 마치면 서로 모여 토론하여 한가함을 잊으니 학자들이 모여들어 정주 성리학이 크게 일어났다고 한 것은 그러한 사정을 잘 보여주는 서술이다. 고려후기에는 성리학의 기본 개념인 이기·성정·태극·경 등을 이해하고 익히는 데 주력하였고 이를 지식으로 축적하고 있었다. 이러한 지식은 구체적인 정치 사회적 활동, 곧 개혁정치 활동을 통해서 현실화하는데, 그 과정에서 논자마다 성리학적 지식의 실천 혹은 중점 추진 방향에서 차이를 보였다.

고려후기 유학자들은 성리학의 정치사상을 바탕으로 다양한 개혁정치를 추구하였다. 현실에 대한 진단과 이에 대한 처방에는 두 가지 흐름이 존재하였다. 공민왕대의 개혁정치처럼 합리적인 정치 운영을 모색하는 흐름과, 현실변화를 보다 심각하게 인식하고 체제변혁까지를 고려하는 흐름이 그것이다. 전자는 이색과 이숭인의 경우처럼 기왕의 제도를 선왕으로부터 내려온 제도로 존중하고 그것을 운영하고 관리하는 것이 중요하다고 주장하고, 후자는 정도전과 조준의 경우처럼 유교의 이상사회를 고려 현실에 실현하기 위해서는 전반적인 제도개혁이 필요하다고 주장한다. 동일한 성리학을 수용하고 이에 기반한 윤리도덕 사회를 지향하면서도 체제를 유지하려는 입장과 체제를 변혁하려는 입장으로 분화되었던 것이다.

이색은 성리학의 인성론과 수양론에 기초하여 인간이 하늘로부터 부여받은 본연의 선한 성품이 기질과 물욕에 의해 가려지므로 이를 회복하기 위해 경敬으로 수양할 것을 그 방법으로 제시하였다. 이색이 이처럼 경을 중시한 것은 도덕적 본성을 자각하고 함양하기 위해서는 무엇보다도 수양·수신이 필요하다는 사실을 지적하기 위한 것이다. 경은 도심과 천리를 체득하는 실천원리이고 도덕적 본성을 자각·함양하는 방법론이기 때문이다. 반면에 조준 등이 제도개혁을 중시한 것은『주례』의 육전체계를 통한 법과 제도의 개혁을 강조한 것이었다. 이는 재상권과 대간권이 미분화되고 겸직을 빈번하게 허용하게 되는 고려의 삼성육부제의 폐단을 극복하고 조선식의 재상 중심의 6전 체제를 수립하려는 기획으로, 새로운 권력구조를 제시하였다는 점에 그 의미가 있다.

고려후기 성리학은 초기 수용단계로서 비록 성리학의 제 측면에 대한 이해가 완전한 것은 아니었지만, 성리학의 문제의식에 기반하여 성리학적 사회를 건설하기 위한 진전의 큰 방향을 제시한 것은 의미 있는 것이었다고 평가할 수 있다. 정도전은 우왕 14년에 당시를 "명나라가 천명을 받아 그 황제가 천하를 차지하게 되자, 덕을 닦고 무를 지양하면서 문자와 제도가 통일되었고 예악을 제정하고 인문을 육성하여 천지의 질서를 바로잡고 있는 때"라고 규정하였다. 이는 명이 들어서고 천하가 유교로 통일된 당시가 한자와 오륜을 바탕으로 문치 이념을 실현할 적기라고 판단한 것이다. 명 천자의 덕화가 미치고 그 은덕을 받은 고려는 주나라 문왕이 덕과 예에 의한 선한 정치로 도덕 사회를 구현한 것과 같이 이를 지향해야 한다고 본 것이다.

이는 성리학에서 천리를 만물일체의 인仁으로 규정하고 있듯, 나와 가족, 이웃과 나라로 자의식의 영역을 확대하고 현재에서 미래로 그 영역을 넓힘으로써 자신의 존재 의미를 성찰할 수 있는 학문적, 사회적 기반을 만들고자 시도한 것이라고 그 의미를 평가할 수 있다. 그리고 이는 사유와 세습을 통한 쟁탈이 빈번한 사회현실에서, 삼강오륜이라는 인륜에 대한 성찰을 재확인하고 이를 제도화하는 수단으로서 입현공치立賢共治라는 유교의 정치론을 제시함으로써 유교적 문치 사회를 구현하고자 하는 것이라 할 수 있다. | 도현철 |

참고문헌

具山祐, 『高麗前期 鄕村支配體制 研究』, 혜안, 2003.
都賢喆, 『高麗末 士大夫의 政治思想研究』, 일조각, 1999.
문철영, 『고려 유학사상의 새로운 모색』, 경세원, 2005.
李熙德, 『高麗儒敎政治思想의 研究』, 일조각, 1984.
張東翼, 『高麗後期外交史 研究』, 일조각, 1994.

김윤정, 「14세기 고려-원 관계의 확장과 고려의 원 복식문화 수용-」『歷史學報』
　　　234, 2017.
김철웅, 「고려시대 국왕의 즉위의례」『정신문화연구』 104, 2009.
도현철, 「12세기 公·私禮와 金富軾」『한국사의 구조와 전개』(하현강교수정년기념
　　　논총), 혜안, 2000.
마종락, 「고려시대의 유교 -연구동향과 쟁점」『석당논총』 44, 2009.
박윤미, 「고려전기 외교 의례에서 국왕 '서면(西面)'의 의미」『역사와 현실』 98,
　　　2015.
박진훈, 「고려전기 국왕 殯殿의 설치와 의례」『한국중세사연구』 43, 2015.
이강한, 「고려 충숙왕대 科擧制 정비의 내용과 의미」『大東文化研究』 71, 2010.
이승민, 「고려시대 國喪절차와 삼년상」『史學研究』 122, 2016.
이정란, 「고려전기 太后의 이념적 지위와 太后權의 근거」『사학연구』 111, 2013.
정동훈, 「외교 의례 연구의 매력」『역사와 현실』 98, 2015.
채웅석, 「고려 중기 외척의 위상과 정치적 역할」『한국중세사연구』 38, 2014.
최봉준, 「여말선초 箕子 중심의 역사계승의식과 조선적 문명론」『韓國史學史學報』
　　　31, 2015.
한정수, 「고려전기 '迎契丹使臣儀'의 내용과 의미」『史學研究』 118, 2015.
森平雅彦, 「朱子學受容の國際的背景」『アジア遊學』 50, 2003.
奧村周司, 「使節迎接禮 高麗の外交姿勢」『史觀』 110, 1984.

3. 도교와 전통신앙

1) 도교

동아시아에서는 유교, 불교, 도교를 묶어 삼교三敎라고 지칭한다. 이렇게 불리게 된 것은 이들 종교가 널리 숭배되었기 때문이다. 그런데 흔히 고려는 불교사회, 조선은 유교사회라고 이해하고 있다. 이러한 구분은 어느 정도 타당성을 가진다. 그러나 이러한 이해 방식은 고려사회를 불교 중심으로 이해하게 하고, 다른 사상이나 종교를 부차적인 요소로 받아들이게 한다. 이제는 고려사회에 대해 총체적 시각을 가질 필요가 있다. 즉, 유·불·도 삼교라는 범주로 고려사회를 들여다본다면 도교나 전통신앙에 대한 이해도 폭넓어질 수 있을 것이다.

도교는 도가철학과 신선사상을 바탕으로 불로장생 및 현세 이익의 추구를 목적으로 한다. 도교는 원시천존을 최고신으로 하여 북극성, 북두성과 같은 별[星宿]을 신으로 받든다. 아울러 성황신·토지신 등의 신들도 숭배한다. 이들 신에 대해 양재기복禳災祈福하는 제례를 행하는데, 이를 재초齋醮 또는 초례醮禮라고 하며 이때 올리는 기원문을 청사靑詞라 부른다.

우리나라에 도교가 공식적으로 유입된 것은 고구려 영류왕 7년(624)이었다. 그 해에 당唐에서 도사道士와 천존상天尊像을 보내왔다. 보장왕 2년(643)에는 연개소문이 주도하여 당의 도교를 적극적으로 수용하였다. 신라에는 『도덕경』과 신선사상이 널리 유포되어 있었으며, 특히 신라말에는 도당유학생에 의해 도교가 유행하였다. 일찍이 최치원은 「난랑비서」에서 신라의 풍류도를 언급하면서 이것이 삼교를 포함한 것이라고 하였다. 그리고 최승로는 「시무 28조」에서 "삼교는 각각 업으로 하는 바가 있다."고 하였고, "산악의 제사와 도교의 초례는 번독"함을 비판하였다. 이처럼 도교는 삼교의 하나로 여겨졌다.

고려의 도교는 태조 시기부터 확인된다. 태조 10년(927)에 공산전투를 앞두고 초례산에서 제천하였는데, 그 명칭으로 보아 제천은 곧 도교 제례인 초례였음을 알 수 있다. 이러한 도교 제례의 거행은 태조 7년(924)에 있었던 구요당九曜堂의 건립과 관련이 깊다. 구요당에 대해 일부에서 불교 사원이라고 주장하고 있지만, 이곳은 도관道觀임이 분명하다. 구요당에서는 초례만이 거행되고 있었던 사실이 『고려사』와 『고려사절요』를 통해 확인되기 때문이다. 구요는 일·월·화·수·목·금·토와 나후羅睺·계도計都 등의 별을 말하는데, 구요당은 이러한 성수신星宿神을 모신 곳이었다. 그리고 고종 4년(1217)에 구요당의 십일요가 확인되는데, 나중에는 이곳에 구요뿐만 아니라 십일요를 함께 안치하였음을 알 수 있다. 태조대의 구요당은 명칭 그대로 구요를 숭배한 곳이었고, 그 이후에 구요에 자기紫氣·월패月孛를 추가하여 십일요가 모셔지면서 신앙 대상이 고려초기보다 확대되어 갔던 것으로 생각된다. 그런데 구요당이 '당堂'으로 지칭된 것은 궁宮·전殿보다는 그 규모가 작았기 때문일 것이다.

예종(1105~1122) 때에 이르러 도교는 획기적인 발전을 보였다. 『고려도경』에서 예종은 도교를 불교와 바꿀 것을 기대하였다고 한 것을 보면 이때에 도교에 새로운 움직임이 일어나고 있었음을 짐작할 수 있다. 예종 2년(1107)에 당 이후 도교의 최고신이었던 원시천존상을 궁궐에 안치하고 매월 초례를 거행하였다. 그리고 이때에 도교사원道觀인 복원궁이 건립되었다. 복원궁에는 삼청전과 천황당의 부속 건물이 있었으며, 여기에는 삼청상과 천황상이 안치되어 있었다. 복원궁은 도교의 최고신인 삼청과 천황을 봉안하여 도교의 신앙체계를 갖춘 도관으로 건설되었다. 그리하여 고려 사람들이 이곳으로 몰려들었는데, "도를 묻는 사람이 문을 메우어 시장처럼 되었다."고 한다. 복원궁 건립을 계기로 도교가 더욱 성행하게 되었던 것이다.

예종 때의 도교 융성은 곽여, 이중약 등에 의해 가능하였다. 특히 이중약(?~1122)은 고려 도교 발전의 중심에 있었다. 그는 어렸을 때부터 도교 경전[道藏]을 접하여 도교에 심취하였으며, 예종의 총애를 받은 한안인의 사위가 되었다. 『황정경』을 중요 경전으로 하여 내단 중심의 도교를 수련한 그는 본격적인 도교 수련을 위해 송으로 건너갔다. 송에서 돌아온 이중약은 예종에게 도관의 건립을 요청하였다. 그리하여 복원궁을 완성하였는데 그 시기는 예종 6~7년(1111~1112)경으로 추정된다.

복원궁은 국가와 왕실을 위한 국가 도관이었고, 이에 국태민안과 천변기양을 위한 초례를 거행하여 민생 안정에 기여하였다. 그리고 무엇보다도 복원궁은 고려에 도교를 전파하는 데 큰 역할을 하였다. 『황정경』 중심의 도교 이해와 복원궁 삼청전의 존재, 그리고 원시천존 숭배 등을 볼 때 고려 도교는 상청파의 영향을 받은 것으로 보인다.

구요당과 복원궁 외에 고려에는 신격전神格殿, 소격전昭格殿, 태청관太淸觀, 정사색淨事色 등의 여러 도관과 도교 기관이 있었다. 도관은 당 이후에 '궁宮'·'관觀'으로 불렸고 그 중 규모가 큰 것을 궁이라 하였다. 고려에서는 도관을 도전道殿, 도우道宇 등으로도 지칭하였으며 도관 이외에 색色, 도감都監 등의 명칭이 붙은 도교 기관이 있었다. 신격전은 고종 42년(1255)에 첫 기록이 보이는데 그 이전에 건립되었을 것이다. 소격전은 고려시대 자료에 전혀 등장하지 않고 있으나 조선 개국 초에 고려의 도관을 정리하면서 개경의 소격전을 남겨두었다. 태청관은 충선왕 때에 처음으로 등장한다. 이때 태청관에 종9품의 판관을 두었다고 하는데 태청관은 이전부터 존재하고 있었을 것이다. 조선 태조 1년(1392)에 예조에서 고려의 도관들을 폐지하자고 하였으나 태청관은 그대로 존속하였다. 정사색은 충선왕 때 재초도감이라 하였다가 얼마 후에 다시 정사색으로 환원되어 고려말까지 존속하였다.

도교 성행은 예종대 이후에도 이어졌다. 인종 때에는 도·불의 혼합이긴

하지만 팔성八聖의 신선에서 도교를 확인할 수 있다. 또한 의종은 선풍仙風을 숭상할 것을 하교하였다. 이처럼 예종~의종 연간(1105~1170)은 그 어느 시기보다도 도교가 성행하였다. 이러한 도교 성행에서 주목할 사실은 국가 제례로 도교의 초례를 거행하였다는 것이다.

최승로는 '성수지초星宿之醮'의 번잡함을 비판하였다. 여기서 초는 도교 제례를 지칭하는 용어이다. 흔히 도교 제례를 '재齋', '초醮', 혹은 '재초'라고 한다. 위진남북조시대에는 '재'라 하였고 '초'라고는 지칭하지 않았다. 수隋 때에 이르러 도교의식을 초라고 하였다. 재와 초는 송 때에 이르러 조정은 물론 사대부, 일반 백성에 이르기까지 널리 거행되었다. 두 의례는 내용상 서로 유사하기 때문에 구별하지 않고 '재초'라고 지칭하였다. 고려시대에 별[星宿], 그리고 천지 및 경내 산천에 대한 도교 제례를 '초'라고 하였다. 고려시대에 천황초天皇醮, 태일초太一醮, 북두초北斗醮, 본명초本命醮 등에 대해 거행한 초례가 확인된다. 한편 현재 연구자들은 도교 제례를 초, 초례醮禮, 초제醮祭, 초사醮祀 등으로 다양하게 지칭하고 있다. 그러나 초제, 초사는 유교 예의 관념인 '제', '사'를 덧붙인 것으로 도교와는 어울리지 않는다. 사료와 청사에는 대부분 초, 초례로 표기하고 있다. 따라서 도교 제례를 지칭할 때는 초, 초례라고 표기하는 것이 좋겠다.

『고려사』, 『고려사절요』에 기록된 초례는 모두 191회에 달한다. 초례는 정기적, 부정기적으로 거행되었다. 정기적인 초례는 국왕의 생신을 맞이하여 국왕의 장수와 안녕 등을 기원하거나 삼원절三元節에 행해졌다. 도교에서는 상원, 중원, 하원을 삼원이라 하여 각각 음력 1월 15일, 7월 15일, 10월 15일에 초례를 지낸다. 이는 도교에서 천상의 선관仙官이 일 년에 세 번(삼원절) 선악을 살펴 그에 따라 장수와 화복을 주는 것이라 하여 이때 초례를 거행하였다. 부정기적인 초례는 순조롭지 못한 자연 현상에 대해서, 또는 국왕의 무병장수를 바라면서 거행하였다. 아울러 전란에 승전을 위해 거행되었다. 이처럼 다양한 목적에 의해 거행되었던 초례는 그것이 제천의례라는 점이 가장 주목된다. 이는 국왕의 권위 강화와 밀접한 관련이 있다. 이에 초례는 대사에 준하는 위상을 가진 국가제례였다. 초례는 천·지에 대한 제례를 포함하고 있어 원구·방택의 제사와 동일한 성격을 보여주고 있고, 제관의 지위가 대사大祀인 원구·사직·태묘와 동일하였다.

도교가 고려사회에서 점점 자리를 잡아가자 도교 풍속 또한 널리 행해졌다. 고려사회에 가장 유행한 도교 풍속은 수경신守庚申이었다. 수경신은 경신일에 잠을 자지 않고 밤을 새우는 것이다. 이 날이 되면 사람 몸속에 있는 삼시충이 그 사람이 자는 틈을 타 몰래 하늘로 올라가 그 사람의 악행을 옥황상제에게 고하게 되는데 그러면 그 사람의 목숨이 줄어든다고 한다. 따라서 이 날에 삼시충을 막으려면 잠을 자지 않아야 하였다. 이에 밤을 샐 목적으로 잔치를 열었다. 이러한 수경신 풍속은 고려사회에서도 성행하였다. 수경신에 대한 대표적인 예는 충렬왕의 경우가 있다. 『고려사절요』에 의하면, "태자가 새벽까지 잔치를 베풀고 음악을 연주하였다. 나라의 풍속에 도교의 설에 따라 매년 이 날이 되면 반드시 모여 밤새껏 술 마시며 잠을 자지 않았는데, 이것을 일러 수경신이라 한다. 태자도 역시 당시의 풍속을 따르니 당시 여론이 이를 비난하였다."고 한다. 이 사례로 보면 수경신은 왕실에서도 행해졌음을 알 수 있다. 그리고 '나라의 풍속'이라고 한 것을 보면 수경신은 고려사회에 널리 행해졌던 도교 풍습이었음을 알 수 있다.

한편 도교는 불로장생을 추구하는데 영원불멸의 존재를 선인仙人, 신선, 혹은 진인眞人이라고 한다. 이인로(1152~1220)는 신선이 사는 이상향이 지리산에 있다는 소문을 믿고 그 곳을 찾아가기도 하였다. 도교신자들은 선약이나 장생술을 통해 불로장생을 얻어 신선이 될 수 있다고 믿었다. 고려시대에도 이러한 장생술을 수련한 이들이 있었다. 이인로는 신선에 대해 관심을 가지고 직접 호흡법을 실행해 보기도 하였다. 그리고 『명종실록』의 편찬에 참여하였던 권경중은 일찍부터 벽곡僻穀을 수련하였다. 이에 이규보는 "하필이면 신선을 바라는가. (…) 그대는 무슨 일로 오래도록 벽곡하여 좋은 얼굴 소나무보다 더 여위게 하나"라고 하면서 벽곡으로 인해 야위어가는 그의 모습을 묘사하였다.

요컨대 도교는 삼국시대에 유입되어 삼교의 하나로 자리 잡아 갔으며, 고려시대에 성행하게 되었다. 도관이 건립되고 초례는 국가제례의 하나로 거행되었으며 장생술이 유행하였다. 고려시대의 도교는 하늘, 별, 산천 등에 대한 숭배를 포괄한 신앙이었다. 조선시대에 들어 이단론에 따라 도교 역시 배척되었지만 조선전기까지만 하더라도 초례는 사전祀典에 등재된 국가제례였다. 조선중기 이후 소격서가 폐지되어 국가 차원에서는 위축되었지만 민간에서 수련 중심의 도교로 명맥을 이어 나갔다. 간단히 말하자면 고려시대에 도교는 삼교의 하나로서 왕조 차원에서 유행한 종교였으며 고려 사람들에게도 주요 신앙의 하나로 자리하고 있었다.

2) 산천신앙

『삼국사기』 제사조를 보면 신라는 산악신앙이 주류를 형성하고 있다. 즉 삼산을 대사로, 오악 및 명산을 중사·소사로 제사하였다. 그리고 『구당서』에서 신라는 산신에 제사하는 것을 좋아한다고 하였다. 이러한 사실로 보아 신라 때에 산천신앙이 성행하였음을 알 수 있다. 신라의 산천신앙은 고려로 계승되었다. 우선 태조의 조상은 산천신앙과 관련이 있다. 호경은 구룡산의 산신이 되었고, 그 사당으로 성골장군사가 있었다. 그리고 태조대의 팔관회는 천제, 산천제, 용신제가 포함되어 있었다. 최승로는 상소문에서 산악제가 번잡하다고 비판하고 있다. 이처럼 산천신앙은 고려에서도 매우 중시되었다. 그런데 고려초의 산천제는 신라의 전통을 이어받은 경주 중심의 제장이라는 데 문제가 있었다. 성종 9년(990)에 산천제사를 산정刪定한 것은 이때에 이르러 개경 중심의 산천제로 정비하였음을 의미한다.

신라의 삼산, 오악과 같은 산신은 호국신이었다. 병란이 일어났을 때 산신이 국가와 백성을 수호한다는 관념은 고려에서도 마찬가지였다. 개경의 진산인 송악은 도읍을 수호하는 신격으로 숭배되고 있었다. 이곳에는 숭산신사崇山神祠가 있었다. 개경의 송악은 거란의 2차 침입에 신이함을 보여 거란군을 물리친 것을 계기로 하여 숭산崇山에 봉해졌다.

산신은 지역 수호신이기도 하였다. 이를 뚜렷하게 보여주는 사례는 무신정권기에 경주민의 항거를 진압하는 과정에서 나타난다. 최충헌 집권기에 신라부흥을 표방한 경주민의 항쟁이 거세게 일어났을 때 토벌군은 가는 곳마다 제사를 지내면서 전승을 기원하였다. 이때 산신에 대해 자신들을 보호하고 반란군을 소탕하여 국가를 수호하게 해달라고 기원하였다. 지역의 산신에게 반란의 소탕을 기원하는 것은 산신이 그 지역의 수호신이라고 믿었기 때문이었다. 그리하여 지역 세력의 대표자가 그 지역의 산신으로 숭배되었다. 예를 들면 박영규는 해룡산신이, 박란봉은 인제산신이 되었다. 이것은 지방 세력가들이 자신의 조상을 그들 근거지의 산신으로 받들어 지역민에 대한 지배력을 강화하려는 의도였다. 이처럼 산천제는 국가제사로 거행하여 국가의 안녕을 기원하였고, 지역민들은 그 지역을 수호하는 산신에 제사함으로써 지역의 안녕과 수호를 기원하였다.

산천제는 기양, 기복을 위해서도 거행되었는데 특히 기우, 기청을 위해 천상제川上祭라는 제의가 별도로 거행되고 있었다. 산천제는 제단과 신사 神祠에서 거행되었으며, 신사에는 신상神像이 안치되어 있었다.

한편 고려의 산천신앙은 불교, 도교와 융화되기도 하였다. 산천신앙과 불교의 융합은 산신을 국사國師로 상정하는 데에서 뚜렷이 나타난다.

산악신앙이 도교, 불교와 융합된 대표적인 사례는 묘청의 팔성당八聖堂이다. 여기에는 산신, 신선, 보살 등이 혼재되어 나타난다. 이렇게 산천신앙이 불교, 도교와 더불어 나타나는 이유는 이들 신앙이 고려사회에 유행하고 있었기 때문이다.

3) 성황신앙

성황城隍은 '성'이 성벽을, '황'이 성곽을 둘러싼 호濠를 뜻하여 일정 지역의 거주지 혹은 도시를 가리킨다. 따라서 성황신앙은 성곽의 수호신에 대한 거주민의 신앙이다. 이러한 성황신앙은 6세기 무렵 중국에서 시작되었는데, 도시의 군사적 수호 기능을 가진 것으로 여겨졌다. 당 중엽 이후 성황신앙은 더욱 확대되었고, 지방관에 의한 제사가 보편화되어 갔다. 그러면서 기우, 질병 퇴치 기원 등으로 그 기능이 다양해져 갔다. 송대에는 국가 차원에서 제사가 거행되었다.

우리나라에 성황신앙이 언제 수용되었는지는 확실하지 않다. 성황이라는 단어의 첫 등장은 신라 효공왕 8년(904)이다. 이때 궁예가 국호를 마진으로 고치고 여러 관부를 두었는데, 성황을 수리하는 장선부를 두었다. 성황당의 등장은 성종 11년(992)에 사수현으로 귀양 간 안종 욱이 유언으로 현의 성황당 남쪽에 묻어달라고 하였다는 것이 첫 사례이다. 안종 욱은 성종 15년 7월에 사망하였으니 사수현에 성황당이 있었던 것은 훨씬 이전이었을 것이다. 고려초에 이미 성황신앙이 있었던 것은 확인되지만 언제, 어떻게 도입되었는지는 확실하지 않다. 그렇지만 국가 주도로 성황당이나 성황사城隍祠가 건립된 것 같지는 않다. 성종 원년(982)에 올린 최승로의 「시무 28조」 중에서 종묘·사직이나 초례·산악제는 나와 있지만 성황신에 대해서는 거론하지 않았기 때문이다. 그런데 김인훈이 양산의 성황신으로, 손긍훈이 밀양의 성황신으로, 신숭겸이 곡성현의 성황신으로, 김홍술이 의성의 성황신으로 배향되었다. 성황신으로 배향된 인물들은 모두 그 지역의 토성이었다. 이것은 후삼국통일 과정에서 공로를 세운 인물들의 후손들이 자신의 가문을 빛내기 위해 성황당을 건립한 것이라 하겠다. 결국 지역의 토성들은 자기 조상을 고을을 수호해 주는 성황신으로 설정함으로써 지역민들이 자발적으로 복종하기를 기대하였던 것이다.

군·현에서 그 지역의 인물을 성황신으로 배향하는 단계에서 벗어나 점차 국가 주도로 성황신사城隍神祠를 건립하게 되었다. 문종 9년(1055)에 선덕진에 성곽을 축조할 때에 국가 주도로 성황신사를 건립하였다. 선덕진은 동계의 중요한 군사 거점이었다. 이곳에 새로 성곽을 축조한 후 성황신사도 함께 설치하고 봄, 가을에 제사하게 한 것은 지역의 방어를 위한 기도처로써 이용하려는 목적이었을 것이다. 선덕진에 성황신사를 건립한 것은 수호신으로서 성황신을 국가가 인정하고 국가제례로 편입하였음을 말해준다. 즉 사전祀典에 실린 성황신은 국가로부터 영험성이나 공로가 인정되었다는 것을 의미한다.

국가제례로 행해진 성황제는 아마도 중사나 소사의 예로 거행되고 있었던 것 같다. 충숙왕 15년(1328)에 계림부사록 이광순이 성황제사에 고기를 쓰지 못하게 하자 주민들이 돼지를 다 죽여 버렸다고 한다. 『고려사』예지 길례에 중·소사의 희생으로 돼지가 규정되어 있다. 이렇게 볼 때 국가 성황제는 중사나 소사의 예로 거행되었을 것이다. 그리고 국가의 성황제는 해당 지역의 지방관이 주관하였다. 이는 중앙에서 파견된 지방관으로 하여금 각 주현의 성황제를 주관케 함으로써 성황제의 일원화를 도모한 것으로 해석된다. 그러나 중앙 정부의 의도와는 달리 성황제는 지방의 토착세력들에 의해 주도되기도 하였다. 토착세력에 의한 성황제의 거행은 결과적으로 성황신앙의 토착화, 민간화를 가져왔을 것이며, 지방에서 성황제의 정착에도 영향을 끼쳤을 것이다.

1992년 전라북도 순창에서 발견된 「순창성황당현판」은 지방을 중심으로 거행된 성황제와 성황신앙에 대한 풍부한 자료를 제공해 주고 있다. 이 현판은 연대순으로 기록되어 있어 신앙의 연속성을 살필 수 있고, 아울러 고려와 조선의 성황신앙이 어떤 차이가 있었는지도 나타나 있다. 그 내용에 따르면 순창의 성황당은 고려시대부터 존재하였으며, 고려에서 조선에 걸쳐 순창의 성황신앙은 지속되었다. 성황신으로 설공검이 배향되었는데, 그 이유는 그가 훌륭한 인품을 가진 순창의 대표적인 유력자였기 때문이었다. 그리고 순창의 성황신은 고려시대에 국제國祭로 받들어졌고, 조선시대에 들어와 지방 향리를 중심으로 제사되어 이 지역의 공동체 의례, 즉 동제洞祭로 변화되었다.

　　요컨대 성황신은 중국에서 지역 수호신앙으로 기능하고 있었는데, 신라말 혹은 고려초에 수용되어 지역 수호신의 역할을 수행하고 있었다. 이에 성황제는 지역공동체의 신앙으로 중시되었다. 성황신사는 문종 9년을 기점으로 점차 사전에 등록되기 시작하였으며, 그 영험함에 따라 군현의 성황사도 사전에 등재되어 갔다. 국가의 성황제는 해당 지역의 지방관이 주관하였으며 대부분의 성황제는 지방의 토착세력들이 주도하였다. 그리하여 성황신앙은 산천신앙과 함께 지역공동체의 중요한 신앙이 되었다.

4) 풍수지리설

　　송의 서긍은 『고려도경』에서 "고려 사람들은 본디 글을 알아 도리에 밝으나 음양설에 구애되어 꺼리기 때문에, 그들이 나라를 세울 때에는 반드시 그 형세를 관찰하여 좋은 계책을 세울 수 있는 곳이라야 자리 잡는다."고 하였다. 고려 사람들이 얼마나 풍수지리설에 의지하고 있었는가를 잘 알 수 있다.

풍수지리설은 산수의 형세를 살펴 도읍, 집, 묘 등을 선정하는 것으로 그 쇠왕과 순역에 따라 국가나 인간의 길흉과 화복이 많은 영향을 받는다고 주장한다. 풍수지리설은 도참과 결합하면서 그 영향력이 더욱 커져갔다. 도참이란 징후, 전조 또는 신탁 등을 의미하는데 장차 닥쳐올 길흉화복을 예언, 암시하여 신비적, 미신적 성격이 농후하였다. 풍수도참설은 정치, 사회 상황과 결합되면서 매우 큰 영향력을 행사하였다.

풍수지리설은 신라말의 선종 승려인 도선에 의해 널리 전파되었으며, 각 지방의 호족들은 이를 자기의 존재를 합리화하는 데 이용하였다. 태조 왕건 또한 「훈요」에서, "서경은 수덕이 순조로워 우리나라 지맥의 근본이니 만대 대업의 땅이 된다."는 유훈을 남겼다. 고려초의 서경 중시와 서경천도론은 바로 풍수지리설 때문이었다.

풍수지리설에서는 명당에 자리 잡음으로 해서 나라와 사람의 운명이 영향을 받는다고 한다. 고려시대에는 『도선기』, 『도선답산가』, 『삼각산명당기』 등의 풍수지리서가 유행하였다. 이는 삼경제도의 중요한 근거가 되었다. 그리고 중기 이후 지기쇠왕설이 유행하였다. 이에 의하면 땅의 기운이 약한 곳인가, 아니면 왕성한 곳인가, 혹은 기운이 순한가 거스르는가에 따라 국가나 인간의 길흉 화복이 영향을 받는다고 한다. 이에 개경 땅의 기운이 쇠약해졌기 때문에 도읍을 옮겨야 한다거나 땅의 기운이 왕성한 서경이나 남경에서 일정 기간 국왕이 머물러야 한다고 주장하였다. 그리하여 남경 천도나 서경 천도운동이 벌어졌다.

숙종 원년(1096)에 김위제는 도선의 비기에 근거해 도읍을 개경에서 남경(현재의 서울)으로 옮길 것을 주장하였다. 김위제는, "도선의 비기에는 '고려의 땅에 서울이 3개 있다. (…) 건국한 후 160여 년에 목멱양에 도읍한다.'라고도 하였습니다. 그러므로 지금이 바로 새로운 도읍으로 옮길 때입니다."라고 하였다. 김위제의 남경 천도 주장으로 시작된 남경 건설은 일부의 반대도 있었지만, 숙종 6년(1101)에 남경 건설을 위한 기구를 설치하였고, 3년 후에 남경의 궁궐을 완성하였다. 숙종이 남경에 궁궐을 건립한 것은 헌종과 한산후, 그리고 이자의의 세력을 제거하고 왕위에 오른 그로서는 당시의 어수선한 분위기를 수습하고 왕권의 안정을 도모하고자 하였기 때문이다. 숙종은 개경뿐 아니라 서경과 남경을 중시함으로써 개경에 집중된 힘을 분산하여 세력의 균형을 이루고자 하였던 것이다.

한편 풍수지리설에 따르면 서경도 매우 중요한 명당이었다. 태조는 「훈요」에서 "서경은 수덕水德이 순조로워 우리나라 지맥의 근본이 되며 대업을 만대에 전할 땅인 까닭에 마땅히 사중월(2·5·8·11월)에는 거기에 행차하여 100일이 지나도록 머물러 안녕을 이루도록 하라."고 당부하였다. 서경은 인종 때에 정치의 중심에 놓이게 되었다. 묘청(?~1135)은 지덕, 즉 땅 기운이 왕성한 서경에 천도하고 왕을 황제라고 칭하며, 연호를 사용하면 금金을 비롯해 36국의 조공을 받을 수 있게 된다고 주장하였다. 당시 인종은 이자겸의 난이라는 정치적인 소용돌이 속에서 개경이 불타버리고, 금의 압력으로 사대관계가 성립하는 등 대내외적으로 어려움에 처해 있었기 때문에 이러한 문제를 타파하기 위해 고심하고 있었다. 이러한 분위기에 편승한 묘청의 주장은 인종을 비롯한 일부 세력들에게 상당한 호응을 얻었다. 서경 출신인 백수한, 정지상 등은 "개경은 터의 힘이 이미 쇠하였고, 서경에는 왕기가 있으니 마땅히 임금이 옮겨 앉아 상경으로 삼아야 된다."고 하였다. 김부식, 이지저 등의 개경 문벌들의 반대에도 불구하고 인종 6년(1128)에 서경의 임원역에 궁궐 지을 터를 정하고, 이듬해에 서경의 새 궁궐을 완성하였다. 서경 천도가 점점 가시화되자 개경 문벌의 반발이 더욱 커져갔다. 이에 인종이 서경 천도를 미루자 묘청은 서경에서 난을 일으켰다. 그러나 김부식에 의해 진압됨으로써 서경 천도운동은 끝이 났다.

고려말에도 풍수도참설의 유행은 여전하였다. 고려말의 천도 논의와 삼소三蘇의 경영은 이를 잘 말해준다. 이때까지도 지기쇠왕설이 큰 영향력을 미치고 있었다. 이러한 경향은 조선시대로 이어져 한양 천도 문제로 다시 주목을 받았다. 그러나 점차 풍수설에 대한 비판이 일어나면서 능묘를 위한 음택 풍수가 주류를 이루게 되었다.

한편 태조는 「훈요」에서, "사원은 모두 도선이 산과 물의 순역을 점쳐서 정한 자리에 개창하였다. 도선은 일찍이 '내가 점쳐서 정한 곳 이외에는 함부로 사원을 세우면 지덕을 손상하여 나라의 운명이 길지 못할 것이다.' 라고 하였다."고 하였다. 그런데 이러한 주장은 이른바 '비보사탑설'로 변모하였다. 배산 임수의 명당이 아니면 절이나 탑 등을 세워 재앙을 막아야 한다는 것이다.

요컨대 풍수지리설은 음양오행의 형이상학적 요소를 지니면서 인문지리적인 면을 보이기도 하지만, 닥쳐 올 길흉화복을 예언하는 도참설과 결합함으로써 신비적인 요소가 강하였다. 그리하여 풍수도참설은 사회 변혁의 논리로 작용하여 삼경 운용과 천도의 근거로 활용되었다.

이상에서 살펴본 바와 같이 고려시대는 도교, 산천신앙, 성황신앙, 풍수지리설이 널리 유행하였다. 고려는 종교와 사상의 다양성을 지닌 사회였던 것이다. 따라서 고려는 불교사회, 조선은 유교사회라는 도식적 이해에서 벗어나 고려의 종교, 신앙에 대한 총체적 접근이 필요하다. 즉, 불교 외에 유교와 도교, 그리고 전통신앙 혹은 토착신앙에 대해서도 관심을 더 확장할 필요가 있다. 지역 사회와 강한 유대를 가진 성황신과 산천신에 대한 최근의 연구들은 고려 사상과 신앙 연구의 다양성을 확장하였다는 점에서 주목된다. 그리고 풍수지리설에 대한 연구도 더 활발해지기를 기대해본다. | 김철웅 |

참고문헌

김갑동, 『고려의 토속신앙』, 혜안, 2017.

김철웅, 『한국중세의 吉禮와 雜祀』, 경인문화사, 2007.

김철웅, 『고려시대의 道敎』, 경인문화사, 2017.

변동명, 『한국 전통시기의 산신·성황신과 지역사회』, 전남대출판부, 2013.

영암군 편, 『先覺國師道詵의 新研究』, 영암군, 1988.

李丙燾, 『高麗時代의 研究』, 아세아문화사, 1980.

장지연, 『고려·조선 국도풍수론과 정치이념』, 신구문화사, 2015.

車柱環, 『韓國의 道敎思想』, 同和出版公社, 1984.

崔昌祚, 『韓國의 風水思想』, 민음사, 1998.

한국종교사연구회 편, 『성황당과 성황제-淳昌 城隍大神事跡記 研究-』, 민속원, 1998.

보론 6

대장경의 조성

1) 대장경 조성과 '대장경 문화'의 형성

고려는 왜 대장경을 조성彫成하였는가. 우리나라 역사에서 대장경을
목판에 새긴 것은 두 차례이다. 『고려사』에 따르면 "현종 때 판본이
임진년 몽골 병사에 의해 불타 버렸다. 왕이 여러 신하와 함께 다시
발원하여 도감을 설치하고 16년 만에 공역을 마쳤다."(권24, 고종 38년 9월
임오)고 한다. 이 기사를 통해 현종대 조성된 대장경 판본이 몽골군에
의해 임진년 즉 고종 19년(1232)에 불 탄 사실, 고종이 여러 신하와 함께
대장경 조성을 발원하며 도감都監을 설치한 사실, 16년에 걸쳐 대장경을
판각한 사실, 그 판본이 강화도 서문 밖 대장경판당에 보관된 사실을
알 수 있다. 11세기 초엽인 현종대와 13세기 중엽인 고종대에 국가사업으
로 대장경이 각각 조성되었던 것이다.

두 차례 조성된 대장경 판각 동기는 외적 격퇴와 관련 깊다. 고종
24년(1237) 왕명으로 이규보가 작성한 「대장각판군신기고문」에 "이제 재
집宰執과 문무백관 등과 함께 큰 서원誓願을 발하여 이미 담당 관사官司를
두어 그 일을 경영하게 하였고, (…) 옛적 현종 2년에 거란 왕이 크게
군사를 일으켜 와서 정벌하자, 현종은 남쪽으로 피난하였습니다. 거란
군사는 오히려 송악성松岳城에 주둔하고 물러가지 않았습니다. 그러나
현종은 여러 신하들과 함께 더할 수 없는 큰 서원을 발하여 대장경 판본을
판각해 고른 뒤에 거란 군사가 스스로 물러갔습니다."(『동국이상국집』 권25)
라고 하였다. 이규보는 현종대 거란군이 침입하자 대장경을 판각하였더

니 물러갔으므로, 몽골군이 침입한 지금 대장경을 판각한다면 그들 역시 물러갈 것이라 하였다. 사실 현종 2년(1011)에 거란군이 강조康兆 변란을 빌미삼아 우리 국토를 유린하자 대장경판 조성을 발원하였다. 대장경 판각이 한창이던 현종 9년(1018) 거란군은 소배압을 지휘관으로 다시 침입해 왔다. 강감찬이 이끄는 고려군은 귀주에서 이를 물리쳤다. 이를 계기로 대장경 조성은 호국護國사업으로 인식되었다. 이규보는 몽골군의 야만적인 살육과 대구 부인사에 보관된 대장경판 소실을 통분히 여기면서 대장경판 조성을 다시 착수하게 된 사정을 적고 있다. 따라서 대장경 판각은 외적의 침입을 격퇴시키고자 하는 고려 사람들의 염원을 담아 국가사업으로 추진되었다.

고려가 조성한 대장경은 고려 불교의 지속적인 발전 산물이다. 현종 2년 판각을 시작한 대장경에는 당시 불교 혁신성이 반영되어 있다. 삼국시 대 불교 전래와 수용 이후 불교 경전에 대한 연구는 물론 교리에 대한 연구는 계속 심화되었다. 그 과정들은 경전 필사본과 권자본卷子本 등에 계승 반영되었다. 특히 성종 10년(991) 북송北宋의 『개보칙판대장경』이 전래되면서 고려의 대장경 체제가 독자적으로 발전하는 데 큰 영향을 미쳤다. 거란도 1054년에 이르러 대장경을 완성하였고, 고려는 문종 17년(1063)에 이를 입수하였다. 고려에 흩어져 있던 여러 불교 경전과 『개보칙판대장경』, 『거란대장경』 등을 체계적으로 재편성하고 보완하여 새롭게 대장경을 통합 조성하게 되었다. 현종 2년 판각을 시작한 대장경은 선종 4년(1087)에 최종 마무리되었다. 이때 목판 제작 및 판각 기술 향상은 대각국사 의천의 교장敎藏(소위 속장경) 조성에 적극 활용되면서 지속적으로 계승 발전되었다. 이를 한 차원 높게 발전시킨 것이 고종대 조성된 대장경 이다. 대몽항쟁이 한창이었던 고종 23년(1236) 판각에 착수하여 고종 38년(1251) 완성된 대장경은 고려가 그동안 축적한 지식의 총집합체라고 할 수 있다.

고종을 정점으로 왕족과 유불학儒佛學지식인, 군현민 등 모든 계층이 참여하였고, 당시 불교 각 종파가 적극 동참하여 국가사업으로 추진되었다. 현종 2년부터 본격적으로 조성되기 시작하여 고종 38년에 대미를 장식함으로써, 고려는 세계에서 으뜸가는 찬란한 '대장경 문화'를 이루게 되었다. '대장경 문화'를 창조하는 과정에서 거란과 몽골과의 장기간에 걸친 항쟁과 여진족 침략과 내정간섭 등 견디기 어려운 민족적 수난을 겪어야만 하였다. 그래서 '대장경 문화'는 민족적 수난의 극복과정에서 창조된 산물이고, 민족 자긍심의 상징이다.

2) 『고려대장경』의 조성 주체와 조성 기구

『고려대장경』각 경전의 권말 간기에 "□□년 고려국 (분사)대장도감에서 황제皇帝(고종)의 명령을 받들어 새기고 만들었습니다"(□□歲高麗國(分司)大藏都監奉勅雕造)라고 새겨져 있다. 당시 대장경 저본 전체를 교감한 개태사 승통 수기守其가 적은『고려국신조대장교정별록高麗國新雕大藏校正別錄』의 권수제卷首題에 "사문(승려) 수기 등이 황제의 명령을 받들어 교감하였습니다"(沙門 守其等 奉勅校勘)고 새겨져 있다.『동국이상국집』연표에 의하면 고종 24년 국왕의 명령을 받들어 이규보가「대장각판군신기고문」을 지었다. 뿐만 아니라『고려대장경』판각과 관련이 깊은『동국이상국집』은 고종 38년 국왕의 명령으로 간행되었다. 이러한 사실을 종합해 볼 때 『고려대장경』판각은 고종의 명령에 의해 국가 주도로 추진되었음을 알 수 있다.

사업의 발원 의례儀禮 시행과 발원문 작성 책임자, 교감 책임자, 도감의 운영 등은 고종과 재추회의를 통해 직접 하달되었다. 대장도감과 분사대장도감은 국가의 공적인 행정기구로서 중앙 행정체계에 의해 운영되었다. 당시 최고 실권자였던 최이·최항 부자는 사업의 정책적 결정, 도감

운영, 막대한 사재私財 시납 등에 핵심적인 역할을 하였다.

최씨 무신정권은 안으로 각 지방의 농민·천민 봉기와 밖으로 몽골 침입 등 내우외환으로 위기에 처해 있었다. 몽골과의 전란 중에 강화도로 천도한 무신정권은 그들의 통상적 지배제도만으로는 더 이상 몽골에 대한 항전을 독려하기 어려운 상황에 처하였다. 그래서 왕실과 관료층으로부터 군현민에 이르기까지 정신적 귀의처였던 불법佛法의 힘을 빌려 항전 역량을 돋우기 위해 대장경 조성사업을 벌일 필요가 있었다. 최우와 처남매부간인 정안鄭晏은 사업에 필요한 경비의 재財보시, 판각 현장의 인력 참여 유도, 경판 희사, 사업 방향에 대한 조언 등에서 주요 역할을 분담하였을 것이다. 조성과 관련된 전문 인력 중에는 최씨 무신정권과 긴밀한 관계에 있는 수선사 계열도 있으며, 그들과 대립적이면서 오히려 왕실과 긴밀한 화엄종의 의천계열 역시 동참하였다. 그 밖에 다양한 계열의 지방 군소群小 사원 승려도 자발적으로 참여하였다. 조성사업에 필요한 현장의 전문 인력은 국가 행정조직과 불교계라는 교敎·속俗 이원적인 형태로 운영되었던 것이다.

몽골군은 닥치는 대로 살육과 약탈을 일삼고, 부인사에 소장된 대장경 판 및 경주 황룡사 등을 불태웠다. 호국 상징으로 인식되던 문화재들이 불타자 큰 충격에 빠졌다. 전장에서 삶과 죽음을 넘나드는 고초를 겪고 있었던 병사들이나 몽골의 침입으로 인해 자신과 가족들의 목숨과 삶의 터전이 와해될 위기에 직면한 민중들은 소재消災 염원을 불교에서 찾고 있었다. 이러한 염원을 수렴하여 무신정권은 대장경 조성사업에 착수함으로써 항몽抗蒙 역량을 북돋우고 나아가 흩어진 민심을 모을 수 있을 것으로 보았다. 이에 그들은 『고려대장경』 조성사업에 모든 역량을 강화하고 최선의 노력을 다하지 않을 수 없었다.

그동안 최씨 무신정권, 정안과 같은 특정 지배층이 사업을 주도하였다는 주장은 관련 사료에 대한 비판적 검토와 사료 발굴이 부족하였기 때문이다. 90년대 대장경판 변괘선邊卦線에 새겨진 각성인刻成人 등 인·법명이 조사되면서 『고려대장경』 조성사업의 참여계층이 선명하게 드러났다. 고종 24년(1237) 판각된 『대반야바라밀다경』에 참여한 '허백유許白儒'는 자신의 직책을 '대정隊正'이라 밝혔다. 그 이듬해 판각된 『마하반야바라밀경』 권13에는 임대절林大節이 '대절도大節刀', '진사임대절간進士林大節刊'으로 새겨 진사進士임을 밝혔다. 『자비도량참법』 권9에 '호장배공작戶長裵公綽', '호장중윤김연戶長中尹金練' 등 호장층의 참여 사실이 밝혀졌다. 그 밖에 영수永壽와 천균天均은 인·법명 앞에 '충주忠州'라 새겨 지역민들의 참여, 판각사업 직전에 해인사에서 활동한 승려 '대승大升'이 각수로 참여한 사실 등도 확인하였다. 각 경판에 새겨진 인·법명, 특정인의 발원문發願文이나 발원자發願者의 인명·관직 등 자료의 분석을 통해 다양한 역사적 사실이 규명되었다. 사업에는 왕실, 관료층·문인지식인, 호장을 비롯한 향촌지배세력, 그리고 민중에 이르기까지 다양한 계층이 참여 활동하였음을 확인할 수 있다. 경판을 직접 조각한 각수는 물론 다양한 업무에 대한 '몸보시', 재원을 시주施主한 '재보시' 등을 한 각성인도 있다. 따라서 고종은 대몽항쟁 중 여러 신하들과 함께 발원하여 국가 행정기관인 도감을 설치하고 『고려대장경』 조성사업을 추진하였고, 전 계층이 적극 동참하였던 것이다.

한편 『고려대장경』 조성 과정에서 경전 교감과 저본 확정은 일종의 협동 연구사업이며 조직적으로 수행되었다. 각 단계별 또는 분야별로 전문가 집단이 불교 교리를 토론하고, 불완전한 내용을 비교 검토하는 과정을 분담하여 그 내용을 확정하였다. 이때 각 경전의 교감과정에 필사자 및 교열자 등이 동시 참여해 진행하였을 것이다. 경판 판각은 단계별 분업을 통해 진행되었을 것이다. 경판 하나가 완성되기까지 필사자, 교감자, 교열자를 비롯하여 목수, 각수 등 수공업자, 그리고 각종 실무를 담당하는 인력들이 대거 참여해야 한다. 즉 다양한 인적 구성이 필요하다.

대규모 사업이 순조롭게 진행되기 위해서는 업무를 정책과 실무적인 직무로 구분해 효율적으로 추진하였을 것이다.

핵심 업무는 대장도감과 분사대장도감이 나누어 담당하였다. 대장도감은 국가 행정조직이 동원된 공적인 협의체로서 정책적 업무와 판각 업무를 주관하였다. 분사대장도감은 국가 행정체계상 대장도감보다 하부 단위의 기구로서 자원 조달 등의 업무를 주로 수행하였지만, 고종 30년 (1243)부터 경판을 판각하는 업무도 맡았다. 사업 기간이 대몽항쟁이라는 비상시국을 감안한다면 지방행정 조직뿐 아니라 사원 등 기존 시설도 분사대장도감 직제와 연결되었을 것이다. 그래서 대장도감은 임시 수도였던 강화경江華京에 있었고, 분사대장도감은 계수관界首官이 파견된 대읍大邑을 중심으로 설치되었을 것이다. 각 도감 산하에는 별도의 조성공간이 하부 조직 단위로 구축되어 경판을 판각하였을 것이다. 해인사·수선사·단속사·하거사 등이 대표적인 조성공간으로 밝혀졌으므로, 도감 산하의 각종 공방工房과 사원 등지에서 경판이 판각되었음을 충분히 짐작할 수 있다.

3)『고려대장경』편제와 정본定本대장경

현존하는『고려대장경』편제는『대장목록大藏目錄』(3권)과 조선말기에 편찬된『보유판목록補遺板目錄』을 근거로 구분하였다.『대장목록』에는 경經의 순서상 첫 번째인『대반야바라밀다경』권1부터 마지막 순서인『일체경음의』권100에 이르기까지 총 1,498종이 편성되었다. 또『보유판목록』에는 15종 경전과 13세기 이후 새로 판각한 경판까지 별도로 구분 편성하였다. 그동안 전자를 원장原藏·정장正藏·정판正板, 후자를 보유판補遺板·부장副藏·보판補板 그리고 잡판雜板(또는 해인사 사私·사간판寺刊板 등)으로 각각 불렀다. 이러한 구분은 고려대장경판을 단순히 2등분으로 분류해 후자가 전자에 비해 격이 떨어지는 장경판으로 인식하게 되었다. 또 판각 장소에 따른 기준에 의해 후자를 '사간私刊 또는 사간寺刊'으로 불렀다. 이에 따라 소위 보유판·부장·보판으로 부르는 경판은 국가 차원에서 판각된 대장경판으로 취급할 수 없다는 선입견을 갖게 되었다. 연구에 따르면『보유판목록』의 15종 경전 중 1종을 제외하고 모두 피난수도였던 강도江都[강화]에서 조성되었고, 또 그 경전은 판각 시기가 훨씬 후대 것도 아니며 체제와 내용 면에서 격이 떨어지지 않는다. 다만『보유판목록』은 조선 고종 때 장응壯雄이 작성한 목록으로 작성 과정에서 그 자신의 불교사상과 종파성에 입각해 구분하여 한계가 있다고 한다. 이와 관련된 여러 모순을 바로잡기 위해 최근『고려대장경』편제를 '대장大藏'과 '외장外藏'으로 분류하였다.

『대장목록』에 편성된 경판을 '대장',『보유판목록』에 편성된 경판과 13세기 중엽 이후에 조성된 경판을 묶어서 '외장'으로 구분하였다. 기존의 편제 구분으로는 대장경판 규모를 정확하게 파악할 수 없다. 경종經種·권수卷數·판수板數의 합산이 각각 다르고 일치하지 않았던 가장 큰 이유는 '대장'과 '외장'에 대한 편제 구분이 명확하지 않았기 때문이다. 또 편제가 영구히 존속할 수 있도록 독특한 구조로 구성되었던 의미를 구체적으로 파악하지 못하였기 때문이다.

『고려대장경』은 조성된 장소와 시기에 따라 그 가치를 논하는 것이 아니라, '대장'과 '외장'으로 구분된 개별 경전의 사상 경향과 시대적 의미에 대한 논의를 통해 구분되어야 한다. 그래서 주목되는 연구는『고려국신조대장교정별록』에서 다룬 저본底本 비율이다.『고려대장경』을 교감한 승통 수기守其가 편찬한 총 30권 분량의 이 책에서 다룬 저본의 판본을 분석해 본 결과 '고려판본' 60%, 송국宋國판본 10%, 거란契丹판본 30% 등이며, 특히 '고려판본'은 '국전본' 91%, '국후본' 3%, 나머지는 고종 때 새로 보충한 것으로 밝혀졌다. 『고려대장경』은 부인사장 대장경의 국전본을 저본으로 이용하면서 '고려판본' 체제와 형태를 계승·발전시킨 것으로 확인되었다. 편제 구조를 2중적으로 구성한 것은 전통적 장경문화와 불교계의 창조적 발전 산물도 수용할 수 있도록 하였기 때문이다. '외장'에 고려시대 경판뿐 아니라 조선 연산군 9년(1503)에 조성한 경판이 편성된 사실을 감안하면, 조성사업 이후의 경판도 편제에 편입시킬 수 있도록 하였던 것이다. 이는 부인사장 대장경과 대각국사의 교장을 계승·발전시킨 것으로 볼 수 있다. 『고려대장경』은 고려 불교계의 축적된 내부 역량과 미래 지향적인 변화와 정진을 유도하고, 그 산물을 늘 흡수할 수 있도록 편제한 것이다.

한편 13세기 중엽 고려는 대장경 보유국이었던 송과 요나라 멸망 이후, 고려가 불교 중심국으로 성장 발전하기 위해서라도 국제적 통일대장경 조성이 반드시 필요하다는 인식을 하게 되었을 것이다. 수기대사를 필두로 하여 당시 교감을 맡은 학승들은 문제점이 발견될 때에는 철저하게 논의하여 한 글자(一字)의 오류까지도 교감하였다. 이를 정리한 『고려국신조대장교정별록』은 대장경 연구에 중요한 서지학적 자료가 된다. 국본·송본·단본이 다 없어진 상황에서 각 본의 내용을 더듬어 볼 수 있는 것은 『고려대장경』이 유일하다. 『고려대장경』은 철저한 교감을 거쳤기 때문에 불교학 연구에 있어서 세계사적인 가치를 지닌 것으로 평가받고 있다. 당시 교감자들은 오류와 착란에 의해 기록 유통되던 경전의 오류를 올바르게 복원하여 유통시키고, 잘못된 내용에 대해서는 『고려국신조대장교정별록』에 기록해 두었다. 교감자들이 불교 경전의 체계화와 함께 교감 과정에서 밝힌 오류들을 모두 밝혀 일부 불교 경전의 시시비비에 대한 그 근거를 남겨 둔 것이다. 이를 통해 『고려대장경』은 내용 면에서 표준이 되는 정본定本대장경이라 할 수 있다.

앞으로 대장경 원천 자료에 대한 체계적이고 과학적인 조사가 있어야 한다. 『고려대장경』 전체 수량에 대한 정확한 파악은 개별 경판의 역사·문화적인 실체를 연구하는 데 핵심적인 토대가 될 수 있다. 방대한 분량의 전체 경판에 대한 체계적인 분석과 분류 기준은 물론 다양한 기본 정보—각 개별 경판의 서지사항, 재원, 외형적 형태, 목재의 수종, 수리 및 마모 상태 등을 비롯하여 각수·보시자의 활동시기, 간기 및 발원문—등에 체계적인 조사가 반드시 필요하다. 『고려대장경』의 보존과 관리를 위해서도 필요한 원천 자료에 대한 조사는 지속적으로 진행되어야 한다.

| 최연주 |

참고문헌

김윤곤 편저,『高麗大藏經 彫成名錄集』, 영남대출판부, 2001.

김윤곤,『고려대장경의 새로운 이해』, 불교시대사, 2002.

불교문화재연구소 외,『합천해인사 〈대장경판〉 보존·관리 프로그램 구축』, 문화재청, 2017.

최연주,『高麗大藏經 研究』, 경인문화사, 2006.

최영호,『江華京板《高麗大藏經》의 판각사업 연구-경전의 구성체제와 참여자의 출신성분-』, 경인문화사, 2008.

최영호,『江華京板《高麗大藏經》의 조성기구와 판각공간』, 세종출판사, 2009.

허흥식,『韓國中世佛敎史硏究』, 일조각, 1997.

김윤곤,「고려 '國本' 대장경의 혁신과 그 배경」『민족문화논총』 27, 2003.

김윤곤,「大邱 符仁寺藏 高麗大藏經板과 그 특성-특히『佛名經』을 중심으로-」『민족문화논총』 39, 2008.

배상현,「고려시기 晉州牧 지역의 寺院과 佛典의 조성-分司 南海大藏都監과의 관련성을 중심으로-」『대구사학』 72, 2003.

채상식,「『高麗國新雕大藏校正別錄』의 편찬과 자료적 가치」『한국민족문화』 46, 2013.

최연주,「符仁寺藏『高麗大藏經』의 호칭과 조성」『한국중세사연구』 28, 2010.

최연주,「분사남해대장도감과『고려대장경』의 彫成空間」『한국중세사연구』 37, 2013.

최연주,「『高麗國新雕大藏校正別錄』의 校勘 유형과 성격」『석당논총』 68, 2017.

최영호,「江華京板『高麗大藏經』의 조성사업에 대한 근대 100년의 연구사 쟁점」『석당논총』 44, 2009.

최영호,「高麗國大藏都監의 조직체계와 역할」『한국중세사연구』 31, 2011.

최영호,「海印寺大藏經板校의 구성체계와 범위」『석당논총』 68, 2017.

6장

사유와 예술문화

1. 역사서와 역사인식
2. 예술 문화의 발전과 성격
3. 자연 인식과 과학기술

1. 역사서와 역사인식

1) 역사서와 역사인식

인간은 자신이 살아온 공간과 시간에 대한 인식을 갖는 존재이다. 공간 속의 인간은 자신이 살아온 자취를 시간별로 나누어 인식한다. 인간만이 역사를 기억하고 의미를 부여하는 동물이다. 고려시대에 살았던 인간이라고 예외는 아니다. 그들은 고려왕조가 지닌 역사적 위상을 설정하고, 때로는 현재에 대한 반성과 과거를 평가하기 위해 역사책을 만들었다.

역사서에 대한 연구는 몇 가지 분야로 나누어 볼 수 있다. 우선 역사책이 편찬된 배경과 목적을 이해하는 연구이다. 이것은 역사책이 나온 시대적 이유를 찾아내는 작업이다. 예컨대 김부식金富軾이 『삼국사기三國史記』를 만든 역사적 배경과 목적을 찾는 것이 여기에 해당한다.

또한 역사서의 편찬자에 대한 연구가 여기에 추가될 수 있다. 편찬자의 삶과 성향은 역사서의 성격을 이해하는 데 중요한 단서가 되기 때문이다. 물론 편찬자가 국가의 명령에 따라 편찬한 대표집필자일 수 있지만, 개인적으로 역사서를 만든 경우도 적지 않다. 이들의 정치적 사상적 성향이 역사책 편찬에 반영되기에, 편찬자에 대한 연구는 중요하다. 다만 편찬자에 대한 기록이 소략한 경우가 많기에 그러한 이해에 장애가 되기도 한다.

역사서에 대한 성격 연구는 이를 책의 정치적 목적에 결부시키는 경우가 많다. 즉 역사서가 정치권력 상에서 왕권과 신권 중에 어느 한편을 강화하기 위한 것이라고 보는 경향이다. 예컨대 의종대 편찬된 『편년통록編年通錄』은 당시 약화된 왕권을 강화하기 위해 만들었다고 이해한다.

이처럼 역사서가 역사인식만이 아닌, 편찬을 통한 정치적 목적을 지녔다고 본다.

또 다른 연구 분야는 역사서 자체에 대한 실증적 문제이다. 즉 역사서의 편찬 방식과 구성 형태 등을 살펴보는 것이다. 전통시대에 역사서의 편찬 방식은 중국의 스타일을 모방하였다. 중국 역사서는 공자가 편찬하였다는 『춘추春秋』의 편년체, 그리고 사마천이 만든 『사기史記』의 기전체가 가장 기본적인 스타일이다. 두 가지 방식을 섞은 기사본말체가 조선시대에 등장하지만, 고려시대 역사서에서는 이런 방식을 언급할 필요가 없다.

편찬 방식이 문제가 되는 이유는 역사서의 성격이나 편찬목적을 규정하는 데 도움이 되기 때문이다. 이것은 역사서의 편찬 방식이 후대 역사책에 준 영향력을 이해하는 문제이기도 하다.

마지막으로 편찬주체에 대한 연구다. 앞서 편찬자의 삶과 정치적 성향에 대한 연구가 이런 분야가 될 것이지만, 때로는 국가가 편찬할 때 어떤 방식의 역사서를 제작하였는지를 알아보는 것이다. 다만 현재까지 역사서의 유통이나 사회적 영향에 대한 연구는 상당히 미흡하다. 역사서의 서지적 내용을 포함하여, 책의 제작방법과 책의 유통, 그리고 지식인 사회에 끼친 영향력에 대한 기록이 많지 않기 때문이다. 이후 이 분야에 대한 연구가 진전될 필요가 있다.

2) 고려전기의 역사서와 역사인식

고려 전·후기를 나누는 기점은 대개 의종 23년(1170)에 일어난 무신정변이다. 무신정변이 가져온 사회적 변화가 상당하였다. 그 결과 역사서에도 많은 변화가 있었다. 우선 고려시대 전체를 관통하는 역사서는 실록이다. 『고려실록』은 편의상 붙여진 이름이지만, 대표적 관찬官撰 역사서이다. 하지만 이 실록이 현존하지 않기 때문에 그 자취는 『고려사』, 『고려사절요』 등에서 찾아야 한다. 『고려실록』은 조선시대에 나온 『고려사』 등의 편찬에서 기초자료가 되었다.

7대 실록의 편찬

고려왕조가 성립된 이후 역사편찬은 초기부터 이루어졌던 것으로 보인다. 역사편찬은 국가기관인 사관史館에서 담당하였고, 감수국사가 그 책임자였다. 대략 실록편찬이 시도된 시기는 성종대로 여겨지고 있지만, 정확하지는 않다. 현재 『고려사』 등에는 고려초기의 기록이 매우 부실하다. 그 원인은 태조부터 목종대(7대)까지의 실록이 현종대 거란의 침입으로 불타버렸다는 점에 있다.

이후 7대 실록은 황주량과 최충에 의해 다시 만들어진다. 7대 실록의 완성 시기는 현종 18년(1027) 또는 덕종 3년(1034)으로 추정되고 있다. 이 7대 실록의 편찬은 불타버린 각종 문헌을 여러 곳에서 모아서 이루어졌다.

7대 실록 가운데 『태조실록』에는 태조 왕건의 조상에 대한 기록이 수록되어 있다. 왕건 조상에 대한 인식과 선양 작업은 역사인식과 관련해서 중요한 문제이다.

『편년통록』과 책의 성격

『고려사』 편찬자는 『태조실록』에 입각하여, 왕건이 즉위한 후에 3대 조상을 추존하였음을 보여준다. 즉 증조부·조부·부 등의 계승관계가 나타나 있다. 그런데 의종대에 나온 『편년통록』은 이보다 확장된 6대조까지 기록되고 있다. 『편년통록』 역시 현존하지 않는 책이다. 김관의金寬毅는 이 책에서 신화 내지 설화적 내용을 주로 수록하였다. 즉 그는 국가의 공식기록보다 개인 집에 소장된 문서 등을 모아서 이 책을 만들었다.

이 책은 의종 12년(1158)을 전후하여 만들어졌다.

이 책의 편찬 의도는 인종의 뒤를 이어 즉위한 의종의 왕권을 강화하기 위함이었다. 인종은 중앙에서 일어난 이자겸의 반란, 그리고 서경지역을 기반으로 한 묘청의 반란 등을 경험하였다. 인종을 계승하여 의종이 집권하였던 시기는 왕권이 약화되어 있던 상태였다.『편년통록』은『태조 실록』보다 왕실 세계世系를 올리고, 설화적 내용을 통해 왕실의 신성화를 꾀하였다. 따라서 이 책의 발간으로 왕실의 권위를 높이고 왕권을 강화하 겠다는 의도를 지닌다고 한다.

반면 이 책이 의종의 명령이 아닌 김관의의 개인적 작품이고, 김영부에 의해 채택되었기에 왕권 강화가 목적이 아니라는 주장도 있다. 즉 의종은 왕권 강화를 위해 서경을 중시하였고, 대외적으로 강경론적 입장에 있었 다. 따라서 친신라계의 개경세력에게 위기의식을 불러 일으켰으며, 김영 부는 이로 인해 신라계 설화가 들어 있는『편년통록』을 만들었다는 것이 다. 친신라계 개경세력은 고려의 정통성이 고구려가 아닌 신라이며, 자신 의 기득권을 유지하기 위해 책을 편찬하였다는 것이다.

『삼국사기』와 김부식

고려전기의 대표적 역사책이『삼국사기』(인종 23년, 1145)이다. 이 책은 인종의 명령에 의해 만들어진 관찬 역사서이며, 김부식 개인의 저작이 아닌 11명 집단작업의 결과물이다.『삼국사기』는 사마천의『사기』의 기전체를 따른 역사책이다. 기전체는 황제 등에 관해 서술된 본기, 국가 운영의 각 분야를 서술한 지, 그리고 개인을 다룬 열전 등으로 구성된다. 그런 점에서 실록처럼 연대에 따라 편찬된 편년체와 차이가 있다. 편년체 역사책은 연대순으로 기술되어 있어 역사적 흐름을 이해하 는 데 편리하지만, 경제, 군사, 제도 등과 같이 분야별로 찾아야 할 때에 불편하다. 기전체 역사책은 국가 운영과 관련해 이러한 각 분야의 참고자료를 찾을 때 유리하다. 사마천의 『사기』가 한대漢代에 편찬되었다는 점이 국가 운영적인 성격을 보여준다.

『삼국사기』는 논쟁이 많은 책이고, 이 점은 지금도 계속되고 있다. 논쟁의 주제는 오래전부터 제기되어 왔던 책의 성격 문제이다. 근대 역사가인 신채호 이래 『삼국사기』는 중국의 사대주의적 역사관에 입각한 책이라고 비난받았다.

또한 이 책에서 신라에 관한 자료가 고구려나 백제보다 훨씬 많은 비중을 차지하고 있다는 점도 비판의 대상이었다. 그 결과 고구려와 백제사 연구에 커다란 장애가 되었다는 주장이다.

아울러 『삼국사기』는 유교적 합리주의에 따라 많은 자료를 누락하였는 데, 이것은 고려후기에 편찬된 일연―然의 『삼국유사三國遺事』와 비교된다.

이런 문제가 나온 이유는 김부식이 유학자이고 문벌귀족이기 때문이라 는 것이다. 김부식은 인종대 일어난 묘청의 반란을 진압한 사령관이다. 그 결과 김부식은 국왕 내지 왕실과 연관된 서경세력에 대립하던 개경 귀족세력의 대표자로 인식되었다. 그는 대외적으로 금金에 대해 사대적 입장이었다. 그리고 김부식은 경주김씨 출신이기에 신라계 인물로 여겨 졌다.

이런 그의 개인적 배경이 『삼국사기』의 성격을 규정하는 데 적용되었 다. 그 결과 『삼국사기』는 사대주의적이고, 신라의 역사가 정통이며 중심 이 된 역사책이 되었다. 또한 유학적 합리주의는 신화적이거나 설화적 자료를 제외시키는 편찬원칙으로 작용되었다는 것이다.

반면에 『삼국사기』의 이런 비판이 오해에서 비롯되었다는 주장이 있 다. 즉 『삼국사기』가 신화적이고 설화적인 내용을 모두 삭제하지 않았다 는 것이다. 이 점은 조선시대 유학자들의 『삼국사기』 비판을 통해 이해할 수 있다.

그리고 사대주의적 역사책에 대한 반박으로는 『삼국사기』가 채택한 기전체라는 서술에서 찾았다. 즉『삼국사기』는 사마천의『사기』처럼 황제에게 쓰이는 '본기' 부분을 그대로 사용하였다. 조선왕조에서 편찬한『고려사』가 기전체 역사서이지만, 제후국에 쓰이는 '세가'라는 명칭을 썼기에 대비가 된다. 따라서『삼국사기』는 고려가 황제국을 표방하는 방식대로 역사책을 서술하였기에, 사대주의적 역사책이 아니라는 논리다.

또한 신라 중심의 역사책이란 비판에는 편찬 당시 고구려와 백제의 기록이 그만큼 적었을 것이란 점에서 보아야 한다고 주장하였다. 김부식은 삼국에 대해 동격으로 대하였으며, 고구려와 백제를 '우리'에 포괄시켜 다루려 하였다. 이처럼『삼국사기』의 성격에 대한 논의는 상호 비판적으로 진전되어 왔다.

한편『삼국사기』에서 주목할 부분은 김부식이 남긴 논찬論贊이다. 논찬은 김부식이 서술한 부분이 분명하게 드러나기 때문에 대부분 그가 썼을 것이다. 이를 통해 김부식은 문신 귀족 중심의 집권체제를 정당화하거나 보수적 생각을 지닌 인물로 이해되기도 한다. 즉 그는 군주권보다 신권 우위를 실현하려는 인물이라는 것이다.

그러나 김부식 개인에 대한 연구나 이해가 충분한 편은 아니다. 그가 남긴 글이『동문선』등에 상당수 흩어져 있고, 그의 사유와 행적에 대해 연구가 충분하지 않다. 왜냐하면 현재까지 연구의 관심이 주로『삼국사기』의 성격에 집중되어 왔기 때문이다.

김부식의『삼국사기』는 국가적 위기의식 속에서 편찬되었다. 따라서 이 책에서 위기에 대한 국가 운영의 대응방식에 대한 고찰은 현재 과제이기도 하다.

3) 고려후기의 역사서와 역사인식

이규보의 「동명왕편東明王篇」

이규보는 무신집권기의 대표적 문인이고 지식인이다. 이규보의 경우는 중간 관료 출신이라서 귀족이라고 보기 어렵다. 따라서 이규보는 과거 시험에 합격하여 자신의 능력으로 출세해야 하였던 인물이다.

「동명왕편」은 이런 그의 출세와 관련이 있는 글이다. 이 글은 그가 명종 23년(1193)인 26세 때 저술하였다. 그보다 2년 전에 이규보의 부친과 지공거가 사망하였다. 두 사람의 사망은 이규보가 관료로서 출세하는 데 영향을 주었다. 지공거와 그의 부친이 이규보를 관료로 이끌어야 하는데, 모두 사망하였기 때문이다. 그는 한 해에 정치적 배경이 될 수 있는 두 사람을 모두 잃어 버렸다.

이후 이규보는 개경 근처 천마산에 우거하면서 스스로 백운거사白雲居士라고 불렀다. 이런 그가 개경에 귀환한 후에 구직을 부탁하는 시를 지으면서 스스로를 추천하였다. 이런 가운데 「동명왕편」은 자신의 문장 능력을 자랑하기 위한 수단이 되기도 하였다. 그렇지만 이 글은 당시 지식인들의 역사인식을 보여주는 대표작이 된다.

「동명왕편」은 고구려의 시조인 주몽의 역사적 사실을 찬양한 일종의 장편 서사시이다. 이 글의 서두인 '병서'에는 이규보가 「동명왕편」을 지은 배경과 이유를 드러내고 있다. 그에 따르면 이규보는 당시 사람들이 동명왕에 대한 기이한 일을 많이 이야기하는데, 처음에는 이를 믿지 않았다고 한다. 하지만 이후 그는 『구삼국사舊三國史』에 있는 동명왕 관련 이야기를 3번 읽고 난 후에 생각을 바꾸었다. 귀신의 이야기가 아닌 성스러운 것이라는 전환이다. 그래서 이규보는 고려가 성인聖人의 나라라는 점을 널리 알리기 위해 「동명왕편」을 썼다고 한다.

「동명왕편」의 본문은 시를 먼저 배치한 후에 그 뒤에 작은 글씨로 역사적 사실을 적었다. 이곳에 인용된 역사적 사실은 『구삼국사』동명왕 본기를 옮겨 온 것이다. 그 내용은 주몽을 신성하고 신적인 존재로서 일종의 '영웅'으로 그려지고 있다.

이 글의 전체 스토리는 동명왕의 탄생 배경, 동명왕의 탄생과 부여에서의 성장, 부여에서의 탈출과 국가건립, 주변의 영역확대, 그리고 동명왕의 아들인 유리의 성장과 만남으로 이루어진다. 이를 통해 고구려의 국가 건립과 성장, 후계자 계승 등의 문제를 다루고 있는 것이다.

「동명왕편」은 12, 13세기 민족적 저항정신의 발효라고 평가받았다. 이 글은 대외적으로 요·금 이래 이민족의 압력이 지속되고, 옛 문벌은 무신정변으로 타격 받았지만 아직 무신들의 횡포한 정치 속에서 탄생하였다. 이규보는 이런 현실 속에서 민족을 발견하고, 그 전통에서 새로운 계시를 받았다는 것이다.

이규보는 이 시를 지은 다음 해에 「개원천보영사시開元天寶詠史詩」(43수)를 지었다. 이 시들은 중국 당 현종 시대의 역사적 교훈을 위해 만들어졌다. 즉 그는 현종이 정치에 무능력해지고 안녹산의 반란을 만나게 된 이유를 시를 통해 표현하려 하였다. 이규보는 유교적 군주론에 입각하여 당 현종의 문제가 인사 운영의 난맥상과 게으름에 있다고 보았다. 그의 역사인식은 당 현종과 고구려의 동명왕이라는 '군주'의 통치능력에 초점을 둔 것이었다.

한편 「동명왕편」은 고려시대 역사계승의식을 검토하는 데 중요한 저술이다. 고려시대 역사계승의식이 문제가 된 것은 특히 무신집권기에 벌어진 삼국부흥운동 때문이다. 삼국부흥운동은 이전까지 없었던 것으로, 경주 지역을 중심으로 한 신라부흥운동이 특히 치열하였다. 이 운동은 이미 고려왕조가 성립한 지도 250년 이상의 시간이 흐른 뒤에, 삼국의 중심 지역에서 고려왕조의 통치를 부정하는 것으로 전개되었다.

이처럼 고려왕조로의 통합과 지역정체성은 별개이며, 지역 내부에서는 삼국의 정체성과 역사성을 계승하고 있었다. 삼국부흥운동은 이를 증명하는 사건이며, 역사계승의식의 문제를 전면적으로 부각시켰다.

일연의 『삼국유사』와 책의 성격

『삼국유사』는 민족의 고전으로 일찍부터 주목을 받았다. 하지만 『삼국유사』는 저자문제부터 논쟁의 대상이 되었다. 원래 저자가 일연으로 알려져 있지만, 그것은 책의 권5 부분에만 나온다. 그리고 일연의 제자인 무극無極이 책의 두 군데에서 자신이 기록하였다는 내용이 나온다. 그 결과 일연의 단독 저술로 보기 어렵다는 주장이 계속되어 왔다. 이처럼 자료 수집과 편찬 과정이 일연 한 사람만으로 이루어지지 않았을 수 있지만, 대체적으로 책의 편찬자는 일연이라고 여겨지고 있다. 일연은 79세로 인각사 주지가 되었던 충렬왕 11년(1285) 이후에 이 책을 완성한 것으로 보인다.

책의 완성 시점은 일연이 원고를 만들기 시작한 시점에 대한 문제와 관련이 깊다. 일찍이 일연이 정림사로 옮긴 고종 36년(1249) 이후 찬술을 시작하여, 국존國尊에 임명되는 충렬왕 9년(1283) 이전에 찬술이 끝났을 것이라고 보았다. 하지만 『삼국유사』를 찬술하기 위한 앞선 작업으로 만든 「역대연표歷代年表」가 충렬왕 4년(1278)에 만들어지고, 이후 일연의 나이 73~76세 사이 운문사에서 『삼국유사』를 찬술하였다고 보기도 한다.

중요한 점은 책의 성격과 저술 의도에 있을 것이다. 『삼국유사』는 불교 승려의 저술이라는 점에서 불교사의 관점에서 서술되었다는 점은 말할 필요가 없다. 그런 점에서 이 책보다 70년 정도 앞서 나온 각훈覺訓의 『해동고승전海東高僧傳』과 같은 맥락을 지닌다. 『해동고승전』은 당시 대표적 교학승려가 국왕의 명령에 따라 편찬한 책이다. 반면 『삼국유사』는 무신집권 이후 선종이 발흥되던 불교계의 배경 속에서 만들어졌으며,

왕명에 따른 것은 아니다.

일연은 자신이 살았던 생애(1206~1289) 동안 몽골과의 30년간의 전쟁을 경험하였다. 이 경험은 이규보의 「동명왕편」 이래 자국의 역사적 전통에 대한 강렬한 자부의식으로 나타났다. 이 의식이 자국과 민족의 전통으로 '단군'에 대한 주목과 불교설화 등의 채록으로 이어졌다.

『삼국유사』는 모두 9편의 장으로 구성되었다. 「왕력王曆」은 여기에 포함되지 않는 부분이며, 간략한 제왕의 연대기이다. 첫 번째 장인 「기이紀異」편은 불교 신앙 관련 서술과 함께 국가와 사회에 관한 역사를 포함하여 분량 상에서 가장 많은 비중을 차지한다. 그리고 「흥법興法」, 「탑상塔像」, 「의해義解」 등 8편을 통하여 불교의 전파, 불교 문화, 승려들의 행적 등을 기록하였다.

일연은 전쟁 경험으로 인하여 고려사회를 '불국토 즉 부처님의 나라'로 만들려는 의도를 가지고 있었다. 이 때문에 불국토 사상은 『삼국유사』 전편에서 드러난다. 또한 『삼국유사』는 서민설화를 풍부하게 채록하고 있어, 『삼국사기』와 대조적인 책이다.

특히 『삼국유사』는 역사기록에서 전거의 인용에 대해 철저하게 구분하였다. 예를 들어 「기이」편의 첫 대목인 고조선과 관련된 내용에서는 『위서魏書』, 『고기古記』, 『구당서舊唐書』 등의 인용문을 각기 밝히고 있다. 그리고 이 책에서는 각종 고문서, 금석문, 절의 기록 등과 같이 현존하지 않는 자료를 인용하고 있다. 그리고 자신의 기록에 대한 다른 설이 있는 경우에는 그 옆에 따로 이를 밝혀서 기록하였다.

『삼국유사』는 단군을 민족의 시조로 하는 고조선부터 위만조선―부여·마한―삼국으로 이어지는 역사적 계통을 제시하였다. 이러한 '단군 조선'을 내세우는 역사관은 동시대 존재한 이승휴李承休의 『제왕운기帝王韻紀』에서도 동일하게 드러난다.

이승휴의 『제왕운기』와 역사인식

이승휴(1224~1300)는 충렬왕 13년(1287) 국왕에게 『제왕운기』를 바쳤다. 이 책은 이규보의 「동명왕편」과 비슷하게 역사시로 이루어진 문학서이다. 이승휴는 일연과 거의 동시대 인물이다. 그 역시 몽골과의 전쟁을 경험하였으며, 29세까지 당시 수도인 강화도에서 거주하였다. 그렇지만 그는 관직 생활 기간 이외에는 대부분의 생애를 강원도 삼척에서 보냈으며, 고위직에 오르지 못하였다. 이처럼 이승휴는 지방지식인이며, 말년에는 불교에 귀의하여 불교지식도 풍부하였다. 이런 그의 삶이 역사인식에도 반영되었을 것이다.

그 외 이승휴의 역사인식에 영향을 미친 사건은 원종 14년(1273) 원나라 황후와 태자 책봉을 축하하는 사신단에 참여하였던 것과, 충렬왕 즉위년 언관직을 맡아 15개 항목의 시정득실을 올렸던 것이다. 그 중 전자는 『제왕운기』에서 중국사를 서술하면서 당시로는 현대사라 할 수 있는 원나라를 긍정적으로 서술하는 계기가 되었다. 그 결과 이승휴는 고려와 중국사를 각각 별개로 서술하면서도, 중화적 질서 아래 고려가 '소중화小中華'의 위상을 지닌 존재로 인식하였다.

또한 후자의 사건은 이승휴가 유교적이고 군주 중심적인 관료정치를 이상으로 하고 있음을 보여준다. 그 결과 『제왕운기』에서는 군주와 관료에 대한 유교적 가치 평가를 반영하였다.

『제왕운기』는 원의 세계질서 속에 편입된 고려왕조의 현재와 그 위상 설정에 대한 고민의 산물이다. 이 책이 『삼국유사』처럼 단군을 다룬 것은 몽골과의 전쟁과 원 제국 질서로의 편입이라는 대외적 요인이 작용하였기 때문이다.

이제현의 성리학적 역사인식

이제현李齊賢(1287~1367)은 14세기 전반에 활동하였던 대표적 지식인이자 세계인이다. 그를 세계인이라 부른 이유는 중국 지역을 멀리까지 여행하고 돌아온 사람이기 때문이다. 그의 여행은 충선왕의 유배로 이루어진 것이지만, 지역과 세계에 대한 인식의 지평을 넓히는 계기가 되었을 것이고, 이는 역사인식에도 영향을 미쳤다.

그가 살았던 시기는 원 제국 질서 아래에서 여러 변화가 이루어지던 때였다. 고려왕조가 유지해왔던 정치, 경제, 사회적 질서가 변질되면서 사회적 모순도 심화되던 시기였다. 정치적으로는 원의 간섭과 부원 세력의 등장, 경제적으로는 상업의 발전과 대토지 소유의 심화, 사회적으로는 신분의 변동이 격화되고 있었다.

당시 지식인들은 점차 개혁을 위한 사상적 수단으로 성리학, 특히 주자학을 받아들였다. 이제현은 명분론과 정통론에 입각한 성리학적 춘추사관을 가지고 역사서술을 하였다. 춘추사관이란 역사서『춘추』처럼 역사적 사실에 대해 충, 효와 같은 가치 평가를 전제로 서술하는 것을 말한다. 그리고 사물과 현상에 걸맞는 이름이나 이유가 있어야 한다는 명분론, 그리고 천명과 인심을 장악한 국가가 올바르게 계승된다는 정통론에 입각하여, 그는 책을 서술하였다.

그의 저술은 「역옹패설櫟翁稗說」, 「김공행군기金公行軍記」, 「충헌왕세가忠憲王世家」 등이 현재 남아 있다. 그 중에서 「김공행군기」는 원과 평화적인 초기 관계의 상징이면서 훌륭한 관료상官僚像을 보여주는 김취려에 대한 역사서술이다. 「충헌왕세가」는 역시 이와 짝을 같이 하는 고종에 대한 것이다. 이를 통해 그는 원과의 관계를 설정하고, 국가 운영과 통치에 필요한 자질을 설명하려 하였다.

한편 국가사업인 충렬왕 등의 3대 실록과, 그 외『증보편년강목增補編年綱目』은 현재 남아 있지 않다. 이러한 그의 저술은 이후에 만들어지는 성리학적 역사서의 기본 모델로 영향을 주었다는 의미가 있다.

4) 역사관과 역사계승의식

　고려 역사서는 신이사관神異史觀과 유교적 합리주의 역사관에 입각하여 서술되었다. 이 두 개의 사관은 때로는 혼재되거나 대립적으로 드러났다.

　우선 신이사관이란 설화적이고 신화적 성격의 역사인식을 뜻한다. 이런 계통의 책으로는『구삼국사舊三國史』, 이규보의「동명왕편」, 김관의의『편년통록』, 일연의『삼국유사』등이 있다.

　두 번째로는 신이사관과 대립되는 유교적 합리주의 역사관에 입각한 책이다. 여기에 해당되는 책으로는 대표적인 것이 김부식의『삼국사기』이고, 고려후기 유학자인 이제현의 역사학도 이에 입각하였다.

　흔히 이 두 개의 사관에 따라 각 역사서들이 신화적인 것과 합리적 성격의 것으로 대립된다고 이해하는 경향이 있다. 그렇지만 그런 이해방식은 각 역사서들의 성격을 너무 단순화시켜 파악하는 한계가 있다.

　고려왕조의 역사계승의식은 삼국 가운데 신라와 고구려 쪽으로 분열되어 나타났다. 우선 신라계승의식이 고려전기에 드러나는 양상이다. 고려왕조는 성립 이후 제도와 문화 등에서 신라적 전통의 영향을 받았다. 이런 신라계승의식은 김관의의『편년통록』에 고려왕실의 시조인 호경을 '성골장군聖骨將軍'이라고 하였던 것에서 찾아진다.

　아울러 신라계승의식이 두드러지는 책은 김부식의『삼국사기』이다. 『삼국사기』는 신라 관련 서술에 많은 분량을 할애하였다. 그뿐 아니라 고려 8대 군주인 현종이 신라의 외손자로 왕위에 올랐음을 강조하고 있어, 김부식이 이를 조작하였다는 논란까지 불러일으켰다.

　하지만 고려왕조는 왕조의 호칭에서 보듯이 고구려를 계승하였음을 대외적으로 표방하였다. 이 표방은 성종 12년(993) 거란 침입에서 보여준 서희의 외교 담판에서 잘 드러난다. 서희는 고려가 고구려를 계승하였다는 점을 근거로 하여, 거란 측의 소손녕이 주장한 신라계승설을 반박하였다.

고구려계승의식이 보다 확연하게 드러난 것이 바로 「동명왕편」이다. 그 배경에는 삼국부흥운동이 있었다. 이규보는 개인적으로 신종 5년(1202) 신라부흥운동의 현장을 목격하였다. 그렇지만 이 시기는 이미 「동명왕편」이 제작된 이후라는 점에서 적합지 않다고 보기도 한다.

이처럼 고려시대는 신화와 고구려의 계승을 표방하는 이원적 역사계승의식이 존재하였다. 하지만 무신집권 이후에 신라계 세력이 몰락하자 고구려만을 내세우는 일원적 계승의식으로 전환하였다.

이후 몽골과의 30년간의 전쟁과 원의 정치적 간섭으로 새롭게 역사계승의식이 전환되기에 이른다. 이 시기 강력한 외압은 단일민족으로서의 자각으로 이어지게 되고, 그 결과 같은 조상의 동일한 후손이라는 민족의식이 등장한다. 민족의 조상인 단군이 부각된 역사적 이유가 여기에 있다. 이런 인식이 드러난 대표적 역사서가 『삼국유사』이다.

| 김인호 |

참고문헌

강원전통문화연구소 편, 『이승휴의 사상과 역사의식』, 역사공간, 2013.

金庠基, 『新編 高麗時代史』, 서울대출판부, 1985.

金哲埈, 『韓國史學史研究』, 서울대출판부, 1990.

李佑成·姜萬吉 編, 『韓國의 歷史認識(上)』, 창작과비평사, 1976.

일연학연구원 편, 『일연과 삼국유사』, 신서원, 2007.

鄭求福, 『韓國中世史學史(1)』, 집문당, 1999.

河炫綱, 『韓國中世史研究』, 일조각, 1988.

韓國史研究會 編, 『韓國史學史의 研究』, 을유문화사, 1985.

金成俊, 「高麗七代實錄編纂과 史官」『민족문화논총』 1, 1981.

朴宗基, 「儒教史家 李奎報의 歷史學」『韓國史學史研究』, 于松趙東杰先生停年紀念論叢刊行委員會, 1997.

이정훈, 「고려시대 '고려세계(高麗世系)'에 대한 기록과 인식」『역사와 현실』 104, 2017.

卓奉心, 「李齊賢의 歷史觀－그의 '史贊'을 中心으로」『梨花史學研究』 17·18, 1988.

허인욱, 「〈高麗世系〉에 나타나는 新羅系 說話와 『編年通錄』의 編纂意圖」『史叢』 56, 2003.

2. 예술 문화의 발전과 성격

1) 예술 문화의 발전

  고려시대는 통일신라로부터 이어진 전통과 외국과의 빈번한 교섭 속에서 다양한 문화가 형성되었으며, 천문이나 역학, 의학과 도량형, 인쇄, 화약과 같은 이전 시기와 차별되는 광범위한 분야에서의 발전을 가져왔다. 이는 지방의 호족세력이나 새롭게 부상한 신진 사대부들과 같은 새로운 미의식을 가진 계층, 이슬람이나 중국, 일본과 교류한 개방성에 의거한 것으로 이해된다.

  태조 왕건은 신라왕실의 약화와 후삼국의 분열에 따른 정치적 혼란을 틈타 918년에 고려왕조를 세운 후 도읍을 개성으로 정하였다. 이에 따라 지방세력의 중앙 진출이 활발해지고 정치의 중심지가 신라의 수도 경주에서 벗어나 중부지방으로 옮겨졌다. 그리고 새로운 왕권의 확립에 기반을 닦으며 불력으로 통일과 호국의 공덕을 쌓고자 하였다. 수도 개경(지금의 개성)에는 법왕사, 왕륜사, 개국사를 비롯한 10대 사찰을 세우면서 불교미술 제작도 같이 이루어졌을 것이나, 현재에는 건물터나 탑 정도만이 있을 뿐 중요한 예가 별로 많이 남아 있지 않다. 이는 수도였던 개성이 거란이나 몽골과 같은 외부로부터의 침입으로 수도를 옮기거나 왜구의 침략, 내부에서의 반란 등으로 궁궐에서부터 많은 문화재들이 훼손되었고 유물이 다른 나라로 반출되는 역사와 관련된다. 또한 현재 개성이 위치한 지리적 조건상 조사에도 한계를 가지고 있어 고려시대의 미술은 지방에 남아 있는 작품을 중심으로 연구가 이루어지고 있다.

  고려시대의 예술은 고려대장경과 금속활자의 발명, 공예의 발전과 초상조각, 불교문화에서 놀라울 정도의 수준과 국제적인 모습을 보여준다. 그 가운데에서도 미술의 발전에서 가장 중요한 분야는 도자기를 포함한 공예의 발전과 국가적인 후원을 받으면서 크게 성행한 불교문화이다. 공예의 경우 도자기를 본격적으로 만들기 시작하여 순청자에서부터 상감청자로 도약하였다. 금속공예의 경우 은과 금, 옻칠, 나전을 이용한 나전칠기를 비롯하여 다양한 불교 공예의 제작으로 전성기를 맞이하게 된다. 인종 원년(1123) 고려를 방문한 송나라 사신 서긍이 쓴 『선화봉사고려도경』에는 고려청자의 비색翡色에 대해 극찬을 하였으며, '나전의 솜씨는 세밀하여 귀하다고 할 만하다'(螺鈿之工 細密可貴)라고 하여 극한의 정교함과 정치한 나전의 수준이 중국에까지 알려졌음이 확인된다.

불교문화의 도상과 양식은 당시의 불교 신앙과 연관된다. 불교는 왕족 출신의 대각국사 의천義天(1055~1101)의 활동으로 천태종이 설립되고 화엄종, 유가종, 그리고 선종을 융합하려는 움직임이 있었으며 불교경전의 간행이 활발하게 전개되었다. 의종 24년(1170) 무신정변 이후에는 지눌知訥(1158~1210)이나 요세了世(1163~1245) 등에 의해 지방에서 수선사와 백련사 등 결사조직이 이루어지며 선종 사원들이 많이 세워졌다. 또한 각종 법회와 도량, 불공이나 망자 천도를 위한 재齋가 활발히 개설되면서 이에 따른 다양한 의식과 존상들이 제작되었다. 불교활동의 중심지와 특징도 변화되어, 개경을 중심으로 하는 귀족적 취향의 불교에서 벗어나 지방으로도 분산되었으며, 이는 불교가 기층사회의 민중들에게도 널리 확산되는 계기가 되었다. 따라서 불사와 불교미술의 제작은 개경뿐 아니라 강원도, 경기도, 충청도 그리고 전라도까지 넓은 지역에서 활발하게 이루어졌다.

2) 시기구분과 미술의 독자성

고려시대 예술은 정치적인 상황을 기준으로 무신집권기가 시작된 명종 즉위년(1170)과 몽골의 본격적인 영향이 커지는 원종 11년(1270)이 주요한 전환점이 된다. 이를 기준으로 1170년을 중심으로 전기와 후기로 나누는 2분기법, 1170년과 1270년을 기준으로 전기, 중기, 후기로 구분하는 3분기법이 있다. 그리고 중국과의 대외교섭을 통해 유입되는 새로운 도상이나 양식의 변화에 기준하여 3기로 분류하기도 하는데, 이 경우 요나 금, 남송과의 교류가 활발하였던 11세기 후반에서 13세기 전반경이 중기, 그 이전과 이후를 전기와 후기로 나눈다.

고려시대의 미술은 이전부터 이어오는 다양한 전통 위에 새로운 요소가 수용되고 변형되는 과정 속에서 발달하였다. 여기에 왕권의 강화와 정치 기반의 완성이라는 역사 현상, 불교문화의 발전, 중국 왕조의 변천과 문화교류에 따라 다양한 미술의 전통이 완성되었다. 특히 불교회화, 조각, 공예 부분에서 우수한 유물들이 다수 제작되었다.

[그림 1] 해인사 희랑대사상

남아 있는 고려시대의 유물 가운데 특히 희귀한 도상에 양식과 기법에서 독창성이 뛰어나고 봉안처가 확실한 두 구의 초상조각이 주목된다. 우리나라 전 시대에 걸쳐 유일한 초상조각인 해인사의 희랑대사希朗大師상과 개성에 있는 청동왕건상으로 스승과 제자라는 연관성을 가진 점에서도 의미가 높다. 희랑대사는 신라말에 해인사에 주석하였고 고려의 태조 시대에 활약하였던 화엄의 고승으로 태조 13년(930)에 입적하였다. 이 상이 입적 후에 언제

조각되었는지는 현재로서는 확신하기 어려우나 앞면은 삼베와 옻칠로 만든 건칠乾漆, 뒷면은 나무로 제작된 것으로 보고된 특이한 사례이다. 82㎝의 크기로 길쭉한 얼굴에 오똑하면서도 긴 코, 튀어 나온 광대뼈와 얼굴의 주름은 마치 살아 있는 모습을 보는 듯 사실적이면서 내면의 정신성이 잘 드러나 있는, 현재로서는 국내 유일의 승려 초상이다(그림 1).

청동왕건상(그림 2)은 143.5㎝의 등신대로 태조 왕건릉인 개성의 현릉顯陵 근처에서 발견되었으며, 현재는 평양 조선역사중앙박물관으로 옮겨졌다. 원래는 전면에 개금改金이 되어 있었던 것으로 추정되며, 머리에 해와 달이 조각된 통천관을 쓰고 두 손은 앞으로 모은 자세에 벌거벗은 나신에 옷을 별도로 입힌 독특한 형상의 초상 조각이다. 즉 두 조각상은 다른 나라에서도 비교 사례가 거의 없는 재료와 형식적 특징을 보여주는 독창적 작품이라 할 수 있다.

[그림 2] 청동왕건상

3) 미술의 분야별 특징과 발전

고려시대의 미술을 크게 일반미술과 불교미술로 분류하여 각 분야별

유물의 특징과 성격을 살펴보고자 한다.

일반미술

일반미술의 대표적인 분야는 개성 만월대와 왕릉, 청자와 공예, 회화 등이다. 먼저 만월대는 높은 석축과 난간만 제자리에 남아 있지만 송악산을 배경으로 생태적 조건에 맞춰 건물들을 배치한 자연친화적인 배치가 특징이며 이는 이후 조선시대 창덕궁으로 계승된 점에서 의미를 갖는다.

고려왕릉은 강화도에 있는 2기만 제외하면 개성 지역에 거의 집중되어 있다. 현재 개풍군 해선리에 있는 태조 왕건릉은 여러 번 옮겨졌으며 근래에 규모를 크게 확장하고 새롭게 단장하여 새로운 석물들도 만들어 놓은 상태이다. 발굴과정에서 능으로부터 5m 떨어진 지점에서 앞에서 언급한 청동왕건상과 모란문이 새겨진 과대가 나왔으며 무덤 내부에서는 세한삼우歲寒三友가 그려진 벽화가 발견되었다.

현재 보존이 잘 되어 있는 왕릉은 여러 번 수리를 거친 공민왕릉이다(그림 3). 공민왕릉인 현릉玄陵과 노국대장공주의 정릉正陵이 나란히 위치하고 있으며 공민왕 14년(1365) 공주가 죽은 뒤 왕이 직접 설계하였다고 한다. 안에는 두 능 사이에 서로 영혼이 교류할 수 있는 통로를 놓았으며, 내부 벽에는 문신의 모습을 한 십이지인물상이 그려졌다. 3단의 석축을 쌓고 무덤 주위에 석양과 석호, 중단과 하단에 문인석과 무인석을 배치하였으며 호석에는 다양한 문양을 새겼다. 이러한 구성은 이후 조선시대 왕릉의 기본 구조가 된다.

우리나라에서 처음으로 청자를 만든 시기에 대해서는 9세기설과 10세기 후반설 등 몇 가지 이론이 있으나 초기에는 중국의 기술과 형식에 우리의 전통적인 기형을 계승한 양식이 공존한다. 그러나 11세기 후반 경에는 고려적인 형식으로 변모하기 시작하였으며, 금속공예품의 형식을 응용하는 등 고려인의 독창적인 형식으로 자리 잡게 되었다. 가장 아름다

[그림 3] 공민왕릉

운 청자를 만들었던 기간은 11세기 후반에서 12세기 동안이다. 12세기 전반의 청자는 복잡한 문양이나 형식이 배제되고 절제된 형태와 완벽한 균형을 가진 세련된 조형으로 표출되었다.

도자기의 종류는 다양한데, 비색이라 알려진 색감이 강조된 순청자에서부터 상감 청자, 자기의 표면에 문양을 새기고 손으로 빚은 형태가 돋보이는 원앙, 어룡, 구룡, 기린 등의 실재적 입체감이 강조된 상형자기를 만들었다. 또한 중국보다 200여 년 앞선 산화동酸化銅을 이용하여 붉은색을 내는 진사辰砂, 산화철을 이용해서 그림을 그린 철화鐵畵, 백토와 흑토로 그림을 그린 퇴화堆花 등의 기법은 청자의 기술적 진보와 함께 화려함을 부가하였다. 이외에 동채銅彩청자를 비롯하여 금을 씌우는 화금청자, 흑유黑釉를 씌운 흑유자黑釉磁, 철채鐵彩청자 등도 드물게 제작되었다.

청자는 중국을 통해 기법을 받아들였지만 고려적인 조형을 가미하면서 세계적으로 도약하였다. 고려시대 공예의 발전은 매우 우수하여 청자이외에도 금속공예, 목칠공예 등이 크게 융성하였다. 금속공예는 일반적인 주조와 더불어 금이나 은을 이용하여 두드려 만든 단조鍛造기법, 안에서 두드려 바깥으로 문양이 돌출되는 타출打出, 입사入絲, 어자문魚子文 등 다양한 장식기법이 활용되었다. 고려시대에 가장 많이 사용된 입사는 동이나 철로 만든 기물의 표면에 홈을 파고 금이나 은, 금과 구리를 섞은 오동烏銅을 두드려 박은 기법을 말한다. 대표적인 작품은 국립중앙박물관 소장의 높이 37.5cm인 「청동은입사포류수금문정병」이다. 현존하는 이 시기 최고의 공예품은 미국 보스턴미술관에 소장되어 있는 「은제도금주전자」이다. 연꽃과 봉황, 대나무, 작은 벌레까지 정교하게 조각하여 아름다운 기형과 세밀한 문양으로 세계적인 작품으로 알려져 있다.

회화의 경우 작품이 남아 있지 않고 추정되는 작품만 현재 국내와 일본 등지에 몇 점 남아 있는 정도이다. 고려시대에는 도화원이 설립되었으며 초상화, 묵죽화 등이 유행하였다, 주요 화가로는 『고려사』 열전에 나와 있는 이녕과 그의 아들 이광필이 있다. 고려시대에는 무덤 내부에 벽화를 그리는 전통이 있었는데 이는 고구려의 형식을 따른 것으로 보인다. 태조 왕건의 무덤에 그려진 소나무와 대나무, 매화의 세한삼우 그림이나 공민왕 무덤에 있는 십이지인물상, 거창 둔마리 고분벽화의 주악천녀상, 개성 수락암동 무덤에 그려진 십이지인물상과 사신도 등이 있다.

불교미술

불교미술은 건축, 회화, 사경, 조각, 공예, 석조미술 등 다양한 분야로 구성된다. 먼저 건축으로는 공민왕 12년(1363) 중건된 안동 봉정사 극락전, 우왕 2년(1376) 중건된 영주 부석사 무량수전이 있으며, 예산 수덕사 대웅전은 충렬왕 34년(1308) 창건되었음이 밝혀진 유일한 건물이다. 봉정사 극락전은 맞배지붕이며, 부석사 무량수전은 팔작지붕인데, 주심포건물에 배흘림기둥은 공통적이다. 고려시대의 사찰건축은 기둥의 가운데가 두꺼운 배흘림기둥, 견고하게 짜 맞춘 결구 방식에 단순한 구조가 특징이며 무엇보다도 전각을 둘러싸고 있는 사시사철 변하는 아름다운 자연 풍경과 어우러진 모습이 조화롭다.

불교회화는 13~14세기의 약 100년간에 해당하는 대략 160여 점이 국내외에 남아 있다. 이 가운데 100여 점은 현재 일본에 소장되어 있다. 고려시대의 불화는 시각적인 아름다움과 독자적인 화풍으로 유명하며 이는 당시의 기록을 통해서도 확인되는 사실이다. 즉 탕후湯垕의『고금화감古今畵鑑』에는 "고려의 관음보살도는 매우 공교하다. 이는 당의 위지을승의 필의에서 나와 섬세함이 지극하다."라고 하였으며, 이는 원에서 여러 번 고려불화를 요청한 사실에서도 잘 드러난다. 즉 고려불화는 귀족 취향의 자비로운 얼굴에 섬세하고 유려한 선, 균형잡힌 불신, 우아한 자태 등에서 세계적인 수준의 필력과 회화성을 보인다. 여기에 좋은 비단과 고급 안료를 사용하고 뒷면에 호분을 올리고 앞면에 색채를 칠하는 배채법背彩法(또는 복채법)을 이용하는 고도의 기술이 어우러진 결과이다. 고려불화의 종류는 석가여래도, 아미타여래도, 관경변상도, 비로자나불도, 관음보살도, 십육나한도, 지장보살도, 제석천도 등 주제의 다양성을 드러낸다. 이는 불교 경전이나 사상과 관련되며 당시 유행한 신앙의 경향을 알 수 있는 점에서 중요하다.

이 불화들은 사찰 전각 내에 봉안한 예불용으로 죽은 후의 극락왕생을 염원하거나 미래의 메시아적인 성격을 담기도 하며, 국난이나 천재지변과 같은 어려움을 극복하기 위한 수단으로 제작되었다. 드물게 왕사성에서 벌어졌던 부모, 자식 간의 비극적인 사건을 담은「관경서분변상도」(일본 사이후쿠지西福寺 소장)는 정치적인 사건을 배경으로 제작되기도 하였다. 약 40여점 남아 있는 수월관음도는 선재동자가 관음을 찾아가 예경하며 법을 구하는 화엄경 입법계품의 내용을 그린 불화이다. 관음의 성지인 바닷가에 위치한 보타락가산의 암좌에 앉아 있는 염주를 든 수월관음, 은은한 달빛에 경배하는 선재동자, 뒤편 암산의 청색의 쌍죽, 그 반대편에 놓인 버드나무 가지가 꽂힌 수병 등으로 안락한 관음 정토를 구현하였다. 반대로 죽은 후에 가는 명부의 세계에 대한 관심으로 지옥에 떨어진 중생을 구제하는 지장보살도가 많이 제작되기도 하였다. 10명의 제왕인 시왕으로 대표되는 명부신앙이 형성되면서 다양한 존상들이 결합하여 등장하게 된다. 시왕은 진광대왕, 초강대왕, 송제대왕, 오관대왕, 염라대왕, 변성대왕, 태산대왕, 평등대왕, 도시대왕 그리고 육도윤회(지옥, 축생, 아귀, 아수라, 인간, 천인)를 관장하는 마지막 오도전륜대왕이다. 조선시대에 많이 묘사되는 지옥의 형벌이나 각 대왕이 관장하는 지옥에 대한 묘사는 아직 등장하지 않는 점도 특징이다.

불교 경전을 베껴 쓰는 사경은 공덕을 쌓기 위한 행위로서 크게 성행하였다. 국가에서 전문기관인 사경원寫經院을 두어 관리하였으며, 충렬왕대에는 금자원金字院과 은자원銀字院을 설치하면서 이로 인한 우수한 사경 사례가 현재에도 많이 남아 있다. 그 명성이 원에까지 알려지게 되면서 수백 명의 사경승을 중국으로 보내는 상황으로 이어지기도 하였다. 사경은 두루마리로 된 권자卷子와 접었다 펼 수 있는 절첩본折帖本 두 가지 형태가 있다. 동을 부식시킨 물이나 쪽물로 염색한 검푸른 색의 바탕지에 금이나 은을 이용하여 미묘한 보색효과를 드러냈다. 표지에는 금니·은니의 화려한 보상화문을 그리는데, 경전의 내용을 그린 변상도로 인해 넓게는 불교회화에 포함하기도 한다.

불교조각은 초기에는 통일신라시대의 전통을 계승하면서 점차 중국과의 교류가 많아짐에 따라 새로운 외래 요소들을 부분적으로 가미하여 다양하고도 특색 있는 양식을 형성하였다. 전국에 걸쳐 많은 수의 작품들이 전 시대에 걸쳐 남아 있는데 이는 지방세력에 의해 지역적 성격이 강한 문화들이 형성되었던 점과 관련된다. 특히 고려전기의 불교조각은 철불, 석불, 대리석불 등의 불상군들이 나름대로의 형식과 표현상의 특징을 지니면서 지역적인 특성을 보여주어 지방유파로 불리는 다양한 불상

양식을 형성하였다. 고려시대 불교조각의 다양성에서 더욱 중요한 것은 중국과의 밀접한 대외교섭 아래 수용된 미술이다. 건칠불상이라는 새로운 재료라든가, 얼굴의 안쪽 면을 이용하여 수정으로 눈동자를 감장하는 기법, 나발이나 머리카락을 밀납이나 송진을 포함한 다른 재료를 이용하여 붙이는 감탕기법 등 중국으로부터 새로운 제작기술이 등장하면서 정교하고 세밀한 새로운 불상 양식이 탄생하게 된다. 또한 몽골의 원나라가 티베트의 라마불교를 받아들임에 따라 이를 고려 왕실에서 수용하면서 등장하는 새로운 요소도 흥미롭다. 원 황실과의 통혼, 그들의 후원 활동은 이러한 라마불상양식의 요소가 고려불상에 반영되기 시작하는 배경이 되었다. 특히 금강산에서 발견된 소형불상들은 원과 고려후기의 왕실 사이에 유행하였던 금강산 신앙의 결과로 볼 수 있으며 특히 기황후가 아들을 황제로 옹립하기 위한 기도를 위해 금강산에 대대적으로 불사를 단행하였던 역사적 사실과도 부합된다.

불상들의 내부에서는 다양한 종류의 물건 즉 복장물腹藏物이 발견되고 있으며 이 전통은 현대까지도 계승되고 있다. 복장물 가운데는 불상의 내력이라든가 제작연대를 비롯하여 사찰명, 만든 사람, 소임을 맡은 승려, 재가신도들에 이르는 불상 제작에 참여한 인물들을 적는 발원문이 발견되어 많은 정보를 제공해 준다. 이와 더불어 현재 없어진 고려의 경전, 다라니, 복식, 직물들이 불상 내부에서 발견되면서 의식의 형태는 물론 현재 없어진 미술 복원에도 중요한 가치를 지닌다.

불교공예는 석탑 안에 안치하는 사리구를 비롯하여 금강저나 금강령. 범종이나 금고, 향로, 정병 같은 불교의식에 사용되는 불구를 비롯하여 발우, 석장, 불자, 경갑과 같은 승려들이 지니는 다양한 물건들이 제작되었다. 이외에 사찰의 전각 내부나 석탑 내에 봉안하기 위한 금동탑 등이 전한다. 또한 금고나 향로, 범종 등에는 명문이 있는 작품들이 많아 제작 시기나 장인 그리고 발원자나 내용 등을 알 수 있는 작품도 많이

[그림 4] 나전국화문경함(일본 도쿄국립박물관)

남아 있다.

왕실이나 중앙 관서에서 특수한 수요품이 필요할 때는 임시관청인 도감을 설치하였는데 고려대장경의 간행으로 경책을 담을 나전경상의 수요가 늘어남에 따라 원종 18년(1271) 전함조성도감이 마련되었다. 따라서 나전경함이 대형으로 제작되고 사용되었음을 알려준다.

실제 경함에 '대방광불화엄경大方廣佛華嚴經'이라는 문자가 시문된 나전경함이 있으며 염주를 넣었던 합과 불자拂子 등이 나전으로 제작되었다. 이 경우 나전이나 바다거북의 등껍질인 대모玳瑁의 안쪽을 채색하여 붙이는 기법, 금이나 은을 이용한 금속선을 사용한 장식 등을 결합하여 세밀하게 표현한 점이 고려 나전의 특징이다. 고려나전칠기는 전 세계에 10여 점밖에 남아 있지 않은 귀한 유물이다.

석조미술은 석탑, 석등, 승탑과 탑비 등이 이에 해당된다. 석탑은 부여 장하리 삼층석탑, 개성 남계원지 칠층석탑과 같이 삼국시대와 통일신라시대의 전통을 계승하거나 탑신부가 다층으로 이루어지는 경우도 있다. 특히 동국대학교박물관 소장의 높이 1.9m의 보협인석탑이나 개성 경천사지 십층석탑(현 국립중앙박물관)과 같이 전혀 다른 형태와 구조를 지닌 아름다운 탑들도 만들어졌다. 석등은 통일신라의 전통과 더불어 불을 밝히는 부분인 화사석을 방형이나 육각으로 만드는 새로운 형태가 등장한다.

[그림 5] 개성 남계원지 칠층석탑　　　[그림 6] 경천사지 십층석탑(현 국립중앙박물관)

4) 예술 문화의 발전과 성격

　　미술의 발전에는 다양한 요소들이 결합되었지만 그 중에서도 대외적인 교섭과 후원자의 역할이 가장 중요한 작용을 하였다.

　　먼저 대외교섭을 보면, 중국의 당 말에서 송이나 요, 금, 그리고 원과 밀접한 관련을 맺고, 이를 통해 들어 온 새로운 양식을 수용하여 새로운 전통을 만들어 냈다. 특히 요나 송과의 문화 교류가 크게 기여하였다. 관련기록도 많은 편으로 중국의 유명한 화론가 곽약허郭若虛가 쓴 「도화견문지圖畵見聞誌」에는 문종 30년(1076)에 고려의 화공들을 북송의 수도인 개봉 상국사로 보내 직접 벽화를 모사하게 한 후 문종이 창건한 개성 흥왕사의 양쪽 벽면에 그리게 하였다고 한다. 원풍 연간(1078~1085) 송에서 전래된 협저불상을 모신 사찰도 흥왕사이다. 또한 대각국사 의천은 선종

[그림 7] 금동관음보살상(유희좌, 국립중앙박물관, 왼쪽)
[그림 8] 금동관음보살상(윤왕좌, 해남 대흥사 성보박물관, 오른쪽)

2년(1085) 송나라 사신의 배를 타고 북송으로 유학을 떠나 14개월 동안 중국을 순방하고 고승들과 교류하였다. 송의 수도였던 개봉 계성사에 머물면서 황제를 만나고 사찰을 방문하였으며 항주에서는 고승을 만났는데 『대각국사문집』에는 귀국하면서 「53선지식도」를 비롯한 불교유물을 가져왔다는 기록이 남아 있다. 예종 12년(1117) 권적이 북송 황제로부터 「관음보살도」와 「법화서탑도」를 하사받고 고려에 귀국하였다는 기록도 유명하다.

중국과의 문화교섭이 가장 활발하였던 11~12세기는 고려시대 미술의 전성기에도 해당되며 청자의 경우 형태나 유약의 발색에서 최상품이 제작되는 등 귀족적 취향의 문화가 성행하게 된다. 공예의 타출이나 입사 기법은 물론 중국으로부터 유입된 새로운 도상이나 양식, 기술 등은 고려시대 미술의 성격 형성에 깊은 영향을 미쳤다. 수월관음, 두건을 쓴 지장보살과 시왕으로 구성된 명부신앙, 나한과 관경변상을 비롯하여 불상의 몸 안에 넣는 불복장 의식과 납입도 중국으로부터 수용된 것이다. 윤왕좌와 유희좌 자세를 한 새로운 자세의 관음보살상, 삼베와 옻칠을 이용하여 만든 건칠불이라는 새로운 형식과 재질도 중국으로부터 들어

왔다. 1348년에 세워진 경천사 십층석탑의 구조 및 형태도 몽골의 원과 연관되는 특징이다.

두 번째는 후원자의 역할이다. 후원을 불교에서는 단월檀越이나 시주施 主라고도 하는데 주로 왕실에서부터 관료, 승려, 서민들까지 다양한 계층 에 의해 이루어졌다. 작품에 등장하는 후원자는 한 명에서부터 수백 명, 때로는 1천 명 이상이 참가하기도 하는 등 결사적 성격이 강한 집단성 을 드러내기도 한다. 후원자의 계층은 작품을 제작하는 장인에서부터 재질 등 미술 작품의 수준이 결정되는 점에서 중요하다.

후원자가 알려진 고려시대의 작품은 비교적 많은 편이다. 고려전기의 대표적인 사례는 일본 교토국립박물관 소장의 1006년 「대보적경변상도」 이다. 감지에 금자로 제작한 아름다운 이 사경은 목종의 어머니이자 경종(재위 975~981)의 비인 천추태후 황보씨(964~1029)가 김치양과 함께 발원한 작품이다. 천추태후가 김치양과의 사이에서 나은 아들을 목종을 잇는 왕위계승을 하려고 하였던 즈음에 만든 것으로 정치적인 사건과 관련된다.

고려후기의 대표적인 사례는 「경신사鏡神寺 수월관음도」를 발원한 왕숙 비이다. 고려시대 수월관음도는 약 40여 점 남아 있는데 「경신사 수월관음 도」는 1310년 5월에 제작된 것으로 419×254.2cm의 거대한 크기의 한 폭 비단에 그려진 것으로 유명하다. 이 관음도는 현재는 화기가 없어졌지 만 다행히 이노 다다타카伊能忠敬가 1812년 9월 7일 경신사를 방문하여 이 관음도를 보고 화기를 그의 일기인 『측량일기測量日記』에 남겨놓으면서 알려졌다. 이 일기에는 발원자와 그림을 그린 화사들이 비교적 상세하게 쓰여져 있다. 발원자는 충렬왕의 후비 왕숙비王淑妃 김씨로서 충렬왕 23년 (1297) 세자였던 충선왕이 왕을 위로하기 위해 헌상하고 이어서 숙창원비淑 昌院妃로 봉한 인물이다. 이후 1308년에 충렬왕이 서거하고 충선왕이 즉위 한 다음 숙비로 봉하였다.

또한 관음도에는 희미하게 묵서가 남아 있는데 현재는 읽기 어려운 상태지만 역시 이노 다다타카가 『측량일기』에 다시 옮겨 놓았다. 즉 공양왕 3년(1391) 승려 양현良賢이 힘들게 구입하여 봉납하였다는 내용으로 이 내용을 그대로 믿는다면 이 불화는 충선왕 2년(1310)에 제작된 이후 공양왕 3년(1391) 일본으로 건너간 것이 된다. 그러나 이 내용을 그대로 믿기는 어려운 상황이다.

「대보적경변상도」나 「경신사 수월관음도」와 같이 고려시대의 우수한 작품들의 대부분은 현재 대마도와 규슈 지역을 포함한 서일본 지역에 광범위하게 분포되어 있다. 고려대장경을 비롯하여 100여 점에 이르는 고려불화 그리고 불상, 청자, 범종 등도 수 백점에 달한다. 현재 국외소재문화재단에서 밝힌 일본에 남아 있는 작품은 2017년 현재 7만 점이 넘는 것으로 집계된 바 있는데 이 시기의 유물도 다수 포함되어 있다.

서일본 지역에 있는 고려시대 문화재의 일부는 왜구의 침략과 같은 전쟁으로 인한 수탈과 관련된 것으로 이해된다. 전쟁은 나라 사이의 혼란을 야기시키는 동시에 사회, 문화적 측면에서 많은 변화를 가져온다. 알렉산더 대왕의 동방원정으로 동양과 서양의 미술교류가 이루어지고 장건의 박트리아 파견으로 성립된 비단길은 긍정적인 결과라 할 수 있다. 그러나 왜구의 침략은 단순한 침략을 넘어 문화재 약탈로 이어지면서 그 여파가 700년이 넘은 현재까지도 이어지고 있는 점은 현재의 우리들에게도 많은 것을 시사한다.　　　　　　　　　　　| 정은우 |

참고문헌

강경숙, 『한국도자사의 연구』, 시공사, 2000.

菊竹淳一·鄭于澤, 『高麗時代의 佛畵』, 시공사, 1996.

김리나 편, 『한국불교미술사』, 미진사, 2011.

신광희, 『한국의 나한도』, CAS 한국미술연구소, 2014.

아시아뮤지엄연구소 편, 『국립중앙박물관소장 고려나전향상과 동아시아칠기』,
        CAS 한국미술연구소, 2014.

안휘준, 『한국미술사연구』, 사회평론, 2012.

안휘준, 『한국의 해외문화재』, 사회평론, 2016.

유홍준, 『한국미술사강의2-통일신라·고려』, 눌와, 2012.

정은우, 『고려후기 불교조각 연구』, 문예출판사, 2009.

정은우·신은제, 『고려의 성물, 불복장』, 경인문화사, 2017.

3. 자연 인식과 과학기술

1) 자연에 대한 인식

자연 인식 이해의 필요성

자연에 대한 인식은 고려의 과학기술 발전과 직간접적으로 상관관계가 있다. 그러나 이 같은 부분에 대한 검토는 아직까지 대략적인 이해에 그치고 있는 실정이다. 과학기술에 대한 이해가 크게 진전되지 않고 있는 까닭은 사료 및 유물, 유적의 영성함에 기인하는 바도 크다.

이러한 한계를 전제로 하면서 새로운 방향 모색을 할 필요가 있다. 그 가운데 가장 큰 부분은 고려시대 자연 인식의 양상과 변화가 과학기술의 단계와 어떠한 관계가 있는가 등에 대해 여러 면에서 검토해야 한다는 점일 것이다. 예컨대 두려움과 꺼려함을 뜻하는 구기拘忌나, 신앙과 종교를 통한 치성 및 귀의가 우선하는 사회에서는 그 나름의 방법을 통해 구원을 얻을 수 있을 수 있다. 이러한 단계에서는 지속적인 기록과 분석, 실험 등을 통한 과학적 해석과 대응책 마련보다는 기양祈禳 및 국왕 및 지배층의 자책과 원한 풀기 등을 통한 해결의 모색에 머무를 뿐이다.

이를 감안하면서 고려의 자연에 대한 인식에 대해 살펴볼 필요가 있다. 고려는 불교와 유교, 도교, 무속, 성리학 등 다양한 사상과 종교신앙 등이 혼재된 속에서 자연과 인간의 관계에 대한 성찰에 나섰고, 자연에 대한 이해를 심화시켰다. 그 과정은 동시대 다른 문화와의 교류를 통하여, 혹은 고려적 전통과의 습합을 토대로 새로운 발전을 도모하면서 전개되었다 여겨진다.

다양한 자연 이해의 내용

태조는 「훈요십조」를 통해 왕조 운영에 필요한 기본 사항을 제시하였다. 즉, 국가대업이 제불諸佛의 호위의 힘에 힘입어 이루어졌으며, 사원은 산수의 순역順逆에 따라 개창되었다 하였다. 또한 삼한 산천山川의 음우陰佑로 대업을 이루었다 지적하였고, 더불어 산형지세에 따른 인심을 살펴야 함을 언급하였다. 그리고 유교적 통치를 행하면 음양이 순조로울 것이라 보았다. 태조의 이 같은 유훈은 유교와 불교를 중심으로 풍수와 천령 및 산천, 용신 등의 토속신앙에 기초한 다원적 통치원리의 지향을 뜻한 것이었다.

이러한 관점이 제시된 이후 고려의 자연 인식에 나타난 가장 큰 특징은 자연의 상태와 변화를 역학적 과학적 법칙으로 이해하지 않았다는 점이다. 그것은 달리 말하면 자연 상태 혹은 변화에는 보이지 않는 어떠한 힘이 작용하여 인간사회와 상호 관련을 맺고 있다는 관점으로 포괄된다. 따라서 고려시대의 자연 인식은 어떠한 힘에 대한 해석과 연관된다 하겠다.

먼저 고려의 불교에서는 자연 인식과 관련하여 자연과 인간이 분리되어 있지 않다 보았다. 이른바 연기적緣起的 자연관이자 세계관을 띠고 있었다. 때문에 부처의 마음인 불성佛性을 깨달아 해탈에 이르러 업과 윤회를 벗어나는 데 궁극적 목적을 두었다.

그런데 고려인들은 자연의 변화가 신격에 의한 것으로 보기도 하였다. 그에 따라 가뭄이나 질병, 전염병이 생기거나 적을 물리치는 신이함이 일어난다고 본 것이다. 이로 인해 일차적으로는 산악 산천을 인격화하여 숭배하는 형태가 나타나고 있었다. 이를테면 산신신앙이 이에 해당하였다. 수호신 성격을 갖는 성황신에 대해 지역민들이 조상신을 연결하면서 성황신앙 역시도 화복과 연결되었다. 비를 빌기 위해 무격巫覡이 동원되었던 것도 그들의 영험함이 천신과 소통한다고 믿어서였다. 무격을 통해

천·지·인의 조화를 꾀할 수 있다 본 것이다. 그렇지만 때로는 음사淫祠로
치부되어 배격되기도 하였다.

이처럼 신앙의 형태에서는 그 질서에 제석천이나 산신 등과 같은 신격
의 행위로 의인화하여 본다. 이는 도교적 자연관에서도 차이는 있지만
같은 경향이 있었다. 천지와 산천에 대한 재초齋醮가 이루어져 소재도액消
災度厄을 하고자 한 것이다. 물론 때로 중국적 도교와 달리 "선풍仙風을
숭상하라"라는 의종 22년(1168)의 교서에 나타나듯 풍류도風流道로서의
자연을 대하는 태도가 있었다.

한편으로 도선이 산수山水의 순역順逆을 점쳤다는 데에서 알 수 있듯이
산수의 순역에 따른 화복禍福의 논리가 있음을 보여준다. 삼한산천의
음우나 산형지세에 따른 인심 등 역시도 마찬가지이다. 뿐만 아니라,
산수의 순역 이해는 도읍 풍수와 연결되었다. 서경 천도나 남경천도론이
고려왕조 내내 존재해왔던 것은 이를 말해준다.

천인감응론적 자연 인식과 천도天道

신격이 있는 자연에 대한 신앙이 아닌 자연의 흐름에서 나타난 여러
변화 요인에 대해 음양오행으로 해석하고 음양의 순역에 따라 재이와
상서가 발생한다는 이해가 나타났다. 이때 제기된 음양의 순역에 대한
원인과 관련한 해석을 보면 위의 자연 인식과는 차이가 보인다.

이는 천인감응론天人感應論의 이해로 이어졌다. 하늘에 음양이 있듯이
인간사회에도 음양이 있어 같은 기운은 감응하여 변화하는 것으로 보았
다. 나아가 시후時候의 변화나 재이災異·상서祥瑞의 발생이 인간사회에
상벌을 내리는 천의天意에 의한 것이며 천의는 천명天命을 받은 왕과 왕조의
신민에 의해 좌우될 수 있다고 이해한다. 『서경』이나 『시경』, 『예기』
월령, 『춘추』 등의 유교 경전에서 이 같은 내용이 보인다.

주목할 점은 이 과정에서 시후時候를 순조롭게 하거나 혹은 재이를

없애기 위해서는 천도天道를 따라야 함을 강조하고 있다는 것이다. 그리고 그것은 국왕의 기우 등 기양과 함께 육사자책六事自責을 꾀하는 데서 나타났다. 그 대책은 오사五事(貌·言·視·聽·思)나 오상五常(仁·義·禮·智·信) 등에 대한 실천과 덕을 닦는 데[修德] 있는 것으로 여겼다. 특히 시후에 따른 월령 및 시령의 수행도 강조하였다. 이를 통해 재이 현상이 일어날 경우 이를 없애는 소재기양消災祈禳이 이루어진다고 이해하였다.

이처럼 유교의 천인감응론이 수용되면서 고려사회에서는 자연현상과 관련하여 그 내면에 인격적 요소 즉 주재적主宰的 면이 있는 천명天命을 전제하고는 천명을 받은 군주가 자책과 수성, 수덕을 하면서 천명을 움직일 수 있다고 보았다. 그렇지만 성리학의 수용 이후에는 점차 천명으로 해석된 인격적 요소를 배제한 '천리天理'로 이해하기 시작하였으며, 이에 따라 자연 혹은 천은 '이理'와 '기氣'로 구성된 것으로 받아들였다. 하지만 자연에 대한 이해를 심화하는 데 초점을 두는 격물치지格物致知보다는 수기치인修己治人에 중점을 두어 실천을 강조하면서 자연인식에 있어서는 천인감응·천인합일을 지향하는 도덕적 천명사상에 머물렀다.

2) 과학적 측량 및 계산과 유사과학

도량형의 정비

고려왕조는 관측 및 측량을 위해서 이를 측정하기 위한 도구가 필요하다는 점을 인식하였다. 이를 통칭 도량형이라 한다. 각각은 도기度器(길이를 재는 자)·양기量器(부피를 재는 되)·형기衡器(무게를 재는 저울)라 한다. 이러한 도량형은 행정, 경제, 상업, 건축, 과학 등의 면에 있어서 중요한 객관적 기준이 되었다.

고려시대의 경우 그 관리는 대체로 중앙은 경시서에서 행하고, 지방은 동·서경, 4도호부, 8목(계수관) 등의 지방관이 관리하였다. 도량형 제작은 공부工部에서 제작하였을 가능성이 높은데, 민간에서도 만들 경우 관청의 검인을 받도록 하였다.

현재 기준으로 고려시대 1척의 길이는 31㎝ 정도로 보고 있다. 척의 경우 당대척唐大尺(30cm 내외)을 기준으로 영조척營造尺, 양전척量田尺, 포백척布帛尺이 이에 준하였고 이외 금척金尺, 장척長尺 등이 있어, 용도에 따라 길이의 차이가 있었음을 알 수 있다.

양기量器의 단위로는 작勺, 홉合, 승升, 두斗, 석石(碩) 및 곡斛이 확인되는데 1석=15두, 1두=10승, 1승=10홉, 1홉=10작 등이 이에 해당한다. 양기제도의 정비는 기록상으로는 정종 6년(1040) 때 권형權衡과 두량斗量을 정하였다는 데서 확인할 수 있다. 나아가 고려에서는 곡물에 따라 용적을 달리 설정하였지만 고려 문종대의 곡두식을 참조할 경우 1승 용적은 340㎖ 정도로 추정된다.

형기衡器 즉 저울의 단위는 근斤과 냥兩을 썼는데 대체로 1근=16냥의 관계를 갖고 있었다. 저울의 모습은 동국대학교 소장 고려시대 보협인석탑 탁본에서 그 형태를 확인할 수 있다. 여러 유물에 보이는 명문 무게와 측정 무게를 토대로 볼 때 1근은 약간의 차이는 있지만 대략 640g 내외였을 것으로 추정된다.

천문 관측과 역법·시간·지도

고려에서는 하늘과 산천, 바다, 인간사회 등의 변화와 관련하여 자세히 관찰하였고, 이를 각기 하늘과 시간, 오행에 해당하는 내용으로 나누어 기록을 남겼다. 예컨대 475년간 6,500회에 달하는 자연 이상과 138회의 일식, 87회의 혜성 출현 등을 관찰 및 측정하였던 것이다. 그 보고와 대응 마련은 고려초의 경우 태복감太卜監과 태사국太史局에 의해 이루어졌다. 태복감은 이후 현종 14년(1023)에 사천대司天臺로 바뀌었으며, 태사국은 유지되었다. 이들 기구에서는 천문天文·역수曆數·측후測候·각루刻漏를 맡았는데, 여러 차례 변경을 겪다가 공민왕 21년(1372)에 서운관書雲觀이라 하였다.

천문 관측은 어떻게 이루어졌을까? 일단은 개성 만월대에 있는 고려 첨성대 즉 관측대를 주목할 수 있다. 고려시대 별자리와 그 흐름 등을 포함해 일월식 등과 관련한 예측을 위한 계산이 충분히 가능하였다고 하겠는데, 성좌의 이름과 위치 등이 정확히 표현되고 있는데서 이를 짐작할 수 있다.

천문 관측과 점성학이 축적되면서 충렬왕대 오윤부伍允孚와 같은 천문학자의 등장을 가져왔다. 그는 천문을 살펴 길흉을 점치는 점성학占星學에 능하였는데, 직접 천문도를 남기기도 하였다. 그 성과가 1396년 제작된 「천상열차분야지도天象列次分野之圖」 제작으로 이어졌다 보고 있다.

고려는 중국을 중심으로 하는 보편적 역법 질서 하에 있었다. 태조와 광종 대에 천수天授와 광덕光德 등 연호를 정하였지만 왕조 운영을 위하여 중국 왕조와 연계하면서 시간의 일통을 도모하고자 하였다. 이에 중국 역법을 수용하여 역일을 계산하고 이를 토대로 동지 전후로 태사국사太史局事 혹은 지태사국사가 동지력冬至曆을 만들어 올리면 그에 대해 내용을 확인하여 역일을 반포하였다. 고려의 역은 통일신라에서 썼던 당의 선명력宣明曆을 쓰다가 원으로부터 수시력授時曆을 도입하여 사용하였다.

하지만 고려는 고려의 지리위치에 맞는 상수 값을 계산하고 이를 토대로 역법에 적용하였다. 역법은 수용하면서 그에 기초하여 독자적인 역일 제작을 수행한 것이다. 동시에 거란이나 금과의 사대관계 하에서는 거란의 대명력大明曆, 금의 중수대명력重修大明曆과 역일을 비교해 같은 값을 얻고자 하였다. 원의 수시력 수용이 이루어지면서는 최성지崔誠之가 충선왕의 지시를 받아 그 계산 방법을 익혔으며, 충목왕과 공민왕 대에 걸쳐 서운관에 있었던 강보姜保는 「수시력첩법입성授時曆捷法立成」을 작성하여 계산을 위한 수표數表를 제시하였다. 이렇게 만들어진 고려력은 일상에서

쓸 수 있는 상용력으로서 구주력具注曆의 성격을 띠고 있었다.

고려에서는 일정한 시제時制를 두고 있었다. 1년은 4계, 1계는 3개월, 1개월에는 2기氣, 1기에는 3후候, 1후는 5일 간격, 하루는 12진辰, 1진은 2시時로 나누었다. 또 하루는 100각刻, 1각은 84분分, 1일은 8,400분, 1진각은 700분으로 하였다. 밤은 1경更, 2경 등으로 나눴으며 대체로 하루 시작은 매상昧爽이라 하여 기준을 일출에 두었다.

시각 계산은 시측의기時測儀器인 해시계와 물시계를 이용하였다, 물시계를 담당하고 시간을 측정하고 알리는 역할을 태사국 혹은 서운관의 사진司辰과 설호挈壺가 맡았으며 이들은 시각에 따라 북을 쳤다. 신라 성덕대왕 신종이 시각을 알리는 신혼대종晨昏大鐘 역할을 하였음을 연상할 필요가 있다.

왕조 운영을 위해 고려는 중앙과 지방을 포함하는 영토 등에 대해 파악하면서 행정과 조세수취, 군사 등을 위해 지도 제작에 나섰다. 의종 2년(1148)의 기록에 따르면 유공식柳公植의 집에 『고려도高麗圖』가 있었던 것이 확인된다. 충렬왕 7년(1281)에는 원에서 온 왕통王通 등이 고려의 지도를 봤다는 기록이 있으며, 고려말에 나흥유羅興儒는 중원中原 즉 중국 및 고려의 지도를 편찬하여 공민왕에게 바치기도 하였다. 이첨李詹은 태조 5년(1396)에 『삼국도三國圖』를 만들면서 기존 『고려도』를 참조한 바 있다. 이를 고려하면 고려에서는 독자적으로 지도를 제작하였고, 특히 고려말에 이르러서는 뛰어난 지도제작자를 배출하였음을 알 수 있다. 이러한 바탕 위에서 태종 2년(1402)에는 『혼일강리역대국도지도混一疆理歷代國都之圖』가 나오기에 이르렀다.

유사과학의 유행

현재의 입장에서 볼 때는 유사과학類似科學에 해당하지만 고려인들은 풍수風水, 점복占卜, 점성占星, 관상觀相, 사주四柱, 해몽解夢 등을 습득하고 있었다. 음양구기陰陽拘忌를 믿어 택일擇日과 택지擇地 등에 적용하였다.

점복은 국가의 중대사를 결정하는 순간 등을 포함해 자주 이루어졌다. 인종 4년(1126) 금에 대한 사대를 결정할 때 서죽筮竹을 이용하여 점을 쳤으며, 우왕 축출 뒤에 탐주探籌를 통하여 공양왕이 후계자로 결정되었다. 점복은 과거의 많은 기록을 토대로 유추하는 경우가 많았으며, 여기에 음양의 논리를 토대로 이해를 도모하기도 하였다. 대체로 해몽 등을 포함한 점복은 복업卜業을 전공한 일관日官 혹은 술사術士 및 관련 지식을 갖춘 이들이 해설하였다.

지리도참과 관련해 태조는 후삼국 통일 전에 최응을 통해 개경에는 7층탑, 서경에는 9층탑을 세울 것을 발원하였다. 「훈요십조」에서는 도선의 말을 빌어 사찰 남설을 막고자 하면서 비보사탑풍수裨補寺塔風水를 보여주었고, 서경을 지맥의 근본이라 하면서는 국왕순주설國王巡駐說을 제시하였다. 이로 인해 지리학地理學 혹은 지리업地理業이 일찍부터 자리 잡았다. 지리업은 잡업의 하나로 분류되었고, 첩경貼經과 독경讀經으로 시험쳤는데, 태사국에서 주관하여 3일간에 걸쳐 행하였으며『신집지리경新集地理經』을 포함, 9종류의 책이 대상이었다.

예종 원년(1106) 김인존金仁存과 같은 유신儒臣 및 태사관太史官 등은 예종의 명에 따라 음양지리 관련 제가서諸家書를 산정刪定하여『해동비록海東秘錄』을 편찬하였다. 고려시대에 국도풍수國都風水로 지리쇠왕설 및 연기설이 유행하였으며, 이는 천도론遷都論 등과 관련한 도참설圖讖說로 이어지기도 하였다. 이에 음양지리에 대한 이해를 갖춘 관원은 고려왕조의 운영과 관련해 중요한 활동을 하였다.

관상과 사주 역시 유행하였다. 관상을 보는 이는 '상사相師'·'상명사相明師'라 하였다. 관상학과 더불어 주목할 부분은 명리학命理學인 사주학四柱學 역시 유행하였다는 점이다. 사주학은 연·월·일·시의 4간지인 사주를 살피고 그에 따라 길흉과 화복을 살피는 것을 말하였다. 나아가 13~14세기 국제정세의 변동과 함께 오대 및 송대에 정립된 팔자八字를 보는 '자평 사주학子平四柱學'이 들어왔다.

3) 금속 제련과 화약 제조

금속 제련기술

고려는 전통의 내용을 담고 있는 토풍土風과 중국 문화의 면을 담은 화풍華風을 시대요구에 맞추어 적절히 조화시켜 나갔다. 고려의 개방성과 사회문화적 수요에 따른 것이었다. 이 같은 문화수준의 성장 과정에서 청동을 활용한 각종 불구佛具나 제기, 생활용기의 제작이 이루어졌다. 금속활자의 제작과 이를 활용한 인쇄가 이어졌으며, 각종 철제무기와 화약 제조 등이 잇따랐다.

고려의 사회·문화가 발전함에 따라 광물 생산, 광물을 이용한 제련製鍊 및 제작 기술 수요가 많았다. 제련 및 제철製鐵 기술은 매우 우수하여 고려에서 생산된 동 및 동제품은 '고려동高麗銅'으로 중국에 알려졌다. 이는 단단하고 붉은 빛을 내는 것이었는데 대체로 용해로에서 생동生銅을 만들고 정련로에서는 숙동熟銅을 만들어 제련한 것이었다. 정련로의 온도 는 1,350℃까지 올려야 하였으므로 그에 따른 내열장치 등도 함께 마련되 어야 하였다. 이후 주석 및 납 등 함량을 변화시키며 대형 종이나 향완香盌 과 같은 불구佛具나 거울, 활자와 화포, 생활 용기나 용구 등을 만들어내는 정도가 되었다. 이러한 기술의 발달에 따라 놋쇠[鍮銅] 식기류 사용이 권장되기도 하였다.

철은 무기나 농기구, 생활, 종교의례, 공물 등의 용도로 많이 필요하였 다. 고려의 철은 크게 가공되지 않은 생철과 가공을 한 숙철로 나뉜다. 삼국시대의 철제유물과 고려시대 유물의 화학성분을 비교하면 고려의 것이 탄소함량이 1/6~1/2로, 인의 함량은 1/15~1/3 정도 적어 그 품질이 월등히 좋아졌다 한다. 이는 숙철 생산기술이 좋아졌다는 것을 뜻하는데, 생철을 녹여 불순물을 없애는 용해로가 마련되었기 때문에 가능한 결과였다. 용해로의 내열온도는 1,350℃ 이상이어야 하였는데, 화력이 좋은 석탄 등이 연료로 사용되었다.

이처럼 금속 주조 및 가공 분야에서의 가장 큰 성과는 자기 생산이나 고려동의 제작, 숙철 가공 등의 과정에서 공통적으로 나타나듯 1,350℃에 이르는 고온에 견딜 수 있는 용해로, 혹은 청자 등 생산에 필요한 가마 즉 요의 구비에 있었다 하겠다.

선박 제조기술

고려의 배 종류는 크게 목적과 용도에 따라 무역선·조운선과 전함·관선으로 대별된다. 대체로 고려의 배는 평저선 구조를 하고 있으며, 소나무나 상수리나무를 재목으로 썼는데 굽은 나무를 이용하거나 나무를 굽혀 선체 구조물로 활용하여 선체구조역학 상 견고하였다. 쇠못이 아닌 나무못을 주로 활용하는 한선韓船의 정립기라 할 수 있다.

첫 번째 유형으로는 70명 정도가 탈 수 있었던 중국과의 무역선, 세곡 운반선으로 600석 정도를 정량 적재할 수 있었던 초마선哨馬船, 연안을 오가던 어선 및 도자기 운반선 등이 있었다. 특히 원양항해용 선박의 모습은 단순화한 것이기는 하지만 국립중앙박물관과 대구박물관 소장 삼족오문 항해도문 동경을 통해 원양항해용 평저선형 고려선박 형태를 짐작할 수 있다. 조운선의 경우는 정종靖宗 때 12조창의 초마선과 평저선 수를 정하면서 규모가 정비되었다.

전함으로는 배 위에 누옥樓屋을 짓고 말을 달릴 정도로 컸던 누선樓船이 고려초에 있었음이 확인된다. 또 과선戈船이 있었는데 배의 앞면을 철로 싸 적선과 충돌할 때 썼으며, 높고 커 배 안에 군사가 숨을 수 있었다. 노는 배 위 좌우 네 곳에 설치하였다. 여몽연합군의 동정東征을 위한 선박 제작 때는 천료주千料舟·발도로경질주拔都魯輕疾舟·급수소주汲水小舟 각 200척, 합 900척을 만들었다. 동정 선박에는 갑판 위의 선상에 누로樓櫓를 구축한 누전선樓戰船과 갑판 위에 아무 것도 구축하지 않은 평전선平戰船이 있었다.

관선官船에는 관선, 순선巡船, 막선幕船, 송방松舫이 있었음이 『고려도경』에서 확인된다. 관선은 누樓가 있으며 문짝과 창문이 달렸고 난간이 있었다. 배 밑바닥은 평평하고 넓게 만들었다. 순선은 간단하게 만들었는데, 배 한가운데 돛대를 세우고 고물에 키[鷗]를 설치하면서 뱃집은 두지 않았다. 막선은 차일막을 친 것으로 사절 접대용으로 쓰였다. 송방은 군산도에 있던 배로 선수와 선미를 방노방축형方艫方舳型으로 하였으며 선창 가운데는 다섯 칸의 방을 두고 작은 선실 두 개를 앞뒤에 설치하였다.

다만 고려말 최무선이 개발한 화포를 장착할 때의 반동과 흔들림을 줄이고 습기를 방지하는 기술이 전함에 반영되었을 가능성인데 아직까지는 어떻게 구조에 반영되었을까에 대해서는 명확치 않다.

화약 기술과 화포 제작

화약과 화약무기의 사용에 대한 관심은 충정왕 2년(1350)부터 본격화되기 시작한 왜구의 노략을 격퇴하기 위해서 시작되었다. 사실 화약을 활용한 용품인 폭죽爆竹은 이전 시기에도 있었다. 이규보李奎報의 「수세守歲」라는 시나 이곡李穀의 1341년 원일元日 감회와 관련하여 폭죽이 나오고 있기 때문이다. 특히 이곡은 관등觀燈하며 "폭죽이 터지며 하늘 높이 유성처럼 흩어지네"라고 광경 묘사를 한 바 있다.

그렇지만 화약을 만들어 무기로 활용하는 기술이 왜구를 물리치는 과정에서 크게 요구되었다. 최무선崔茂宣은 화약을 쓰는 무기인 화통火㷁의 제작에 나섰다. 물론 여기에는 화약제조법의 습득이 전제가 되었다. 그 가운데서도 중요한 것이 염초제조법이었다. 이를 위해 최무선은 공민왕 23년부터 우왕 3년 사이의 어느 때에 원의 염초장焰焇匠 이원李元을 잘 대우하여 염초제조기술을 배웠을 것으로 추정된다. 화약은 기본적으로는 염초와 유황, 목탄 등을 조합하여 만드는 것이었는데, 최무선은 그 배합법을 익히고 이와 더불어 화약을 담아 쏘는 화구火具를 만들고자 하였다. 공민왕 22년(1373)에 이르러 왕이 새로운 전함을 보고 화전火箭 및 화통火筒을 시험한 내용이 확인된다.

그리고 이는 우왕 3년(1377) 화통도감火㷁都監의 설치로 이어졌다. 이듬해에는 경외 여러 사찰을 대중소로 나누어 화통방사군火㷁放射軍을 각기 3명, 2명, 1명을 배정하였다. 화통도감의 설치와 화통방사군의 운영은 우왕 6년(1380)에 이르러 그 성과를 드러냈다. 최무선 등은 화포를 장착한 전함 백 척을 인솔하고 진포구鎭浦口(현재의 군산)에 나아가 정박하고 있던 왜선 5백여 척을 불태우는 대승을 거두었다. 이것이 진포 대첩이며, 우왕 9년(1383) 관음포 해전에서도 화포를 통해 승리를 거둔 것이 확인된다.

4) 의학과 의료 기술

질병관과 의료기구

고려는 전염병이나 질병 발생 시 여러 가지 방법으로 구료와 구원을 도모하였다. 종교 귀의나 신적 존재에 대한 치성, 구기拘忌 등이 이에 해당한다. 불교를 통해서는 반야도량般若道場과 같은 도량의 설행과 수월관음도 제작, 『천수경』 유통, 관세음보살 진언 염송 등이 권장되었고, 도교를 통해서는 도사를 모아 온신瘟神 및 천황대제, 태일 등에 대해 초제醮祭를 올려 역병 등을 극복하고자 하였다. 이외 무당은 의무醫巫 역할을 하였다. 이들은 병의 원인을 밝히거나 처방을 내리는 등 질병을 물리치는 역할을 수행하기도 하였다. 때문에 왕실과 조정 등 지배층에서 무당을 믿자 무풍巫風이 성행하였다.

그렇지만 실제 의학은 의료기구의 운영 및 의관 배출 등을 토대로 여러 가지 면에서 발전하였고, 그 결과 12세기 이후 소아 사망의 감소나 인구 증가 등이 이루어지기도 하였다. 의료와 관련한 관청과 보조기관을 보면, 먼저 태조는 서경에 학원學院을 설치하면서 여기에 의업醫業을 둔 바 있다. 또한 광종대 상의원尙醫院이 확인된다. 이후 성종대 중앙의료기구는 태의감太醫監과 상약국尙藥局으로 분화되었다. 또한 12목을 설치하면서는 의학박사醫學博士를 파견하고 의사醫師를 두었다. 주부군현 등 일반 행정단위에는 약점사藥店史를 배치하였다.

이후 국왕의 치료와 의약 조제를 맡은 봉의서奉醫署와 중앙 의료기관으로서 전의시典醫寺가 있었다. 태자궁에는 전문의료직으로서 약장랑藥藏郞과 약장승藥藏丞이 있었다. 사선서司膳署는 국왕과 왕실 관련 식사위생 및 영양을 관리하는 기구였으며, 차를 끓여 바치는 기관이었던 다방茶房에도 의사가 있었다.

의관이 되기 위해서는 잡과 중 의업醫業과 주금업呪噤業에 합격해야 하였다. 의관 선발을 하는 의업은 광종대부터 이미 시작되었다. 의업에 합격하려면 이틀간에 걸쳐 의서에 대한 첩경貼經에 통과해야 하였고, 이후에도 여러 의서에 대한 해독과 뜻과 이치를 풀어야 하였다. 첩경 과목으로『소문경素問經』,『갑을경甲乙經』,『본초경本草經』,『명당경明堂經』이 있었으며, 이후의 과목으로는『맥경脉經』,『침경針經』,『난경難經』,『구경灸經』등이 있었다.

의관들은 중국 특히 송으로부터 수입한 의서와 송에서 파견한 의원으로부터 의술을 배우기도 하였다. 송은 고려의 요청에 따라 의관醫官을 파견하였다. 보제사普濟寺 동쪽에 설치된 약국藥局에는 태의太醫, 의학醫學, 국생局生 등 세 등급의 관원이 있었다.

의서 간행과 향약 개발

고려 스스로 의술 발전을 도모하고 중국의 의술 및 의약에 대한 지식이 축적되면서 그 결과물로 자체 발전시킨 의약기술을 반영한 의서가 편찬되기도 하였다. 예컨대 인종 및 의종 대에 활약한 김영석金永錫은 의료인이 아닌 문벌가문 출신 관료였지만 풍비증風痺症 치료에 능하였고, 송과 신라의 의서를 열람한 후 중요 내용을 정리하여 『제중입효방濟衆立效方』을 저술하였다. 고종 13년(1226) 무렵에는 현재 전하지는 않지만 추밀직에 있던 최종준崔宗峻이 『신집어의촬요방新集御醫撮要方』을 저술하였다. 이규보가 쓴 서문을 보면, 이는 관찬 구급 약방문의 성격을 갖는 의서로서 왕실뿐만 아니라 민간에서도 활용 가능하도록 목판으로 인쇄하였다.

한편 여몽간의 전쟁이 치열해지면서 강화도로 천도한 고려 조정에서는 송 등 중국 의서와 약재 처방 등 수용 단계를 넘어 향약鄕藥 개념을 세우기 시작하였다. 『향약구급방鄕藥救急方』의 간행이 이를 상징하였다. 현재 조선 태종 17년(1417)의 중간본 『향약집성방』이 일본 궁내청 서릉부書陵部에 남아 있어 그 완전한 내용을 알 수 있다. 토산약재 135종에 대해 '향명鄕名'을 쓰고 이를 의료에 적합하게 쓰도록 하였다는 점에서 고려 의학의 자주성이 지적된다. 이외에도 쉽게 얻을 수 있는 향약의 치료를 계승하면서도 만병개치萬病皆治의 원리를 제시한 의서가 『향약구급방』 간행 전후로 저술되었다. 상서 김변金弁이 찬한 『비예백요방備預百要方』이 이에 해당한다.

전염병이나 질병은 소나 말에 이르기까지 가리지 않았다. 이러한 가축 등의 질병을 구하기 위해 수의박사獸醫博士를 두었다. 문종 30년(1076)의 양반전시과 지급 관련 16과에서 확인되는데, 이 같은 언급만 있어 이들이 어떠한 일을 하였는지는 그 명칭으로 짐작할 수 있을 뿐이다. 그러나 농사와 희생犧牲 및 단백질 공급, 우역郵驛 및 전마戰馬 등의 면에서 중요시된 소와 말에 대한 관심은 왕조 차원에서 지속되었을 것이라 여겨진다.

우왕 14년(1388)에 사복시에 입직하는 1번番마다 수의獸醫 5명을 두도록 한 것은 이를 말해준다.

고려의 의술은 이처럼 처음에는 주로 중국의 의서醫書나 의관醫官 등에 의존한 면이 있지만 의료기관의 정비와 의관의 배출, 의원 집안의 형성 등을 거치면서 고려의 풍토에 맞는 의술과 향약을 정리하기 시작하였다. 그리고 이 같은 토대 위에서 특수한 사례일 수도 있겠으나 원 세조를 치료하여 유명해진 설경성薛景成처럼 뛰어난 의원이 배출되고 『향약구급 방』과 같은 독자적인 의서의 편찬 등이 나올 수 있었다고 여겨진다.

| 한정수 |

참고문헌

김갑동, 『고려의 토속신앙』, 혜안, 2017.
김영미 외, 『전염병의 문화사-고려시대를 보는 또 하나의 시선-』, 혜안, 2010.
김일권, 『《고려사》의 자연학과 오행지 역주』, 한국학중앙연구원, 2011.
김철웅, 『고려시대의 道敎』, 경인문화사, 2017.
서금석, 『고려시대 曆法과 曆日 연구』, 전남대 박사학위논문, 2016.
이경록, 『고려시대 의료의 형성과 발전』, 혜안, 2010.
이진한, 『高麗時代 松商往來 硏究』, 경인문화사, 2011.
장지연, 『고려·조선 국도풍수론과 정치이념』, 신구문화사, 2015.
전상운, 『우리 과학 문화재의 한길에 서서』, 사이언스북스, 2016.
한정수, 『한국 중세 유교정치사상과 농업』, 혜안, 2007.

구만옥, 「고려시대의 문화와 과학 기술」『새로운 한국사 길잡이(上)』, 지식산업사,
    2008.
김성준, 「煌丕昌天銘 航海圖紋 高麗銅鏡에 새겨진 배의 국적」『역사와 경계』 105,
    2017.
문경호, 「泰安 馬島 1號船을 통해 본 高麗의 漕運船」『한국중세사연구』 31, 2011.
서금석, 「고려시대 '子平 四柱學'의 유입」『歷史學報』 225, 2015.
이원식·이은위·이기표, 「고려 완도선의 선형계수 및 정적복원성 추정에 관한
    연구」『대한조선학회지』 43-3, 2006.

ㄱ

가구소街衢所 261
가례嘉禮 376
가묘家廟 280
『가정집稼亭集』 35, 37
가지산문迦智山門 390
가포차茶 6영詠 273
각훈覺訓 445
간화선看話禪 389, 390
감監 123
감무監務 65, 168, 310, 312
감문위監門衛 148, 151
감창監倉 160
감창사監倉使 167
감탕기법 461
『갑을경甲乙經』 480
갑인주안甲寅柱案 347
강감찬姜邯贊 329
강동6주江東六州 328, 329
강수형康守衡 269
강조康兆 56
강화 천도江華遷都 336, 342
강화講和 343
개경開京 59, 180, 301, 302, 318
개경환도開京還都 344
『개보칙판대장경開寶勅版大

藏經』 426
개정전시과改定田柴科 140
개태사開泰寺 47
거란契丹 327
『거란대장경契丹大藏經』 426
거란유종契丹遺種 320
거사居士불교 376, 387
건원중보乾元重寶 305
건칠乾漆 455, 461
결부제結負制 135
결사운동結社運動 376, 387
경기京畿 143, 167
경기 8현京畿八縣 142
경대승慶大升 75, 312, 316, 317
경령전景靈殿 395
경복흥慶復興 103
『경세대전經世大典』 31
「경신사鏡神寺 수월관음도」 465, 466
경재소京在所 163
경절문徑截門 389
경정전시과更定田柴科 141
경주慶州 314, 319, 320
경주인京主人 303
경창京倉 197, 199
경천사지敬天寺址10층석탑 462

경학박사經學博士 54
경행經行 382
계군界軍 165
계단도승戒壇度僧 376
계모繼母 255
계부繼父 254
계서성 23
계서적 계층구조 171
계서적 영역 지배 172
계수관界首官 165, 178, 180, 382
계연計烟 184
계호식민론繼好息民論 383
고구려부흥운동 321
『고금록古今錄』 29
『고금상정례古今詳定禮』 395
고달원高達院 385
『고려국신조대장교정별록 高麗國新雕大藏校正別錄』 427, 431
『고려대장경高麗大藏經』 427, 432
『고려도高麗圖』 474
『고려도경高麗圖經』 30, 478
고려동高麗銅 476, 477
고려불화高麗佛畫 459
『고려사高麗史』 29
『고려사절요高麗史節要』 29

『고려실록高麗實錄』 438
고려청자高麗靑瓷 350
고령신高令臣 402
고르기스闊里吉思 93, 239, 345
공노비公奴婢 238
공덕사상功德思想 379
공물貢物 207, 208
공민왕릉 456
공복公服 51, 176, 268
공산公山 47
공수전公須田 189
공안貢案 208
공양구供養具 175
공역貢役 208
공역노비供役奴婢 238
공역서供驛署 189, 190
공음전시과功蔭田柴科 19
공장工匠 141
공적貢籍·貢案 206
공전公田 137
공해전公廨田 55
공호제貢戶制 311
과거科擧 19, 20, 54, 124, 217, 220, 222, 228
과선戈船 477
과전법科田法 106, 144, 289
곽여郭輿 60, 65
관關 164
관館 164
「관경서분변상도觀經序分變相圖」 459
관계官階 175, 351
관고官誥 380
관료제론 20, 375
관반官班 174
관복官服 268
관선官船 478

관세關稅 349
관역사館驛使 189
관영상점 300, 306
「관음보살도觀音菩薩圖」 464
관음포 대첩觀音浦大捷 361, 479
관청수공업 296, 298
관품官品 139, 140
광교원廣敎院 386
광군光軍 50, 179
광명사廣明寺 182, 379
광주원군廣州院君 49
광화문廣化門 182
교권적敎權的 지배 375
교단자정론敎團自淨論 377
교선일치敎禪一致 385
교속사회론敎俗社會論 375
교장사敎藏司 386
교정도감敎定都監 76, 81
교정별감敎定別監 76, 77, 81
『구경灸經』 480
9등전품제九等田品制 136
구산문도회九山門都會 390
구산사龜山寺 385
『구삼국사舊三國史』 443
9성九城 66
『구오대사舊五代史』 31
구요당九曜堂 412, 413
구제도감救濟都監 65
구조당九祖堂 386
국局 123
국가불교의례 376, 381
국도풍수國都風水 475
국사·왕사제國師·王師制 376, 380, 318
국생局生 480
국역층國役層 379

국왕순주설國王巡駐說 475
국왕 축수도량祝壽道場 382
국왕 탄일誕日 382
국자감國子監 54, 215, 216, 217, 220, 401
국전제國田制 143, 290
국청사國淸寺 63, 383, 387
국통國統 380
국학國學 216, 218
군반씨족軍班氏族 150, 151, 152
군반제軍班制 150, 151
군사도軍事道 160
군-영현郡領縣체계 158
군인전軍人田 151, 152
군적軍籍 147, 151
군전軍田 144
군주동면君主東面 396
군현제郡縣制 156, 171
군호軍戶 234
궁과弓科 177
궁원전宮院田 138
권근權近 103
권농책勸農策 311
권무權務 144
권문세족權門勢族 26
권부權溥 403
권적權適 464
권준權準 383
권한공權漢功 405
귀향형歸鄕刑 258, 259
규기窺基 386
균분均分 247
균여均如 385, 391
『균여전均如傳』 34
균전제均田制 132, 138, 143, 288, 291, 293

근친혼近親婚 399
금강산金剛山 461
『금경록金鏡錄』 29
금기방錦綺房 272
금살도감禁殺都監 276
금속화폐 306
금오위金吾衛 148, 152
금유今有 205
금자원金字院 460
급가제給暇制 397
기관記官 160, 177
기미주羈縻州 331
기복祈福 383
기양祈禳 468
기인其人 48, 162
기일보忌日寶 384
기일재忌日齋 384
기전체紀傳體 29, 440
기철奇轍 101, 354
기현畿縣 167
기황후奇皇后 97, 98, 101
길례吉禮 376
김관의金寬毅 439
김돈중金敦中 72
김득배金得培 359
김변金賆 481
김보당金甫當 74, 314, 317
김부식金富軾 68, 269, 398,
    402, 437
김사미金沙彌 317, 318
김영돈金永旽 405
김영석金永錫 481
김용金鏞 355
김위제金謂磾 63
김인존金仁存 481
김종서金宗瑞 29
김종연金宗衍 105

김준金俊 77, 86
김치양金致陽 56
김향金珦 398
김훈金訓 71

ㄴ

나성羅城 181
나세羅世 361
나전칠기螺鈿漆器 453
나하추納哈出 356
『난경難經』 480
남경南京 63, 194
남대가南大街 182
남악파南岳派 385
남은南誾 106
남적南賊 315
납속보관제納粟補官制 240
납질納質 87
낭郞 380
낭사郞舍 123, 127
내군內軍 52
내사문하성內史門下省 55,
    329, 335
내성內城 181
내성來姓 173
내원당內願堂 378
내재적內在的 발전론 16, 133
내재추제內宰樞制 102
내제석원內帝釋院 182
내제외왕內帝外王 396
내족內族 245
『노걸대老乞大』 350
노비奴婢 238
노비안검법奴婢按檢法 51, 140
녹과전祿科田 108, 142
녹읍祿邑 171

『논어신의論語新義』 401
농장農莊·農場·農庄 310, 311,
    312, 313
누선樓船 477
누전선樓戰船 478
능라점綾羅店 272

ㄷ

다루가치達魯花赤 87, 341
다방茶房 480
다원성多元性 21, 23
다원적 국제질서 364, 365
다원적 천하관 382
다원적 통치원리 469
단월檀越 465
담선법회 388
담진曇眞 387
답험손실법踏驗損失法 60, 205
당대등堂大等 174
당상관唐商館 335
『대각국사문집大覺國師文集』
    34
대간臺諫 128
대납代納 210
대덕大德 141, 379
대등大等 174
대량원군大良院君 56
대방광불화엄경大方廣佛華嚴
    經 462
「대보적경변상도大寶積經變
    相圖」 465
대사大師 379
대선사大禪師 379
대성악大晟樂 66, 332
대식국大食國 336
『대원통제大元通制』 258

「대장각판군신기고문
大藏刻板君臣祈告文」 425
대장도감大藏都監 427, 430
『대장목록大藏目錄』 430
덕겸德謙 387
도도渡 164
도도道 166
도감都監 123
도관道觀 412
도관찰출척사都觀察黜陟使
169
도교道教 66, 411, 468
도교적 자연관 470
도군都軍 177
『도덕경道德經』 411
도령都領 177
도방都房 75, 76, 79, 312
도봉원道峰院 385
도사道士 411
도선道詵 421, 423, 470
도자기 453, 477
도참설圖讖說 475
도첩度牒 379
도평의사사都評議使司 111
「도화견문지圖畵見誌」 463
독권관讀卷官 53
동·서대비원東·西大悲院 264
동경東京 317, 319
동계東界 193, 341
『동국이상국집東國李相國集』
35, 427
동년회同年會 225
동녕부東寧府 89
동당이실제同堂異室制 406
「동명왕편東明王篇」 35, 443
동색혼同色婚 230, 238
동서학당東西學堂 215, 221

동역관董役官 208
동년同年 102
『동인지문사륙東人之文四六』
35, 36
『동인지문오칠東人之文五七』
35
동적이세제同積異稅制 285
동중서董仲舒 393
동지공거同知貢舉 225
뚤루게禿魯花 87
띠집 278

ㅁ

마별초馬別抄 76, 80
마아바르Mabaar 349
만덕산萬德山 389
만부교萬夫橋 사건 326, 328
만월대滿月臺 456
만의사萬義寺 391
만적萬積 318
만호萬戶 153
만호부萬戶府 153, 154, 347
망성亡姓 173
망이·망소이亡伊·亡所伊
315, 316
『맥경脉經』 480
면수面授 389
면조권免租權 289
면천위량免賤爲良 238, 240
명경업明經業 223
『명당경明堂經』 480
명덕태후明德太后 103
명리학命理學 475
명주明紬 271, 319
명학소鳴鶴所 315
모시毛施 349

『목은집牧隱集』 35, 37
목인길睦仁吉 104
몽골 27, 80, 86, 190, 340
몽산덕이蒙山德異 390
묘련사妙蓮社 390
묘청妙淸의 난 60, 68, 418
무과武科 218
무기無寄 391
무반武班 71, 140
무벗리無鰈犁 285, 287
무산계武散階 331
무산계 전시과武散階田柴科
141
무생계無生戒 390
무속巫俗 468
무신武臣 26, 72
무신정권武臣政權 311, 313
무신정변武臣政變 60, 69, 71,
311, 314
무심선無心禪 390
무장세력武將勢力 104, 359
무차대회無遮大會 382
무풍巫風 480
문반文班 71, 140
문벌귀족門閥貴族 26, 62, 69
문벌귀족제론 20
문벌사회門閥社會 21, 59
문사文師 162
문산계文散階 130
문생門生 102, 225
문자선文字禪 389
문하시중門下侍中 144
문한직文翰職 225
문헌고증사학文獻考證史學 16
문헌공도文憲公徒 62, 219
물장성物藏省 52
물품화폐 305, 306, 307

미수彌授　380, 390, 391
미타정토彌陀淨土　389
민간수공업　299, 304
민본론民本論　394
민전民田　137
민족주의사학民族主義史學　16

ㅂ

박상충朴尙衷　103
박술희朴述熙　49
박의중朴宜中　103
반승飯僧　382
반야도량般若道場　479
반원개혁反元改革　354, 371
반주班主　148, 149
반체제班體制　231
발원發願　377
발해渤海　325
발해 유민渤海遺民　326
방坊　182
방납防納　210
방어사防禦使　167
배극렴裵克廉　106
배불론排佛論　377, 391
배채법背彩法　459
백련교白蓮敎　358
백련사白蓮社　388, 389, 390
백성성百姓姓　173
백이정白頤正　403
백저포白苧布　269, 271
백정白丁　172, 189, 235
백좌회百座會　382
버금어미　255
법경대사法鏡大師　175, 386
법계法階　379
법상종法相宗　385, 386, 387,

　391
법손사원法孫寺院　380
법안종法眼宗　385
법조法曹　162
「법화서탑도法華書塔圖」　464
변발辮髮　100, 269, 270, 350
별무반別武班　64, 66, 153, 331
별사전시과別賜田柴科　141
별초군別抄軍　342
병마사兵馬使　167
병부兵部　78
병작제並作制　290, 291
보保　184
보문각寶文閣　65
보상輔相　84
보승保勝　148, 149, 150
보우普愚　380, 390
『보유판목록補遺板目錄』　430
보정輔政　399
보제사普濟寺　388
보주保州　329
『보한집補閑集』　35
복시覆試　54
복원궁福源宮　66, 412
복장물腹藏物　461
복전福田　379
본관제本貫制　21, 171, 311
『본초경本草經』　480
봉건제결여론封建制缺如論
　133
봉박封駁　126, 128
봉사십조封事十條　313
봉연헌란강법鳳輦軒欄講法
　382
봉은사奉恩寺　381, 382
봉의서奉醫署　480
봉작제도封爵制度　399

봉표조하奉表朝賀　382
부가형附加刑　258, 259
부거권赴擧權　230
부곡部曲　163, 173
부곡인部曲人　237, 241
부곡제部曲制　171, 172, 180
부동사원不動寺院　380, 385
부마駙馬　88, 371
부병제府兵制　150
부세대납賦稅代納　303, 304
부원세력附元勢力　96, 97, 391
부인사符仁寺　426, 428, 432
부호장副戶長　160, 175
북계北界　193, 341
북악파北岳派　385
북원北元　354
북진정책北進政策　59
분도장군分道將軍　167
분사대장도감分司大藏都監
　427, 430
비보사탑설裨補寺塔說　378,
　423
비보사탑풍수裨補寺塔風水
　475
『비예백요방備預百要方』　481
비체치必闍赤　90
빈례賓禮　396

ㅅ

사경승寫經僧　391
사경원寫經院　460
사급전賜給田　90, 92, 142
사대관계事大關係　328, 329
사대불가론四大不可論　104
사록司錄　161
사림원詞林院　92, 346

사병私兵 79
사병司兵 160
1/4조租 207, 211
4색 공복四色公服 139
『사서집주四書集註』 403
사선서司膳署 480
4신분론四身分論 231
사심관사審官 48, 162
사원전寺院田 138, 378
사유지형 농장 290
사전私田 137, 138, 143
사전개선론 139
사전私田 혁파 110
사전혁파론 139
사족士族 231
사직단社稷壇 62, 182
사창司倉 160
사패賜牌 90, 142
사패전賜牌田 142
사학私學12도徒 62, 215, 218
사환권仕宦權 230
사회경제사학[마르크스주의
    사학] 15
사회적 분업分業 22
산계散階 129
산악신앙山岳信仰 416
산직散職 144
산천제山川祭 417
삼강 오륜三綱五倫 409
삼교일치론三教一致論 377,
    390
삼국부흥운동 318
『삼국사기三國史記』 29, 401,
    437, 440
『삼국유사三國遺事』 29, 441,
    445
삼군도총제부三軍都摠制府

106
3등 전품제三等田品制 136
삼반三班체제 177
삼별초三別抄 80, 87, 344
삼사三司 120, 203
3성 6부三省六部 78
3세稅의 감면규정 205
삼원수三元帥 살해사건 101
삼원신수법三員訊囚法 61
삼중대사三重大師 379
삼한일통의식三韓一統意識
    23
삼현신궁三峴新宮 349
상명사相明師 475
상서尚書 123
상서도성尚書都省 55, 122
상세商稅 300, 304
상약국尚藥局 480
상요常徭 209
상의원尚醫院 480
상평제용고常平濟用庫 210
상평창常平倉 54, 263
상호장上戶長 160, 177
생신사生辰使 329
서경西京 49, 59, 129, 184
서경 천도西京遷都 60, 68
서경署經 129, 380
『서경書經』 401
서방書房 76, 82
서연書筵 100
서재書齋[서당] 216, 221
서적西賊 314
서적포書籍鋪 217
서희徐熙 328
선교각종합류사사禪教各宗
    合流寺社 378
선군選軍 234, 236

선군급전選軍給田 152
선리관繕理官 386
선문禪門 385
선사禪師 379
선왕지제先王之制 100
선원청규禪苑淸規 390
선월사禪月寺 390
선인렬宣仁烈 76
선종禪宗 385, 388
성균관成均館 102, 218
성리학性理學 351
성상융회性相融會 385
성수신星宿神 412
성씨姓氏 249
성적등지문惺寂等持門 389
성주城主 157, 314
성황당城隍堂 418
성황사城隍祠 183, 419, 469
세시풍속절歲時風俗節 381
세역법歲易法 284, 285
세적稅籍 206
세조구제世祖舊制 89, 93, 94,
    97, 347
소所 163, 173, 207, 297
소금 전매제도 347
『소문경素問經』 480
소중화小中華 447
소태보邵台輔 63, 401
소항덕蕭恒德蕭遜寧 328, 335
소현韶顯 386
속군현屬郡縣 156, 177, 178,
    206
속성續姓 173
솔거노비率居奴婢 238
솔서혼率壻婚 253
송광산 길상사松廣山 吉祥寺
    388

송방松紡 478
송상松商 335
송송례宋松禮 77
송악산松嶽山 182
송유인宋有仁 74
수경가輸京價 197
수경신守庚申 415
『수교고려사讎校高麗史』 30
수기守其 427, 432
수선사修禪社 388, 428, 430
「수세守歲」 478
수신전守信田 144
수역水驛 190
수역輸役 208
수운水運 198
수원승도隨院僧徒 180
수월관음도水月觀音圖 459,
479
수의獸醫 482
수의박사獸醫博士 481
수정사水精社 388
수조권 분급제收租權分給制
133
수조율收租率 206
수조지집적형 농장 290
수조하受朝賀 예식 369, 370
수좌首座 380
수참水站 201
숙위宿衛 345
숙창원비淑昌院妃 465
순관巡官 188
순선巡船 478
순자격제循資格制 102
「순창창성성황당현판淳昌
城隍堂懸板」 420
숭산신사崇山神祠 417
승계僧階 379

승과僧科 376, 379
승록사僧錄司 376, 379
승비僧批 380
승선承宣 78, 127
승수僧首 180
승여사乘輿司 191
승통僧統 380
시寺 123
시무時務28조條 120
시비기술施肥技術 284, 286
시전市廛 183, 300, 302
시정전시과始定田柴科 52, 139
식민사학植民史學 15
신돈辛旽 100, 102, 380
신라부흥운동 320, 321
신민족주의사학新民族主義史
學 16
신법新法 64, 65
신선사상神仙思想 411
신앙결사활동信仰結社活動
388
신앙공동체 180, 384
신의군神義軍 80
신이사관神異史觀 449
신정감무新定監務 169
『신집어의촬요방新集御醫撮
要方』 481
신호위神虎衛 148
신흥유신新興儒臣 26, 98,
103, 107, 357
심덕부沈德符 105
심왕瀋王 95, 96, 103. 345
10도道 56, 166
1/10조租 207, 211
12조창漕倉 197, 477
13조창漕倉 197, 199, 200
십자가十字街 183

쌍기雙冀 51, 222, 326
쌍성총관부雙城總管府 354
쌍화점雙花店 349

ㅇ

아골타阿骨打 332
아부 사이드Abu Sa'id 349
아시아적 봉건제 18, 133
아자비 249
아자비겨집 249
아전衙前 160
아즈미 249, 255
아즈미남진 249
악인樂人 141
안렴사按廉使 167, 191
안우安祐 359
안일호장安逸戶長 159
안찰사按察使 166, 312, 316,
347
안향安珦 403
안흥량安興梁 199
압량위천壓良爲賤 238, 240
야별초夜別抄 76, 77, 80
약국藥局 480
「약목군정도사석탑조성형
지기若木郡淨兜寺石塔造
成形止記」 135
약점사藥店史 265, 480
약점정藥店正 160
양계兩界 167, 193
양반공음전시법兩班功蔭田柴
法 60
양반전兩班田 138
양부兩府 127
양세법兩稅法 288, 291
양수척揚水尺 320

양인良人 230
양전量田 135, 171
양전보수법量田步數法 61
양천良賤 230
양천교가良賤交嫁 238
양천법良賤法 239, 241
양측적兩側的 혈연의식 245, 246, 249
양현고養賢庫 65, 218
어대魚袋 175
어사대御史臺 79, 123, 204
억매·억매抑賣·抑買 302
여진女眞 정벌 64, 331
여택재麗擇齋 218
역驛 163, 173, 187
「역대연표歷代年表」 445
역도驛道 187, 188, 193
역로망驛路網 187
역리驛吏 189
역분전役分田 139
역성혁명易姓革命 113
역승驛丞 190
역역驛役 189, 191
역장驛長 188, 189
역정호驛丁戶 189, 191
역제驛制 187, 189, 190
역참驛站 187, 196
『역해易解』 401
연등회燃燈會 57, 179, 382
연작連作단계설 282, 283, 285
연저수종신燕邸隨從臣 109
염초焰硝제조법 478
염흥방廉興邦 104
영공令公 84
『영락대전永樂大典』 31
영통사靈通寺 386

영현領縣 158
『예기禮記』 396
예문춘추관藝文春秋館 346
예빈성禮賓省 334
예성항禮成港 335
예의상정소禮儀詳定所 66
오가작통제五家作統制 184
오경사서재五經四書齋 404
오례五禮 376, 394
오르탁Ortaq 348
오문五門 사찰 387
오복제도五服制度 54, 397
5부五部 182
5부학당五部學堂 221
오사충吳思忠 107
「53선지식도善知識圖」 464
오아속烏雅束 64
오연총吳延寵 66
오윤부伍允孚 473
오형五刑 258
온돌 280
온신瘟神 479
옹손饔殯 277
완안부 여진 331
왕건王建 45, 47, 325, 393
왕국모王國髦 63
왕규王規 49
왕봉규王逢規 326
왕사王師 381
왕선王詵 53
왕식렴王式廉 49
왕실 기일재忌日齋 382
왕실원당王室願堂 378
왕안덕王安德 104
왕안석王安石 402
왕토王土 이념 137, 138
왜구倭寇 200, 359, 466

외거노비外居奴婢 238
외관청外官廳 160
외국인 조하의식朝賀儀式 382
외왕내제外王內帝 367, 368
외척外戚 67, 399
요동遼東 정벌 358
요세了世 388, 389, 453
요역徭役 208
요하遼賀 의례 370
용두사龍頭寺 175
용손龍孫 82
용호군龍虎軍 146, 147, 148
우창비왕설禑昌非王說 105, 203
우학유于學儒 72
우현보禹玄寶 105
운하運河 199
원院 188, 192, 195, 196
원元간섭기 27, 86
『원고려기사元高麗紀事』 31
원관院館 사찰 195
원교근공책遠交近攻策 326
원돈신해문圓頓信解門 389
원시천존元始天尊 66
원위전院位田 196
원윤元尹 140
원주院主 196
월성月城 183
위화도 회군威化島回軍 104, 358
유교儒教 393, 468
유망流亡 92, 310, 311
유볏리有鐴犁 285
유불일치론儒佛一致論 377, 391
유사과학類似科學 474

유생儒生 102
유서類書 404
유식학唯識學 386
유신지교維新之敎 68
유외잡직流外雜職 141
유일 천거遺逸薦擧 222
유자량庾資諒 72
유희좌遊戱坐 464
6과科 제도 188
6부六部 122
6사六事 87, 88, 345
육아일六衙日 160
6위衛 147, 148
육작제鬻爵制 240
윤관尹瓘 59, 64, 66, 331, 402
윤답법輪畓法 286
윤소종尹紹宗 103, 111
윤언이尹彦頤 387, 402
윤왕좌輪王坐 464
윤이尹彝 105
윤회환생설輪廻還生說 383
은병銀甁 301, 306
은자원銀字院 460
음사淫祠 470
음서蔭敍 19, 20, 125, 222, 225, 226
음양도참陰陽圖讖 63, 69
읍사邑司 159, 175
읍치邑治 379
응거시應擧試 404
응방鷹坊 90, 349
응양군鷹揚軍 146, 148
의관醫官 480, 482
의무醫巫 479
의사醫師 162
의선義旋 391
의업醫業 480

의장義莊 67, 387
의창義倉 54, 263, 264
의창수렴법義倉收斂法 264
의천義天 대각국사大覺國師 61, 63, 386, 402, 426, 432, 453
의학醫學 480
의학박사醫學博士 54, 480
이里 182
이고李高 73, 312
이곡李穀 37, 405, 406. 478
2군二軍 147, 148
2군 6위二軍六衛 146, 148, 149, 150, 153
이규보李奎報 425, 427, 443, 478
이림李琳 111
이방실李芳實 359
1/2조租 207, 211
이색李穡 37, 103, 139, 408
이성계李成桂 104, 358, 361
이소응李紹膺 72
이숭인李崇仁 103, 107
이승휴李承休 446, 447
이원적 구성론 150, 151, 152
이의민李義旼 75, 83, 313, 317, 318, 319, 320
이의방李義方 73, 74, 83, 312, 314
이인임李仁任 104, 357
이자겸李資謙 60, 62, 67, 69, 332, 333, 398
이자연李子淵 62, 383
이자의李資義 63
이자현李資玄 387
이적동세제異積同稅制 285
이제현李齊賢 30, 37, 108,

405, 447
이중약李仲若 66, 413
이중 외교 328, 330, 334
이중 체제 366, 368
이첨李詹 103, 474
이초李初 105
이행李行 143
익군翼軍 154
『익재난고益齋亂藁』 37
『익재집益齋集』 35
익종翼宗 387
인각사麟角寺 390
인공수印公秀 269
인리성人吏姓 173
인보隣保조직 184
인신印信(=印章) 177
인품人品 139
일국갱시一國更始 101
일량즉량一良則良 240
일리천一利川 47
일본 정벌 345
일부일처一夫一妻 251
일연一然 388, 390, 441
일천즉천一賤則賤 238
일품군一品軍 149, 177, 179
임간林幹 64
임견미林堅味 104
임내任內 160
임연林衍 77, 87
임유무林惟茂 77
임제종臨濟宗 351, 390
임진나룻길 193, 194
입마역立馬役 189
입사入絲 458
입성론立省論 96, 346, 405

ㅈ

자기磁器 생산 477
자무치站赤 187, 190
자복사資福寺 183, 378
자연촌自然村 182
자제사慈濟寺 194, 196
자제위子弟衛 103
자평 사주학子平四柱學 476
작개제作介制 290
잡공雜貢 209
잡류雜類 141
잡색원리雜色員吏 141
잡세雜稅 209
잡업雜業 140
잡족인雜族人 172
잡척雜尺 172
장莊 163, 173
장경도량藏經道場 382
장군호 331
장단나룻길 193, 194
장리長吏 159
장사성張士誠 353
장서기掌書記 161
재가화상在家和尚 180
재면법災免法 60, 262
재부宰府 127
재신宰臣 122, 123, 127
재인才人 238
재지관반在地官班 159
재지세력在地勢力 172, 314, 317, 319, 321
재초齋醮 411, 470
재추宰樞 78, 79, 122
쟁기 284, 292
저화楮貨 307
적현赤縣 167

전객佃客 134, 144
전매제專賣制 304
전민변정田民辨正 92, 97
전민변정도감田民辨整都監 100, 102
전세田稅 206
전시과田柴科 52, 139
전옥서典獄署 261
전운사轉運使 205
전의시典醫寺 480
전인佃人 293
전인제佃人制 290
전정田丁 172
전정연립제田丁連立制 141, 234, 236
전제개혁田制改革 110, 139
전조田租 수취율(수조율) 211
전주田主 134
전주전객제田主佃客制 17, 288
전품田品 136, 283, 287
전호佃戶 134
절도사節度使 147
절령岊嶺 194
절장법折杖法 258, 259
점복占卜 475
점성占星 474
점심點心 277
정丁 188
『정관정요貞觀政要』 51
정균鄭筠 74, 83
정도전鄭道傳 103, 111, 357, 408, 409
정동행성征東行省 89, 98, 191, 196, 345, 370, 371
정동행성이문소征東行省理問所 101, 354
정몽주鄭夢周 103, 111, 357

정방政房 82, 108, 346
정사색淨事色 413
정안政案 126
정역별감程驛別監 190, 191
정역호定役戶 298
정오丁午 380
정용精勇 148, 149, 150
정전제井田制 139
정중부鄭仲夫 72, 73, 74, 83, 312, 314, 316
정지鄭地 361
정지상鄭知常 68
정체성론 133
정총鄭摠 107
정치도감整治都監 97, 98, 108
정토신앙淨土信仰 389, 391
정현鼎賢 386
정혜사定慧社 388
정혜쌍수定慧雙修 389
정호丁戶 172, 188, 189, 235
제과制科 351
제단사諸壇史 177
제술업製述業 178, 223
『제왕운기帝王韻紀』 446, 447
제위보濟危寶 264
『제중입효방濟衆立效方』 481
제찰사提察使 167, 347
제후국諸侯國 366, 368
조租·포布·역役 205
조계산曹溪山 16국사國師 388
조계종曹溪宗 388
조공朝貢 334, 364
조군助軍 87
『조당집祖堂集』 375
조문기관詔文記官 177
조미糙米 144

조민수曺敏修　104

조반趙胖　105

조세 수취단위　206

조세제도　203, 204, 209, 210

조업전祖業田　143

조운漕運　187, 197, 198, 200

조운선漕運船　197, 199

조위총趙位寵　74, 314

조인규趙仁規　391

조인옥趙仁沃　143

조일신趙日新　101

조장租藏　205

조전성轉城　200

조종지법祖宗之法　64, 101

조준趙浚　107, 139, 143, 409

조창漕倉　187, 197, 198, 199, 200

조하의례朝賀儀禮　369, 370

족망族望　59

존무사存撫使　169

『졸고천백拙藁千百』　35, 36

종파宗派　385

종파불교론　375

좌우위左右衛　148

좌주座主　102, 225

좌주·문생제座主門生制　102

좌창左倉　203

주군현主郡縣　206

『주례周禮』　394, 401, 409

주목州牧　55

『주역周易』　401

주원장朱元璋　353, 354, 355

주전정책鑄錢政策　59

주진군州鎭軍　146, 149, 150

주현主縣　156, 178

주현군州縣軍　146, 149

주현-속현主縣屬縣 체계　156

준풍峻豊　51

중간계층　233

중대사重大師　379

중방重房　78, 81, 149

중서문하성中書門下省　120, 127, 128

중조重祚　91, 97, 407

중추원中樞院　120, 127, 128

즉위의례卽位儀禮　395

『증보편년강목增補編年綱目』　448

지공指空　390

지공거知貢擧　53, 62, 219, 225

지기쇠왕설地氣衰旺說　421

지념업持念業　389

지눌知訥　388, 453

지리업地理業　141

지역촌地域村　172, 182, 384

지윤池奫　104

지인之印　387

『지정조격至正條格』　258

지제고知制誥　122, 126, 127

지주전호제地主佃戶制　17, 288, 289, 290

직숙원리直宿員吏　127

직전職田　142

직전제職田制　144

진津　163

「진고려사전進高麗史箋」　30

진급賑給　263

진대賑貸　263

진수군제鎭守軍制　154

진재眞宰　122

진전陳田　138

진전사원眞殿寺院　378, 383

진포 대첩鎭浦大捷　361, 479

진휼정책賑恤政策　262

집정執政　53

집주執籌　247

징엄澄儼　386

ㅊ

차리성次吏姓　173

찰방察訪　190

찰방사察訪使　312, 316

참站　187, 190

창고倉庫　203

창정倉正　160

책봉冊封　327, 366

책봉국冊封國　330, 363, 365

책봉-조공冊封朝貢 관계　94, 363, 365

처處　163, 173

처가 거주妻家居住　254

처인성處仁城　342

처족妻族　245

척준경拓俊京　67, 68, 332, 398

천거제薦擧制　54

천명天命 사상　82, 393

천사 양인賤事良人　237

『천수경千手經』　479

천수사天壽寺　383

천역賤役　237

천우위千牛衛　148, 152

천인賤人　172, 230, 389

천인감응론天人感應論　470, 471

천인상관설天人相關說(천인합일설)　393

천자수모법賤者隨母法　238

천책天頙　389

천추태후千秋太后　56

천태종天台宗 63, 385, 387
천황당天皇堂 412
천황대제天皇大帝 479
철령위鐵嶺衛 357
첨사부詹事府 63
첩칭妾稱 400
청교역青郊驛 189
청동왕건상青銅王建像 454
청사青詞 411
청연각清燕閣 65
체원體元 390, 391
초례醮禮 411, 412, 414
초마선哨馬船 477
초제醮祭 479
초조대장경初彫大藏經 342
촌성村姓=촌락성村落姓 173
최광수崔光秀 320
최만생崔萬生 103
최무선崔茂宣 361, 478
최사전崔思全 68
최사추崔思諏 63
최성지崔誠之 403
최승로崔承老 22, 46, 120, 174, 268, 394
최씨정권 79, 81, 313, 428
최양백崔良伯 77
최언위崔彦撝 46
최영崔瑩 102, 353, 357
최우崔瑀 76, 341, 389
최응崔凝 475
최의崔竩 76
최종준崔宗峻 481
최질崔質 71
최충崔冲 60, 219
최충수崔忠粹 75, 83
최충헌崔忠獻 75, 76, 83, 313, 319, 341

최치원崔致遠 411
최탄崔坦 77
최항崔沆 76
최해崔瀣 36, 405
추경秋耕 286
추밀樞密 122, 123, 127
추포麤布 271, 301
『춘추春秋』 438
춘행春行 160
충상호형充常戶刑 258, 259
충순현忠順縣 315
충용위忠勇衛 154
충희冲曦 386
측근정치 88, 94, 95
『측량일기測量日記』 465
치소성治所城 183
치읍置邑 157
7대실록七代實錄 439
칠재七齋 65, 218, 401
『침경針經』 480
칭신稱臣 364, 368, 400
칭제稱帝 364

ㅋ

케식怯薛 90
코르치忽赤 90
쿠빌라이忽必烈 87
쿠투루칼리미쉬(제국대장공주) 370

ㅌ

탄연坦然 387
탐라총관부耽羅總管府 89
태묘太廟 347, 395
태의太醫 480

태의감太醫監 480
태자첨사부太子詹事府 60
태조진전太祖眞殿 382
태학太學 65
토성土姓 172, 173
토속신앙 469
토지국유론 132
토지사유론 133
토지탈점土地奪占 310, 311, 313
토토카순脫朵禾孫 190
토풍土風 476
통혼권通婚圈 19
투화인投化人 331

ㅍ

『파한집破閑集』 35
판관判官 161
판사判事 123
팔관회八關會 54, 57, 179, 382
팔성당八聖堂 418
『편년강목編年綱目』 29
편년체編年體 29, 440
『편년통록編年通錄』 437, 439
평산처림平山處林 390
평전선平戰船 478
폐가입진경假立眞 105
포포 164
포마차자색鋪馬箚子色 190
폭죽爆竹 478
표류민漂流民 334
품관층品官層 172
풍류도風流道 470
풍수風水 469, 474
풍수도참설 422
풍수지리설 194, 421

ㅎ

학일學一　387
학파불교론　375
한광연韓光衍　319
한선韓船　477
한아비　248
한안인韓安仁　60, 65, 67, 69
한인閑人　141
항몽책抗蒙策　341
해도입보책海島立保策　342
해동갑족海東甲族　383
『해동고승전海東高僧傳』　33, 375, 445
『해동비록海東秘錄』　475
해동육조海東六祖　386, 391
해동종海東宗　389
해동천자海東天子　365
해동천하海東天下　336, 365, 366
해동통보海東通寶　63
해린海麟　386
해상무역　45, 325
해원海圓　390, 391
해인사海印寺　429, 430
행춘行春　160
행향行香　382
향鄕　163, 173
향공선상鄕貢選上　166
향교鄕校　216, 220
향도香徒　179, 384
향리鄕吏　159, 172, 174, 176, 179, 233
향약鄕藥　481

『향약구급방鄕藥救急方』　481
『향약집성방鄕藥集成方』　481
향직鄕職　331
향촌지배층　174, 175, 178, 179
허응許應　106, 143
헌애왕후 황보씨獻哀王后 皇甫氏　56
현릉顯陵　455
현화사玄化寺　57, 383, 385
혜근惠勤　390
혜민국惠民局　65, 264
혜심慧諶　389
혜영惠永　390, 391
혜음사惠陰寺　194, 195, 196
호구戶口　87, 171
호미　285, 287
호복胡服　100, 269, 270, 350
호부戶部　203
호장戶長　55, 159, 175, 177
호정戶正　160
호족豪族　26, 47, 171, 172, 325
호종단胡宗旦　65
혼구混丘　388
『혼일강리역대국도지도混 一疆理歷代國都之圖』　474
홍건적紅巾賊　101, 355, 358
홍경사弘慶寺　195
홍륜洪倫　103
홍문계洪文系　77
홍복원洪福源　342
홍산 대첩鴻山大捷　361
홍언박洪彦博　101

홍차구洪茶丘　89
화약제조법　478
화엄종華嚴宗　385, 386, 391
화장火葬　383
화전火箭　479
화척禾尺　238
화통도감火㷁都監　479
화통방사군火㷁放射軍　479
화풍華風　476
황룡사黃龍寺 9층탑　342
황산 대첩荒山大捷　361
황순상黃順常　143
『황정경黃庭經』　413
황제국　364, 365, 367, 368
회사回賜　327, 334
회삼귀일會三歸一　387
회회인回回人　348, 349
효심孝心　317, 318
효치주의孝治主義　397
훈요10조訓要十條　22, 469, 475
훈전勳田　53
휴경농법休耕農法　284, 285
휴한休閑단계설　282, 283, 284, 285
휼양전恤養田　144
흑창黑倉　48, 264
흥왕사興王寺　101, 355, 383, 386
흥위위興威衛　148
희랑대사希朗大師　454
희양원曦陽院　385

필자 소개 | 가나다순

구산우 | 창원대학교 사학과 교수

김갑동 | 대전대학교 역사문화학과 교수

김기섭 | 부산대학교 사학과 교수

김난옥 | 고려대학교 한국사학과 강사

김병인 | 전남대학교 사학과 교수

김보광 | 가천대학교 가천리버럴아츠칼리지 교수

김인호 | 광운대학교 인제니움학부대학 교수

김철웅 | 단국대학교 교양학부 교수

도현철 | 연세대학교 사학과 교수

문경호 | 공주대학교 역사교육과 교수

박재우 | 성균관대학교 사학과 교수

박종진 | 숙명여자대학교 역사문화학과 교수

신안식 | 건국대학교 사학과 초빙교수

윤경진 | 경상대학교 사학과 교수

위은숙 | 영남대학교 민족문화연구소 연구원

이강한 | 한국학중앙연구원 한국사학전공 교수

이익주 | 서울시립대학교 국사학과 교수

이정란 | 충남대학교 국사학과 교수

이정훈 | 연세대학교 사학과 강사

이종봉 | 부산대학교 사학과 교수

이종서 | 울산대학교 역사문화학과 교수

이진한 | 고려대학교 한국사학과 교수

이형우 | 인천대학교 역사교육과 교수

전경숙 | 숙명여자대학교 인문학연구소 연구교수

정요근 | 덕성여자대학교 사학과 교수

정은우 | 동아대학교 고고미술사학과 교수

채웅석 | 가톨릭대학교 국사학과 교수

최연주 | 동의대학교 사학과 교수

최종석 | 동덕여자대학교 국사학과 교수

한기문 | 경북대학교 사학과 교수

한정수 | 건국대학교 사학과 교수

한정훈 | 목포대학교 사학과 교수

홍영의 | 국민대학교 한국역사학과 교수

표지 이미지

_앞
나전대모국당초문염주합(螺鈿玳瑁菊唐草文念珠盒) 부분 | 고려 12세기 | 일본 다이마데라(當麻寺) 소장
청동인(青銅印) | 고려 인종 24년(1146) | 傳 인종 장릉 출토 | 국립중앙박물관 소장
인종시책(仁宗諡冊) 부분 | 고려 인종 24년(1146) | 傳 인종 장릉 출토 | 국립중앙박물관 소장
청동은입사포류수금문정병(青銅銀入絲蒲柳水禽紋淨瓶) | 고려 12세기 | 국보 92호 | 국립중앙박물관 소장
고려대장경판 | 고려 1236~1251년 | 국보 32호 | 해인사 소장
아집도 대련(雅集圖 對聯) 부분 | 고려 14세기 | 삼성미술관 리움 소장

_뒤
청자 죽순 모양 주전자(青磁竹筍形注子) | 고려 12세기 | 보물 제1931호 | 국립중앙박물관 소장
척경입비도(拓境立碑圖) 부분 | 조선시대 작 | 고려대학교박물관 소장
고려 아미타여래도 세부 | 일본 젠린지(禪林寺) 소장
원주 법천사지 지광국사 현묘탑비 상단 용화수 음각 탁본 부분